继续攀登

2017年度

**广东省广播影视奖
获奖作品精选点评**

广东省广播电影电视协会　编

编　审：胡国华
主　编：何日丹
副主编：白小慧
编　辑：杨尚铭

暨南大学出版社
JINAN UNIVERSITY PRESS

中国·广州

图书在版编目（CIP）数据

继续攀登：2017年度广东省广播影视奖获奖作品精选点评 / 广东省广播电影电视协会编 . —广州：暨南大学出版社，2018.6
ISBN 978 - 7 - 5668 - 2401 - 1

Ⅰ . ①继…　Ⅱ . ①广…　Ⅲ . ①广播节目—作品集—广东—2017②电视节目—作品集—广东—2017　Ⅳ . ①G229. 276. 5

中国版本图书馆 CIP 数据核字（2018）第 111894 号

继续攀登：2017 年度广东省广播影视奖获奖作品精选点评
JIXU PANDENG：2017 NIANDU GUANGDONGSHENG GUANGBOYINGSHIJIANG
HUOJIANG ZUOPIN JINGXUAN DIANPING
编者：广东省广播电影电视协会

出 版 人：徐义雄
策划编辑：冯 琳 颜 彦
责任编辑：齐 心
责任校对：何 力
责任印制：汤慧君 周一丹

出版发行：暨南大学出版社（510630）
电　话：总编室（8620）85221601
　　　　营销部（8620）85225284 85228291 85228292（邮购）
传　真：（8620）85221583（办公室） 85223774（营销部）
网　址：http://www.jnupress.com
排　版：广州市天河星辰文化发展部照排中心
印　刷：佛山市浩文彩色印刷有限公司
开　本：787mm×1092mm 1/16
印　张：25.25
字　数：491 千
版　次：2018 年 6 月第 1 版
印　次：2018 年 6 月第 1 次
定　价：80.00 元

目　录

2017 年度广东省广播影视奖评选综述

2017 年度广东省广播影视奖获奖作品精选点评

► 2017 年度广东省广播影视奖评选综述 ◄

砥砺前行　继续攀登
——2017 年度广东省广播影视奖评选综述

何日丹　范干良

2017 年，党的十九大立起一座里程碑。习近平新时代中国特色社会主义思想凝聚起改变中国的力量，中国在新时代开启了新征程。这一年，经济发展稳中有进，民生改善大步前行，重大工程建设捷报频传，"一带一路"倡议云集响应。历史性成就和历史性变革，推动中国巨轮驶向新的水域，中国特色社会主义进入了新时代。这一年，我们广东广播电视人，不忘初心，牢记使命，砥砺前行，用我们手中的话筒和镜头忠实地记录下奋斗者的足迹，反映了新时代的辉煌，也创造了可喜可贺的业绩。

2017 年度广东省广播影视奖评选，就是对这一年我们自身业绩成果的一次大检验。本次评选共收到广播影视报送作品 1 020 件，其中电影仅有 3 件，件数未达到评选规定要求而不能评选，故实际参评的是广播电视作品 1 017 件，电影缺项。12 个小组按照不同类别对 1 017 件作品进行复评，随后按照规定程序进行终评、公示，最终评选出获奖作品共 603 件，得奖率 59.29%，其中一等奖 60 件，二等奖 243 件，三等奖 300 件。评选过程中，评委们在认真审听审看的同时，对每一件作品的优劣得失都进行了分析讨论。根据评委们的意见，对本次参评作品的主要特点和存在问题总体综述如下：

一、重大题材：咬定青山不放松

2016 年 2 月 19 日，习近平总书记在党的新闻舆论工作座谈会上指出，党的新闻舆论工作的职责和使命是：高举旗帜、引领导向，围绕中心、服务大局，团结人民、鼓舞士气，成风化人、凝心聚力，澄清谬误、明辨是非，联接中外、沟通世界。习总书记同时强调，党的新闻舆论媒体的所有工作，都要体现党的意志、反映党的主张，维护党中央权威、维护党的团结，做到爱党、护党、为党；要坚持党性和人民性相统一，把党的理论和路线方针政策变成人民群众的自觉行动，及时把人民群众创造的经验和面临的实际情况反映出来，丰富人民精神世界，增强人民精神力量。广大新闻舆论工作者要做党的政策主张的传播者、时代风云的记录者、社会进步的推动者、公平正义的守望者。2017 年，广东广播电视人牢记新闻舆论工作的职责和使命，悉心宣传阐释党中央、省委省政府重大决策和工作部署，积极反映人民群众伟大实践和精神风貌。同时，紧紧咬定各项重大题材，包括重大时政宣传、重大建设成就、重大科技成果、重要社会热点等，发挥各自的长处和特色，精心策划制作了各类体裁的精品节目，唱响了主旋律，传播了正能量。

新闻类节目快捷、权威，是反映重大题材的主力军。题材重大也成为此类节目获奖的一个最重要的因素。广播的《1 分 38 秒短视频 24 小时过千万阅读量　十九大代表闫文静解读报告受网民热捧》《我国南海可燃冰试采圆满结束，创多项世界纪录》《全球在研最大水陆两栖飞机 AG600 成功首飞》《徐文坚：落实十九大精神，把美丽资源转化为美丽经济》《香港回归 20 周年特别节目——小证件大历史》，电视的《中国散裂中子源首次打靶成功获得中子束流》《佛山三道加法，为粤港澳大湾区加出融合发展的新速度》《第二个一百次，再出发》等，这些作品都涉及重大题材。据粗略统计，在获得新闻类一等奖的作品中，重大题材所占比例超过 80%。可喜的是，各台在抓住重大题材经营策划的同时，能够展示出各自的特色和视角，因而让我们能看到题材相同、精彩各异的良性竞争局面。比如：2017 年是习近平总书记视察广东五周年，又适逢党的十九大召开，广东广播电视台和深圳广播电影电视集团不约而同地分别推出了系列报道《习近平总书记视察广东五周年〈牢记嘱托　新时代新气象新作为〉系列报道》和《为了总书记的嘱托》。同一题材的两个报道，一个面向全省，一个瞄准深圳，分别对总书记五年前视察过的点做了一次全覆盖和全梳理，浓墨重彩地报道了五年来改革开放所取得的喜人成就，最后落脚在新时代新起点，广东省将如何践行习近平新时代中国特色社会主义思想、进一步推动改革开放这一主题上。两件作品都题材重大，制作大气，资料丰厚，对比强烈，时代和地域特色鲜明，同时获得电视新闻二等奖。

专题类节目把握重大题材，用自己的独特视角和思考诠释国家战略和工作大局的重要性，用自己的所见所闻整理加工呈现出广东成就、广东智慧和广东贡献，也是精品节目创作的一个重要方面。从参评作品来看，2017 年度的专题类节目对重大题材的把握集中在"一带一路"，广播公益广告节目《"一带一路"征程篇》、广播公众性节目《丝路樟林　风雨侨批》、广播新形态节目《耳朵去旅行——探寻广东"海丝文化地标"松口》、电视纪录片《海丝寻梦录》、电视专题片《印象海丝》等，都是这方面的优秀作品。广东广播电视台的《"一带一路"征程篇》虽然只是一个短短的广播公益广告节目，却是一件反映重大题材的优秀代表作。2017 年初夏，"一带一路"国际合作高峰论坛在北京雁栖湖畔开幕，举世瞩目。该作品创作者以敏锐的眼光捕捉到这一舆论热点，从这一重大主题着眼，从细微的历史场景着手，用声音勾画出一幅幅气势恢宏的

"画面"。该作品在不到 1 分钟的有限时间内，用丰富细腻的音响音效重塑了陆路、海上古丝绸之路上重大历史征程的生动场景；旋即定格在 21 世纪的今天，北京雁栖湖畔的"一带一路"国际合作高峰论坛开幕；结尾处，习总书记掷地有声的讲话，擘画出"一带一路"新征程的伟大蓝图。该作品紧扣"一带一路"倡议，述说人类命运共同体伟大设想，给人奋进向上的力量。重大题材的另一个焦点是粤港澳大湾区建设，好作品有电视专题片《〈纵横大湾区〉系列专题片》、电视专题片《深港同舟二十年——〈湾区共筑〉》等。电视专题片《〈纵横大湾区〉系列专题片》紧扣大湾区城市群建设，用细腻的故事与人物承载深刻内涵，在唱响大湾区建设成就主旋律的同时不失趣味性、故事性和互动性，节目落脚点始终不离城市养老、青年教育、脱贫致富等老百姓日常生活所需。

　　文艺类节目关注重大题材除了其视角体现出贴近时代的特征，更在于通过对题材的深入挖掘，精准地找到最合适的文艺节目形式，最充分有效地表现题材所蕴含的重大意义。党中央做出实施东西部扶贫协作等重大战略决策，习总书记在党的十九大报告中明确要求实施乡村振兴战略、打赢脱贫攻坚战。精准扶贫成为一个重大题材。广州广播电视台抓住这一题材，创作了《天山下的来客》。该作品以广播剧的形式，讲述了以梁海清为代表的广州援疆干部，在对口扶贫新疆喀什地区援建"广州新城"的故事。该剧人物性格的刻画把握细腻，剧中还以维吾尔族人物角色和新疆歌舞音效，强化了故事发生的地域性，不仅可听性强，更具有强烈的时代意义。港珠澳大桥是中国建桥史上里程最长、投资最多、施工难度最大的跨海桥梁项目，是我国重大建设工程。港珠澳大桥通车，对粤港澳发展意义深远。珠海广播电视台的《梦桥》就是以歌曲的形式讴歌大桥建设者。江门广播电视台的综艺节目《梦·中国——第三届世界广府人恳亲大会晚会》是为第三届世界广府人恳亲大会专门策划和摄制的，晚会的主题"世界广府人，共圆中国梦"既体现了时代特征，又充分肯定了华侨华人与"中国梦"的必然的和紧密的关联性，使得该晚会基调崇高、庄严而温情。电视剧《爱人同志》从全新的视角艺术地回望、诠释和演绎了第一代共产党人的"初心"和"中国梦"，进而激励当今的人们不忘初心、砥砺奋进。

二、关注民生：一枝一叶总关情

　　习近平总书记在党的十九大报告中强调："全党同志一定要永远与人民同呼吸、共命运、心连心，永远把人民对美好生活的向往作为奋斗目标。"关注民生，关注人民群众最关心的事情，把老百姓的安危冷暖时刻放在心上，是我们广东广播电视人义不容辞的责任。从 2017 年度的参评作品也可以看出，在我们广东广播电视人的心目中，民生问题无小事，一枝一叶总关情。例如，广播作品《深茂铁路增资 1.8 亿元"收声"　静静路过"小鸟天堂"》《回望高考四十年——追忆我们的高考往事》《香港回归 20 周年特别节目——小证件大历史》《我的生命谁做主》《氢能，让生活变得更美好》，电视作品《创造生命奇迹南沙接力抢救 7 名沉船幸存者》《第二个一百次，再出发》《我爱我家》《平安广州　快乐暑假》《你会怎么做》等，从这些作品中，我们不难感觉到广东广播电视人对于民生问题的片片深情。

电视公益广告节目《我爱我家》，以一个居住在传统岭南风格民居的家庭为切入点，通过大人做一顿家常菜、小孩在天井玩耍、最后大家一起吃饭的温馨画面来展示"我爱我家"的主题。作品层次清晰，画面精美，在短短的 45 秒时间里，依次展开大人饭前的劳作和小孩天真活泼的跳跃玩耍，呈现的是一种家庭和睦幸福的浓浓温情。

广播短消息《深茂铁路增资 1.8 亿元"收声"　静静路过"小鸟天堂"》，采用"小鸟啁啾""列车轰鸣"作为现场采访的背景音响，通过前后对比，说明降噪效果优良。音效清新悦耳，恰到好处；用事实说话，言简意赅，令人信服。时长一分半钟的作品，表达的是对绿色发展、生态保护的款款深情。

广播新闻专题《不忘初心——陈开枝百色扶贫"第二个 100 次"再出发》，是一篇非典型的人物报道。创作者采取了"纪录片"式的实录手法：主人公自己推进整个报道，记者只旁观记录。开篇陈开枝在机场随意的独白，点题"不忘初心"。随后，记录陈开枝的讲述，说明他为什么如此锲而不舍参与扶贫，为什么要致力于扶贫教育，如何才能带动更多人参与扶贫等。实录手法还被运用在对记者行文的纯客观表达形式上。记者的见闻与陈开枝的回顾、21 年扶贫成果与当地人的记忆和评价有机穿插，浑然一体，一个鲜活的陈开枝形象得到立体展现。作品看似不动声色，实则饱含深情：一是一位扶贫老人对帮扶对象的真切之情，一是主创人员对报道对象陈开枝老人的敬佩之情。

舆论监督，很多情况下也是广播电视人对民生的真情关注。电视连续报道《"二手房过户调查"连续报道》《3·15 踢爆消费潜规则（3 集）》就是这类作品的代表。2017 年，汕头启动以"崇德尚法、为民担当、创新实干"为主题的作风建设年活动。汕头广播电视台与市作风办一起，重点曝光了该市二手房过户手续办证时间太长、交易资金由民营企业监管不安全以及乱收费等问题，引发社会广泛关注。房管与税务等部门迅速落实整改，清退无资质监管交易资金的民营企业，允许正规商业银行进驻交易所，在群众自愿的前提下监管交易资金；同时提供免费的资料打印复印等服务，并全面缩短二手房办证时限，大大提高办事群众的满意度。《3·15 踢爆消费潜规则（3 集）》从消费者视角出发，与消费者站在一起，成为帮助他们监督消费问题的眼睛、倾听他们消费投诉的耳朵，用媒体的力量让消费者的声音传播得更远、更加有力。

三、锐意创新：满眼生机转化钧

创新是民族进步的灵魂，是国家兴旺发达的动力，也是我们广播电视节目在竞争中取胜的法宝。2017 年度广播电视节目评选又一次证明：好节目，创新来。只要坚持从理念、内容、体裁、形式、方法等各方面锐意创新，我们的节目就能生机盎然，呈现强大的吸引力和影响力。

内容新——《1 分 38 秒短视频 24 小时过千万阅读量 十九大代表闫文静解读报告受网民热捧》是一则宣传报道十九大的广播短消息。其主要内容是十九大代表闫文静在大会期间接受媒体采访，用"拉家常"的方式，以个性化语言表达自己聆听十九大报告的感受和体会。这段时长 1 分 38 秒的视频在网络迅速走红，点击率超过千万。作品看似报道闫文静因访谈走红网络，实则借助文本和语言信息，以媒体、受众互动的形式，表达人们对美丽"中国梦"的广泛认同、对创新传播方式的接纳和兴趣。

题材新——《海丝·粤桥》是电视系列报道，它的题材新表现在：其一，结合本省侨乡的优势，以"一带一路"上的中华文化传承为主线，展现海外华人守护与传承中华文化的决心、魄力和行动，彰显文化自信。其二，采访团队足迹遍及亚洲、非洲、美洲的 12 个国家和地区，大大拓展了报道范围。其三，报道采访了近百位生活在全球各地的粤籍侨胞，人物虽远犹近，节目立意高远。

体裁新——电视组合报道《"港珠澳大桥主体工程贯通"组合报道》采用组合报道的形式，以大桥主体工程贯通为基点，拓展到大湾区发展这一更大、更新的领域。整个报道使用了长消息、短消息、新闻背景、专家访谈等多种新闻表现形式，既有宏大叙事场景报道，又有微观细节精准描摹，新闻呈现集中、准确、全面、立体。

形式新——《广播口述史——〈120 分钟，我亲历的生死之间〉》是广播新形态节目。2017 年 8 月 23 日，珠江口最强台风"天鸽"重创珠海。压根儿没来得及带电话的珠海百森花园业主王女士在去地下车库开车时，遭遇海水倒灌、车库被淹。三个小时过去了，王女士仍生死不明。同小区业主张特、钟耀文及三名保安听闻消息，二话不说脱掉上衣，游进车库勇敢救人。作品集合了被救者、施救者、目击者，记者用亲历者口述的形式记录这段历史。通过一段段口述，守望相助、见义勇为、生死不离的真实故事汇聚成一幅珠海大爱图。

手法新——《伶仃洋点亮世界奇迹 港珠澳大桥具备通车条件》以港珠澳大桥为主体，展现大桥的雄伟、气派，回顾世纪工程建设历程，并通过粤港澳大湾区融合发展凸显新闻价值。回顾建设历程不是简单地堆积资料画面，而是采用"进行时＋过去式"的独特手法。大桥通车的意义则通过"大桥航拍＋动态跟踪特效字幕"的手法来表现：字幕有"'一国两制'框架下粤港澳三地大型跨海交通工程""通车后粤港澳大湾区形成闭环，近 10 万亿体量的区域合作迈上新台阶"等，航拍的是亮灯后的大桥，美轮美奂。

手段新——不少作品的采访录制大胆采用新的技术手段。电视纪录片《港珠澳大桥》充分调动海上拍摄、空中拍摄、水下拍摄等技术手段，真实记录工程建设的全过程。

四、存在问题：犹恨未能登绝顶

2017 年度广东广播电视节目创作取得丰硕成果，但也存在不少问题。

问题一：具有全国范围冲击力的作品不够多。我们的节目纵向跟自己比，确实进步喜人；横向与全国比，差距就很明显。"现象级"的精品力作尚未大规模涌现，节目的创新力度还未尽人意，与新媒体的融合还未产生"病毒式"的传播态势。节目整体缺乏力度、不够高度、达不到热度。广播电视人应当致力于冲击中国广播电视大奖，以及中国新闻奖。可是，从 2017 年度的作品情况来看，我们评出来的精品在全国的平台上竞争力并不是很强。

问题二：全省各台的节目生产制作不平衡。2017 年度参评作品中，尽管不少台的作品选题和制作水准显著提升，台与台之间的差距正在逐步缩小，特别是珠海台、佛山台、惠州台、中山台等获奖率明显提升，甚至有些县区级台都获得了比较高的奖项等，但也有一些市县台获奖情况不够理想。

问题三：对各类体裁节目的重视程度不平衡。新闻类节目能得到足够的重视，而专题类、文艺类节目等在有的台可能只是为参评而参评，存在随便拿个节目应付的情况，或者干脆连参评机会都放弃。今年的各类奖项中，有 3 个一等奖空缺。其中，广播娱乐节目参评的 6 件作品，几乎都是为娱乐而娱乐，没有精心策划制作，节目质量一般。广播文艺栏目只有 3 件作品参评，不符合评选规则，不予评选。

问题四：对节目的采编制作报送不精心。这类问题中最突出的表现有：其一，不经核实，套用"首创""首例""首宗""国际领先""国内第一"等概念，用贴标签或者绝对化的词语拔高新闻的新鲜度和重要性。其二，不顾不同媒体的特点，将电视的音频直接作为广播节目播出、送评。在参评作品中甚至还出现直接将电视节目音视频和文字稿当作广播节目报送的情况，这是对工作、对个人的极端不负责任。其三，背景音乐使用不当或者喧宾夺主。背景音乐选择或者出现位置不恰当会渲染错误的情绪，造成适得其反的效果。音量过高或过低则影响节目有效信息的传达。比如有件纪念改革开放 40 周年的广播公益广告作品，创意、文稿、制作都不错，可是一开头讲到"那一年，我们小岗村的

18 条好汉，按下了 18 个红手印"的时候，用的背景音乐却是凤阳花鼓《说凤阳道凤阳》，这是与本作品主题不符的。

　　总的来说，2017 年度广东广播电视节目创作成绩喜人，问题也不容忽视。广东是全国的经济强省。习近平总书记在 2018 年全国两会期间参加广东代表团审议时要求，广东要进一步解放思想、改革创新，真抓实干、奋发进取，以新的更大作为开创广东工作新局面，在构建推动经济高质量发展体制机制、建设现代化经济体系、形成全面开放新格局、营造共建共治共享社会治理格局上走在全国前列。作为广东的广播电视人，我们必须既看到成绩，也正视不足，砥砺奋进，继续攀登，争取让广东的广播电视事业、产业都能够走在全国前列！

　　（何日丹，2017 年度广东省广播影视奖评选委员会执行副主任，广东省广播电影电视协会常务副会长

　　范干良，2017 年度广东省广播影视奖广播专题组评委，广东广播电视台广播宣传管理部主任，高级编辑）

围绕中心　服务大局　追踪热点　关注民生
——2017 年度广东省广播影视奖广播新闻作品评选综述（之一）

刘堤洪

完成阅、听、评议广播新闻部分推荐作品全流程后，本组业界和学界评委的总体看法是：全省广播新闻采编人员锐意进取、积极作为，在舆论导向及内容传播方面，彰显主流媒体的责任担当。面对数字媒体、社交平台的竞争压力，以及受众分流、分化带来的影响，广播新闻依靠权威发布、人文情怀、地域风格、有声语言等媒体特色，汇聚舆论力量，拓展收听份额，提升价值优势。

广播新闻一组本次共受理短消息，长消息，广播系列、连续及组合报道三类送评作品 123 件。根据协会制定的评审规则，经提前审听、集中听评、反复酝酿、择优推荐等环节，在充分发表意见、基本倾向接近、个别保留看法的基础上，最终投票产生一等奖 5 件，二等奖 32 件，三等奖 37 件，共计 74 件获奖作品，获奖入围率略高于 60%。

现从以下方面概括综述本组评奖情况及参评作品特点：

一、价值导向和舆论监督

（一）及时报道时政要闻　发挥媒体引领作用

就时政报道而言，2017 年可以称为大事要事集中呈现的窗口档期，重要事件有党的十九大胜利召开、香港回归 20 周年、中国人民解放军建军 90 周年等。记录时代风云，关注重大题材，这是广播媒体职责所在和重要价值取向。各地聚精会神、集中力量投入宣传报道，营造积极热烈的舆论氛围。同时，遵照党中央提出的一系列宣传方针，融会贯通，转变惯性思维和传统模式，寻求新视角、新创意、新形式（融媒体），精心策划、组织主题宣传，使新闻节目更加"接地气""入人心"，淡化"高高在上""我说你听"的单向灌输方式。比如广播短消息《1 分 38 秒短视频 24 小时过千万阅读量　十九大代表闫文静解读报告受网民热捧》《茫洲岛渔民党员一次特别的支部生活会》《徐文坚：落实十九大精神，把美丽资源转化为美丽经济》《回望高考四十年——追忆我们的高考往事》等一批作品赢得听众的点赞和好评。

以中山电台短消息为例：党的十九大代表闫文静大会期间接受媒体采访，用"拉家常"的方式、个性化的语言表达自己聆听十九大报告的感受体会。时长 1 分 38 秒的视频在网络迅速走红，点击率超过千万。作品看似正面报道闫文静因访谈走红网络，实则借助文本和语言信息，以媒体、受众互动的形式，表达人们对美丽"中国梦"的广泛认同、对创新传播方式的接纳和兴趣。网友们说："她通过自己的语言，拉近了党和群众之间的距离，我们喜欢这种接地气的新闻传播。"

（二）引导舆论热点 注重舆论监督

舆论监督是民主监督体系的组成部分，有着其他监督形式难以替代的优势。关注问题导向，发挥舆论监督在社会转型时期的作用，是近年来广播媒体以"行风热线"为标志，提质增效、扩大影响力的创新尝试之一。表现为：各级党委政府高度重视、规范引领，监督针对性更强，对侵害民生利益行为曝光力度更大，而且将落脚点集中于解决矛盾、改进工作方法。今年许多送评篇目具有上述特点。

《广州连年重金治水效果不尽如人意，代表质疑绩效指标，只谈观感怎么验收》《打击通信网络诈骗，运营商委屈了吗？省人大代表认为对运营商还应更狠一些》《惠东稔山人大全省首创"三议两评"，向代表视察走过场说"不"》等作品直陈问题要害，运用现场音响效果真实还原行政监督过程中的实际案例，放大民主监督的声音，具有较高的可听性和传播价值。

广东电台送评作品《广州连年重金治水效果不尽如人意，代表质疑绩效指标，只谈观感怎么验收》中，记者采访的"专项投资预算审查会"是广州市人大工作改革创新的重头戏之一。人大代表从枯燥的数据堆砌和绩效表格文件中，发现政府部门工作尚有流于形式、落实不到位的环节，于是展开一系列质询互动，当事双方既有就事论理的冷静对话，又不时冒出观点交锋的火花。作品音响效果清晰丰富，具有一定的冲击力，播出之后给受众留下深刻印象。此外，还有一些作品对商事制度改革和医疗体制改革给予持续关注，折射媒体围绕经济、社会发展大政方针，对带有区域意义的热点焦点问题进行理性思考和分析疏导。

二、内容产品和特色亮点

（一）容量彰显传统优势

如果说舆论导向是媒体的生命，那么，决定媒体实力的内容产品就是大众传媒的核心资源之一，是衡量媒体影响力的重要标杆。举凡广播新闻年度送评作品，有两点印象值得一提：

其一，内容产品丰富多样，展现广播媒体海量信息传播能力。除根据上级精神、年度策划组织的重大事件及重要活动宣传报道之外，其他送评作品内容涵盖政治、经济、社会、文化、民生等诸多方面，如全面建设小康社会、精准扶贫、党风廉政建设、弘扬社会主义核心价值观、"一带一路"、供给侧改革、创新驱动发展、生态文明建设、弘扬优秀传统文化等。涉及面之广、信息量之大，与分众化、类型化媒体形成差异竞争格局。珠海电台《国产大型水陆两栖飞机试飞成功》、阳江电台《加快推进海上风电项目开发》和《南海一号沉船考古报告》等消息，既展现地方经济、文化、旅游发展重大事件，具有区域、全局意义，又与民生问题息息相关。作为新闻消息首发平台，媒体影响力、公信力不言而喻。主流社会对主流渠道的认可度，是在权威发布中逐步确立、强化的。有观点认为，面对数字媒体不断分化蝶变，知识付费、内容经济风生水起的态势，受众规模和知识信息极有可能被赋予新的资源价值。这一现象尤其值得传统媒体留意、思考。

其二，内容关乎广播媒体的整体质量。审听审看全省各地候选作品之后，此间传媒学界专家认为，得益于主管部门、行业协会坚持不懈的努力，本省广播新闻业务水准明显提升。具体表现为：省、市、县各级广播电台积极围绕区域经济建设、生态文明、改善民生等大政方针，策划、组织、部署宣传活动，自觉遵循广播媒体的规律、特点，扬长避短，追求传播效果。对此，来自基层台站的稿件往往更具有说服力。以江门电台消息《茫洲岛渔民党员一次特别的支部生活会》为样本：记者通过渔民党员从作业海区返回茫洲岛参加支部会这样一个独特的叙事角度，来宣传贯彻党的十九大精神，使极易流于枯燥的主题宣传变得鲜活生动，体现了编辑记者的匠心和功力。此外，广宁电台推荐的新闻《小小番薯干晒出亿元大产业》讲述中山市对口帮扶潭布镇脱贫发展的故事，事例典型，有时效，有背景，有现场录音采访，有数据对比和乡土色彩，包括标题都有吸引收听的悬念意味。以县级电台现实条件而言，这种表现可圈可点。

（二）特色传递媒体价值

地域文化的独特性是声音媒体历来看重的传播资源。浏览送评新闻作品，不时可以接触到带有岭南文化特色的篇什。正是这些作品的传播，使得广播媒体的本土气息、地域特征更加浓郁鲜明。当下，网络媒体带来的碎片化、快餐化、浅阅读效应，日益成为时代之痒。广播作为环境友好型传统媒体，具有更为深刻的人文意义。以下若干作品，仅仅列举标题就可以感知附着在信息后面的特定内涵和文化背景：《全国第一家珊瑚保育基地在深圳建立》《中国介质蝴蝶兰首次出口美国》《客家老屋村的蝶变》《采茶戏演绎精准扶贫》《海龟放流大亚湾》《海珠湿地效应印证"绿水青山就是金山银山"》等，它们可以被视为具有"南国温度"的广播新闻。

广播新闻的另一特色是音响和音效。毋庸讳言，省广播电影电视协会针对送评作品早有硬性规定，客观上推动了声音素材在广播节目中的普遍应用；而随着录音录像器材和多媒体技术日益普及，采集制作过程变得简易、便捷，这促使传统媒体记者向多媒体记者过渡成为可能。在多种因素相互作用下，语音媒体的特点得以强化和提升，媒体感染力和影响力得以进一步放大和凸显。本次评奖候选篇目当中，有两件作品值得特别提及：一篇是江门电台的短消息《深茂铁路增资 1.8 亿元"收声" 静静路过"小鸟天堂"》，作品时长一分半钟，采用"小鸟啁啾""列车轰鸣"作为现场采访的背景音响，通过前后对比，说明降噪效果优良。音效清新悦耳，恰到好处；用事实说话，言简意赅，令人信服。该稿寓绿色发展、保护岭南生态地标的抽象意义于具象化报道之中，兼备地缘特点和广播审美价值，是本次年度候选篇目中具有较高可听性和推荐价值的作品之一。这里节录如下：

【主持人导语】江门的"小鸟天堂"是全国最大的天然赏鸟乐园之一，鸟树相依，形成了独特的鸟类生态风景。为了不打扰这里的鸟类，深茂铁路建设方中铁四局增资 1.8 亿元修建了 2 公里的全封闭声屏障进行降噪，今天这项工程正式完工。请听报道。

【出记者周超录音】我所在的位置是"小鸟天堂"的观鸟楼，这里到深茂铁路的直线距离大约是 800 米，现在我们来做一个实验，看看火车经过的噪音会不会对这里产生影响。

【记者口述】记者周超在现场做了一个测试，测试仪上显示，火车经过时的声音强度是 45 分贝左右，相当于普通室内说话的声音。中铁四局深茂铁路声屏障分部总工程师简敏说：

【出简敏录音】我们用金属吸声板和 ECC 吸声板，能够把列车噪声封闭在全封闭声屏障范围内。

投资 1.8 亿建这个项目值得吗？很多人心存疑问。对此，中铁四局深茂铁路二标段党工委书记吴光华表示：

【出吴光华录音】这不是值不值的问题，我们要对自然界有一种敬畏，哪怕是一只鸟。

另一件作品系潮州电台选送的长消息《陶瓷做手机背板——潮州企业引领手机材料革命》，作品采用手机背板从 1.5 米高度自由跌落的现场音响，介绍新材料背板的可靠性和抗摔打性，声音清晰，比文字解说更为直观而有说服力。此外，《生死营救搁浅糙齿海豚》（台山电台）、《粤西地区首发海铁联运欧洲班列》（云浮电台）等在音效运用方面同样表现不俗。

三、问题短板与对策建议

在遴选推荐全省各地新闻参评作品过程中，本组评委和学界专家以作品为例，收集并归纳了若干问题。正因为存在这样或那样的缺陷与瑕疵，一些原本具有比较优势的作品或被淘汰出局，或被降低评奖等级，令人扼腕。值得注意的是，评委们指出议论的某些缺失，不是个案孤例，有些甚至反复出现，成为带有普遍性和倾向性的问题苗头。经归纳整理，将在本章稍后提及。平心而论，专家的观点未必符合客观实际。但是，发现和提出问题，可以转化为倒逼进步的原动力，这是我们的初衷。

年度现象分析之一：地方台新闻稿件选题和制作水准显著提升。根据统计数据分析，所谓地方台和地方大台之间的差距正在逐步缩小。珠海电台、佛山电台、惠州电台、中山电台等会员单位，本年度的选送新闻作品比较抢眼；获奖率明显提升。时下，传统媒体正在转向内涵发展阶段，地方台的追赶势头值得某些地方大台借鉴学习。

年度现象分析之二：具有感染力、冲击力的精品力作不多。这里涉及业态环境、媒体运作、人才培育等因素，也不能排除近年来从业队伍中新生代人才比重加大，或跨行业人员横向流动等原因，致使新闻采写制作方面的专业训练滞后，这成为制约传统媒体业务发展的短板。忽略问题，整体来看，可能弱化媒体竞争实力；落实到具体层面，势必影响节目生产质量。以下指出的实操方面问题，大体与上述现象有关。

其一，简单套用"首创""首例""首宗""国际领先""国内第一"等概念。据不完全统计，本组负责初评的120多篇稿件中，使用"首发""首单""国内领先"概念的稿件多达26篇，占比超过20%。评委审核讨论发现，多数"第一"经不起推敲，要么之前已有媒体发布消息，例如《全国第一家珊瑚保育基地在深圳建立》；要么"首创"意义兑水，而且很难界定"首创""第一"在专业技术方面的价值作用，例如《首个镇级电商孵化平台上线》。分析原因，可能一是作者想借用贴标签的方式拔高新闻的时新性和重要性，所谓"戏不够，雷雨凑"；二是迎合受众的猎奇、好奇心理，依靠噱头吸引关注。这里需要强调的是，并非不能使用上述语词，而是当缺乏权威界定、无法充分求证核实时，应恪守"学贵有疑"的古训，慎用"首次""国内第一""国际第一"等概念，随意使用势必伤及新闻的权威性、真实性。

其二，忽视消息写作的某些原则。新闻学者方梓德认为："在一篇新闻中最好只体现一个主题……只叙述一件事情，使人看来单刀直入，浑然一体，而不要包罗万象，面面俱到，头绪纷繁，枝节丛生。""这样不仅难以突出重点，也把最有价值的新闻要素埋没了。"本次评选有此一例：南海发现可燃冰，原本是一桩可以引发广泛关注的重大信息，继省台、中央台发布消息之后，某地方大台受邀登上钻井平台采访。面对"钻探发现我国南海蕴藏丰富可燃冰"和"本地企业自主研发海上超大钻井平台"两大新闻素材，记者没有遵循消息"一事一报"的原则，也没有深入分析、筛选材料，舍弃枝蔓，抓住最具新闻价值的事实展开报道，而是眉毛胡子一把抓，既介绍可燃冰的开采前景，又宣传钻井平台的开发过程。感觉两件事情都点到，但没有一件说明讲透，背景和主体听上去没有区别，可新闻重点落在哪里？令人一头雾水、不得其详。比较之下，广东电台消息《我国南海可燃冰试采圆满结束，创多项世界纪录》一事一报，有时效，有现场，有音响，逻辑严谨，层次分明，受到评委好评，被推荐为一等奖候选篇目。

被称为"中国核潜艇之父"的黄旭华院士祖籍广东。2017 年 11 月 17 日中央领导与全国道德模范合影留念时，习总书记特意挪开椅子，邀请黄旭华院士和另一位老人到身边就座。黄老故乡人民收看电视后，反响热烈。这条新闻内涵非常丰富，可以进行多种延展解读，譬如：党和国家领导人身体力行，弘扬道德风尚，敬老尊贤，尊重知识，尊重人才等。其家乡媒体意识到消息的分量，却没有循着上述逻辑思路去挖掘提炼新闻价值，而是话锋一转，报道黄院士心系家乡、情系桑梓、捐资办学的事迹，使人在听觉上留下偏离主题的印象。对于类似事件、同一人物，汕尾电台只作单一事实报道，听觉上显得清晰明白，符合广播媒体的线性传播特征。

其三，轻视背景材料在消息写作中的运用。本组接触的部分短消息，存在为短而短、刻意求短的现象。特别是当背景材料影响消息篇幅时，不假思索地随意裁剪，致使新闻背景语焉不详，无法突出新闻重点亮点，结果造成当地着力推动的改革举措、创新尝试、惠民工程，因为背景使用欠火候、信息量不够充分、消息特点不突出等原因，削弱了竞争力。例如《海陵岛至珠海机场客运专线开通》一稿，因为送评作品受制于时长、篇幅，无法恰到好处地取舍、筛选背景材料，最终削足适履，难以烘托新意、体现特色，与较高级别奖项失之交臂。尽管修建公路的必要性、重要性等相关背景写在作品推荐表格里，让评委们一目了然，但评价的对象只有一个，即作品本身。把新闻事实放在相对应的政策、现实、环境背景之下整理、挖掘，提炼价值元素，运用对比、陪衬等写作手法，可以使新闻事实变得厚重、深刻，更有黏性和感染力，这是记者应当掌握的一项基本技能。

其四，广播和电视、网络视频节目使用同一音源素材。这是目前实际工作难以回避的话题。全媒体记者的出现，客观上形成了由电视采访同期声提供广播录音素材的现状。尤其是受到人员编制、设备单一等条件限制的基层台站，这种情况较为普遍。这里无意提出脱离实际的要求，问题是如何剪辑使用音源、音效素材。完全依赖、照搬电视制作手法，简单易行，但是不利于扬独家之长。我们的观点是：采用视频系统素材时，兼顾两者共性，照顾广播媒体个性，即线性传播的特点；遵循广播新闻写作的原则、规律，提倡口语化写作、音频化制作的路径。鉴于多媒体、全媒体写作已然成为未来记者发展走向，这个问题不再举例说明。

（刘堤洪，2017 年度广东省广播影视奖广播新闻一组组长，深圳广播电影电视集团编委会原编委，高级编辑）

在吹毛求疵中树立业界标杆
——2017 年度广东省广播影视奖广播新闻作品评选综述（之二）

赵建国

广播新闻二组共收到参评作品 72 件，经过评委严肃认真地审核和选拔，共有 44 件作品获奖，其中一等奖 6 件，二等奖 18 件，三等奖 20 件。从本组情况来看，这次参评作品的优缺点均很明显，有必要进行总结和反思，理性评估将有助于各新闻单位继承良好传统，同时吸取教训，避免重犯类似的错误，从而增强传播效果。

一、好与优

本次参评的绝大多数作品都体现了"走、转、改"和"三贴近"的要求，新闻精品意识突出，具体表现在以下几个方面：

（一）观点鲜明，立意正确

广播新闻评论一等奖作品《不能让"小燕子"赵薇空手套白狼的游戏继续玩下去》，关注的是社会普遍关注的事件：著名演员"小燕子"赵薇用 50 倍杠杆收购上市公司万家文化，是典型的空手套白狼行为，影响恶劣，不仅造成股价剧烈波动，使大量投资者损失惨重，还严重影响市场秩序。就此而言，该节目选题具备相当鲜明的现实意义和前瞻性，契合当前我国高度重视金融风险防控的政策基调，立论高远。而且，本作品资料扎实、论证严密，尤其是邀请的两位权威专家的点评中肯到位，使整个作品有理有据，富有说服力。借助赵薇案，本作品进行了一次高水平的金融政策宣传，有利于加强舆论导向，引导证券市场健康发展，凸显强烈的政策意识和社会责任感。此外，该作品能充分了解金融市场、专家学者和相关部门的信息，并在此基础上有感而发，评述精彩，结构严整，布局巧妙，具有较强的感染力和可听性，体现了新时代广播新闻评论的特点。

获得广播新闻评论二等奖的作品《共享经济不能变成"共抢经济"》《引导意义大于实际效果，非强制更显文明风尚——评深圳地铁全国首设女性优先车厢》《新闻述评：岂能抢当"贫困户"？》等，都有很强的针对性，密切关注现实的社会问题，立意深远，能抵达人心、引起共鸣，起到相当不错的传播效果，有助于营造良好社会氛围。

（二）注重创新表现手法，刻画细腻，有血有肉

广播新闻专题一等奖作品《不忘初心——陈开枝百色扶贫"第二个 100 次"再出发》是一篇非典型的人物报道，它的非典型表现在全篇没有一个描述性的细节，也没有一句记者的主观评论。创作者采取了"纪录片"式的实录手法：主人公自己推进整个报道，记者只旁观记录。开篇陈开枝在机场的独白，在点题"不忘初心"的同时，将这名老共产党员、全国扶贫知名人物对扶贫攻坚的信心生动展现出来，先声夺人，很快将听众的兴趣提了起来。随后通过采访机记录下来的陈开枝的讲述，观众得知他为什么如此锲而不舍地参与扶贫，为什么致力于扶贫教育，如何才能带动更多人参与扶贫等。通过扶贫对象的讲述，受众能知道扶贫如何有效解决了贫困地区人们的生存和发展问题，让扶贫攻坚的主题一步步得到深入的挖掘和展现。

实录手法还运用在对记者行文的纯客观表达形式上。记者没有用任何描述性的词汇和语句，其所见所闻与陈开枝的回顾、21 年的扶贫成果与当地人的记忆和评价有机穿插，浑然一体。平静客观的叙述与主人公自己的感性表达、扶贫对象的恳切评价相得益彰，完整地展现了陈开枝的感人故事、他身上体现出来的共产党员的高尚品格、"生命不息、扶贫不止"的可贵精神。此外，记者非常注重捕捉陈开枝的言行细节，如招呼队友、打电话、与小朋友对话等，通过现场收录的细节，让鲜活的陈开枝形象得到立体展现。

这篇作品用不动声色的姿态讲述了一个老人 21 年不忘初心、锲而不舍扶贫的故事，写作手法上的刻意坚守值得鼓励，用事实说话的专业追求令人玩味。所以，作品依靠丰富且高质量的声音元素，营造出鲜明的广播特点，有很强的感染力，让人深刻体会到广播的魅力。

广播新闻访谈节目一等奖作品《最美援外医生——林纯莹》对新闻事件、新闻人物和新闻话题的处理都比较好。节目主持人通过对采访对象的轻松、自然访谈，把一个个看似平淡、实为感人的"援非"小故事告诉听众，体现了广东医务工作者为国家、为中非之间的医术交流，不畏艰苦，大爱无疆。节目主持人在整个访谈节目当中没有做作的语言，只有真情实感的流露，因而使被访谈者对许多事情和问题都能打开心房，知无不言，这是这个访谈节目最成功的地方之一。对于一些新闻背景的处理，节目采用了由记者采访、录音制作来完成的形式，避免了访谈节目中容易出现的枯燥感。

广播新闻栏目一等奖作品《东莞早晨》是东莞电台 1997 年推出的一档综合新闻类栏目，收听率和市场占有率在 2017 年一直稳居本地区同时段同类型节目首位。其所选送的两期节目紧扣本土热点，及时、准确、全面报道，采用节目连线、记者采访等方式表现新闻事件，角度多样，凸显了广播的时效优势和栏目的民生情怀。主持人节奏松紧适度，较好地把握了节目的定位和基调，更增强了节目的传播效果。该栏目不但能够在综合性专题报道中做到精心策划、组织得当，而且能够在突发事件中及时洞察、提前预判，是当前值得提倡的新闻栏目编排方向。该栏目能够充分发挥广播的传播特点和优势，有点有面，扎根本土，充分发挥了媒体积极监督职能，同时也在报道角度、表现形式等方面做出了一定的新尝试。

（三）关注重大题材，契合社会脉搏

广播新闻节目编排《中国鲲龙腾飞——我国首款大型水陆两栖飞机 AG600 在珠海成功首飞》，就是典型代表。该节目报道题材重大，AG600 堪称大国重器，体现航空工业与广东的"大融合"，国家和省部多位领导人参加了首飞仪式。从广播新闻节目编排的要求看，该节目具备明确的编辑思想，充分表达出中国航天人的大国强国信心。编排上运用了现场报道、评论等多样手段，表述紧凑；录音与音响使用得当，现场感强；重点突出，点面结合，长短搭配，结构清晰，层次分明。而且，该节目全部内容均为当天发生、当晚播出，时效性强，并在该台多个频率全程滚动播出，融媒体平台也编发相关图片，传播效果良好。

广播对外新闻和广播对港澳台节目一等奖作品《香港回归 20 周年特别节目——小证件大历史》，是一个把政治大事件宣传工作做得相当漂亮的对外广播特别节目。节目切入口径巧妙，角度独到，以小见大，通过一张小小港澳通行证件的变化，折射了香港回归祖国 20 年来"双城生活"对两地人民生活产生的深刻影响。同时，该节目采用了不同年代的人们对话的情景演绎，再现了香港回归祖国 20 年后的繁荣和魅力，体现了香港民众和祖国越来越亲的关系。因此，该节目十分适合境外受众的欣赏习惯，亲和力强，传播效果较好。

二、问题与不足

有人说新闻是门遗憾的艺术。这个说法在本次参评作品中也得以体现，带有共性的问题和不足表现如下：

（一）音频和文稿不一致

广东广播电视台报送的广播新闻专题《广东"一带一路"参与度领跑全国 专家指出："走出去"更要"融进去"》，开篇标题及导语的整段文字缺失，音频与文稿差异极大。

江门广播电视台报送的广播新闻节目编排《侨都之声特别节目——直击台风帕卡》，文字缺失很多，有少数文字位置颠倒，尤其是最后几段文字稿与录音

的偏差较大。

鹤山广播电视台报送的广播新闻评论作品《"二师兄"路在何方——一个生猪调出大县探路绿色养殖的启示》也是一个比较典型的案例，其中多次出现音频和文稿不一致。比如，该作品4分17秒"据统计，鹤山市依法关闭的332家养猪场中，超过80%是零散养殖场。鹤山市生猪养殖拥有悠久历史"该段录音缺失，仅见文字稿；5分15秒至5分20秒"猪的排泄物都直排到附近河流里，污染太大"该段录音也缺失，仅见文字稿；6分37秒"是一个多赢的途径"该段录音也缺失，仅见文字稿。此外，该节目的8分45秒、13分44秒至13分54秒两处，都出现只有文字、没有录音的错误。

此外，阳江广播电视台报送的广播新闻节目编排《阳江新闻》、高州广播电视台报送的广播新闻节目编排《高州新闻》等，也存在文字稿和音频不能对应的问题，要么是文字稿缺失，要么是录音没有文字稿中的相应内容。

（二）交代不明，表述不恰当

广东广播电视台报送的广播新闻专题《广东"一带一路"参与度领跑全国 专家指出："走出去"更要"融进去"》，音频与文稿中有这样的字句："下午六点半，一列挂有'中欧班列'的铁路集装箱专列在火车汽笛声中缓缓驶出位于东莞石龙的广东铁路国际物流基地。"这里的时间不清晰，日期不明，实际上该列车并非每日发车。另外，该节目还提到，"石龙是东莞边陲的一个小镇"，"'一带一路'建设已由中国倡议演变成全球共识"，这样表述也是不恰当的。

佛山人民广播电台报送的广播新闻专题《为了8.8万名贫困群众——佛山新时期精准扶贫工作纪实》，在音频和文稿中出现"被称为精准扶贫的'佛山样本'""以他们共同实践所形成的佛山样本"，两处"佛山样本"都未能说明来源。而且，该节目1分07秒至1分16秒的"群众录音"、5分59秒至6分16秒的"贫困户录音"、10分17秒至10分33秒的"贫困户"、17分28秒至17分38秒的"干部录音"等处，说话主体交代不明。

（三）提法不妥当、不严谨

韶关广播电视台报送的广播新闻访谈节目《香芋田边话民事》，有很多说法值得斟酌，比如"那么在我们地方主官的眼中，他心目当中的新农村又是怎么样""作为乐昌市委市政府，一直按照中央还有省、韶党委、政府的要求""市委、政府怎么想""市委、政府责无旁贷""我们的母亲都是乡村""让故土不单单成为我们的精神家园，还能够成为宜居、宜业，来了就不愿意走的地方"。主持人出现一连串的错误，表述随意，不够严谨。

（四）文字稿中字词漏缺

博罗广播电视台报送的广播新闻访谈节目《创文聊天室——博仁文化志愿

者协会上线》文字稿中，1 分 46 秒"主要是为我们广大的一些传统文化爱好者以及一些老百姓提供一些道德实践的一个平台"，应为"市民老百姓"；5 分 06 秒"收益的都是我们老百姓自己"，应该是"受益"；5 分 36 秒"主要的服务项目有：健康咨询、医疗救助、雨伞借助、手机应急充电、法律咨询、服务咨询以及废旧电池回收还有免费送凉茶这些活动"，少了"图书漂流"。

（五）文字稿标点使用不规范

阳江广播电视台的广播新闻访谈节目《创新立品牌　追梦志不怠——广东省百佳新型职业农民、阳江市牛大力协会会长黄创尚访谈》，文字稿中有"把家乡牛大力种子送上了太空、创办新型农业种植基地，带领村民致富"，这里的顿号明显不合适。

潮州广播电视台报送的广播新闻访谈节目《不忘初心　精忠报国——专访"钢铁战士"麦贤得夫妇》，文字稿中有"我爸爸说了贤得是党员，玉枝也是党员都是党培养教育出来的""我们相信党是伟大光荣正确的""我跟老麦当时结合的时候只有抱着一种协助组织上帮忙给老麦一个正常人的家庭""特希望我们的国家国泰民安繁荣富强"等处，都出现了标点缺少和使用错误的问题。

（六）个别作品存在导向问题

深圳广播电影电视集团报送的广播新闻节目编排《898 早新闻（5 月 16 日）》出现的问题较为严重，应该引起关注，要杜绝这类问题再次发生。其栏目开头即是"工商银行《898 早新闻》"，但商业名称直接加在新闻栏目名称前面是不妥的；4 分 00 秒出现"深圳方面"，与后面的"国内方面"应该是包含关系，不能简单并列；13 分 48 秒"我们也是作为一个大国，或者说作为一个政治上，我们的受益不大，而且没有使我们得到充分的发展"，观点明显不妥；15 分 07 秒"这些国家和深圳还有中国在科技、经贸、文化合作方面取得的成就"，这种并列不妥，层次混乱，逻辑关系不清。

组织一年一度的广东省广播影视奖评选，是为了给广东新闻界树立行业标杆，获奖作品应当具有示范意义。为此，严格要求和好中选优是需要坚持的原则，甚至"吹毛求疵"也可以理解，新闻精品理应接受审视和反复推敲。当然，瑕不掩瑜，个别作品出现的错误不会减少影视奖的荣光。

（赵建国，2017 年广东省广播影视奖广播新闻二组评委，广东外语外贸大学新闻与传播学院新闻专业硕士中心主任、教授）

时代、地域特色鲜明，有创新、有担当
——2017 年度广东省广播影视奖电视新闻作品评选综述（之一）

邱一江

一帧一字，一分一秒，初评、审核、复评、定评，经过省内、省外业界、学界的专家、领导反复检验，2017 年度广东省广播影视奖获奖作品终于确定下来。其中，电视新闻一组评议的作品是短消息、长消息和系列、连续及组合报道。参评作品 163 件，获奖作品 96 件，获奖率 58.9%，其中一等奖 4 件，二等奖 41 件，三等奖 50 件。整体来看，长消息、短消息稍弱，需要矮个里拔高个，"拽"出一等奖；与之相比，系列、连续及组合报道则质量普遍较高。以下从作品题材特色、正面报道与舆论监督报道情况、获奖单位分布状况三方面分别加以阐述。

一、时代、地域特色鲜明，题材多元化

十九大、深化改革开放、"一带一路"倡议、大湾区建设等具有新时代特色的重大选题是广东各级电视台宣传报道的重点，同时各台还根据本地实际，突出地域特色，将时代性和地域性紧密结合起来，这些在参评作品中都得到了集中体现。

广东省一直是全国改革开放的排头兵，2012 年 12 月，党的十八大胜利闭幕之后，习近平总书记离京调研的第一站就来到了广东，发出了"改革不停顿、开放不止步"的强音。2017 年正是习近平总书记视察广东五周年，也正逢党的十九大召开，广东广播电视台和深圳广播电影电视集团不约而同地分别推出了系列报道《习近平总书记视察广东五周年〈牢记嘱托 新时代新气象新作为〉系列报道》和《为了总书记的嘱托》，一个以全省为范围，一个以全市为范围，对总书记五年前视察过的点做了一次全覆盖和全梳理，浓墨重彩地报道了五年来改革开放所取得的喜人成就，最后落脚在新时代、新起点，广东省将如何践行习近平新时代中国特色社会主义思想、进一步推动改革开放这一主题上。节目大气，资料丰厚，对比强烈，时代和地域特色都很鲜明。

除了这两个重点报道，改革开放方面的获奖作品还有不少，如二等奖作品

中深圳广播电影电视集团的《内地首家外资控股券商开业　中国金融业新一轮开放启航》、佛山电视台的《顺德建全国首个产业发展保护区》、韶关广播电视台的《韶关在省内率先推行商事登记"马上办"模式》、广东广播电视台的《惠州博罗：从此路不通到康庄大道》、增城广播电视台的《投资 610 亿的富士康广州增城第 10.5 代显示器今天开工》、深圳盐田区广播电视台的《深圳至明斯克中欧班列今天首发》等。这些作品反映了广东 2017 年在金融、实体经济、农村农业、供给侧改革、引进外资、制度建设等方面改革与开放的进展与成就，较为全面地展示了广东改革开放领头羊的形象。

重大成就、重大工程的报道历来是各级电视台关注的重点，也是获奖的大户题材，加之迎接十九大召开，成就性报道的分量更加重了。对一、二等奖的统计数据印证了这一观点。该类题材获奖比例分别占一等奖的 40%、二等奖的 66.7%。这些作品反映了广东省在改革开放、经济、金融、科技、文卫、体育、民生、精准扶贫等多方面的成就。

重大成就、重大题材的报道本来就是新闻竞争的主战场，而今年这类题材分量的加重也进一步加剧了其间的竞争。竞争加剧直观地体现在同题竞争，比如"习总书记视察广东五周年"的题材，广东广播电视台和深圳广播电影电视集团都做，但两者都巧妙地发挥自身优势，避开了对方的强项，因而都获得了二等奖。汕头台与澄海台竞争"澄海企业抱团维权成功收回被抢注商标"，结果汕头台取胜，夺得一等奖。有意思的是，"中国散裂中子源首次打靶成功获得中子束流"是省台与地市台竞争，结果东莞台获得一等奖，这也许是由于地市台占有地利优势。

由此可见，"改革开放排头兵""经济发展全国领先"，广东这一鲜明的地域特色在获奖作品中得到较充分的体现。随着经济社会的发展，广东人思想的进步、意识的提高也显现出来，这也成为广东特色的组成部分，如环保意识的增强、精神文明建设的成就。而广东各电视台对这两方面成绩的反映也值得关注。

南沙区新闻中心采制的《创造生命奇迹　南沙接力抢救 7 名沉船幸存者》（一等奖）、花都区广播电视台的《十字路口突发车祸　过路空姐跪地救人》（二等奖）、惠东广播电视台的《香港货船遭台风重创沉没　惠东迅速开展海空大营救》（二等奖）、惠州广播电视台的《高考第一天：送考大巴要迟到　交警快速处置化险为夷》（二等奖），反映的是危机当前，在紧急时刻各方伸出援助之手，从而化险为夷的故事，体现的是危急时刻见真情。汕尾广播电视台的《黄旭华院士捐赠获奖奖金　勉励家乡学子立志报国》展示了老科学家难以割舍的家乡情、故土情，花都区广播电视台的《万里之外送祝福　依依不舍援疆情》、广东广播电视台的《新疆小伙开平"探亲"报 14 载养育之恩》，歌颂了广东、新疆浓浓的民族情。大爱无疆，这些作品以真动人、以情感人，充分展示了广东人民的朴实、善良、真诚、友爱。

环保类题材在 2017 年度的广东省电视新闻作品评奖中也成绩不俗，如下表所示：

2017 年度广东省广播影视奖环保类题材获奖作品表

序号	标题	单位	体裁	奖次
1	"小鸟天堂"免打扰　深茂铁路增资 1.8 亿元"收声"	江门广播电视台	短消息	二等奖
2	年创税收七千万央企八秒夷为平地　只为环保	兴宁广播电视台	短消息	二等奖
3	一张巨额环保罚单引出的逆袭故事	肇庆广播电视台	长消息	二等奖
4	佛山：工业城市的"森林城市"逆袭	佛山电视台	长消息	二等奖
5	打造 6 景区 6 上市公司　农村收入破百亿　雁洋镇：绿水青山变为金山银山	梅州广播电视台	长消息	二等奖
6	全国首个污染土壤修复与光伏发电综合项目全容量投产发电	仁化广播电视台	长消息	二等奖
7	抹香鲸徘徊浅海被网困　深惠两地合力营救	惠州广播电视台	系列、连续及组合报道	二等奖

从上表可以看出环保报道有几个突出的特点：第一，从选题来看，涉及面广。既有环境保护、生态平衡、生态建设的宏观关照，也有具体故事、人物的个案报道；既涉及有形的环保作为，也涉及无形的环保意识；既覆盖城乡，也囊括发达与欠发达地区。第二，从新闻业务看，形式多样。作品中包含短消息、长消息和系列、连续及组合报道，新闻类型丰富；题材选择上有事件性的，也有现象类的；有成就性的正面报道，也有舆论监督取得成效的报道。第三，从报道单位看，涵盖各级、各地电视台。有珠三角发达地区电视台，也有粤东、粤西、粤北不发达地区电视台；有地市级电视台，也有区县级电视台。这些令人欣喜的变化表明，我省环保工作扎实推进、人民环保意识显著提高，而所有这些成就都与包括电视台在内的各级媒体的宣传报道分不开。

二、正面报道有创新，舆论监督不缺位

正面报道的创新表现在题材新、体裁新、视角新、表现新。下面以四个作品为例分别加以阐述。

1. 题材新

《海丝·粤桥》是广东广播电视台精心打造的系列报道，它的题材新表现在以下几个方面：第一是内容新。有关"一带一路"倡议的报道很多，怎样才能凸显特色、与众不同？广东广播电视台结合本省侨乡的优势，以"一带一路"上的中华文化传承为主线，展现海外华人守护与传承中华文化的决心、魄力和行动，彰显文化自信。这一主题一下子就使报道有了叫人眼睛一亮的新颖性，并且使得一个宏大的主题有了坚实的依托。第二是地域新。该报道采访团队足迹遍及亚洲、非洲、美洲的 12 个国家和地区，其中有刚刚与中国建立外交关系的巴拿马，有中国主流媒体从未踏足过的加勒比岛国库拉索等，这大大拓展了报道范围。宽阔的视野增强了新闻的创新性。第三是立意新。该报道采访了近百位粤籍侨胞，报道的对象有终其一生也要办好华文学校的印尼侨领，有连续 20 年自掏腰包做春晚的巴拿马华商，有在秘鲁积极推广中餐、在南非种水稻的老侨、新侨，还有不遗余力传扬中华文化的古巴华裔……虽然距离遥远，心与心却紧紧相连。作品以小见大，人物虽远犹近，节目立意高远。同时播出时机配合大局，在"21 世纪海上丝绸之路"倡议提出 4 周年之际开播，按地域依次从东南亚、印度洋到非洲、南美洲，最后以加勒比岛国的报道结束，播出顺序从古代海上丝绸之路延伸到现代海上丝绸之路，寓意深远。

2. 体裁新

珠海广播电视台的《"港珠澳大桥主体工程贯通"组合报道》采用组合报道的形式，以大桥主体工程贯通为基点，拓展到大湾区发展这一更大、更新的领域，整个报道使用了长消息、短消息、新闻背景、专家访谈等多种新闻表现形式，既有宏大叙事场景报道，又有微观细节精准描摹，新闻呈现集中、准确、全面、立体。在系列、连续及组合报道这一类型的评奖中，连续和系列报道常见，但是查阅多年来的评奖资料，却没有以组合报道单独获奖的作品，这可谓是形式上的一个创新。它的获奖实际上扩大了消息类作品获奖的样式。当然，组合报道在电视新闻节目编排、电视新闻现场直播、电视新闻栏目等项目的创作和评奖中一直发挥着重要的作用，有着不可替代的地位。

3. 视角新

韶关广播电视台的《南岭新路》采用"主播看发展"的现场报道形式，用记者的视角作第一人称叙述。围绕这一崭新的角度，节目做出了全方位改变。首先，主播的讲话方式和内容根本改变。其语态是交流式的，在现场发现、在现场沟通，并适时将话语延伸到事物背后，讲述观众想要、需要了解的各种信息。这种由点到面、由浅入深、从微观到宏观、由具体到抽象的内容和方式，与演播室的"高大上"判然有别。其次，主播在持续的行进中全程现场报道，进行时态中悬念和惊喜不断。与之对应，报道镜头不再是传统的蒙太奇拼接，而是不间断地流动，在航拍与地面之间无缝衔接，再加上后期特技，制造出不同时空之间魔术般的瞬间穿越。现场、流动、进行时态……所有这些将电视媒介的特性和优点体现、发挥到极致。最后，在上述变化带动下，编导、摄像、后期编辑的工作内容也与传统角色定位有较大变化。总之，随着对记者的第一人称视角的运用，节目采制的每个环节都发生了变化，指导这些变化的新理念就是以有效传播、受众体验为核心，而结果也验证了这点。

4. 表现新

珠海广播电视台的《伶仃洋点亮世界奇迹　港珠澳大桥具备通车条件》以港珠澳大桥为主体，展现大桥的雄伟、气派，回顾世纪工程建设历程，并通过粤港澳大湾区融合发展凸显新闻价值。与这翔实内容相对应的是新颖的形式。回顾建设历程时不是简单地堆积资料画面，而是采用"进行时 + 过去式"的独特方式："进行时"是一个双屏分割的画面，左边是行驶在大桥上的采访车，车轮滚滚显示进行时态；右边是港珠澳大桥的地图实景，红圈在地图上移动，表示工程进展状况。红圈在节点处停止，字幕出现，自然转换到"过去式"：资料画面 + 人物的同期声。人物同期声简短明了地告知工程到了哪一个环节，带有现场同期声的资料画面则展示当时的场景。这样经过几次往复，在动态中把工程建设历程一一介绍清楚。如此处理，将复杂的时空关系、频繁的时空转换清晰地交代、顺畅地转换。大桥通车的意义是通过"大桥航拍 + 动态跟踪特效字幕"的形式完成的。字幕有"'一国两制'框架下粤港澳三地大型跨海交通工程""通车后粤港澳大湾区形成闭环，近 10 万亿体量的区域合作迈上新台阶"等。航拍的是亮灯后美轮美奂的大桥。再配上激昂的音乐，令人振奋。本来抽象甚至有点枯燥的内容艺术地展现出来，这不仅令观众易于吸收，而且给人美的享受和心灵的震撼。由上可知，该片的叙述风格不同于常规新闻（甚至没有解说词），既淋漓尽致地发挥出电视镜头语言的特性，又让观众有了前所未有的视听体验。

以上从题材新、体裁新、视角新、表现新等方面对正面报道的创新之处做了介绍，其实如此划分只是为了叙述的方便，实际上每个优秀作品的创新体现在多方面，远不止这四点。需要指出的是，电视新闻作品的创新基础在于对电视媒体特性的了解和把握，尤其要重视现场及其还原，给人以代入感。优秀的作品都是精心策划的结果，上述四个作品的创作者在策划方面花费的功夫及体现出来的水平，特别要加以肯定。

在肯定正面报道成绩的同时，我们也要清醒地认识到存在的不足，其中题材方面的缺点尤为明显。本届长、短消息获一、二等奖的作品共 40 件，全都是显性题材，其中，带"最""首""第一"的在 17 件短消息里就有 7 件，其他的也都是预知性事件。这样的状况令人担忧：记者的新闻发现能力呢？毕竟发现新闻线索、搜集新闻素材，是最能体现记者业务水平和能力的地方。与此同时，新闻报道取材难易的程度应该成为评价的重要方面。实际上评委们已经有所倾斜，南沙区新闻中心的《创造生命奇迹 南沙接力抢救7名沉船幸存者》获得一等奖就是一例。由于"级别"原因，他们不能随搜救船到海上救援，这意味着失去了到第一现场采访的资格，对记者来说没有比这更受打击的了。但是南沙区新闻中心的记者没有气馁和抱怨，而是敏锐地抓住"获救船员被紧急送往医院救治"这一新闻第二落点，从而独辟蹊径，成就了一条角度较为独特的电视新闻作品。他们积极争抢第二落点的意识，充分反映了其超强的新闻敏感度、自如的应变能力和令人钦佩的敬业精神，值得称道。

舆论监督获奖作品只有两件，虽然数量不多，却代表着舆论监督的两种不同类型。一种是配合政府的工作，在有关部门的支持下，开展报道。一般都以典型开路，一追到底，成效明显，让领导和群众满意。一种是媒体或记者依据某个时间节点，自发开展调查，由于没有政府支持，采访困难，一般都采用暗访的形式。其报道结果难以确定，有关部门引起重视就对相关事件进行调查，没有则不了了之。汕头广播电视台的《"二手房过户调查"连续报道》属于前一种情况，广东南方财经全媒体集团股份有限公司采制的《3·15踢爆消费潜规则（3集）》则属于后一种情况。

《"二手房过户调查"连续报道》的采写背景是：2017年，汕头启动以"崇德尚法、为民担当、创新实干"为主题的作风建设年活动。汕头广播电视台与市作风办一起，重点曝光了该市二手房过户手续办证时间太长、交易资金由民营企业监管不安全以及乱收费等问题，引发社会广泛关注。在作风督查和舆论压力之下，房管与税务等部门迅速落实整改，清退无资质监管交易资金的民营企业，允许正规商业银行进驻交易所，在群众自愿的前提下监管交易资金；同时提供免费的资料打印复印等服务，并全面缩短二手房办证时限，大大提高办事群众的满意度。

采制《3·15踢爆消费潜规则（3集）》的目的，用创作者的话来说就是"替消费者说话"：从消费者视角出发，与消费者站在一起，成为帮助他们监督消费问题的眼睛、倾听他们消费投诉的耳朵，用媒体的力量让消费者的声音传播得更远、更加有力。为此，记者独立承担了调查的工作，其间毫无意外地使用了暗访的方式。这一报道的效果怎样没有直接的证据衡量，但是其在采访中扮演角色的做法却引起了评委的争议。有情怀、为民请命应给予肯定，但是扮演角色、介入事件还是要慎之又慎。

以上对舆论监督报道的两种类型做了一点梳理，目的在于让媒体人认识到当下的舆论环境和舆论监督报道的特点，把握其规律，从而更有效地开展舆论监督，发挥媒体应有的功能，增强自身的影响力与公信力。

三、获奖单位分布反映实际，正常中有惊喜

一般认为，在广东电视新闻方面，省台、深圳台、广州台有其特殊优势：省台政治地位最高，各方面新闻资源得天独厚；深圳台所在地是全国最大的特区，经济发达，消息源丰富，其节目在全国有影响；广州台作为省会电视台，地处全省政治、经济、文化、商业的中心，粤语新闻历史悠久。处于经济较发达的珠三角地区的珠海台、东莞台、佛山台、惠州台、中山台等台，新闻采编队伍实力强劲，而汕头台、湛江台、韶关台等粤东、西、北各电视台新闻节目进步喜人。不容忽视的是，广东有一些区、县电视台很重视新闻精品创作，在各级评奖中有较好表现。2017 年度广东省广播影视奖消息类作品的评奖结果基本上反映了广东各台的现有状况。

首先，省台获奖作品数量最多，龙头老大的地位稳固。以一、二等奖为例，2017 年度广东省广播影视奖消息类作品一、二等奖的总数分别是 4 件和 41 件，省台共获得一等奖 1 个，二等奖 9 个（其中一件作品由广东南方财经全媒体集团股份有限公司制作）。具体见下表：

2017 年度广东广播影视奖省台获奖作品表

序号	标题	体裁	奖次
1	海丝·粤桥	系列、连续及组合报道	一等奖
2	全球首例"不中断血流肝"移植在我国获得成功	短消息	二等奖
3	中国最大炼化项目炼油工程投产成功	短消息	二等奖
4	惠州博罗：从此路不通到康庄大道	长消息	二等奖
5	中俄首部合拍动画片《熊猫与开心球》发布	长消息	二等奖
6	新疆小伙开平"探亲"报 14 载养育之恩	长消息	二等奖
7	广东女篮全运终圆梦	长消息	二等奖
8	3·15 踢爆消费潜规则（3 集）	系列、连续及组合报道	二等奖
9	习近平总书记视察广东五周年《牢记嘱托　新时代新气象新作为》系列报道	系列、连续及组合报道	二等奖
10	新春走基层　风雨春运人　现在的你　离家多少公里	系列、连续及组合报道	二等奖

上述作品从类型看，短消息 2 件，长消息 4 件，系列、连续及组合报道 4 件，样式齐全，分布均匀，反映出该台对各种类型的消息节目有很强的把握能力。从选题看，有关系国计民生的重大题材，有反映人间真情的社会新闻，还有体育新闻；既有显性题材的报道，也有隐性题材的挖掘，作品涉及范围较为广泛。从性质看，以正面报道为主，也有舆论监督和中性的信息报道，特别是舆论监督作品直接关系民生，非常难得。从采访状态看，有规定项目，更有主动策划，而且主动策划的选题较多，获奖层次也较高。由此可见，省台在新闻的选题、策划方面，可圈可点；在各类题材、各种类型报道的把握上，积淀较深，表现良好。

其次，19 个地市台获得一等奖 2 个，二等奖 23 个，分布基本反映了各台现有实力。珠三角地区各台整体较强，获得了 1 个一等奖，11 个二等奖。粤东、西、北各台进步喜人，有 1 个一等奖，8 个二等奖。东莞台领衔珠三角各电视台，获得 1 个一等奖，2 个二等奖。汕头台、韶关台两台在粤东、西、北地区各台中表现突出：汕头台获得 1 个一等奖、1 个二等奖，韶关台获得 2 个二等奖。

地市台中特别需要说的是韶关台。韶关台的系列报道《南岭新路》可以用"惊艳"来形容。作品选择了大视野中的小切面，将产业、居住、农业、交通 4 个主题背后的信息重组提淬，主播在不间断地穿越不同场景中现场讲述。第一人称视角、进行时态、长镜头、真实场景间的梦幻转接……令人感叹重大时政报道"原来这么好看"。新的报道模式的成功探索，给传统媒体的主题宣传提供了经验和样板。可惜的是该片在开始时有植入广告，按规定不能评一等奖。在评二等奖时评委们意见一致，全票通过。

最后，如果说地市台的表现是正常中有惊喜的话，那么区、县台的表现则是大大的惊喜：共有 8 个区、县台获得 1 个一等奖，9 个二等奖，奖次和数量正好跟省台一样。具体见下表：

2017 年度广东省广播影视奖区、县台获奖作品表

序号	标题	获奖单位	体裁	奖次
1	创造生命奇迹 南沙接力抢救 7 名沉船幸存者	南沙区新闻中心	短消息	一等奖
2	深圳至明斯克中欧班列今天首发	深圳盐田区广播电视台	短消息	二等奖
3	十字路口突发车祸 过路空姐跪地救人	花都区广播电视台	短消息	二等奖

（续上表）

序号	标题	获奖单位	体裁	奖次
4	香港货船遭台风重创沉没　惠东迅速开展海空大营救	惠东广播电视台	短消息	二等奖
5	年创税收七千万央企八秒夷为平地　只为环保	兴宁广播电视台	短消息	二等奖
6	投资 610 亿的富士康广州增城第 10.5 代显示器今天开工	增城广播电视台	长消息	二等奖
7	万里之外送祝福　依依不舍援疆情	花都区广播电视台	长消息	二等奖
8	九号线施工破解全球性难题　高铁普铁照常运营	花都区广播电视台	长消息	二等奖
9	一家三代 30 余年致力改变山区耕作模式	广宁广播电视台	长消息	二等奖
10	全国首个污染土壤修复与光伏发电综合项目全容量投产发电	仁化广播电视台	长消息	二等奖

　　区、县台表现最突出的是南沙区新闻中心作品获得一等奖，花都区广播电视台的 3 件作品获得二等奖。《创造生命奇迹　南沙接力抢救 7 名沉船幸存者》体现出的专业能力和专业水准令人惊喜。这种专业性表现在两个方面：第一，过程完整，多空间叙事清晰、转场顺畅。该片反映的接力救治的情形比较复杂，就空间来讲，涉及码头和医院两个不同场景；就过程来讲，涉及多次的接力转送和救治，时空转换频繁。但是记者删繁就简，总的思路是各个场景分别集中介绍，每个场景又按时间顺序详略不等地叙述，然后顺畅地转场。经过精心剪辑，伤者移送医院的过程被完整、准确、洗练又有节奏地呈现给观众，而码头到医院的场景转换也清楚、凝练。第二，充分利用电视声画多符号的优势，现场还原到位。该片现场同期声几乎贯穿始终，而且剪辑很有讲究，其出现的时间、音量的大小及与配音的配合都恰到好处，其中现场救援人员那句"送南沙中心医院，跟着警车走"短促而清晰。这些都有力地衬托出现场紧张的气氛，很有代入感。从上面两点可以看出，记者对"题材进行时，传播过程性"的电视媒体特性认识充分、把握到位。区、县台采编人员能有这样的水平，令人欣慰，令人惊喜！
　　不得不说的是，在 2017 年度广东省广播影视奖的评奖中，消息类作品评奖结果在正常与惊喜之外也有"不正常",这就是广州台、深圳台两个副省级台的获奖状况。深圳台二等奖 5 件,还算差强人意,但是广州台仅有二等奖 1 件。评委们震惊地发现,广州台参评的作品只有 3 件:短消息 2 件,系列、连续及组合报道 1 件,长消息数量竟然为零。作为一个新闻生产的大台,这种状况令人难以理解。

综上所述,2017 年度广东省广播影视奖消息类获奖作品呈现出三个较显著的特点:一是时代、地域特色鲜明,题材多元化;二是在正面报道有创新的同时,舆论监督也没有缺位;三是从获奖单位的情况看,其分布反映了实际,正常中有惊喜,惊喜在于正面报道创新和区、县台的表现较为出色。从获奖作品的制作水准看,纵向跟本省比确实进步喜人,但横向与全国电视新闻的水平比,差距还是很明显的,表现在我们评出来的精品在全国的平台上竞争力不强。因此,评奖不是结果,而是使我们能更加准确地认识自身,为今后的努力指明方向。

(邱一江,2017 年度广东省广播影视奖电视新闻一组组长,暨南大学新闻与传播学院广电系副主任、副教授)

细微之处见成败　创新迎接新时代

——2017 年度广东省广播影视奖电视新闻作品评选综述（之二）

张步中

电视新闻二组本次评选共收到了电视新闻专题、电视新闻评论、电视新闻节目编排、电视新闻访谈、电视新闻现场直播、电视对外新闻和电视新闻栏目七大类别 86 件作品。经过各位评委认真审看、充分讨论，本组共评选出一等奖作品 5 件，二等奖作品 20 件，三等奖作品 23 件，获奖作品总计 48 件，约占所有参评作品的 55.8%，符合评选规则。下面笔者代表评审小组按类别分别综述。

一、电视新闻专题：竞争激烈，佳作迭出

本次报送的电视新闻专题作品共 29 件，参照往年经验以及 2017 年情况来看，电视新闻专题是一如既往的兵家必争之地，各路电视台摩拳擦掌，携自家佳品纷至沓来。作为数量最多且在众类别中质量最优的一个类别，本次报送的电视新闻专题作品涌现了不少具有敏锐视角、独到叙事和精良包装等特点的佳作，为受众了解党政方针、观察社会百态提供了崭新的视角。主要突出处表现为如下两点：

（1）人物事迹先进，故事感人。

先进人物事迹一向是电视新闻专题的重要题材来源，也往往更容易获奖，原因是人物事迹专题有情有理、情理交融，既能带给受众情感上的触动，也能通过人物向受众传达记者想要弘扬的价值思想，这比单一直白地喊口号、讲价值要有效得多。本次报送的作品中就涌现了一批优秀的人物专题片，如一等奖作品《第二个一百次，再出发》，该片获得一等奖实至名归，具体优点如下：

第一，选题具有很强的社会价值。该片选择原广州市副市长、现广东老区建设促进会会长陈开枝作为表现对象，向受众讲述其始终致力于扶贫事业的感人事迹。片子集中体现了陈开枝作为一位人民干部兢兢业业、心系群众、始终牢记为人民服务的热诚态度，彰显出党和政府对于困难群众"真扶贫、扶真贫"的坚定决心。片子弘扬了社会主义正能量，树立了共产党员、人民干部的正面形象，具有极大的社会价值与意义。

第二，人物事迹叙述客观多元。记者紧扣陈开枝"助学""修路"的主要事迹和贡献，从各个方面展开叙述，有帮扶对象、当地干部、家庭亲人的讲述，还有来自习主席的当面表扬，让受众真切了解到陈开枝的工作卓有成效，是真扶贫，令人敬佩。

第三，片名由头充足，形象深刻。片头记者在机场采访 78 岁的陈开枝，他介绍自己已经到过贫困地区 100 次，这次是 101 次，是"第二个 100 次再出发"，本片因此得名。片名很好地讴歌了陈开枝生命不息、扶贫不止的奋斗志向，让受众在敬佩之余也开始好奇人物的具体事迹，成功地引出了后面的内容。

第四，资料翔实，画面震撼力强。为创作此片，记者收集了大量的陈开枝扶贫资料画面，使得人物塑造有血有肉、十分饱满。尤其是陈开枝在视察扶贫工作进展时因身体不支晕倒在现场的场景，深深地震撼和感动了受众，让人由衷产生敬意。当然，片子如果能减少使用主观音乐，加强片头的设计感就完美了。

再如《音乐声里 播种阳光》，该片讲述了一位到乡村支教的音乐教师，用自己的才华智慧与执着坚韧为乡村的孩子们带来了心灵之光。人物朴实无华，但处处散发着善良、真挚的情感，让人感动。作为记者，要多留心、多发掘感人至深的人物，讲好人物故事，提高叙事手段，为受众奉献更多精品。

（2）事件介绍翔实，有理有据。

从本次报送的作品来看，事件专题对于事件的选择与叙述较之以往有不少进步，当中有具有较大政治意义和社会价值的《佛山精准扶贫大凉山 开创新时代"彝海结盟"》《练兵吧老铁！——聚焦中巴空军"雄鹰－Ⅵ"联训》等作品，也有具有较强科普教育性质以及经验推广价值的《拯救抹香鲸 多方大驰援》《考洲洋："死海"复活之路》等作品。笔者总结事件专题的题材性质后发现：本次事件专题较多也较为出彩的大多是环保、扶贫、政府职能这三个题材，这也和当下政策改革的焦点与社会关注的热点相契合，可供广大电视从业者进行参考。在事件叙述方面也看到了许多创新之处，如在《练兵吧老铁！——聚焦中巴空军"雄鹰－Ⅵ"联训》中出现了大量的动画特效辅助解说进行叙事，使得受众对于演习有了非常直观的了解，带来一种亲临现场感。不过该片导视有 1 分 57 秒，去掉主播 20 秒，还有 1 分 30 多秒，实在是太长了。又如《"路地"和谐锻造"汕湛速度"》中运用了大量航拍镜头，全方位展示了汕湛高速的建设状况，让受众有了宏观的视角去审视这条高速公路给周边地区带来的福利。因此，对于热点的把握与对于新技术的探索创新往往能让事件专题制作事半功倍。

本次电视新闻专题作品主要有下面三点不足：

（1）角度单一，不够客观。

这个问题往往出现在人物或者事件的评价上，有些片子通篇都是主人公与解说在叙事，缺乏对于人物或事件进行评述的其他视角，如《誓言无声——"中国核潜艇之父"黄旭华》，虽说黄旭华本人事迹非常感人，但其中都是黄旭华本人大段讲述，容易造成客观性的缺失，使得叙述的人物事迹或事件缺乏说服力。而且如此操作也会导致访谈与专题体裁区分不清。应该在片中加入多方视角，提供多维的观点，使得片子更加有理有据。不得不指出的是，该片 2015 年就参加了广东省委组织部的评审，记者重新加一个由头，就又送来参评了。

（2）背景音乐使用不当。

背景音乐选择或者出现位置不恰当、音量过高或过低是这些片子主观音乐运用出现的主要问题。作品《如果有来生》《贫困村来了位"第一书记"》等都有此类问题。背景音乐选择或者出现位置不恰当会造成错误的情绪渲染，造成适得其反的效果。音量过高或过低则影响片子有效信息的传达，应予以注意。

（3）节目包装过于老套。

许多节目的片头导视、人名身份条等设计粗糙，缺乏美感。除了上面提到的《第二个一百次，再出发》，还有《"路地"和谐锻造"汕湛速度"》也有类似问题。包装粗糙会给受众留下不好的印象，进而影响片子的观看体验，应加强包装的艺术设计与美学应用，强化视觉效果。

二、电视新闻评论：体裁混淆，浅尝辄止

电视新闻评论要求对重要新闻事件及时发表意见和看法，积极发挥引导舆论的作用，是新闻宣传的旗帜和灵魂，也是媒介内容不可缺少的节目类型。较为遗憾的是，本次虽有 16 件电视新闻评论作品参评，在七大类别中数量位居第二，但节目质量整体不尽如人意。主要存在以下问题：

1. 概念混淆：新闻评论与新闻专题体裁不清

电视新闻评论是一种综合运用可视画面形象、文字和解说等手段来反映、评论现实生活的节目类型，注重在事实和调查性报道的基础上做解释性、分析性报道。电视新闻专题是指综合运用各种电视表现手段，对新近发生的重大事件，某些具有新闻价值又被广大受众关注的典型人物、经验，或者新出现的社会现象等题材所做的深度报道。区分二者主要看其是以报道意见性信息为主，还是以报道事件性信息为主。今年送评的《十九大报告读解——新时代　新思想　新矛盾　新目标》《漂染企业污染严重为何能存在 27 年》《健康证免费了却不办了，惠民福利怎就成了空头利好？》等作品，基本都是客观性地报道事件性信息，几乎没有意见性的信息。按照严格的体裁划分，这都不能算作是电视新闻评论作品。

2. 蜻蜓点水：叙述多，评论少，观点性不强

作为电视新闻评论节目，叙述是为评论做铺垫、佐证的，节目的内容应该叙述与评论相结合，做到叙中有评、评中有叙。但参评的不少节目都是叙述多、评论少，长篇大段的叙述之后加上零星的几句评语，显得有气无力，观点性太弱。《复绿下的阴影》《长者饭堂 简单的幸福不简单》《健康证免费了却不办了，惠民福利怎就成了空头利好？》等都是这方面问题的典型代表，重叙述，轻评论，事件性信息报道部分占了节目时长的八成左右，在事件报道完后，主持人或评论员才发表简短的几句评语，且评论不痛不痒。以《长者饭堂 简单的幸福不简单》为例，主持人在几次的演播室画面中一直在介绍长者饭堂的客观信息和情况，记者出镜了一次也只是作介绍性的报道，只在节目最后一分钟左右，主持人才稍微总结评论了一番，这样的评论分量显然是不够的。

值得一提的是，珠海广播电视台选送的《大灾更是大考》不仅将电视新闻评论节目的特点展现了出来，还利用现场画面和对比手法丰富、深化了节目内容。节目以疑问"交出了怎样的答卷"展开设问式叙述，别出心裁；评论的逻辑结构很严密，既挖掘了灾难中的人性美，也有关于应对灾难考验的思考；对比中国澳门、美国的抗灾，增加了评论的纵深度。另外，片头制作得不错，音响和音乐都很短促有力。节目一开始很吸引人，现场的台风画面很震撼，视觉冲击力强。遗憾的是，评审细则规定同一个台在新闻类别中获得一等奖的数目不得超过 2 件，该台在电视短消息、电视对外新闻中已有 2 个一等奖进账，该作品只能屈居二等奖。

3. 手法单一：评论形式单调，传播效果不佳

在评审过程中不难发现，一些作品使用的评论手法太过单一，传播效果不佳。《赵坤有话说——只有共治才能共享》中主持人赵坤从头评到尾，这种一气呵成、缺少叙述铺垫的评论是很难让受众理解和认同的；《赵坤有话说——拯救抹香鲸的启示》节目总时长太短，评论还没开始就已经要结束了。这两个作品出自同一栏目，评论手法都太过单一。

佛山电视台的《佛山三道加法，为粤港澳大湾区加出融合发展的新速度》获得一等奖虽然有运气的成分，但节目自身的质量也是很过硬的。评论从佛山与香港、广州、深圳等粤港澳大湾区主要核心城市的全新合作入手，展现了粤港澳大湾区城市群融合发展的新速度，通过宏观角度和微观事例深入分析了事件背后的重要意义。评论不仅题材重大，时效性强，而且采访对象权威，评论视角多元，制作手法丰富，值得各电视台学习。

三、电视新闻节目编排：整体乏力，一等奖空缺

电视新闻节目编排，就是按照不同的需要对一档新闻节目中每一条新闻做

相应的处理、安排和衔接。一档电视新闻节目是由若干条新闻组合而成的，根据宣传重点、受众的欣赏情趣和关注度优化电视新闻的编排，这对更好地发挥电视媒体的优势、强化电视新闻的宣传效果、增强电视新闻的观赏性、提高电视新闻节目的收视率具有重要的作用。本次的电视新闻节目编排作品整体亮点甚少，要么主题不集中，要么编排衔接老套，可谓整体乏力。

《直播港澳台》是深圳广播电影电视集团的新闻品牌栏目。2017 年 7 月 1 日的编排紧紧围绕香港回归 20 周年的庆祝活动这一重大主题展开，内容包括习近平在香港的各项活动、深圳卫视在香港回归祖国 20 周年前夕推出的《中国梦深港情》系列特别报道，对"一国两制"、林郑月娥施政理念、驻港部队作用、深港双城如何砥砺前行等重要议题通过有机编排都进行了深入探讨，可谓是本次编排作品中难得的佳作。遗憾的是，节目字幕中"新加坡"两次写成了"新家坡"，根据广东省广播影视奖评奖标准，凡作品出现 2 次以上（含 2 次）错别字的，不能评为一等奖。评委们虽然赞赏此作品的编排，但也只能忍痛割爱，将其降为二等奖。鉴于本次送评的其他 11 件作品整体平庸，评委们经过再三反复讨论，最后决定让一等奖空缺。

低级错误导致作品降等固然可惜，一些低级的硬伤导致作品直接被淘汰更是遗憾。《茂名新闻》编排主要围绕开渔节展开，算是主题集中，但在 3 分 08 秒至 3 分 38 秒处，市长许志晖的同期声没有声音；《南方财经报道》11 月 11 日版面视频播的是大型系列节目"丝路万里行"，文字稿却是"双 11"、本土热点广州马拉松赛、财经技能大赛以及田园欢歌音乐节，两件作品均遭淘汰。

四、电视新闻访谈：选题亮眼，值得首肯

电视新闻访谈是一种具有高灵活性、高可塑性的电视新闻节目体裁。优秀的电视新闻访谈节目包含合理的新闻由头、合适的访谈形式、丰富的新闻访谈内容。一个好的电视新闻访谈节目，首先要有好的选题，并由选题引出一个富有新闻性的故事，如此，节目才能吸引受众的收看。除此之外，嘉宾的选取、话题的设置、主持人的访谈技巧、谈话场的营造都是要着重考虑的要点。

纵观此次参评的 11 件作品，选题方面呈现的亮点值得首肯。作品选取的多是受到社会关注的热点人物或正能量人物代表。广东广播电视台的《林鸣：大国工师与超级工程》，节目主角是港珠澳大桥建设者的领头羊，大桥的建设受到社会各界的广泛注目，能够采访到主要建设者，意义重大；广东广播电视台的《铁骑"战神"》，主人公是一位典型的保卫人民生命财产安全的一线刑警，节目由他的严重伤势带出一段段惊心动魄的紧张故事，既扣人心弦，也传递了刑警保卫人民的正能量；中山广播电视台的《永远记住人民》，在革命先驱欧初老先

生逝世、社会各界纷纷哀悼的时刻，应时记录了欧老先生生前身后的事迹，总结升华其革命理念和革命精神，对后人很有鼓舞力量；广东广播电视台的《点亮生命的彩虹》，以包容教育特殊孩子（自闭、视障等）的雨后彩虹艺术团为表现对象，展示特殊小孩及其老师在艺术团中的成长和各自的人生故事，传递平等、包容的正能量。这些人物和话题的选择，或切合社会热点，或切合社会正能量传播需求，并通过访谈对人物故事的深度挖掘，吸引受众收看，符合电视新闻访谈节目的选题要求。

本次获得一等奖的电视新闻访谈作品是广东广播电视台的《林鸣：大国工师与超级工程》，该选题新闻价值高、社会意义大，优秀的选题给作品加分不少。节目通过访谈展现了项目主管林鸣攻破技术难关、带领团队实现港珠澳大桥成功建设的过程，体现出团队协作下大国工匠的专业精神、奉献精神。作为电视新闻访谈，节目时效性强。2017 年 8 月 31 日，港珠澳大桥的建设取得了新进展，东人工岛主体建筑结构正式封顶。编导以此为由头对林鸣进行访谈，节目于 9 月 16 日正式播出，及时地满足了受众的心理需求。此外，节目运用多种手法来展示工程内容，大大拓展了访谈的时空。节目中包括大量的工程人员工作镜头、工程现场镜头以及动画概念镜头，帮助受众更好地了解施工的难度、现场的氛围以及大桥最终完成时预计展现的效果。节目的不足在于记者出身的张欢临时充当主持，在访谈的现场略显拘谨，谈话场的营造还有一定的提升空间。

电视新闻访谈节目存在以下问题，需要引起高度重视。一是主持与嘉宾现场访谈的时长没有达到三分之二以上。《欧凯明："南国红豆"半生情》《深圳十区访谈之南山区：勇当深圳建设国际科技产业创新中心主力军》就存在这样的问题，直接遭淘汰。二是主持人只访不谈，未能很好地营造出谈话场。《两会访谈间》4 分钟的节目时长本来就很短，还访谈了两位嘉宾，只能抛出问题让嘉宾回答，且两位嘉宾之间没有任何过渡，直接就切换，很生硬。两位访谈对象说话都是背书式的书面化表达，没有独特见解，也不贴近受众需求。另外，机位设置也有问题，主持人、女嘉宾都对着摄像机说话，而不是相互交流，显得很业余。三是同一机构、同一栏目的节目报送过多。本次 11 件作品中广东广播电视台就有 4 件，《权威访谈》《社会纵横》各送出 2 件，虽说通过台指标、个人自荐渠道入围并不违规，但节目出自同一栏目，评委自然就会将其对比取舍。

五、电视新闻现场直播：数量过少，质量一般

本次直播一共选送了 4 件作品，因为数量过少，没有设置一等奖。4 件作品体现出广东广播电视台、广州广播电视台、汕头广播电视台在直播方面一定的

策划能力。广东广播电视台选送的《2017·春运 温暖回家路》，在广州南站、白云机场和省交通集团监控中心开设"全媒体直播间"，同时借助卫星车、光纤、4G 网络、手机等工具，派记者于高峰期长驻广州火车站以及几大高速公路的重要路段，通过对铁路、航空、高速公路、移动公司等数据库的实时接入，完成独有的"春运实时大数据"。该节目最终被评为二等奖。

评审细则明确规定，作品必须与重大新闻事件或突发事件的发生和发展同步采集，以新闻现场音像信号为主体，采用音像资料时长不得超过作品时长的三分之一。对照此标准，《还看今朝 广东篇》引用资料画面过多，不符合要求。其他两件作品质量一般，可圈可点之处不多。

六、电视对外新闻：要求不符，奖项富余

广东省广播影视奖评选要求指出，电视对外新闻指以外语或双语专门为目标观众制作且由专业电视台播出并覆盖对象地区的节目，体裁不限，须附完整中外文文字材料。

分析此定义，可知对语言的要求非常明确：外语或者双语。对照此要求，报送的 8 件作品中《莞港共同致力于粤港澳大湾区建设》《新闻特写：世界广府人相聚江门 相约共圆中国梦》《兄弟跨国寻亲》语言都不符合，直接淘汰。

关于体裁，虽说体裁不限，但既然是电视对外新闻，中心词还是应落在新闻上。换句话说，是在新闻节目这个大框内体裁不限，所以，纪录片《香山商帮》、宣传片《我在广州等你》也同样是不符合评审要求的，直接招致淘汰。本次电视对外新闻共收到 8 件作品，设置了 5 个奖项，如此一来，仅剩 3 件作品去争 5 个奖项。

珠海广播电视台报送的《西学东渐·根与魂》凭借其精心的选题策划、精美大气的制作和创新的手法，获得该类别的一等奖。概括其亮点之处，主要表现在以下几个方面：首先，选题出彩，思想深刻，通过三代后人忆容闳，将传承精神与国家情怀的主题完整呈现；其次，手法新颖，不同于以往的大段解说词贴画面的传统手法，采用人物采访代替解说来表达思想与情绪，使作品呈现更加有温度；最后，后期包装制作精良，片头、色调、文字、主观音乐等很亮眼，一气呵成，贯穿整个节目，与内容相呼应。

电视对外新闻作为一种具有全局性和战略意义的新闻节目，肩负着提高国家文化软实力、塑造国家形象的重要使命，是我国对外宣传工作中的重要一环。而从当前来看，我国整体上的国际传播能力偏弱，必须加强对外传播能力建设，从内容到形式创新传播，着力改变"西强我弱"的国际舆论格局。

七、电视新闻栏目：数量偏少，竞争较弱

电视新闻栏目一共报送了 6 件作品，数量少，竞争弱。《深视新闻》是深圳卫视历史最悠久的新闻栏目，2017 年这个老牌栏目敢于创新，焕发出新的活力：一是着力提升播出质量，摒弃了时政报道碎片化、流水账式的表达，围绕国家省市一段时间的工作重心策划选题、设置议题，为经济社会发展营造出良好氛围；二是创新制作理念，打造自己的品牌评论员，在精准、及时报道本地时政新闻的同时，推出观察员评论节目《余治国观察》，解读和分析党和政府的政策和主张；三是创新报道形式，高端政务访谈《玮玮道来》、类直播高端国际人士采访《深圳湾会客厅》和运用科学知识、统计数据来解读城市建设、治理等内容的《科学说》等多个板块各显身手，加上出色的融媒报道，唱响主旋律，成功影响高端人群，为深圳卫视塑造了"主流、权威、可靠"的媒体形象。由此《深圳新闻》从 6 件作品中脱颖而出，斩获一等奖。

广东广播电视台的《珠江新闻眼》也是一个老牌栏目，2017 年也有上佳的表现。其重视主题策划，强化特色版块，融媒体发挥"长尾效应"，2017 年入围中国电视满意度博雅榜十强，成为口碑、效益、专业度"三丰收"的电视新闻栏目。该栏目在本次评审中获得了二等奖。

需要指出的是，作为新闻栏目，《晶莹睇透》偏向关注娱乐八卦，且文字材料未见收视数据，这是需要引起注意的。

总之，本次评奖涌现出一批优秀作品，令人欣喜。但存在的诸多问题也不容忽视。当前，中国特色社会主义已经迈入新时代。广东的电视新闻不仅要适应新时代新气象，在报道中全方位呈现新时代的大好风景，更要通过创新叙事方式、制作手段来提升影响力、传播力，做新时代的舆论引导者、文化领航者，为受众奉献更多精彩动人的新闻作品。

（张步中，2017 年度广东省广播影视奖电视新闻二组组长，华南理工大学新闻与传播学院视听传播系教授、硕士研究生导师）

锐意创新　精益求精
——2017 年度广东省广播影视奖广播专题作品评选综述

赵随意

2017 年度广东省广播影视奖广播专题组设有广播对象性节目、广播公众性节目、广播知识性节目、广播公益广告节目、广播少儿节目、广播社教栏目、广播新形态节目这七个类型的节目，全省广播专题节目参评总数 94 件，获奖 57 件，淘汰 37 件，获奖比例为 61%，其中一等奖 7 件、二等奖 22 件、三等奖 28 件。本次广播专题节目送评数量比往年多，送评的节目质量也好于往年，涌现出许多佳作，亮点纷呈，形势喜人，说明了全省广播电视机构重视精品节目生产制作，采编队伍在节目创作中履行了职责和使命。综述如下：

一、围绕国家战略和工作大局，呈现了广东成就、广东智慧和广东贡献

本次参评的广播专题节目均能坚持正确舆论导向，没有出现舆论导向差错的节目，且均能把握社会热点题材。获得大奖的节目均关注重大事件和社会热点，充分体现了我们广播一线的采编人员具有政治站位和政治定力，用自己的独特视角和思考诠释了国家战略和工作大局的重要性，用自己所见所闻和整理加工呈现了广东成就、广东智慧和广东贡献。

（一）获奖作品政治站位高、政治定力强，将国家利益高于一切放到首位

广东广播电视台创作的广播公益广告节目《"一带一路"征程篇》题材重大，意义深远，策划能力强，制作手法高。2017 年初夏，"一带一路"国际合作高峰论坛在北京雁栖湖畔开幕，举世瞩目。作者以敏锐眼光捕捉到这一舆论热点，着眼于此重大主题，着手于细微的历史场景，生动地展开一幅幅气势恢宏的声音画面。节目首先用丰富细腻的音响音效重塑了陆路、海上古丝绸之路上重大历史征程的生动场景。旋即，声响定格在 21 世纪的今天，北京雁栖湖畔的"一带一路"国际合作高峰论坛开幕，世界的目光再次聚焦中国。结尾处，习总书记掷地有声的讲话，擘画出"一带一路"新征程的伟大蓝图。

《"一带一路"征程篇》作品稿：

【音效场景】飞沙走石；寒风呼啸；驼铃、驼队；艰难行走的脚步声

【女声】公元前 138 年，张骞出使西域，"凿空之旅"开辟了陆上丝绸之路。

【音乐】唢呐；异域曲调

【音效场景】惊涛骇浪；狂风暴雨；搏击风浪的呼喊声

【女声】公元 1405—1433 年，郑和七次下西洋，成就海上丝绸之路的壮举。

【音效场景】高铁；飞机；车水马龙；时光来到 21 世纪

【音乐】抒情音乐

【男声】2017 年 5 月 14 日，雁栖湖畔，中国又一次凝聚世界的目光。

【习总书记原声】"我们要把'一带一路'建设成为和平之路、繁荣之路、开放之路、创新之路、文明之路！"

【男声】和平、发展、合作、共赢，"一带一路"，开启新征程！

该作品有三个特点：一是主题重大，紧扣"一带一路"倡议，述说人类命运共同体伟大设想，给人奋进向上的力量。二是策划到位，以"时光"为轴，以"征途"为主线，用历史和未来的眼光诠释"一带一路"宏伟蓝图。三是制作精良，充分发挥了音乐和音效的作用，同时十分重视合成技术手段的运用，创造出非凡的听觉感受。

这部作品政治站位高，政治定力强，将国家利益高于一切放到首要位置对待。

（二）获奖作品均能坚持正确舆论导向、把握社会热点题材

惠州广播电视台选送的《畅听早高峰》栏目荣获广播专题栏目一等奖，这个栏目开办超过十年，始终坚持围绕国家战略和服务政府大局，重大事件不缺位，社会热点不遗漏，紧紧抓住惠州当地的新闻，目标受众明确，播报风格清爽，节奏轻快明朗，内容贴合早高峰出行人群的需求。板块设计做到与时俱进，与受众的互动方式和平台不断更新，传统的来电接听与新媒体的语音留言样样齐全。难能可贵的是，该栏目在始终将目标受众的服务需求摆在首位的同时，宣传任务和传播正能量没有缺位，获得了市场认可，成为商业广告投放的黄金节目，统计显示的收听调查数据一直稳稳占据当地收听榜前列，让人看到传统广播的持续发展中受众与商业市场同时兼顾的可能性。坚持正确舆论导向、把握社会热点题材是该栏目始终坚持和把握的原则。

（三）获奖作品均能用大视野大思维大奋斗，体现新时代新气象新作为

广东广播电视台创作的《丝路樟林　风雨侨批》荣获广播公众性节目二等奖，本作品创作团队由多位资深记者、资深节目主持人组成。他们深入潮汕各

地，包括汕头樟林古港、南澳岛、汕头新港以及汕头侨批文物馆等，采访了汕头侨批文物馆馆长林庆熙以及中山大学社会与人类学学院副院长、广东省海上丝绸之路文物史迹保护和申遗专家郑君雷等 20 多名潮籍文史研究、侨批研究、文物研究的专家、学者和历史见证人，并且查阅了大量的历史资料。历时数月的采访使作品史料翔实、细致。在 21 世纪建设新的海上丝绸之路的号召下，主创团队"不忘初心，牢记使命"，书写了中华民族伟大复兴的巨轮正在乘风破浪前行的光辉篇章。

《丝路樟林　风雨侨批》文字稿节选：

旁白：2017 年，中国汕头港。

魏壁光："一带一路"会促进我们国家的发展，增进跟邻国的友谊，增进人民的感情。看到电视《辉煌中国》真的很感动，我们在习主席的领导下，肯定能更加强大，更加辉煌，走向世界。

曾益奋：我们潮汕人有一种拼搏精神，就是现在提出的这个"红头船精神"，爱拼才会赢，这也是我们爱国、爱家乡这个城市传下来，现在我们每年都到外面出去走一走，对比一下。

旁白：依海而居，以海为生。千百年聆听着潮起潮落，而今天的潮音是如此激荡人心。

旁白：不忘初心，牢记使命。当建设 21 世纪海上丝绸之路的集结号响起，历史的巨轮传承着潮汕人"勇立潮头，敢于开拓"的"红头船精神"，承载着我们的中国梦，驶向无边的蔚蓝大海！

该作品介绍了我国潮汕先民在海上丝绸之路古港之一——樟林古港登上红头船下南洋拼搏的故事。其以红头船、樟林古港、世界记忆遗产"侨批"、侨批局、"南澳 1 号"沉船为引子，串起一个个既感人又励志的故事，表现我国海上丝绸之路遗址当年的盛况及其沿岸人民勇于拼搏、敢于开拓的"红头船"精神。在 21 世纪建设新的海上丝绸之路的号召下，新时代的巨轮破浪前行，把红头船精神继续发扬光大。作品包含大量深入细致的采访，史料翔实、细致。其中运用专题音乐作品《海上丝路》、大型民族交响乐《远航》、《爱拼才会赢》交响乐版、潮汕音乐人打造的方言歌《行船》、潮汕音乐《小桃花》《喜庆》等烘托主题。本作品的场景设计让听众有如亲历现场，故事细腻动人，音乐运用恰当，演员演绎精彩，整体上题材厚重、思想精深、艺术精湛、制作精良，极具听觉震撼力。

这件作品就是用广东人的大视野大思维大奋斗的精神风貌，体现了广东的新时代新气象新作为。

二、获奖作品体现了"精心策划、精细运作、精彩表达"

精品之所以"精"，就在于其"思想精深、艺术精湛、制作精良"。这是创作作品始终要牢记的原则和宗旨。本次参评作品在这方面表现都很好，在坚持"思想精深、艺术精湛、制作精良"的前提下，还突出广播人追求的"三精"，即"精心策划、精细运作、精彩表达"，使所呈现作品更本土化，更加亲切感人。

（一）精心策划：准确把握、独具匠心、特色鲜明，唱响主旋律

广东广播电视台创作的《从绝望中找寻希望——记肢残人士孙小军》荣获广播对象性节目一等奖。这是一个典型的广播对象性节目，讲残疾人的故事，讲给残疾人听。同时，节目通过讲述主人公孙小军如何从绝望中找寻希望，及其间经历的种种艰难，告诉听众困难并不可怕，只要有勇气、有决心，就一定能够战胜困难，获得成功。为了形象地表达这一主题，节目用事实说话，用细节构筑故事情节，而且注重广播元素的巧妙运用，在关键处用简洁明了的情景演绎方式以及主人公的采访录音对事实加以还原与呈现，强化信息的真切性和立体感。

《从绝望中找寻希望——记肢残人士孙小军》文字稿：

在颁奖现场，孙小军说：

【出录音】获奖了是别人对自己的一种肯定，所以说，自己还得加把劲，努力把东西做好，服务于需要这个产品的人。

孙小军计划在明年博士毕业后带着自己的设计成果回国创业。他已经有了更远的目标，那就是配上竞技假肢与跑友们一起训练、参赛，重点目标是参加 2020 年的东京残奥会。

【出录音】人生座右铭就是：从绝望中寻找希望，人生终将辉煌！

这组节目注重包装设计，片头通过蒙太奇剪切将录音采访中的精华在解说的引领与背景音乐的映衬下巧妙叠加，既美化了节目，又起到先声夺人之效果。因此，整个节目格调昂扬，积极有为，励志向上，催人奋进。这件作品可谓是精心策划、准确把握，堪称精品之佳作。

（二）精细运作：风雨兼程、深入采访、真实感人，奏响交响乐

佛山人民广播电台创作的《烈火与泥土的交响乐》荣获广播公众性节目一等奖，该作品恰当运用了多种音响素材，有层次、有温度地向不同层次的受众讲述了"柴烧"这项陶瓷制作技艺的来由、它与环境保护的关系以及当代陶瓷

制作行家里手们苦苦追求此技艺的故事，由此成功呈现了"柴烧"此项"非遗"技艺留存的意义及保存的现状。作品还巧妙采用广播小品《柴烧龙窑》以及歌曲《石湾公仔》和《石湾公仔谣》等特别的音乐元素，将日常难以用声音表现的"烈火与泥土"的制作技艺予以立体传播。

《烈火与泥土的交响乐》文字稿：

慧敏：石湾河宕贝丘出土文物告诉我们，石湾陶瓷已经有五千年历史，它是古老的文化和艺术，是祖先留给我们的遗产，也是我们佛山人的骄傲，我们应该薪火相传、发扬光大。

子皓：不过，任何艺术的追求，都不能成为破坏环境的借口。我们追求陶瓷艺术，更追求青山绿水、风清日丽。无论文化艺术还是经济建设的发展，都不能以破坏环境为代价。

子皓：我们也相信，陶瓷——这一部演奏了五千年的烈火与泥土的交响乐，在今天、在将来，能够弹奏出更辉煌的旋律，让世界聆听我们的声音！

作者深入陶瓷作坊、深山龙窑录得真实而生动的特殊音响，好听易懂"接地气"，将环保与传承创新的主题立意传递得非常到位和真切，体现了广播作品创作的精细运作特点和风格。

（三）精彩表达：权威解读、亲切近人、入脑入耳，吹起冲锋号

广州广播电视台创作的《人工智能时代，机器读懂人心》荣获广播知识性节目一等奖。该节目在国务院发布《新一代人工智能发展规划》一个月后，就能够迅速制作播出，时代感强。节目以科大讯飞获得一项由斯坦福大学发起的挑战赛冠军切入，围绕人工智能技术话题，用人们非常熟悉的经典电影情节再现手法，拉近听众与人工智能科技的距离，激发听众的想象空间，再通过权威专家的解释，使人工智能这样的高科技变得通俗易懂。

《人工智能时代，机器读懂人心》文字稿：

女：如果说第一次工业革命利用电力解放了人类的生活，人工智能就是下一次工业革命的工具。自 2016 年开始，人工智能从实验室专业圈走出来，变成了一个大众的话题，推动了互联网形态的新变化。而这些变化也即将渗入人类生活的方方面面，未来智能生活离不开人工智能。

一个好的广播知识性节目离不开三个要素：一是知识性，要向听众传播知识；二是时代感，传播的知识应当是当前最为热门的；三是通俗化，要充分发挥广播特色，运用各种手法，尽可能让听众听明白。《人工智能时代，机器读懂人心》介绍的是人工智能技术，知识性强。人工智能是我们所处的新时代正在发展的新技术。三要素皆备，该节目被看好自然是意料之中的事。该节目也充分体现了广播人善于运用细腻的手法精彩表达之特点。

三、许多获奖节目从内容到形式锐意改革创新，大大提升节目可听性和传播性

本次广播专题节目最突出的一个特点就是改革创新，从内容到形式、从题材到采编、从结构到制作、从产品到传播等方面均有改革创新的思维和策略融入，突出表现为三点：

（一）打破墨守成规的思维逻辑，大胆实践内容与形式的创新

珠海广播电视台创作的《广播口述史——〈120 分钟，我亲历的生死之间〉》获得广播新形态节目一等奖。2017 年 8 月 23 日，珠江口最强台风"天鸽"重创珠海。台风所到之处，树倒了、路堵了、电停了、水没了，连电话也打不通了。压根儿没来得及带电话的珠海百森花园业主王女士去地下车库开车时，遭遇海水倒灌、车库被淹。三个小时过去了，王女士生死不明。同小区业主张特、钟耀文及三名保安听闻消息，二话不说脱掉上衣，游进车库勇敢救人。被救者、施救者、目击者等一个个"天鸽"亲历者的讲述一次次感染着记者，使其决定用"口述史"的形式记录珠海这段历史。通过一次次口述，守望相助、见义勇为、生死不离的真实故事汇聚成一幅珠海"大爱"图。

《广播口述史——〈120 分钟，我亲历的生死之间〉》文字稿：

"各位听众，根据省气象部门预测，今年第十三号强台风'天鸽'……"

"这场台风'天鸽'比我所见过的所有台风都要猛！"

"让我死在这儿吧！""不行，你已经泡了几个小时了，空气越来越……"

"我是台风'天鸽'中的被救者。"

"人（救）出来了，安全的，安全的，还是好消息。整个人还是比较激动的！都有点想哭的（感觉）。"

我是记者谢童

这是一个记者亲身经历的真实故事

救人者、被救者、目击者亲口讲述生死救援

原创广播剧情景再现惊心动魄的救援瞬间

广播口述史——《120 分钟，我亲历的生死之间》

该作品用口述记录历史，用广播剧再现情景，用音乐深化主题。在报道重大题材时，能否把广播的表现空间再拓展、再延伸？该作品进行了一次有力探索，在创新形式、精选采访对象、重视后期、多渠道传播等方面发力，制作出一个不一样的广播节目，具有很强的可听性和感染力。同时，为广播重大题材报道提供了一个可参考、研究的样本。该作品真实、感人。真实是新闻的本源，重大题材报道的本质是新闻传播。该作品所有口述内容均为真人真事，无丝毫杜撰。所有后期艺术加工都在不影响真实性的前提下进行。与此同时，作品采用记者第一人称"我"的日记体方式展开，显得真实、可信。另外，该作品表现手段多元，通过"口述史＋广播剧＋音乐＋……"大大提升广播报道的吸引力、表现力，更能"抓住"听众的耳朵，实现有效舆论引导。该作品不仅在广播播出，还同步在微信公众号等移动互联用户端发布，实现传播最大化。它打破了墨守成规的思维逻辑，大胆实践内容与形式的创新。

（二）打破刻板枯燥的制作手法，勇于探索灵活多变的创意方法

中山广播电视台创作的《我们发明的"好帮手"》荣获广播少儿节目一等奖。第十七届中国青少年机器人竞赛于 2017 年 7 月 17—22 日在中山举行。中山石岐中心小学和市实验小学参与了五大项目中的"机器人创意比赛"项目。以这一事件为题材的接近半小时的《我们发明的"好帮手"》，并没有单一地由主持人从头说到尾，而是将节目主持与小主持、神奇博士的对话，现场采访，音乐等不同元素穿插其中。各种声音的汇集让节目听觉效果更丰富、更有层次、更能抓住注意力并不太能完全集中的小听众们的耳朵，让他们在不知不觉中听完整期节目，并从中学习到相应的知识。

《我们发明的"好帮手"》文字稿：

小主持陈臻：通过比赛，让同学们增长见识，这是最重要！

棉花姐姐：是的。其实，每一样东西都没有完美的，这些小发明也有很多地方需要改进。但最重要的一点是，同学们都动起了脑筋，用自己的双手搭建起了这些"神奇的学习机器人"。

小主持陈臻：希望同学们都加油，进一步改进这些小发明，早日能在实际生活中运用上！

神奇博士：怎么样？这两个"神奇的学习机器人"，通过特派小记者的采访之后，大家对这些小发明都有了更深一层的了解了吧？

小主持陈臻：神奇博士，我们都清楚多啦！小小发明家们真的太棒了！

神奇博士：那下次发现了好东西，再和大家分享吧！

该节目以"我们发明的'好帮手'"为报道主线，带着小记者逐一提出的问题去揭开这一科技小发明的神秘面纱，再通过广播的制作手法，突出现场声响，让受众如同身临其境，仿佛自己去到现场目睹了这些小发明。广播节目的再传播，能激发起更多小听众对科技创新发明的兴趣，在他们心中种下科技创新的种子。作品结构完整、层次鲜明、流畅自然、声音表现丰富，打破刻板枯燥的制作手法，是一组勇于探索、灵活多变的好节目。

（三）打破一成不变的传统形态，敢于追寻绚丽多彩的形态样式

南方财经全媒体集团创作的《奔向地球最深处——记全球首次穿越地球第四极高精度综合地震实验》荣获广播知识性节目二等奖。深藏于马里亚纳海沟最深处、有地球第四极之称的"挑战者深渊"因海水压力大、难以探访等原因，显得颇为神秘。据了解，地球上绝大多数八级以上的巨大地震都发生在海沟附近。为探索海沟与地震、海啸之谜，中国科学院南海海洋研究所的科学家们进行了"马里亚纳海沟动力学机制及极端环境研究"地质地球物理科学考察，实施了全球首次穿越第四极高精度综合地震实验。这是全世界第一次在全球最深的区域开展的地震实验。作者带着"第四极在哪里""为什么要研究第四极""如何研究""该科考的地位和作用如何"等一系列问题深入采访，全程跟踪本次科考，收录了大量一手现场音效，让声音真实记录、再现了科考过程。

《奔向地球最深处——记全球首次穿越地球第四极高精度综合地震实验》文字稿：

2017 年 6 月 27 日正午，广州新洲码头上聚集了翘首以盼的人们。他们的目光正殷切地注视着徐徐驶来的中国科学院南海海洋研究所的"实验 3 号"科考船。

【出录音：工作还顺利吗？顺利。挺好的吧？非常好。】

科考队员们带着兴奋和倦意从科考船上走下来，与前来迎接归航的人们热烈地讨论着他们的"马沟计划"。

旁白："马沟计划"是中科院南海海洋研究所组织实施的科考项目，它的全称是"'马里亚纳海沟动力学机制及极端环境研究'地质地球物理科学考察"。

该节目选题独特，意义重大。记者用敲门、打空气枪、给地球做 CT 等生活化的语言，深入浅出地解释了海底地震仪的信号释放、做人工地震的方法和原因等科学知识，让节目既有趣味性又有知识性。该作品掌握大量一手的录音素材，收录了科考人员投放和回收海底地震仪的现场音效、海底地震仪记录的海底地震音等一手资料，这些音效均是首次在广播中呈现，极为珍贵。另外，记

者把首席科学家、科考队员的人物采访与现场采访相结合，让作品用声音说话，发挥了声音的优势。作品呈现手法丰富，有极强的现场感，让听众有画面感与身临其境之感，打破了一成不变的传统形态，敢于追寻绚丽多彩的形态样式来丰富传播方式。

四、问题与不足

一是没按要求和标准生产节目。在广播对象性节目里有一组描写导盲犬的专题节目，其用大量篇幅报道中国导盲犬基地的情况，谈导盲犬和养导盲犬的人，关于盲人的内容却很少。多数评委认为该节目针对盲人的对象性不强，没有把盲人作为第一对象。

二是不按宣传指令和要求执行。对于某些事件，上级部门要求不跟进炒作和评论，但是，一些媒体还是在此事上做大量的文章，在本已造成舆情风险的情况下加油并扇风。此类作品违反规定，更不适宜参评。

三是节目中有硬伤存在。有一组节目朗读了几首诗，让孩子们猜这与中国二十四节气中哪个有关。孩子们异口同声地回答"清明节"。有评委认真查阅相关资料，发现这几首诗均与清明节无关。还有一组节目将乐器的演奏说为"演唱"。

四是将当地宣传广告作为公益广告。这几年均有将当地宣传片或现场音频作为公益广告来参评的现象。要注意的是，公益广告是没有功利色彩和商业利益，以为公共谋利益和提高国民素质为目的的广告，是不以营利为目的而为社会公众切身利益和社会风尚服务的广告。

五是节目中音乐使用泛滥。专家说："有些广播专题节目越来越像音乐节目了。"广播专题节目中配有一定的音乐无可非议，但是，从头到尾、一刻不停地配以大量音乐，就不是一件好事了，不仅没起到烘托和陪衬的效果，反而造成干扰和喧宾夺主的反作用。还有大量的节目都以一首歌结束，也不值得提倡。

六是未对网络用语或热词斟酌慎用。如"全面富二代"是一个网络热词，也是一个绝对用语，如要在主流媒体中使用，应用辩证唯物的哲学观点来论证，一定要保持理性、客观和真实，不要简单片面、断章取义、主观臆想地运用，否则会使原本就负面、消极和懒惰的东西更加扑朔迷离。可能作者主观认为它能够引导人和教育人，但实际效果并非是积极的和正向的。

五、结语

一年一度的评奖工作结束了，但我们一年一度的创优工作早已开启，愿我们所有参与这项工作的同仁们，以习近平新时代中国特色社会主义思想为指导，坚持以人民为中心，为全党全国工作大局服务，贯彻团结稳定鼓劲、正面宣传为主的方针，坚持正确舆论导向，坚定政治站位。采编人员要在"坚持创造性转化和创新性发展"的精神指引下，精心策划、精细运作、精彩表达，将广播作品呈现得活灵活现。同时也要牢记创新永远在路上，观大势而为，要有敢为人先的精神；领潮流而行，要有勇立潮头的气魄；识全局而动，要有融会贯通的智慧；抓机遇而干，要有抢占高地的勇气。唯改革者进，唯创新者强，唯改革创新者胜！

（赵随意，2017 年度广东省广播影视奖广播专题组组长，广东广播电视台副总编辑，南方财经全媒体集团总编辑、高级编辑）

创新创优皆具匠心　砥砺前行唱响主旋律
——2017 年度广东省广播影视奖电视专题作品评选综述

施燕峰

2017 年是载入史册的一年，十九大胜利召开、中国人民解放军建军 90 周年、香港回归祖国 20 周年……这些历史节点必将在时间的长轴上清晰地标注其坐标。广东的电视工作者在过去这一年里以制作精良的作品呼应这个时代，以脚踏实地的作品反映社会实践，以正能量、主旋律引导社会舆论。在 2017 年度广东省广播影视奖电视专题领域，我们收到参评节目共 125 份，经过初评、复评、定评，评出获奖作品 75 份。这些作品的质量普遍较高，有的作品另辟蹊径、视角独特，有的活用新媒体、在移动端独占鳌头，不少作品更是紧扣时代脉搏、立意高远、锐意创新……

125 件作品中，有电视纪录片 27 件、电视专题片 33 件、动画节目 7 件、公益广告节目 20 件、社教栏目 11 件、新形态节目 13 件，总体上，这些作品从选材立意、表现手法、拍摄技术等方面具有以下可喜之处：

一、呼应新时代，反映新时代伟大实践，题材视野广阔，主旨立意深远

记录当下、反映时代变化是文艺作品应有之义，多部纪录片、专题片围绕十九大、"一带一路"、建军 90 周年、香港回归 20 周年、粤港澳大湾区、广州财富论坛等宏大主旨进行创作。《海丝寻梦录》全面真实地展现了在"一带一路"伟大倡议下，广东作为改革开放排头兵和生力军的带头示范作用。《印象海丝》紧扣时代脉搏，带人走进"一带一路"的前世今生。《信仰》歌颂党歌颂信念。《血战三河坝》《1927—1928：从犁铺头到井冈山》《红旗飘上越王台》以历史事实颂扬人民解放军的丰功伟绩。《港珠澳大桥》《〈纵横大湾区〉系列专题片》讲述实现"中国梦"的广东故事。《深圳河》《深港同舟二十年》深刻展现一国两制的成功实践。《花姐的西藏梦》《通途》体现全国人民手拉手、心连心一起脱贫致富。

二、百花齐放，题材涉猎广泛，从历史人文、环境地理、社会生活等多维度全方位反映时代面貌

《叹粤剧》关注粤剧的传承与创新；《肇庆古村落》重新挖掘岭南古村落的生活故事与文化传承；《木头伟的船说》聚焦传统的手工艺如何化腐朽为神奇；《岭南砖雕》再现中国传统工艺砖雕的制作过程；《此心安处是吾乡》展现岭南禅文化的意义；《香云纱——述说光阴的故事》《黄金之纱》呈现物质文化遗产香云纱之美；《家在保护区》关注人类与环境的和谐相处；《骑行远方》《隐形的翅膀》聚焦残疾人，歌颂其自强不息的生命意志。

三、手法创新，视角独特，形式灵活，尊重电视传播规律

这些作品往往通过讲故事、用细节体现宏大主题，站在高位，视角下移，以人带事，以情讲理，使人在赏心悦目之中完成观影。拍什么、确定主题选题是核心，接下来的怎么拍，怎么表达，如何灵活运用视听手段，如何充分调动声音与画面的组合，使艺术性、可视性高度融合，是我们一直关注的。视角的变化、表达方式方法的创新、视听手段的灵活运用往往反映了传播的规律与要求。同时，传播环境的变化也要求我们不断在表达方式上进行摸索与探索，尤其是现在面对移动互联网的挑战，我们看到不少作品开始尝试用短视频的方式进行传播。如纪录片《书记，您一路走好》，动画节目《重阳登高 为广州打call》，新形态节目《吴雅琳——中国数码雕塑拓路者》《互联网+大数据 你的秘密它都知道》等，这些作品有的一分钟，有的三分钟，便于移动端传播，网友也买账。

四、勇于尝试新技术，积极扩充视觉体验

自几年前的航拍热流行以来，航拍技术的热度一直未减，电视人更是从陆海空等多维度拓展镜头的所到之处，给观众带来更丰富的视觉享受。《港珠澳大桥》充分调动海上拍摄、空中拍摄、水下拍摄等技术手段真实记录工程建设的全过程；《此心安处是吾乡》用无人机航拍古村的古韵禅景，展示当地的历史文化内涵；此外还有《望南湖》《航拍漠阳江》等。

本次评审分电视纪录片、电视专题节目、电视动画节目、电视公益广告节目、电视少儿节目、电视社教栏目、电视新形态节目七个类别，下面将围绕作品特点作分析与点评。

（一）电视纪录片

"一个国家没有纪录片，就等于一个家庭没有相册"，纪录片从呼唤春天开

始，这几年逐渐进入了夏天。岭南这片大地从来不缺纪录片选题，也不缺纪录片人才，"南派纪录片"得到了省委的关心关怀，2017 年年中"南派纪录片"研讨会的隆重召开更是提振了广东纪录片人的士气。2017 年的纪录片创作既仰望星空，又脚踏实地，徜徉于历史长河又时刻不忘关照现实，聚焦新时代社会生活巨变的同时又不忘反映平民百姓的生活面貌，既立足当下又不忘唱响未来。

一等奖作品《海丝寻梦录》对如何讲好"一带一路"上的中国故事，是一个很好的范例，这是一部立意高远、视野宏大、故事精彩、人物鲜活、制作精良、引人入胜的好片子。

该片追溯历史，把握当下，启发未来。它以 21 世纪海上丝绸之路为经，以企业与国家为纬，从世界丝绸之源湖州出发，奔赴全球，考察了海上丝绸之路沿线的 28 个国家，探访了 20 多个企业与个人的鲜活案例，全面真实地展现在"一带一路"伟大倡议下，广东作为改革开放排头兵和生力军的带头示范作用。该片会让人发现，在历史与现实时空的交错中，以丝绸之路为代表的历史，从未远去，栩栩如生。

《海丝寻梦录》具有鲜明的"南派纪录片"特点，宏大的主题中不乏细腻的描述。为了在展现"一带一路"主题的同时保持讲故事这一纪录片的基本特性，该片在节目架构上进行了精心构思，将"一带一路"这一宏大主题切分成"贸易往来""中国制造""互联互通"三集，然后通过讲故事的方式来阐述。每一集中都有六七个具体的人物"微"故事，故事的结尾和每章的结尾则通过人物采访和精练点评来回应主题。

该片故事精彩，人物鲜活，追梦与圆梦，泪水与欢笑，跌宕起伏，引人入胜。该片中虽然都是一些普通人物故事，却极具代表性，不难看出导演对每一故事的选择都是很严谨的，对题材的把握也是拿捏到位的。同时，这些故事的表现手法也很细腻，拍摄角度和剪辑手法都强调了对细节的展现。每个故事都不长，但六七分钟的长度不但留下足够的空间去描述，而且避免了故事的沉闷，让人感觉节奏感快而强。

《港珠澳大桥》站在历史和世界的视角，用"桥"这一巨象载体巧妙地建构起贯通古今的时空线索，通过"桥"的变化透视"国"的变化，由"桥史"观"国史"，生动地反映了古老中国向现代化中国的跨越式发展。同时，注重用人文情怀和叙事技巧对相对单调的工程内容作创造性和艺术性的演绎呈现，回答了中国制造为什么能走出国门、走向世界的问题。

《叹·粤剧》为长纪录与微纪录的融合做了很好的尝试。该系列纪录片共 5集，除每集 25 分钟在传统电视频道播出外，还精剪成 11 集 3 分钟的网络微视频在移动端推送，点击率破 600 万。作品以小故事、小切口、新角度、新解读去看待粤剧，用时代的眼光关照岭南历史文化，以互联网的方式讲述粤剧的历史、人文、服饰、产业，用现在进行时的叙述聚焦粤剧的传承与创新。

《红旗飘上越王台》为纪念建军 90 周年而作，聚焦广州起义。为了活化历史，片中除了调动实景、模拟场景、特技处理图片、实物、文献史料等艺术表现工具，还充分运用相关战争题材的纪录片、电视剧、电影等镜头。画面的缺乏往往是这类纪录片要攻克的难题，该片中，一段尘封了 90 年、摄于 1927 年的珍贵历史影像资料使全片鲜活了起来。

《回家的路有多长》以外来务工人员骑摩托车回家过年为主题，现场跟拍主人公返乡的全过程，真实、细腻，现场捕抓到位，感情充沛。该片一改纪录片拍摄周期过长、今年拍了明年播的常态，在春节期间开始播出，从时效上助力纪录片的播出效果。

《"候鸟"汽车工程师》聚焦汽车试验工程师挑战极限、勇于探索的"工匠精神"，展示我国汽车工业的发展面貌和成果。

《深圳河》纪念香港回归 20 周年。深圳河是深圳的母亲河，又是深港的双城河界。该片把"河"作为叙述的始点，又是叙述的落脚点，通过它来反映 20 年里两种制度、两种文明、两种生活的变化。

（二）电视专题节目

2017 年的电视专题紧紧围绕主旋律，紧扣社会热点，其中有不少选题是献礼十九大的，还有关于"一带一路"、建军 90 周年、扶贫等的，通过专题的方式弥补了电视新闻来不及展现的内容。一等奖作品《印象海丝》走访了多个国家，在海上丝绸之路上挖掘出深入人心、生动有趣的故事。评委的点评客观公正、准确到位：

专题特点鲜明，表现手法创新。广东广播电视台送评的电视专题片《印象海丝》的主题紧扣时代脉搏，是一个故事性强、一环扣一环的好专题片。该专题片在历时一年多的海内外调研基础上，从大量的故事案例中选取出彩的部分，从文明交流和文明互鉴方面入手，紧紧抓着"人"这个核心要素，用普通人的故事来烘托宏大主题——影响世界文明发展的"一带一路"倡议的前世今生。

专题片在故事架构、表达手法上有较多的创新。专题片的每一集都在历史和现实两条主线的发展中铺开叙事。它讲述了海上丝绸之路上许多鲜为人知的历史趣闻与现代佳话，从中揭示海上丝绸之路传承几百年的"基因密码"。涉及的内容都是当今世界性的命题，能够从海外观点讲述的故事颇有新意。另外，运用重现、现场播放、访问和动漫等多种手法，使"节目"制作得好看，值得细细品味。

该专题片在后期剪辑中，可以看出编导的用心——在境外制作电视节目并非易事，将采访到的内容制作成集更难。若不下功夫，电视片只能是浮光掠影。但该专题片在剪辑中既有匠心，又有努力的体现，画面流畅，观看后既使人"悦目"，又"赏心"，使表达的内容更加易于为观众所接受，并使观众能产生新的感受。

（协会专家组特聘专家　梁浩泉）

《纵横大湾区》系列专题片紧扣大湾区城市群建设的主题，用细腻的故事与人物承载深刻的内涵，在唱响大湾区建设成就主旋律的同时不失趣味性、故事性和互动性，节目落脚点始终不离城市养老、青年教育、脱贫致富等老百姓日常生活焦点问题。

2017 年，广州举行了财富全球论坛，为了报道这个盛大活动，广州广播电视台策划摄制了《与世界连接》系列专题片。该系列的开篇为《财富广州　世界瞩目》，从总体上阐述了作为千年商都、国家重要中心城市的广州，以怎样的优势和魅力，获得了《财富》全球论坛的青睐。

香港回归 20 周年，《深港同舟二十年》讲好一国两制的故事、展现两地合作发展的成果。该片充分展示了深港共筑"中国梦"、共享国家发展伟大成果的辉煌历程，以深圳独特的视角，全面、深刻地展现了一国两制的成功实践。

《信仰》为党的十九大献礼，该片通过讲故事的方式，传达出真情实感，彰显出思想信念的价值。

《骑行远方》以备战 2016 年里约热内卢残奥会为故事主线，把镜头对准只有一条腿的梁贵华，记录他的生活点滴与训练过程，表现他自强不息、坚忍执着的奋斗精神。通过对中国残疾人自行车队的讲述，真实反映了这群可爱、执着又坚强的残疾人群体的精神面貌。

《警界传奇：朱明健》详细介绍了老警察朱明健的传奇一生，他一身赤胆扬正气，铮铮铁骨勇担当，他的精神激励着一代又一代的南粤卫士奋勇拼搏、不断前行。

（三）电视动画节目

动画节目一直为幼儿、青少年所钟爱，我们一直呼唤健康、快乐、正能量的动画节目，创作适合少儿口味和认识标准的动画节目也一直是我们所期待的。现在有些动画节目有暴力血腥的倾向，甚至涉及色情内容，这也是我们在引导动画节目市场健康发展时必须关注的问题。

在 2017 年的评选中，《熊熊乐园》获得一等奖，以下是评委的评论：

该片有明确的主旨内涵，将健康、快乐的核心价值融入寓教于乐的动画情节中，引导少儿在潜移默化的观影过程中体验幼儿园的生活。

本片的叙述语态自然、风趣、贴近生活，打破了传统的说教模式，契合学前儿童视角。作品思想积极向上，培养少儿自信、友善、团结、懂得分享的重要品质，令少儿在娱乐的同时也能达到学习和效仿的目的。

故事情节设计紧凑，转承自然，人物性格特征鲜明，表情达意简单明了。主创在画面构图、色彩搭配、场景设置等方面也颇下功夫，具有较高的可观赏性。

角色台词不艰涩、不做作，简单易懂，语气语调契合孩童的表达习惯，亦能呈现动画角色善良的品质，具有正面的引导作用。评委组认为，以《熊熊乐园》为代表的《熊出没》系列可视为国产动画片中的优良作品，值得鼓励。

（暨南大学新闻与传播学院副教授　黄雅堃）

（四）电视公益广告节目

公益广告对环境保护、青少年教育、医疗卫生、好人好事等社会正能量作推介，或是散文式的，或是专题式的，或庄重，或轻快，这些作品寓教于乐，寓教于审美。

广东广播电视台原总编辑陈一珠对一等奖作品《我爱我家》做了如下点评：

电视公益广告《我爱我家》以一个居住在传统岭南风格民居的家庭为切入点，通过大人做一顿家常菜，小孩在天井玩耍，最后大家一起吃饭的温馨画面来展示"我爱我家"的主题。该作品结构层次清晰，画面精美，音乐配合恰当，岭南气息浓厚。在短短的 45 秒中，依次展开大人饭前的劳作和小孩天真活泼地跳跃玩耍的画面，构造一幅又一幅家庭和睦、幸福温馨的画面，突显"我爱我家"的主题。该作品通过简单朴素、富有生活气息的描述，以家庭和睦为着眼点，表达和颂扬和谐、文明、幸福的价值观。

（五）电视少儿节目

针对少儿这个特定群体的节目，自然有其特殊要求，应针对性强、形式感强、表达方式易被少儿接受。2017 年的一等奖作品是《平安广州　快乐暑假》，点评如下：

由广州广播电视台制作并获一等奖的电视少儿节目《平安广州　快乐暑假》，是一个主题鲜明、针对性强的少儿节目。该节目围绕暑假期间未成年人的各种安全问题，别出心裁地策划了由广雅中学主会场和番禺、增城、天河三个分会场联动的专场宣讲活动，把当下青少年遇到的警情和安全隐患以及处置办法等，运用宣讲案例、还原现场、实地演练、互动问答、主题歌舞的形式，巧妙地布局在活动环节中。电视制作方法多处创新，现场既有实景，也有视频演示。尤其是实景部分，火警、遇溺、逃生演练都根据不同场景需求精心安排在不同的会场，且学生均未经彩排，使节目显得更加真实。通过多种电视手段切换不同的会场场景，有节奏地连接起活动场面，使整个节目具有现场感好、案例鲜活、讲解通俗、视听语言丰富、可视性强、传播精准的特点，使故事一个接一个，不落俗套，不失为一部寓教于乐的电视少儿节目典范作品。

（中山广播电视台主任　郑咏梅）

（六）电视社教栏目

这次送评的栏目有纪录栏目、少儿栏目、美食栏目、服务类栏目等，其中不少是已开办多年，影响度比较高的。获一等奖的《你会怎么做》是全国首档社会行为观察类节目，播出两年有余，省外宣办副主任陈江帆对此做了题为"贵阳人心柔软，我们收获良多"的点评：

《你会怎么做》精选社会关注议题，由演员采用角色扮演方式代入情景，隐藏拍摄普通老百姓真实而生动的反应，再加上简洁精到的旁白介绍和嘉宾评述，打造了一档叫好又叫座的社会观察类电视节目。节目坚持弘扬社会主义核心价值观，主题鲜明，制作精良，手法新颖，风格独特，叙事说理情景交融、深入浅出，令观众精神一振、耳目一新。一是记录真善美，传播正能量。选送的两期节目聚焦弱势群体，分别讲述老人和基层劳动者在遇到困难时，得到各式各样陌生人关心帮助的故事，情理景交融，真善美流淌。如在扶助老人过天桥的故事中，节目旁白道："怒放的生命，苍老的身影，如果一路有人同行，这起起伏伏的人生旅途，至少也能多出一抹亮色吧。"在此基础上，进一步拓展人心向善、城市文明的主题。"春天的广州，最不缺温暖"，"贵阳人心柔软，我们收获良多"，由感谢帮助、感受温暖到感恩社会，贯注着满满的向上向善力量。二是娓娓讲故事，话语暖人心。两期节目开始时先分别对我国人口老龄化严峻形势、贵阳"地无三尺平"特殊地貌作了简明介绍，为相关议题展开做好了铺垫。在情景拍摄时，节目善于捕捉细节，常以特写镜头加到位的旁白来渲染情感、升华主题。如6岁小姑娘挽扶老奶奶过天桥，在镜头放大小女孩充满关切的神情时，嘉宾评述道："她真可爱。这张脸，是天使的脸。"在母女二人帮助老人渡过难关后，嘉宾说道："刹那间的镜头，就是浓缩的一个人的一生。孩子、母亲和老人，人生最重要的三个篇章，浓缩在一个天桥的两头。这头到那头的天桥，就好像这头到那头的人生。生命的轮回，美德的传承，好像都流转在这座天桥上。"真实的画面、精当的评述、优美的配乐，令观者动容，潸然泪下。三是升华闪光点，传承好家风。不满足于表层简单的助人为乐诉求，节目组通过追问采访，深入了解助人者的思想动机，进而实现主题升华和精神寻根。如在帮助老人过天桥、陪伴老人进餐的故事中，助人者或表示自己也终将老去，希望年老时同样会被别人"温柔以待"，或想起自己家乡的父母、祖辈日渐老去，身边无人陪伴而当众拭泪，充分反映了中华民族推己及人、"老吾老以及人之老"的传统美德。无论是年轻母亲、小女孩一起帮助老人过天桥，还是老母亲要求年轻儿子帮助女"背篓者"背货上陡坡，旁白和嘉宾都指出，通过言传身教、耳濡目染，好家风、好品德将会代代相传、融入血脉，进一步传递了美德弘扬、家风传承的时代责任感和历史使命感。

此外，人文关怀的精神贯穿在节目录制始终。由于采取隐藏拍摄方式，节目对不文明者的脸部作了遮蔽处理。在事后向助人的年轻妈妈说明节目录制真相的同时，节目交代他们对小女孩作了善意的隐瞒。毕竟，节目组很难向一个未成年人解释她的善意其实被利用了。正如节目中所说，"就让今天的故事，和那满桥的籀杜鹃一样，悄悄地盛开在小女孩的心底吧"。

（七）电视新形态节目

创新是电视发展的动力，也是电视人在工作实际中的要求。如何创新？如何使节目创作适应日新月异的电视传播态势？怎么样才能更贴近、更符合传播规律？

在2017年的电视新形态节目评比中，《广东卫视跨年盛典之"更好的明年"》脱颖而出。它打破了卫视以往歌舞娱乐跨年的固有模式，同时，"财富跨年"基调更高于"知识跨年"，立足经济视角，内容更为深刻。跨年盛典聚焦宏观经济发展，探析全球商业趋势，观众从中提升财商，高度符合十九大报告提出的"文化创新"新要求。具体来说，创新主要体现在以下几个方面：首先，前期筹备工作效率上创新，从策划、招商、宣传到最终盛典执行，仅仅耗时20多天，一举突破卫视千人级盛典筹办时间纪录。其次，晚会形式颠覆革新，敢为人先，首推"财富跨年"新概念，成为跨年晚会中独树一帜的创新样板。最后，也是重点所在的是内容创新，策划团队将盛典内容整体设置为"成长—机遇—飞跃"三大板块，主题在紧密结合国家重大发展战略规划和经济发展实际情况的同时，优先考虑观众接受度及电视传播力，将传统意义上深刻难懂的经济事件及理论通过语言及表达方式转化，实现最大化有效传播。几大板块深入浅出地诠释2017年的中国经济，体现制造业转型升级，科技创意产业蓬勃发展，经济取得高质量发展。盛典突出传播主流价值观，传递正能量。所邀十位来自海内外的知名财经大咖，均从不同角度深入浅出地把脉全球经济脉络，梳理和分析经济大事件，在高学历和新中产群体中获得极高的口碑和赞誉。该节目为中国经济发展成果做出了专业的解读，为广东经济社会发展献计献策，是当下广播电视节目中不可多得的精品之作，堪称"文化清风"。它为全国观众献上一台极具信息量与洞察力的财富思想盛宴，成为跨年夜全国卫视晚会中的一大亮点。

在收获的同时，如果说今年的专题节目还有什么缺憾的话，就是"现象级"的精品力作还没大规模涌现，节目的创新力度还未尽人意，与新媒体的融合还未产生"病毒式"的传播态势。但是，总有一股力量在激励我们前行。精益求精、耳目一新，充分发挥专题节目"成风化人、凝心聚力"的社会功能，打造高收视、高点击、高收入的"三高"阵地，我想，就是这股力量不断鼓励广东的电视人不忘初心、砥砺前行。

（施燕峰，2017 年度广东省广播影视奖电视专题组组长，广东广播电视台副总编辑、对外传播中心主任，高级编辑）

努力开拓新时代广播文艺的创新力
——2017 年度广东省广播影视奖广播文艺作品评选综述

马国华

2017 年度广东省广播影视奖广播文艺参评的作品有 79 件，经过初评、复评，最后评出一等奖 7 件、二等奖 17 件、三等奖 22 件、淘汰 33 件。

另外，一等奖空缺 2 件，原因有以下两点：一是今年参评的 6 件"娱乐节目"质量较一般，缺乏新意、创意，而且较常规性，几乎都是为娱乐而娱乐，没有在娱乐当中传递寓教于乐的思想或价值观，因此，评委们为确保节目的质量，宁可空缺今年"娱乐节目"的一等奖。二是在今年参评报送的"文艺栏目"中，只有 3 件作品参评，按往常做法，如果确实没有特别好的"文艺栏目"，那只能放弃参评。

综观 2017 年度广东省广播影视奖广播文艺参评的节目，不少广播电视台在努力提升新时代广播文艺的创新力方面下了不少功夫，主要体现在以下几个方面：

一、注重热点题材的挖掘，并与时代紧密地结合在一起，都有较强的时效性和贴近性

如广东广播电视台音乐广播频率获一等奖的专题音乐节目《南海振国威，豪情颂中华"——记大型情景组歌〈我的南海〉》，主创人员以敏锐的眼光，抓住了近年来中国南海成为国际国内关注的焦点，并以我国第一部以南海为题材的大型情景组歌为蓝本，通过与主创人员的访谈，把这部大型的情景组歌以音乐专题的形式介绍给听众，使听众在欣赏该组歌不同形式的歌曲的同时，也了解了中国南海的历史，以及中国南海的主权属性；还展示了新一代革命军人守卫南海的铁血雄心和爱我家国的豪迈情怀，充分体现了中国军人在新的历史时期的强国强军之梦。习总书记在有关南海的论述中说："中国一贯致力于维护南海地区和平稳定，坚定维护自身在南海的主权和相关权利，坚持通过同直接当事国友好协商谈判和平解决争议。中国愿同东盟国家一道努力，将南海建设成为和平之海、友谊之海、合作之海。"从习总书记的这一论述中，我们都能看到维护中国南海主权的重要性。因此，用广播文艺去讲述中国南海的历史具有很

强的现实意义。

习总书记近年来在农村调研时，多次提到"乡愁"，并告诫大家要"记住乡愁"。其实，"乡愁"是人们对过去生活和对从小长大的故乡的一种独特的眷恋。习总书记的"记住乡愁"，蕴含的深层意思是要提醒我们记住自己的"根"。

广东广播电视台城市之声今年获一等奖的综艺节目《乡愁，让心留住的地方》就是抓住了"乡愁"这一大家所关注的热点话题，以综艺的形式，展现不同历史时期、不同人物对"乡愁"的不同表达方式，层层递进、展开，最后升华到习总书记的"寻乡愁"，具有强烈的艺术感染力和深厚的思想内涵。

该节目有如下特点：一是该节目体现了主创人员独到的眼光，在"新闻"中挖掘广播文艺的题材内容，具有较强的时效性与贴近性。二是该节目在表现形式方面，运用了多种综艺元素，如诗歌朗诵、歌曲、情景短剧、故事等，具有较强的感染力和可听性。三是该节目主持人与演员在驾驭该节目的风格特点方面恰到好处，也体现出播讲者的演播水平较强。四是该节目制作较精良，特别是在配乐、情景音效等方面的包装，使该节目富有立体感和画面感。

其实，每一个人对"乡愁"都有着不同的表达方式，有的通过诗词歌赋，有的通过亲力亲为回乡"寻根"，有的通过自己生活上的言行举止等，但都有着一个共同点：他们身上所流的都是中华民族的血脉。

一说到"乡愁"这个词，大家肯定会把目光"投射"在余光中身上，因为"乡愁"已经是余光中的一个代名词。2017 年，余光中病逝，关注点又再次聚焦到余光中身上。

如广州广播电视台获一等奖的文学节目《乡愁——悼念爱国诗人余光中》，主创人员抓住了余光中病逝这一大家所关注的消息，制作了该文学节目，有着较强的时效性和时代意义。

该节目有如下特点：一是主题鲜明，节目通过余光中几首代表诗作的赏析传递出海内外炎黄子孙的一个共同愿望，就是祖国统一。二是该节目能抓住余光中续写的《乡愁》第五段的珍贵录音，对提升和充实该节目内容，起到了关键性的作用。三是该节目主持人的演绎能抓住一个"情"字，并通过情景音效的包装，营造出一定的感染力和可听性。

广州广播电视台获一等奖的广播剧《天山下的来客》，主创人员也是抓住了习总书记在党的十九大报告中明确要求"实施乡村振兴战略"和党中央提出的实施东西部扶贫协作等重大战略决策这一热点，以广播剧的形式讲述了以梁海清为代表的广州援疆干部在对口扶贫的新疆喀什地区援建"广州新城"的故事，具有较强的时代意义。

该剧有如下特点：一是题材内容抓得准，紧密地配合了当前国家重大战略部署，在宣传这个角度去看，它对推动农村的发展、改变农村落后的面貌，有着积极的现实意义。二是该剧在人物性格的刻画方面把握得较好，特别是剧中出现的维吾尔族的人物角色具有地方特色，也体现了不同民族语言习俗的相互交流，使该剧更为真实可信。三是该剧在配乐、情景音效的包装方面颇有特色，特别是所采用的新疆歌舞的音效，强化了故事发生的地域性。

港珠澳大桥也是目前较为热门的话题，作为中国建桥史上里程最长、投资最多、施工难度最大的跨海桥梁项目，它受到了海内外的广泛关注。港珠澳大桥通车后，将连接起世界最具活力的经济区，对香港、澳门、珠海三地的经济社会一体化合作意义深远，对该地区的经济起到一个促进作用。

珠海广播电视台利用近水楼台优势，率先举办征歌活动，发动词曲作者投稿讴歌大桥建设者。评选出的优秀作品在珠海广播电视台进行首播，《梦桥》就是其中之一。

该歌曲有如下特点：一是主题鲜明，体现出大桥建设者新时代、新气象、新作为的创新精神和美好梦想。二是旋律抒情、优美，仿佛向我们讲述大桥建设者心中怀揣的梦想和动人的故事，特别是前奏曲童声带出的哼唱和交响弦乐营造出的一种情景衬托，仿佛让我们看到无边的大海上，横跨着一座彩虹，构成一幅壮观的画卷。三是男女声的对唱，在把握歌曲的风格特点和演唱的感情张力方面恰到好处。

以上介绍的几个获奖的作品，都是目前较为热门或大家较为关注的题材内容，但由于一等奖的名额限制遗憾落选，其实，还有不少作品都紧扣时代，如花都区广播电视台的音乐节目《通往未来的丝绸之路》、深圳广播电影电视集团的音乐节目《新时代的向往》、广州广播电视台的原创歌曲《携手同行》、佛山人民广播电台的原创歌曲《爱不停步》等，都体现出主创人员善于在新闻中捕捉广播文艺的题材内容，都有一定的时效性和可听性。

二、注重挖掘广东的历史人物，用广播文艺的形式去讲好"中国故事"，诠释"中国梦"

如江门广播电视台获一等奖的《中国梦之腾飞"航父·冯如"——纪念冯如飞天 108 周年戏曲故事节目》讲述的是"中国航空之父"冯如传奇的一生。冯如从小就随父亲漂洋过海到美国谋生，他目睹了美国的先进工业，认为要改变中国贫穷落后的面貌，必须依靠发达的工业，要吸取别人的长处。后经过多次飞机的研制，最后获得成功，对中华民族航空事业的发展有着深远的意义。

该戏曲故事节目有如下特点：一是该节目用"中国航空之父"冯如的故事去诠释"飞天梦"，对实现中华民族的伟大复兴、推动中国航天事业的发展、实现"中国梦"，都有着历史和现实意义。二是该节目打破了传统戏曲专题的固有模式，以戏曲故事为主体讲述，并在戏曲主要唱段的基础上加上多种表现形式，如情景再现等，使该戏曲故事的内容丰富多彩。三是该节目为扩大受众范围，用普通话来播讲采用的粤剧戏曲节目，对不懂粤语的听众了解这部戏曲的人物故事有一定帮助，同时也提升了戏曲故事的可听性。

挖掘广东的历史人物、用广播文艺的形式去诠释"中国梦"的节目，还有广东广播电视台城市之声的综艺节目《铁血道钉，筑梦中国》，该节目通过讲述广东南海人詹天佑毕生追求的"铁路梦"，见证中国铁路百年的屈辱与梦想，这对于当前"一带一路"倡议的实施，有着历史和现实意义。

还有广东广播电视台南方生活广播的戏曲专题《红的归来》，也是通过讲述广东著名粤剧表演艺术家红线女为追求艺术，甘愿舍弃在香港如日中天的事业和优越的物质生活，毅然回到内地，以一颗赤子之心，投身于新中国的粤剧事业的故事，感人至深。

三、注重传承广东本土传统文化

广播小说连播这种传统文化，也有人称"说书"，广东人称"讲古"，是一种古老的中国传统口头讲说的表演艺术形式。过去"说书人"或"讲古人"主要在大街、小巷、茶馆、饭馆或山野村落演出，后来，随着广播和收音机的普及，传播和表现方式也由直接观看变为在广播电台录音播出，不少电台在固定的时间段播放一些经改编的小说故事，于是"讲古"又演变成现在的小说连播。

但随着不少"讲古"老人的离逝，"讲古"这个传统艺术形式面临着后继无人的问题。揭阳广播电视台这次获一等奖的小说连播《济公传》的播讲人，是在该台不定期举办的"讲古"大赛中挖掘出来的"讲古"爱好者之一——阿忠。这次阿忠用潮语播讲的《济公传》，获得了评委们的认可，大家觉得在"讲古"这个行当中，应该有更多的新人涌现，来充实广播电台的"讲古"节目，使该文化后继有人。

这次阿忠播讲的《济公传》第47、48集有如下特点：一是所选的小说题材内容都有着广泛的群众基础，故事人物也是听众所熟悉和感兴趣的，因而在当地有一定的关注度。二是所选的小说节选，都经过策划、编播，力求把小说改为精彩或具有现实教育意义的故事，如"舍银救孝子""扶危济困""治病救人"等，同时也体现出广播电台的导向作用。三是播讲者能用不同的声音来塑造小说中不同的人物，用"正义"与"邪恶"的语调去调动听众的联想和情绪，以期达到生动、活泼和具有可听性的效果。但该节目还有提升的空间，如在节目的包装上，若是情景音效和表现形式等方面加强处理，也许会更有立体感和画面感。

在传承广东本土的传统文化方面，还有深圳广播电影电视集团的小说连播《父亲是个兵》、潮州广播电视台的音乐节目《永不凋谢的华夏正音"潮州大锣鼓"》、佛山人民广播电台的综艺节目《影醉功夫，乐动岭南》、广东广播电视台南方生活广播的戏曲节目《还金传奇》《红的归来》、广州广播电视台的新编传奇粤剧《白蛇传·情》等，各台都在找寻有本土影响力的历史人物和传统文化，体现在各自不同的文艺形式节目当中。

以上节目能够获奖，其实最主要的原因有两个：一是在选题方面，都能紧紧地抓住当前的重大题材或热点，并能贴近这个时代。如"南海问题""精准扶贫问题""港珠澳大桥建成""中国飞天梦""乡愁""传承传统文化"等，各台都能充分运用广播文艺的不同形式去表现或讲述，都有较强的时代感和可听性。二是不少广播文艺类别都在积极开拓新时代的创新力，不同类别的广播文艺表现形式也在相互渗透、相互融合，从而丰富了广播文艺不同类别的表现力，对广播文艺的发展探索有着积极的意义。

在肯定 2017 年广播文艺评选成绩的同时，我们应该看到存在的问题，这需要我们去重视。

一是送评的节目过于简单。如某台的文学节目《书香城区·阅心文学》，只是简单地介绍一下作者和朗诵者，并带出两首短诗，整个节目不过 7 分多钟，实在是太简单了。又如某台日常播出的一个所谓的文学节目《生活不会一直难熬下去，我们都别轻易放弃》，也只有短短 9 分多钟，难道这不到 10 分钟的节目就能把主题内容精练地表达出来了吗？答案是"否"。再如某台的文学节目《国学经典故事——子欲养而亲不待》，也只有短短 3 分多钟就结束了，这根本算不上是"文学节目"，只能算是"微剧"。

二是送评的节目太随意了。如某台送评的《音乐飞扬》节目，只向听众推介几首歌，并与听众做一些东拉西扯的所谓互动，并没有固定的主题内容就送评了，这不是太随意了吗？又如某台送评音乐节目《音乐作品里的"香港地标"》，用几首所谓的"香港地标"的歌曲，去讲述香港相关的地方，没有突出音乐的主体性，主题也不鲜明，这样就送评，拿那几首歌的歌名去做"文章"，这不是也太随意了吗？

三是送评的节目的标题与内容不一致。如某台送评的节目《体现文化自信，领略诗词之美》，标题让人觉得是文学节目，特别是标题中的"领略诗词之美"，其实，它是一档音乐节目，用几首歌把节目串起来，但串词的话题还是以"文学性"为主，如"中国文化源远流长，无论是古时候的诗词或是近代文人的作品，都充满闪光点"等串词，缺乏音乐节目的特征。

四是把常规性节目送评，这也是较为普遍的现象。所谓的"常规性"，是指在日常的播出中，随便拿一期节目来参评，如某台的《汕尾流行音乐榜》。并不是说常规性的节目不能送评，但所选择的该期节目必须要有一定的新意、创意，否则送评的节目就一般化了。

五是为"综艺"而"综艺"。如某台的《勿忘真情，回家过年》，本来可以做成一期好节目，但从送评的该节目上来看，它只是拿了几首不同形式的有关"家"的作品，加上串词，拼凑上去，给人的感觉是为"综艺"而"综艺"，没有任何新意或特别的地方，较一般化。

以上提出的问题和现象，应该要引起我们的重视或关注，因为好的作品或节目是需要策划、规划、打造的，不是随随便便就可以拿来送评的。

那如何在广播文艺中创新呢？习总书记在中国文联十大、中国作协九大开幕式上的讲话中，有一段关于"创新"的论述，很能开拓我们的思路："创新是文艺的生命。要把创新精神贯穿文艺创作全过程，大胆探索，锐意进取，在提高原创力上下功夫，在拓展题材、内容、形式、手法上下功夫，推动观念和手段相结合、内容和形式相融合、各种艺术要素和技术要素相辉映，让作品更加精彩纷呈、引人入胜。"习总书记这段关于创新的论述，对于广播文艺采编播人员来说，同样有着很强的指导意义。

今天，广播文艺已进入了新的时代，如何用广播的声音去提升广播文艺的创新力，去讴歌时代和人民，这是广播工作者要思考的问题。相信通过每年举行的广播文艺评选，通过各台对参评节目的学习、各台的相互交流，广播文艺一定会展现出新面貌、新气象，从而无愧于我们这个火红的年代。

（马国华，2017 年度广东省广播影视奖广播文艺组组长，一级音乐编辑，吉林大学珠海学院音乐舞蹈学院客座教授）

为时代放歌

——2017 年度广东省广播影视奖电视文艺作品评选综述

张静民

在 2017 年度广东省广播影视奖电视文艺作品评选中，本组共收到送评作品 84 件，评出获奖作品 52 件，其中一等奖作品 9 件，二等奖作品 18 件，三等奖作品 25 件。

综观本组此次作品评选，有这样几个突出特点：

其一，强者愈强。电视文艺节目，尤其是电视文艺节目中的综艺节目和娱乐节目，发展到今天，已经进入一个大投入大产出的阶段，这对于一些实力稍逊的市级台、县级台来说，已然呈现出一种"高攀不起"的态势。即使是一些实力雄厚的大台，若节目理念陈旧，就算肯投入资金，哪怕是巨资，往往也很难生产出"吸睛"的节目，更谈不上所谓"现象级"的节目了。

其二，不乏黑马。仅就一等奖来说，广东广播电视台和深圳广播电影电视集团夺走了 9 个奖项中的 5 个，占据了大半壁江山。但是佛山、江门等台也有不俗表现，尤其是汕头广播电视台和广东强视影业传媒有限公司两家单位作为黑马，分别在电视文艺专题节目和电视剧的奖项中蟾宫折桂，确实是可喜可贺的现象。

其三，任重道远。虽然本组的所有奖项都顺利评出，但是评委们有一种一致的感觉，那就是乐不起来——纵览长长的获奖作品名单，其中堪称各台扛鼎之作、能够产生社会和经济双效应、引领广东电视文艺节目创作，乃至成为全国"现象级"节目的作品可谓凤毛麟角。在综艺、娱乐节目"霸屏"的当下，这样的表现，对于拥有三大卫视台的广东省这样的电视传媒大省来说，广东省电视文艺节目的发展的确还任重道远。

一、电视音乐节目

电视音乐节目一共收到 5 件作品，然而因"送错笼子"而自然淘汰的作品就占去了五分之二——分别是珠海广播电视台的《舞动珠海》和潮州广播电视台的《"舞极限"MV 展播》。两个作品作为舞蹈节目各有各的长处，但是送到"电视音乐节目"这一项目里显然就不合适了。这里要再次重申相关定义：所谓的电视音乐节目，是指"内容为音乐作品赏析、音乐故事、音乐人物介绍、音乐知识普及等的电视节目"。因此，强烈建议参评人员和各台的参评活动组织者一定要认真阅读和理解相关要求，不然辛辛苦苦制作出来的作品就因为不符合参评要求而被"自然淘汰"，实在是很可惜。

硕果仅存的 3 件作品各有各的优势。其中清远广播电视台选送的《"同饮一江水"——2017 广东打工者歌唱大赛（清远赛区）季赛》最大的特点和优势就是接地气，给打工者提供了一方"讴歌时代、展现风采"的文艺舞台，节目策划、组织和摄制也比较用心，取得了比较好的传播效果。广东广播电视台选送的《2017 年粤语好声音》为知名本土品牌节目《麦王争霸》的全新星级升级版，节目较好地展现了粤语音乐的魅力，承担起了弘扬和传承岭南文化的重任。可以说，该节目首先在创意上就胜出其他节目一筹——以当今电视观众喜闻乐见的歌唱竞技的节目形态，大力弘扬本土文化；在节目制作上奋力追赶前沿节目水准，在灯光、舞美、音乐制作和环节设计上都能给人耳目一新的感觉。但该节目也有一些需要强化和商榷的地方，比如明星、选手和现场观众的互动性可以再加强些，主持人的套路和风格虽可能仍有追捧者，但相比之下显得档次低了些，甚至某种程度上这种插科打诨式的主持方式直接给人一种过时之感。同样是广东广播电视台选送的《千年客韵——中华客家山歌》表现则更为优异：该节目策划意识强、主题集中而深刻、摄制踏实认真，体现出一种电视文艺工作者一直保有的敬业精神。该节目以客家山歌为线索和核心内容，串联起客家人的历史文化风土人情，既婉转入耳，又厚重凝练，显示出了编导深厚的编导功力和艺术创作上的努力与付出，具有较高的影像人类学、文化学、艺术学价值。当然，该节目也不是无可挑剔，可能因为要照顾的元素过多，所以有些要表现的点选择到了，却开掘不到位，比如片中李坚真片段即是如此。

二、电视文学节目

电视文学节目收到的参评作品共 6 件，其中深圳广播电影电视集团选送的《2017 春季知识发布会》明显不符合该项目标准，属于"入错笼"。其实该节目本身极具创意和创新色彩，是大手笔的精心之作，很有传播力和竞争力，完全可以送到电视专题或新形态节目项目里去参评。

在本项目中夺得一等奖的是广东广播电视台选送的《羊城过客》。这是在当今荧屏上难得一见的能够沉下心来做文学节目的编导们的精心之作、优秀之作。选题上既有代表性，又有地方特色，可见编导选题之用心；在艺术表现上，文本写作将文学性、艺术性与电视的视觉性结合得很完美；在画面拍摄上也比较讲究，经营出了视觉上的一种特有的文化韵味，又不乏纪实色彩。不足之处有以下几点。第一，片名不理想。第二，交代"知其然"的内容较多，"不知其所以然"部分不足，比如鲁迅在蒋介石发动政变后为什么没有多少文字"直接骂蒋"？他到上海后所写的文字有多少是在广州埋下的种子？第三，鲁迅的扮演者与观众印象中的鲁迅相差得着实远了些，仅就这一点来说，感觉像是在"闹着玩儿"。虽有瑕不掩瑜一说，但是与纯洁无瑕的玉相比，毕竟品相和价位还是要被打点折扣的。

《文心雕龙》中有一句话叫"为情而造文"，珠海广播电视台选送的《月满情侣路》就是这样一部作品，是一部动情之作、创新之作。该作品选择了一个动情的节点——中秋之夜，以及一个动情的人物——一名中秋之夜仍在值班的普通城市交警。从他的视角来感受节日夜色之美，抒发这座城市的守护者、享受者发自内心的真挚情怀。拍摄上自然、动感、流畅，使得全片美感十足。

其实，当今荧屏被有实力的电视台的综艺和娱乐节目霸屏，对于那些"玩不起"的电视文艺工作者来说，也不见得就是坏事，换个角度来看或许还是好事。它可以让人沉下心来认认真真地进行精神层面的、高雅的、曾经被当作小众的、具有较高文化价值的电视文学作品创作，而这，其实也正是电视文艺工作者精神和使命上的一种高度回归。

三、电视戏曲节目

电视戏曲节目这一项目共收到参评作品 7 件，包括广东广播电视台的《不倦的粤剧行者——倪惠英》《迎七一 颂党恩》、广州广播电视台的《南国红豆——本土原创大型新编粤剧〈疍家女〉赏析第三集》、深圳广播电影电视集团的《少年有戏——2017 深圳市戏曲进校园汇报演出》和汕头广播电视台的《戏装之美 南国奇葩》等。

在这些作品中，深圳广播电影电视集团选送的《少年有戏——2017 深圳市戏曲进校园汇报演出》表现最为抢眼。本组评委、原南方电视台副台长余瑞金在点评该节目时不吝溢美之词地写道：这是一档期望通过戏曲的普及教育传承中华文化基因、引领少年儿童树立正确的审美观念、陶冶高尚道德情操的电视节目，它以优秀节目展演、现场体验实践、权威嘉宾助阵、名家师生同台等手段，精心设计了"梅花蓓蕾、薪火相传、百花齐放、少年有戏"四个篇章，通过新颖生动的视频包装和精美的舞美设计，让传统戏剧的电视呈现创新升级，使节目好看、吸引人。从儿童抓起，从学校入手，传承和弘扬优秀国粹艺术，《少年有戏——2017 深圳市戏曲进校园汇报演出》找到了一个好抓手、好载体，不仅成为一档有生命力的电视节目，也将助力中华传统文化在少年儿童中的传承和弘扬。

汕头广播电视台选送的作品《戏装之美　南国奇葩》也很优秀。它选题独特，角度新颖——表现戏曲，却从戏装说起；说戏装，又从剧团里管戏装的师傅说起，在普及戏曲知识的同时，让我们领略到了戏曲之美与戏曲人的敬业精神和工匠精神。广州广播电视台选送的《南国红豆——本土原创大型新编粤剧〈疍家女〉赏析第三集》选题极具本土化特色。在节目主题和内容表现上，既弘扬本土文化，又兼具审美性、知识性和鉴赏性，是比较好看的电视戏曲节目。

广东是名副其实的戏曲大省，对于电视文艺工作者来说可以说是有取之不尽用之不竭的题材。只要端正态度，能够俯下身、沉下心，更新创作理念，提升创作实力，就可以创作出叫好又叫座的电视戏曲节目来。

四、电视综艺节目

电视综艺节目是本组参评作品的"大户"，一共收到 18 件作品。从参评单位来看，除了传统意义上的几大台之外，最为难得的是韶关台、清远台、潮州台，包括德庆台等县级台也都积极参加，显示出我省电视综艺节目创作的版图不断扩大，这是好事。

在评选中，江门广播电视台选送的《梦·中国——第三届世界广府人恳亲大会晚会》被评委们一致评为一等奖。该晚会是为第三届世界广府人恳亲大会专门策划和摄制的，因此其主题不同于一般的综艺节目或晚会，必须既有时代性，又有"侨性"。以此看来，策划和编导者们将该晚会的主题定为"世界广府人，共圆中国梦"，是恰当与熨帖的——在确保时代的和国家的高度的同时，又充分肯定了华侨华人与"中国梦"必然的和紧密的关联性，进而也奠定了该晚会崇高、庄严而不失温情的基调。晚会的框架和篇章设计结构扎实、合理，且极能凸显"恳亲大会"特色。晚会围绕着主题，分为五个部分——序曲：根在珠玑；第一篇章：梦中那条江；第二篇章：梦中那幢楼；第三篇章：梦中那个人；尾声：我爱你，中国！各板块间既有紧密的逻辑性，又有明显的递进性，逐段展开，又层层递进，最终将晚会推向高潮。整个设计，充分体现了编导人员的用心、精心与匠心。

既然是综艺晚会，那么在节目类型的选择上，也必须做到多元化。该晚会中独唱、小合唱、舞蹈、粤曲、武术、诗朗诵、书法、短视频等艺术种类一应俱全，可谓是为现场和电视机前的观众呈现了一场内容充实、形式丰富多样的视觉盛宴。加之颇具江门侨乡元素和中国文化元素的赠画、敬茶以及嘉宾采访等环节的有机融入，极大地增强了晚会的参与性、互动性与接近性，使得晚会风格清新，氛围热络，主题鲜明，有力地拉近了华侨华人与家乡、与祖国的距离，较好地实现了晚会创作者的宗旨与目标。从这台晚会的创作上，我们就可以看出该台近年来一手抓经营、一手抓节目的运营理念开始显现成效。

《和顺美满合家欢——2017 广东广播电视台春节晚会》也属优秀之作。这是一台具有极为浓郁的广东本地特色的春晚。它不是比拼明星大腕、舞台灯光，而是着力于创新，经营出浓郁的岭南人家的年味。主题定为"佳节家人团圆"，接地气，不拔高；节目设计颇为用心，框架、环节上力争出新，节目品种尽量选取观众所喜闻乐见的样式；演员的表演很喜庆、真诚，保持了广东广播电视台的一贯风格和品质。

德庆广播电视台选送的《首届南方诗歌节——"重温经典，情系德庆，走进新时代"诗歌朗诵文艺晚会》堪称县级台的扛鼎之作。该文艺晚会主题明确，场面热烈，借助朗诵艺术家们的倾力表演，让文化的旗帜高高飘扬，堪称岭南小城的一场文化审美盛宴。这台晚会很能给电视文艺工作者一些启迪：其实只要策划到位、主题明确、组织有方，小台未必不能唱出大戏来。只可惜这一点实在很难做到，因此在这 18 件作品里中庸之作、平凡之作比比皆是，篇幅所限，请容略。

五、电视娱乐节目

电视娱乐节目一共收到 9 件参评作品，作品总数不多，但确实能看出广东电视娱乐节目的总体水平。

首先要说的就是深圳广播电影电视集团选送的《极速前进（第四季）》。该节目在省内甚至国内的热度、竞争力和影响力是有目共睹的，作为"现象级"节目，说它是广东电视节目在全国的代表之作、"霸位"制作一点都不为过。这档娱乐节目的主题，提倡一种积极向上、勇于竞争和合作的精神；其节目创意，紧扣人与城市及城市的人文历史、地理人情；其嘉宾选手，也实行新选择，既讲究流量，也讲究能量，即正面影响力和号召力；在摄制上，大气、专业，又不乏生动活泼，堪称广东电视娱乐节目的代表，也是大投入大产出理念能给节目制作单位带来巨大的社会和经济效应的典范之作。

佛山电视台自荐作品《大师傅——佛山市全能中药师技能竞赛》在保持该节目一贯品质和水准的前提下，此次又有所创新，即在选题上更加贴近本地和本土民众生活，在环节设置上更强调竞技色彩，而在节目的互动性上也有所加强。高州广播电视台的《〈食林外传〉美丽乡村之彭村》朴实清新，将乡村美食美景一一呈现，既跟了一把美食节目的潮流，又展现了本地乡村振兴的成果，对于县级台来说，确实是难得的优秀之作，对上一级台的电视文艺节目创作来说，也有一定的启迪性和借鉴价值——电视娱乐节目真的不一定都要购买和复制国外模式，走高端大气奢华之路，有时候扎根本土、立足平民百姓生活，走走"小、土、亲"的路子，也不失为一种求生之道。

六、电视文艺专题节目

电视文艺专题节目是指以文艺故事、文艺界人物专访等为内容的各类文艺性专题节目，而大家对这个概念理解得都很准确到位，在所收到的 13 件作品中不仅没有一件因为"跑偏"而被淘汰，而且作品件件都很有内容、有风格、有自己的味道。比如广州广播电视台的《2017 中国（广州）国际纪录片节闭幕式暨"金红棉"优秀作品分享会》，它略表闭幕式，而精心呈现"分享"环节和内容，使节目耐看耐品，提升了活动本身的社会意义和学术价值；佛山电视台的《醉纸迷金的女人》则将传统文化、地方文化之美表现得淋漓尽致；博罗广播电视台的《犁"牛"上舞台》题材很本土，表现上也有点"土"，但"土"得是那么自然、淳朴、可爱。

当然，最值得说道的还是获得一等奖的作品《中国电影先驱 郑正秋》（汕头广播电视台）。这是一部典型的、货真价实的、充满创意的电视文艺专题片。该片在选题上立于本土，视野却放眼于中国电影史，乃至当时整个中国社会，属于那种最有可能结出硕果的"根深叶茂"式的选题。表现对象选择的是出生于汕头的中国早期电影事业先驱郑正秋和他通过拼搏努力而开创的电影艺术道路；在艺术表现上，该片以主人公郑正秋开创性的电影艺术发展道路为线索，在时代的和社会的大背景上探讨其在电影艺术尤其是中国有声电影艺术上所取得的伟大成就及动因；在摄制上，该片文本的撰写既有专业性、学术性，同时又充分考虑到可表现性和可视性，一些再现场景的设计和拍摄，无论是创意还是具体到摄影、灯光、舞美、道具和演绎效果，也都很能彰显电影艺术的专业和编导在艺术追求上的讲究。特别值得一提的是，片中所采访的专家知名度高、专业性强，所设计的叙事方式和打造叙事者方式也很有创意。仅凭这部作品，汕头广播电视台就值得我们表达敬意，它也给兄弟台的电视文艺节目创作树立了典范。

七、电视原创歌曲

电视原创歌曲在本组也属于"丰收"项目。这一方面表现在参评作品的数目——总计收到了多达 15 件作品，另一方面则表现在参评单位分布之广、层次之立体上——既有广东台、深圳台这样的传统大台，有佛山台、东莞台这样的中坚台，更有博罗台、信宜台这样的县级台积极参与，真可谓众人拾柴火焰高，众人划桨开大船。

被评委们一致评定为一等奖的作品是佛山电视台选送的《功夫传奇——2017 佛山功夫（动作）电影周主题曲》。该作品胜在紧抓本土文化元素和紧扣电影周主题，同时又借助电视化手段加以艺术表达。该作品正如白玲评委所点评的那样，歌词句句是功夫：一掌、一脚、一拳、一棍，招招式式，顶天立地。旋律既有岭南音乐特色，又紧密契合功夫节奏，铿锵孔武，凛然正气。画面故事构思精巧，由一个孩子机缘巧合读到一本《功夫传奇》拳谱，激发起功夫梦想开篇，由此展现出佛山功夫五大拳种的功架与气势。作品以电视的叙事方式把佛山功夫的传承创新与佛山本地特色、人文情怀完美呈现出来，艺术效果令人震撼。旋律好听激人，画面好看引人，歌词好懂振奋人，整部作品功夫味十足，正能量满满，是一部难得的艺术性、思想性俱佳的好作品。

八、电视剧

电视剧这一项，本组只收到《高第街记事》（第二季）、《外来媳妇本地郎》、《黄河英雄》、《爱人同志》、《七十二家房客》（第十二季）5 件作品。广东作为电视剧生产大省，区区 5 件作品，数目上着实有点"惨淡"。那么，导致"惨淡"的根源究竟在哪？是我们的影视奖知名度不够响、影响力不够大，摄制单位不愿意参与，还是体制、机制原因导致摄制单位无人或无暇顾及评奖事宜？抑或二者兼有之？

在电视剧项目评比中，本组碰到的问题不仅仅是参赛作品数量少，还有一个极大的问题是"钉子户"现象严重——从拍了 3 000 多集的《外来媳妇本地郎》，到经营了十二季的《七十二家房客》，再到明显也有"钉子户"倾向的《高第街记事》，确实很令评委们为难。最后，评委们本着"老面孔是否有新气象"的评审标准来严加衡量，最终一致选出《爱人同志》（广东强视影业传媒有限公司）为一等奖作品。

电视剧《爱人同志》是国家新闻出版广电总局 2016—2020 年百部重点电视剧选题剧目。该剧从全新的视角艺术地回望、诠释和演绎了第一代共产党人的"初心"和"中国梦"，进而以此激励当今的人们不忘初心，砥砺奋进。

在题材选取和主题表达上，该剧意识明确、方向正确。编剧独具慧眼地选取了二十世纪二三十年代风云激荡中的广州这片革命热土上的几对热血青年与革命的故事作为表现题材，并通过主人公们在大时代背景下对个人命运与爱恨情仇的纠葛与抉择，歌颂革命理想、讴歌革命精神、赞颂革命爱情，弘扬了伟大的爱国主义精神和高尚的革命英雄主义精神。在剧情设计上，该剧刚柔并济，既大手笔展现了大革命年代的时代风云激荡，也细腻地描绘了大时代里青年人内心情感的波澜起伏和参加革命、献身革命的心理路程。全剧都弥漫着革命的浪漫主义和英雄主义气息，却又显得真实可信。在叙事视角和角色设计上，该剧颇具匠心——以女性的视角去叙述大时代里早期共产党人的革命故事，这不仅有利于展现时代风云，也更有利于营造矛盾冲突，表现真实的内心情感，进而为塑造有血有肉的早期共产党人群像奠定基础。最后，该剧演员的选取和对其艺术表现力的调动也很成功，对"偶像"和"革命者"之间的平衡性拿捏得恰到好处，加之演员对角色的全力演绎，为良好的收视效果起到了保障作用。也正因此，大家才一致推举该剧为一等奖作品。

九、电视文艺栏目

关于电视文艺栏目的界定，也需要"敲下黑板"。所谓电视文艺栏目，是指以文艺为内容和形式，有固定播出时间且开办一年以上的电视栏目。要求思想健康、内容丰富、制作精细，具有较高的收视率和较大的社会影响。参评者须报送同年度上、下半年各一件代表作，及栏目所覆盖地区的收视率、目标观众占有率、满意度排名等相关材料。要求一目了然，很明确，但参评者在执行的时候总是丢三落四，材料往往"文齐武不齐"，有时还因此被淘汰，很是可惜。

此次电视文艺栏目项目评比共收到参评作品 6 件，其中既有《文化珠江》《粤韵风华》这样的熟面孔，也有《深圳老有才了》这样的新锐，同时还有《石湾陶·看见历史》这样小而精的栏目。花都区广播电视台的《出租屋的故事》是以栏目剧的形式出现的，尽管从本子到表演都显得有点"糙"，但是区县台能做出这样大手笔的投入和艺术创作上的努力之举，这本身就值得我们加以肯定和热情鼓励了。

最终获得一等奖的电视文艺栏目是广东广播电视台选送的《文化珠江》。来自北京的评审专家、《中国电视》杂志社的闫伟博士对该节目做出了中肯而又具有高度的评价：本栏目所报送的两期节目均彰显了《文化珠江》的品牌栏目特质。在著名诗人余光中逝世之际，栏目组主创团队反应敏锐，迅速制作了《道不尽的乡愁》一期节目，运用大量的珍贵影像资料再现了余光中先生具有标志性意义的人生段落，从一个诗人的乡愁情愫升华至祖国统一的美好愿景，不但具有时效性，而且具有文化深度和思想高度。《西藏人家》一期节目从大气而唯美的西藏风光和普通人家的日常生活中，昭示出富有感染力的艺术气息和深刻的人文内涵，制作精良，观赏性强。《文化珠江》栏目自开播以来已成为省内的名牌栏目，其始终高扬着文化担当情怀，在充斥着浮躁气息的文化环境中坚守住了一方文化净土，同时也为电视同行树立了价值标杆。

这样的栏目，这样的节目，我们只恐其少，而不嫌其多。当然，这样的栏目，这样的节目，等是等不来的，一切都要靠我们自己去努力！

（张静民，2017 年度广东省广播影视奖电视文艺组组长，广州大学新闻与传播学院教授、硕士研究生导师）

融心、融义、融声、互融
——2017 年度广东省广播影视奖广播播音主持作品评选综述

钱　锋

2017 年度广东省广播影视奖广播播音主持组有参评作品 50 件，比历年略有增加，其中播音作品 28 件，主持作品 22 件，根据比例分配和作品质量，共评出播音一等奖 1 件，二等奖 7 件，三等奖 8 件；主持一等奖 1 件，二等奖 6 件，三等奖 7 件；总淘汰作品 20 件，各获奖作品投票符合有效票数要求。

七位评委根据各自听评记录，提出问题，大家讨论，并听评问题集中的作品段落，继续讨论其优势与不足。在评选过程中，大家各抒己见，对有争议的作品，认真听评，反复探讨，求同存异，对于无论是淘汰作品还是获奖作品都表明个人的看法，保证公平公正对待每一个参评节目。

今年虽然送评作品多，但竞争并不激烈，难有那种奖次推后、淘汰可惜的作品。究其缘由是送评作品中，关注大题材的少，家长里短的内容多，少冲击力。50 件作品中，有 8 件读书性质的栏目或以阅读为主题的作品，有 5 件饮食类内容的作品，应和了社会的潮流关注。2017 年党的十九大召开，只有一件广州台送评的作品关注了与此相关的话题；2017 年是中国人民解放军建军 90 周年，深圳台送评的作品中，有两件是跟中国人民解放军发展历程有关的。此次送评作品中，访谈节目不多，有一件作品明明是访谈节目，却送到了播音的类别中；还有一件基层台的播音作品按主持类别送评，虽然内容有意义，但同样是"装错篮子"被淘汰。还有一些作品，从设计到内容组合、制作难度、播出效果等有比较明显的缺陷，多位评委提出不同意见，最终用投票的方式将其淘汰。总体感觉，基层台的播出质量在不断地攀升，能感觉到一线工作者的努力，同时他们也急需业务榜样，帮助他们进一步成长。

一、融心——让作品出彩

做事人的融入程度决定着事件的走向和质量。播音主持是音视频传播中的重要一环，对播出内容的呈现起着至关重要的作用。张颂老师曾说过：有稿播音锦上添花，无稿播音出口成章。每种状态似乎只有四个字的要求，可是能充分地体现这四个字，却要靠心、情、态、势的全情投入、调动、参与和呈现。

融心，意味着个人态度的重视，播出心态的端正，表达情态的投入，这三态决定着作品最终的呈现质量。如广州台选送的作品《落寞补鞋匠　坚守老手艺》，节目只有 8 分多钟，但是制作精良，可听性很强。播音员娓娓道来，表达到位，有粤语"讲古"的融入感，讲述了一个老手艺人坚守的不易。播音员的音质特别好，声音通透，听起来非常舒服。同是广州台选送的《喜迎十九大　听海珠人讲海珠事　看海珠跨越发展这五年（节选）》，播音员席红基本功扎实，情绪饱满，由衷地赞叹广州海珠区的发展变化，内容的起承转合自如，节目基调与播音员的个人把握非常吻合，扬而不闹，颂而不浮，语气、节奏与内容契合得很好。五档不同时间录制播出的内容能保持状态基调的一致，这难能可贵。两件声音成品的听觉效果佳，说明了两位播音员的基本功极为扎实，话筒前的自我控制、自我调动能力非常不错，能快速地把情绪、声音融入表达所需要的状态中来，播音态度鲜明，与作品内容高度融合，引入带出的语言与音频协调得特别自然，节目各种音效配比、取舍细致，制作精良。略有不足的是手艺人的访谈所占比重过大，播音员可充分发挥的空间不足；而"海珠跨越发展"保持了新闻专题的新鲜感，状态一直积极，有兴致，但偶有唱调。

　　文字作品的内容基调决定着有声语言创作者的情绪调动、表达分寸，而语言的具体呈现则体现了有声语言创作者对作品理解的程度、个人的态度及情绪思维能力。张颂老师说："语言创作中有三个环节的传承递进：思维方式—词语序列—语言表达。"前两种是积累，后一种是最终效果。积累，既有广义备稿的储备，亦有"这一篇"的深入体会，前期积累的厚重，影响着单一作品的细腻程度，而个人融入作品内容，则体现在对表述作品主体的态度认知和话筒前的行为、情绪的调动、语言的呈现。有一档主题很有意义的节目——《梁老师的"半脸人生"》，节目时长 5 分多钟，讲述了身患疾病的主人公切除了半边脸而依然自强不息的故事。节目的构成是一段录音加一段解说，作品中主人公的话语很有精气神，而播音员的表达过于客观，语言效果则显得冷静、与己无关，告知感也不强，少有交流感，内容完全没有触动听众的情感。还有一档参评节目叫《读书》，读的却是一篇文章，听不出这篇文章跟听众的具体关联，文章分享随时都有，但书的深度与文章完全不在一个层面上。播音员的表达状态完全是自说自话，自己的心理与听众的心理呼应不足，缺少语言逻辑思维的递进感、情感思维的联想力，节目中听不出情感的变化，可听性不理想。

　　一线的工作者在语言创作实践中，往往顾及话筒前的一时状态，而忽略了接受者不一定处于同一时空（非直播同步收听），而是在一个语境下接受信息的状态。播音员的情感和语言对于接受者的心理、理解会产生直接的作用，影响着传播的最终效果，所以克服"自顾自"的状态，必须从备稿、理解、表达的心理参与度开始。读稿，读的不是文字的表面意思，读的是文字目的、作者的用意。有声语言呈现的则是个人理解文字后，用自己的声音、情感把文字符号转换成有声语言符号的再创造。播音员对文稿的形象感受、逻辑感受通过一系列的心理活动，完成对创作依据的引领，从而使心理的变化带动自己的各种状态，让语言鲜活起来，为受众的理解创造声音的兴致，所以职业时段话筒前的融心是作品完整释义的基础。

二、融义——提升传播效应

广播电视媒体是服务公众的平台，每档节目的输出都是其特定的产品，产品生产环节以其内容形态的复杂程度而有不同的工序。工序多，节目制作的细致程度会更高，成品会更耐听。融义，不仅是高度融入节目的创作步骤，还要自觉地拓展适于节目播出的创作手段，细化个人的创作构思，以最终的传播目的为中心，通过前期的框架、设计，中期的落实、沟通，后期的完善、呈现，为受众带来一档有意蕴的声音产品。这次播音和主持的两个一等奖节目都是粤语的，两档节目的制作都有一定的难度，成品效果值得回味。

（一）彰义显义

一等奖播音作品《大城匠心·黎家狮扎——〈听佛山·文化匠心〉声音记录系列之一》属于佛山台推出的大型融媒策划《听佛山》系列声音纪录片，结合"致敬大城工匠，弘扬工匠精神"的主题，遴选独具佛山特色的文化样本，以"匠人"为线索，通过他们的口述，展现每个文化样本的独特魅力，该参评作品为系列节目的开篇。在声音纪录片的形态中，主播霍立韵个人的语言表达与各类音响的关系处理得非常协和，不抢戏、多表义、有控制地融情，做到了情、气、声、韵的自然结合，语言脉络层次清晰，引领受众淡入、浓出，具有很好的听觉引领效果。这是一档经得起推敲的佳作。

一等奖主持作品，是广东台制作的《早教早知道之恐怖的三岁》，该节目可听性非常强，且趣味十足，通过场景再现、广播短剧、暗访等丰富的声音元素，生动立体地呈现了 3 岁幼儿语言发展的特点和性格叛逆等问题。主持人与 3 岁儿子的对话，是通过讲童话《皇帝的新衣》完成的，爸爸提示性地引导，儿子自然地接入下句，故事就在一问一答中逐步还原，这段表达其实是一个教育示范的模板，以此告诉听众中的父母，可以用这种方式培养激发孩子的语言表述力、思维记忆力。偷偷录制的儿子哭闹音频内容真实，展现了 3 岁孩童的共性特点。主持人通过自己儿子的表现预设话题，又用情景做铺垫，替代提问，引入幼教专家时，问题就很自然地呈现了。主持人控场能力强，节目元素运用丰富，引起听众兴趣，使其跟着内容一直听下去，常常会忍俊不禁。该节目的前期设计非常用心，主创既是策划、编辑，又是主持，所以音响素材安排的位置和内容推进很有技巧，节目既有知识性，又兼顾了趣味性和话题性，是早教节目的一个很好的样板。

二等奖播音作品《别了 迷路的抹香鲸》，播音员基调准确，节奏鲜明，情绪饱满，状态积极，富有层次，语言的描述感好，内心的视像立体明确，个人的情绪一直随着稿件的内容有序变化着，内在的逻辑线条让语言随情感而浮动，使听者会在描述中感受到运动着的画面。略有不足的是表达急促的场景时，气息流量密度不足，气息上浮，一些后鼻音归位不足，一些字音口腔开度不足。此外，版头、版尾制作的男声拉低了节目品质。

二等奖主持作品《以马赛克艺术镶嵌中国——镶嵌中国马赛克邀请展》，主持人高娜前期准备充足，站在受众的立场对嘉宾提出问题，接话插话都比较得体，看似总结前话谈感受，其实是引出嘉宾拓展性的话题内容，背景旁白与访谈内容有机结合，节奏紧凑，信息量大。该作品创作从前期跟踪策划、展览期间的报道、展览期间的名家座谈等方面，随访随报将近两年时间，参评作品是展览结束后的专题报道。节目表现手法多样，既有主持人与嘉宾在直播室的访谈，亦有专家采访及展览现场片段音频等。内容有对马赛克的材质介绍，又有与艺术结合的部分，主持人对背景资料的娴熟运用，为受众呈现了立体的马赛克历史和未来，说明马赛克不仅是装修所用的材质，它已成为一种独特的镶嵌艺术品。

中山台作品《舌尖上的贺年美食》，节目的可听性强，主持人不是一个人单一地介绍美食缘起，而是走出去，通过现场采录的音频等，介绍听众熟悉或不知道的年节美食，既有做法，又讲寓意。音频使用凸显了听觉传播的特点，既有街访，也有专业访谈，还有情景演绎，层次丰富。节目具有知识性、趣味性，也兼具实用性及服务性。节目的不足之处是外采的音频较多，在听觉上保证了场景的真实性，却削弱了录音间直播室带来的听觉的纯净美感，加之衬乐的音量较大，效果上有些闹。

深圳台作品《一路飞扬 有点乐趣》，通过关键词，引出第一部分的主题，由词展开，辐射广，每一部分有一个核心内容，如一周文章、一周创意、一周视频秀、一周关注等。节目每一部分内容由焦点词、焦点事引入，更注重对问题的分析解读。节目内容辐射广，主持人在节目中游刃有余的表达，源于大量的阅读和对各类事件的敏感判断。对话题内容的筛选，体现了主持人的传播理念、受众意识，以及不是一时之功的学识积累，折射了主持人时刻准备着的职业素养。

（二）义挖掘不足

义，此处取意义、责任。意义，是传播目的的呈现；责任则是传播者在有限时长里，应向服务受众提供有价值的产品。融义，不仅是指融入节目创作的全过程，还包括明确此档节目的传播目的、意义引导。只有明义，才能解意、释意、达义。一个节目从构思到成品，除了框架性的主体内容外，还有诸多细节支撑主题、丰富主题，细节有时是深化主题的支点、切入点。

《用孝道延伸爱——佛山最美家庭专访》的主持人很用心地用一百个小时做了十个家庭的专访，形成"佛山最美家庭"的系列节目。参评这一期节目的主人公是一对不善言辞的婆媳，婆婆吕贞兰做着普通的环卫工作，却有着一颗慈爱的心，无论多辛苦，都要骑两个小时的车去看看她的公公婆婆，而媳妇也在婆婆影响下，用心孝敬自己的公婆和太婆。人物普通，经历艰难，但是细节挖掘不足，最核心的内容可能因为涉及当事人的隐私，所以呈现不足，打动人心的力量就削弱了。吕贞兰说："公公说他们的孩子都是叫他叔，没有叫过他爸爸，直到她（媳妇）嫁入门，终于有人叫他爸爸了。"这句话什么意思？是重组家庭吗？节目没有进一步追问。另外，吕贞兰说丈夫有残疾，别人中伤过自己，只有丈夫那样信任自己。节目也没有深入这层意思，说明吕贞兰的丈夫究竟残疾到何种程度，以至于她母亲怕女婿无法照顾好女儿。如果能深入下去，才更能体现出吕贞兰生活的不易和坚持的可贵。主持人对每个家庭的跟访应该花费了大量精力，但在直播间里对人物的介绍仍然不足。

《立足区域发展、办特色地方高校》主持人依据前期学生的采访录音抛出问题，让学校管理者解答，自己追问却少，缺少主动提问的意识和概括总结能力，不知是碍于地方高校保护的面子，还是在心理上不敢突破层级关系？

《十年送考路》的主题不错，但是视野窄了。有那么多的爱心送考人，出现在节目里的只有一位嘉宾、一位跟嘉宾送考有关联的警察（连线）及得到过这位嘉宾帮助的学生（连线）。十年，七八千次，应该不止一个故事，也不应只有一位送考嘉宾有体会感慨。主持人提问题常会反复，且大多是求证般的封闭式提问，嘉宾只要答"是"或"不是"，节目的深度和广度不足，内容单一。

《蒲公英——朗朗书声忆清明》这个节目对孩子来说，有一定的可听性，音频转换丰富，清明节的文化特色鲜明。两位主持人的表达没有深入，基本上就是简单的对话加上其他小朋友的音频或音乐内容，两人真正发挥的部分不足，且节目后面用的那首歌跟少儿的对象性差距较大，说明在节目准备时，细节思考不足。

《我们的节日——中秋节》是一档常态的节日应景节目，缺少新鲜、有趣的内容，音频数量少，播音员叙述多，基本上以介绍为主，用叙述的语言讲节日习俗，难有大的起伏，可听性就打了折扣。

三、融声——为表达提神

播音主持作品都是用有声语言来传播主体意愿的，好作品必须要有可以支撑的语言表现技能，否则对作品是一个损伤。融声，不仅是指声音的通畅、气息运用的自如，还指个人的状态能与节目定位、作品内容、受众对象相融合。节目性质、形态、目标受众决定了节目使用的语体，而语体、语境及受众，又对播出语态做出了限定。有声语言要呈现的吸引力、感染力则决定了是否能满足受众的听觉期待、听觉习惯，为他们提供想象空间的基础。融声，是个人物质条件有效调动为有声语言的表达服务，通过语气、节奏、停连、重音等外部技巧体现内在的情感变化，为传情达意做铺垫。

《中国人民解放军历史上的关键时刻》是纪念建军 90 年的特别节目，节目内容很好，技术制作非常细致，音响使用丰富，有很好的社会效应。主播总体表达基调准确、语气自然、语流顺畅，但也暴露出吐字基本功弱、很多字音缺少韵尾、"秃噜字"的问题。回忆性的历史内容中，叙述与歌颂是并存的，而主播的个人能力对作品的呈现，没有出现锦上添花的效果，层次感较差，重音不突出，少了颂扬的气势，作品细节描述缺少变化。心未动，情不足，语言的对比就弱了。从播出效果看，过于强调低姿态、亲切感，作品的鼓动性、时代感体现不充分。节目中出现的任何元素，都是节目的有机组成部分，该节目版头播音也拉低了节目的整体质量，缺少与内容相应的气势，男主播语势下滑，女主播气息不运动，口腔开度不足。

《以光明温暖世界》节目，乍听主播声音舒服柔和，听下去便发现缺少变化，到后面有点像在做夜间节目，与访谈音频不协调，形成了情绪的对比反差。加之主播发声位置过于靠前，使得口腔中的漏气摩擦音较多，语声噪音明显。

《朗读亭——回家》是朗读节目中播出的内容，文章娓娓道来，貌似想家，其实是从小家谈到家族，由家族说到父母那一辈为国家所做出的奉献，内容以小见大，里面还夹杂着一些习俗。该内容由演播者自己创作，文章构思较巧，表达时叙述感较强、基调舒缓、节奏平稳，内容的可听性不错。主播在后声腔开度不够，有哨音，声音扁，吐字成阻位置靠前，听觉上活跃度不足。

《你有多久没有和父亲沟通过了》节目内容感人，主题突出，节目思想性不错，探讨亲子关系，也在说社会现象。节目设计用心，内容逐层递进，音频使用丰富，采访很感人，听后引人深思。该节目是主持人单聊节目，缺少连线的直接互动，但访谈音频较多。节目虽感人，但是主持人为了吻合夜间节目的特点，声音压得很低，说话蹦字，不流畅，听起来过于压抑。

《我的阵地我的艇》节目内容的社会意义很大，主播情绪投入不错，就是有自己的唱调，且会跑调走音，语言的自如度欠缺。作为基层台的主播，能够主动采访，发现线索，制作播出，精神可嘉，但是成品播出的细节还需进一步提升，如后面的垫乐跟内容不协调，轻重格式问题明显，层次转换的处理还不熟练。

《新时代·心阅读——微家书》节目主题很好，社会效应不错，主播声音乍听音色亮泽、柔和，但是声音上下贯通力一般，低音略破音，喉音明显。主播与音频衔接时的语气有时送出得有些突兀，音频所占比例比较大，主播轻起弱送不足，有些内容的衔接显得情绪有些"冷"了。语言与音频转换比较多，播音的状态没有大的起伏变化，但总体表达很自然，内容也感人，有很好的教育意义。

《青年习近平的几个鞠躬》节目内容不错，播音员状态比较平和地娓娓道来，但是基本功亟待提高，漏气音、摩擦音太多，语流不顺，有好几处蹦字的现象，影响听觉效果，并且轻重格式问题也比较明显，层次处理不清晰。节目时长是13分多钟，9分钟时，口播结束，然后播放一首歌，听不出节目的整体面貌和属性。

《老友鬼鬼讲古仔之因失误而生的美食》讲了6个因失误而造就的美食，主播的声音特点鲜明，情绪饱满，语言趣味性强，虽然每段故事都很简短，但听众被主播饶有兴致的表达激发了好奇心，在不知不觉中度过了8分钟。

四、互融——和谐是品质

播音主持作品的听觉效应，来自于作品中出现的各个元素的和谐、受听。一档成功的节目，不仅有播音员、主持人的功劳，还有编辑和记者的前期准备、幕后付出，而因采、编、播一体化出现的主持人，在节目素材的各种准备及后期成品的组合中，更需要有一体化的意识。在录制或直播的过程中，播音员、主持人的情绪、声音、语言与作品内容的协调是自控能力的体现，而无论单播、双播，传播主体之间的协调是作品品质的保障之一，出现在节目中的任何音频、有声语言都应是和谐的，包括状态的和谐、情绪兴致的和谐、表达衔接的和谐等。

《幸福乡村》是一档潮州话节目，是一档非常"土"的节目，土得有知识，土得有趣味，土得有风情（民风民俗），土得有话题，土得有故事。两位主持人从情绪到语言配合默契，与听众的交流高度相融。节目选择的是"养猪、卖猪"话题。节目前期，两位主持人走访乡村，搜集了很多关于"养猪、卖猪"的话题，做到心中有数。在节目里两人运用了很多地方土音俗语，语言朴实，生动风趣，跟节目的服务对象在心理上极为贴近，节目营造的氛围很好，主持人与打入电话的听众交流得有趣、有兴致，接话得体，话题截止自然，内容非常接地气。

《吃喝玩乐我埋单——煲仔饭》这档节目由煲仔饭的起源，煲、火候、米的选择，调料的配比等说起，又介绍了一些大家熟悉的煲仔饭特点。两位主持人虽然是纯聊，但营造了极为热闹的气氛，状态松弛，配合默契，热情指数一致。稍带夸张的语言演绎、有点自娱自乐的兴奋，强化了节目的趣味，带动了听众的兴趣。

两人合作，尤其考验状态的和谐与语态、情绪的一致。这种和谐一致，是节目一体化的隐性标准，是检验两人对节目定位认识是否一致、对受众认知是否准确的标尺。《午间半小时》是一档午间新闻播报节目，男声沉稳老练，女声语言利索干练，新闻的新鲜感不错，层次清晰，告知意识明确，表达基调总体准确。节目的不足是，男声过于沉稳，积极性欠佳，女声按着自己的表达态势走，两人的语言情绪一高一低，语势一抑一扬，形成了反差。尤其是同时播出一条新闻时，两人段与段的衔接会出现语气、情绪的错位。女声体现了新闻的高昂气势，男声不仅使用了降调，而且情绪过于松弛。

话筒前的状态，是指语言表达过程中表现出来的状态，包括心理状态与生理状态两大方面。心理状态决定了话筒前的兴奋感、话语给予的主动性及个人状态的适度紧张感。

《鹿回头传奇》节目音频质量的技术剪接、音量配比非常讲究，主播的创作主动性较好，情绪饱满，讲述欲强，有明显的给予感，基调节奏把握准确。但个人的语言形态出现多次的抻拉感，句子中常会有一个字音拖得很长，形成唱调，叙述语言与层次内容转换时的语言变化、语气转换、停连时间均不明显，心理的细微调整也做得不足。

《早安珠海》是一档新闻栏目，男声状态积极，而女声懒散，从心理上和语言上都处于一种懈怠的状态，两人的播出状态极不搭调。女声断句随意，无论是语言基本功的叼字，还是外部技巧的运用，包括气息的基本功，都与新闻播出的状态及早间节目的定位要求相距甚远。不仅与男声的状态不协调，与各种音响的引入带出也形成较大的情绪、气息、语言的反差。该节目前面是播报语态，后 1/4 又是主持语态，男声在两种语态中转换得还比较自然。

《东莞早晨》是一档在东莞关注度极高的新闻栏目，此次送评的节目以防御台风"苗柏"为主题。两位主持人状态和谐，情绪语言呈现与节目播出时段相匹配，节目的层次比较丰富，内容切换较快，信息量较大，既体现了时效性，又兼具服务性。

五、问题——调整再出发

每年的评奖，都会出现历年说过的共性问题，亦有因参评者不同或参评内容不同而出现的个体问题，有的问题是可以避免的，若因主持人的粗心大意而造成不必要的节目缺失，让人遗憾。

《新时代零零后的成长》主持人与学生交流时的掌控能力不错，跟 00 后孩子们沟通自然，问题的抛出引领状态很积极，节目话题设计丰富，既有 00 后孩子的真实想法，也有家长和心理学家的分析表述，多侧面解读成长中的 00 后，既有教育意义，也有启发作用。但节目 2/3 处与节目前面的节奏形成比较鲜明的对比，不仅语速减缓了，情绪也降了下来，或许是音频拼贴的落差。另外，人大副校长的音频衔接也略不协调。

《〈畅听车生活〉年度回顾之 "烫伤幼童的求助"》，主持人在节目里很热情，但节目刻意编排的痕迹比较明显。7 分 10 秒后接的声音跟开始的音量音质有很大不同，声音哑，语速慢，疑为补录。7 分 35 秒、7 分 42 秒、8 分 23 秒、8 分 44 秒音质亦有改变。节目回顾了烫伤幼童父亲在高速路上的求助，而实际运行中并未出现交通的阻隔，采访交警陈警官的音频，也没有说明与事件发展是否属同一时间段。后面内容中加入的医生的连线建议，同样没有时间提示，缺乏即时的指导意义。

《一周新鲜报》节目将主持人说的语态和场景演绎、录音访谈结合起来，节目形式不呆板，节奏快捷，通过背景音乐和表达方式的转换，体现节奏的改变，避免了枯燥。然而，新闻的时间从 11 月 23 日到 12 月 1 日，跨度 8 天，不止一周，内容的节点选择有问题。

《献礼建军九十年，曲艺传承一代一——访广东省戏曲家协会主席杨子春》是一个专访节目，主持人声音好听，状态积极、松弛、自如、沉稳，与嘉宾的交流特别好，不争不抢，衔接恰到好处，内容推进流畅，深化不刻意，自然融入情境，顺势接话延展话题、总结内容。然而，这是一个对话式的访谈，听不出播音的形态。只有节目开始时的人物介绍部分以说的形式播出了人物的履历。这是一个 "装错了篮子" 的作品。

无论是获奖作品，还是淘汰作品，都有优势与不足，但能参与省里的评奖，都是在本媒体中脱颖而出的作品。分析问题，指出不足，是为了在今后的传播中，避免出现类似的问题，不仅提升节目质量，也提升个人形象、传播效应。此次评委中，来自中广联的评委特别提出在方言地区，存在习惯性的英语单词与汉语夹杂表述的问题，这是国家语委禁止使用的传播话语。另外，从送评节目的总体质量看，方言地区播音节目播音员需要提升的是语言的基本功问题，如吐字、叼字、归音、调值的完整，语流的顺畅，轻重格式的准确，重音的明晰等，还有就是要注意气息对语言表达的影响。那些从业多年的工作者，要警惕自我满足的定势表达法，不要使固有的调式成为表达的障碍。采、编、播合一的主持人，要重视编辑积累和前期策划工作，因为策划与主持是节目生成的两个不同的阶段，策划是了解受众服务受众的一个过程，带有预设的性质，完成策划过程中有很多修补，即完善主持之前的素材、内容的细节。在这次评奖中，评委们也发现很多参评作品推荐表填写得过于简单，一些参评节目的文稿不完整，大段的话语在文稿中没有体现，话不对版的情况在主持作品中尤为突出。

评奖年年有，送评熟音多。熟悉的声音，不同的作品，说明对自我的要求一直没有放松，精品意识融入了常态传播中。为受众提供高品质的音频产品，既是个人心力、才气的体现，亦是媒体形象的呈现。一线从业者希望一年的付出有所收获，评委们亦希望来年能听到更多的精彩节目！

（钱锋，2017 年度广东省广播影视奖广播播音主持组组长，广东外语外贸大学新闻与传播学院副教授，主任播音员）

完善话语形象，提升传播效果

——2017 年度广东省广播影视奖电视播音主持作品评选综述

王 婷

一、评奖概述

作为广东省最具权威性的行业政府奖，2017 年度广东省广播影视奖电视播音主持作品的评选，从 2018 年 3 月 8 日初评开始，到 3 月 23 日终评结束，共接收审看全省电视播音主持参评作品 58 件，评出获奖作品 35 件。其中，一等奖 2 件，二等奖 15 件，三等奖 18 件，获奖作品总数与往年接近；一等奖获奖作品总数不超过参评作品总数的 10%。整个评审过程严格遵守评审规则和评审纪律，符合评审规范。

相比于往年，2017 年度电视播音主持作品评选在评审效率、评委构成、评审细节等方面呈现出了一些新变化：

（一）评审效率更高

与往年相比，2017 年度广东省广播影视奖电视播音主持作品的评选全程评奖时间大大缩短。从 2018 年 3 月初评委们陆续收到评选办法、评奖标准要求、评选程序以及参评作品的音视频等文件材料，到 3 月中下旬召开终评会，审议表决各类作品获奖名单，仅历时 20 余天。尤其是从复评到终评，间隔只有 3 天，不仅提升了评审效率，便于各复评组将评奖结果和小组讨论意见"新鲜"传递到终评会上，更有利于使评奖过程中部分疑惑、问题和建议得到及时修正完善。

（二）评委构成更加多元

2017 年电视播音主持作品复评现场共有七位评委，依据选拔条件，依然由省新闻出版广电局严格根据程序抽签产生。评委来源也与往年大体相近：有长期坚守在我省电视播音主持岗位一线的业务领军人物，也有长期关注研究电视播音主持业态的高校学者，还有省内行业发展的管理者。较之去年的评委构成，2017 年度最大的不同是：首先，评委更新度高达 70%；其次，新增了省外评委，尤其是来自省外的、参与行业发展宏观政策规划的国家新闻出版广电总局领导，给今年电视播音主持作品的复评带来了不同的审核视角，从而确保最终评选出的获奖作品在体现专业性、规范性的同时，更能够坚持正确的舆论导向，体现坚定的政治立场，从而更好地贯彻马克思主义新闻观和文艺观，弘扬社会主义核心价值观，坚持团结稳定鼓劲、正面宣传为主的宣传思想，发挥更好的社会影响。

（三）评审细节更趋优化

2017 年共计收到送评作品 58 件，其中电视播音作品 24 件，电视主持作品 34 件。从送评数量看，比往年略有增加。但在评奖过程及评审细节上则更加完善，也更趋严谨。首先，增加了选送作品的两级公示环节。所有作品在报送评审专家进行初评前都已预先在各自选送单位进行了公示，以加强送评作品的内容质量审核。其次，评奖过程的纪律和监督机制得以更加优化。在 2017 年电视播音主持组的复评会上，纪检组全程监督，并在评审各组现场设立监督员。一方面，监督员对获奖作品的现场评审程序严格监督，尤其对有争议的作品，都会重新审看和集中讨论，并采用实名投票后，由监督员现场唱票计票，以一等奖投票过三分之二，二、三等奖投票过半数为胜，倘若未达到规定票数，将会现场进行第二轮投票；另一方面，对在评审复议过程中较为集中的问题，监督员也会及时反馈评委，并尽快加以解决。正是这些细节的不断优化，确保了今年电视播音主持作品评审过程公开、公正、公平的具体落实。

二、作品点评

所谓话语形象，是指播音员、主持人在话筒和镜头前借助专业规范的语言表达，通过一系列有效的信息传递和交流沟通给受众留下的整体印象。它既是主持人、播音员独特语言魅力和个人形象的专业展示，更是媒介形象甚至国家形象的象征和综合体现。

针对 2017 年度广东省广播影视奖电视播音主持获奖作品，本文将集中围绕话语和形象两个层面，分别探讨播音员、主持人话语形象构成的话语语态、话语角色、话语和谐及其应达成的传播效果。

（一）话语语态：传播的专业性

从播音员、主持人个体职业发展看，专业规范的话语能力，不仅有利于提升由人格魅力建构的个人形象，也有利于实现媒介舆论引导，塑造良好的媒介形象，进而履行好信息有效传播的职责，达成职业目标。在话语能力评价方面，今年电视播音主持作品奖的评选规定除了"语音标准，语言量在作品中应有适当比例"外，还对电视播音作品和电视主持作品的"语态"，分别做了特别的强调和辨析：前者要"以播报语态为主，体现其播音的质量和水平"，后者则要求"能够体现与嘉宾或受众交流、互动的特点"。因此，准确的语态把握、明确的语态区分也是评委们判断优秀作品的重要依据。

比如，今年获得一等奖的电视播音作品《珠海新闻》，作为珠海广播电视台的时政窗口，在播报台风大灾这样民情关注度较高的时政新闻时，播音员采用了"讲述式"的时政播报语态：从注重形式化、模式化的新闻播报，到注重内容传递、引发受众关注的信息讲述式播报，其间伴随着播音员从坐播区到站播区的转换，语态也随之不断变化，放低语调，减少铿锵，从而使信息内容传递更充满贴近性和温度感，也拉近了传受双方的信息距离。此外，佛山电视台报送的作品《五月一日今日报道》，播音员针对反映"劳动"内容的不同新闻，通过重音、语气、节奏等语言技巧的调整，完成了语言表达在形式体式的变化，也使整个作品在情绪内容的传递方面显得明快流畅。

除了专业规范的语态，对电视主持作品的考量更强调"互动语态"的呈现。比如，今年广东广播电视台获二等奖的作品《健康有道》，主持人能够将科学健康知识口语化、故事化，以更加浅显平易的语态达成与现场专家、嘉宾和观众的有效互动。当然，准确规范的语态呈现，更离不开对稿件内容、新闻编排以及节目基调的深刻理解，电视播音员、主持人对新闻内容前期参与越多，备稿越充分，就越能够准确把握节目基调，越容易在镜头和话筒前呈现出由内而外的轻松自然的播报语态，这一点在 2017 年获奖的《广东新闻联播》《今日一线》（广东广播电视台）、《午间直播室》（佛山电视台）、《中山新闻》（中山广播电视台）、《阳江新闻》（阳江广播电视台）等作品中都有较为突出的体现。

（二）话语角色：传播的职业感

2017 年度广东省广播影视奖对于电视播音主持作品奖评选的第一项要求，其实就是关于"话语角色"的定位：播音员使用第三人称以播讲等方式客观报道节目内容；主持人使用第一人称主持播出电视节目。

如果把"话语"视作播音员、主持人在镜头前传递信息的"符号"，那么，在实际的新闻实践中，无论是第一人称，还是第三人称，它所呈现的"话语符号"，其实折射出的正是电视播音员、主持人对"符号背后"隐喻的信息传播双方"话语关系"的认知，以及由此引发的对自身角色定位的诠释态度，这也是衡量一名播音员、主持人职业感的重要依据。

在 2017 年选送的为数不多的电视访谈作品中，珠海广播电视台的《湾区会客厅》充分体现了记者型主持人成熟的采访功力和良好的倾听感，在处理采访双方关系时，主持人不抢话，没冷场，提问精准，状态稳重，凸显了对话中清晰的角色意识。2017 年获二等奖的《超级发布会》钉钉专场作品（深圳广播电影电视集团），主持人的整体形象与表现科技创新产品的节目内容非常契合，角色定位和作品节奏把握准确，凸显了职业感。佛山电视台送评的《美食搜通街》是一期美食节目，尽管选题相对较窄，但作品整体给人留下了较深的印象，这得益于节目主持人准确的角色定位：其俨然当地一位熟谙马来西亚美食的导游，引领着观众轻松跟随，舒展流畅地串联整个作品。此外，广州广播电视台作品《作风建设在路上》，主持人在及时回应现场热点问题、传递正能量、提升整个作品的传播效果方面也具有了很强的话语角色引导作用。

由此看来，明晰的话语角色不仅有助于主持人完善镜头前的状态，也有利于激发主持人现场的即兴话语能力，尤其对主持人实现节目的掌控力和驾驭力能产生积极的影响。而要想在镜头前找到准确的话语角色，更离不开前期多角色、多工种的充分参与。2017 年获二等奖的《篮球大本营》《我要去创业》（广东广播电视台），以及获三等奖的《民生朋友圈》（潮州广播电视台）、《禁毒，永远在路上》（汕尾广播电视台）、《小梁说事》（云浮广播电视台）都具有共同的作品特点，即主持人在节目中大多充当了记者、编导、评论员、制片人等多重角色，深度参与整个作品的选题策划、资料搜集、撰稿等工作中，因此对内容的理解更加到位，对作品主题信息的传播也就更加有效。因此，从这个角度看，话语角色体现的恰恰是一位传媒者的职业感和敬业精神。

（三）话语和谐：传播的审美性

2017 年获一等奖的电视主持作品《"深圳·遇见未来"超级盛典晚会》（深圳广播电影电视集团）得到了评委们的一致认同。主持人从着装到形象，契合了本场晚会"科技＋创新"的主题，不仅能够以自然轻松的讲述交流方式串联起各个节目板块和主题演讲，而且体现出了较强的现场掌控力和对象感。主持人在镜头前具有亲和力，对形象气质、语态基调、态度节奏等把握得体，现场互动到位，主持效果和节目定位达到了和谐统一，整件作品体现了传播的和谐审美性。

作为大众传播媒介的代表，同时也作为媒介与受众间信息传受重要的人际链接符码，电视播音员、主持人不仅始终处于信息传递的话语中心地位，而且担当着引导和满足受众审美的重要职责。因此，评选优秀电视播音主持作品时，和谐美感也是必要的条件，包括播音员、主持人服饰妆容是否得体，情态肢体等副语言与内容表达是否和谐统一，镜头前的语言播报能否较好地反映新闻内容、体现新闻主旨；作品在形式上是否有创新，表现主题是否积极向上、富有时代感和感染力，既符合传播规范，又符合公众审美观感等。

惠州广播电视台报送的《第一直播室》反映的是莞惠城轨全线通车的新闻主题，新闻播报者对主题把握明确，播出状态积极，尤其在服饰等副语言的选取上特别关照到与主题内容的表达一致，体现出了较好的播报客观性和镜头前的亲和力。同样获奖的另外三部电视播报作品《全市新闻联播》（韶关广播电视台）、《清远新闻》（清远广播电视台）和《民生一线》（河源广播电视台），也都能较好地体现出播报形式与节目内容的相统一、播报者个性理解和媒介传播特点的相契合，既突出了新闻内容的时效性、显著性，也注重了作品创作的整体性和对象感，达到较好的播出效果。

2017 年获奖的电视主持作品中，深圳广播电影电视集团选送的另一部电视主持作品《第三十七届全国最佳邮票评选活动颁奖典礼》的主持人在现场情感调动以及挖掘并传递出感人情怀方面有较好的表现，使作品具有一定的感染力；另外，东莞广播电视台选送的《今日莞事》则在作品包装和效果呈现方面有较突出的表现，整个作品采用虚拟演播室的形式，主持人口播与虚拟的新闻背景实现了较好的嵌入，不仅使整体作品的传播效果更具现场感和生动性，也使新闻内容具有了更强的可视性和审美观感。

三、不足建议

（一）对重大题材关注不够

总体来看，2017 年度的送评作品能够体现"为人民服务、为社会主义服务、为全党全国工作大局服务"的方针，并符合"走基层、转作风、改文风"和"三贴近"的评奖标准；能够以习近平新时代中国特色社会主义思想和党的十九大精神为指导，在反映"走转改""中国梦""传统文化"等方面有较突出的报道。

但从送评作品的选材和整体内容来看，对社会普遍关注的新闻事件、热点话题、社会现象等的关注度仍亟待提升。尤其针对 2017 年发生的时效性和新闻感强的重大新闻事件，比如中国共产党第十九次全国代表大会召开、第一届"一带一路"国际合作高峰论坛开幕、金砖国家领导人第九次会晤、香港回归 20 周年、建军 90 周年、七七事变、南京大屠杀同胞遇难 80 周年等，在报道数量、事实分析和阐释质量方面明显薄弱。作为广东省广播影视行业最具权威的政府奖项，广东省广播影视奖作品不仅要能体现广播影视作为主流媒体的使命与任务，更要能具有高度的新闻敏感性和媒体责任感，聚焦新时代重大主题。

（二）对推荐作品把关不够

首先，送评作品定位模糊。在这次送评的 58 件作品中，仍出现了部分作品"送错篮子"的现象，原本属于电视播音作品的，报送单位推荐时却将其归类到电视主持作品，既无法突出作品特色，也削弱了作品推荐优势。建议报送单位或个人在认真反复解读作品评选要求的同时，能够预先组织有经验的一线实践者或者高校相关领域的研究者协助作品的把关判定。

其次，推荐表的撰写质量仍待提升。在 2016 年度广东省新闻出版广电局主办的全省电视讲评会议上，笔者曾代表电视播音组特别提到了对参评作品推荐表的重视和把关。从2017年的推荐表撰写看，尽管整体质量有明显改观，但仍不尽如人意。比如有些单位的作品推荐表内容撰写简单随意、基本信息不完备，无法给评委们提供更加丰富的创作背景和参考依据；还有的表格任意删减内容、结构凌乱、错字不断，不仅没有起到积极的推荐作用，反而对获奖机会起到了干扰。尤其面对有争议的作品时，推荐表所提供的信息资料、所呈现出的认真严谨的态度，都极有可能为最终的作品评审加分。

（三）业务发展仍显不均衡

对2017年度获奖的电视播音主持作品，评委组做了进一步的细分（见下表），从中我们能够非常清晰地看到：在2017年最终获奖的35件电视播音主持作品中，广东广播电视台、深圳广播电影电视集团、珠海广播电视台的获奖数占据了获奖份额的半壁江山，且获奖含金量较高；2017年进步较为显著的是珠海广播电视台和佛山电视台；此外，广州广播电视台、中山广播电视台、潮州广播电视台也有不错的表现。

2017年度电视播音主持作品获奖统计

单位	一等奖数	二等奖数	三等奖数	报送数	获奖数
珠海广播电视台	1	3		4	4
深圳广播电影电视集团	1	3		5	4
广东广播电视台		5	5	12	10
佛山电视台		3	1	4	4
广州广播电视台		1		1	1
中山广播电视台			2	2	2
潮州广播电视台			2	2	2
韶关广播电视台			1	3	1
河源广播电视台			1	2	1
惠州广播电视台			1	2	1
阳江广播电视台			1	1	1
清远广播电视台			1	3	1
东莞广播电视台			1	2	1
汕尾广播电视台			1	1	1
云浮广播电视台			1	1	1

2017年的获奖作品再次显露全省电视播音主持业务发展不均衡的问题。尤

其节目创作理念、媒介形态表达、内容整体质量等方面仍需大力加强。针对播音主持业务素养、作品策划创新等方面，无论是在行业内部还是在业界与学界之间都需要有更多的彼此借鉴和交流学习。

（王婷，2017 年度广东省广播影视奖电视播音主持组组长，深圳大学传播学院教授，播音主持专业学科带头人）

以三重标准提升广播电视理论研究水平
——2017 年度广东省广播影视奖综合论文作品评选综述

张晋升

一年一度的广东省广播影视奖综合论文作品评选不仅是对全省广电实践前沿创新经验的总结，也是对全省广电理论研究水平的检阅。研究如何把改革实践的感悟和业务操作的经验上升到对广电业态形态语态发展的规律性认识，有助于对广东广播影视发展中出现的问题进行反思，对今后的改革和发展提供思路上的启发和方法上的借鉴。广播影视奖综合论文组 2017 年参评的论文共有 66 篇，其中广播电视论文 56 篇，播音主持论文 10 篇，总量与上年基本持平。综合论文组的七位评委分别是国家新闻出版广电总局发展研究中心祝燕南主任、中广联城市台广播新闻工作委员会吕莹副秘书长、广东卫视频道总监余得通高级编辑、广东广播电视台对外传播中心范穗康副主任、广州广播电视台刘平主任、肇庆广播电视台梁明副台长以及暨南大学新闻与传播学院张晋升副院长，评委来源结构兼顾了政策导向、业界前沿、案例操作以及学术价值等综合评价要求，确保了论文评审的充分酝酿和公平公正，同时也兼顾到获奖单位的适度平衡。最后共评出广播电视论文一等奖 4 篇、二等奖 13 篇、三等奖 15 篇；播音主持论文一等奖 1 篇、二等奖 2 篇、三等奖 3 篇。现从几个方面对论文评审情况及今后改进的建议综述如下：

一、参评论文选题点多面广

按照中广联中国广播影视大奖综合论文的分类，综合论文共分内容研究、新媒体研究、媒介经营管理研究、决策管理及其他研究四类。参照中广联的论文评价标准，本次论文也做了基本分类，在参评的 56 篇广播电视论文中，有节目内容研究的论文 16 篇，新媒体研究的论文 11 篇，经营管理类的论文 21 篇，决策类的论文 8 篇。

从获奖的情况来看，决策类论文较少，反映出作者群体对近两年的新闻政策关注度有待提高，特别是结合广电改革实践专题研究习近平总书记"2·19"讲话精神、"4·19"讲话精神以及"11·7"讲话精神的文章较少，有的研究依然存在系统性不够、理解度不足、推广度不高等问题。当然获奖论文中也出现了几篇优秀的论文。如获一等奖论文《新型主流媒体的多维生态内涵解析》，以十八大以来学习贯彻习近平总书记关于加强党的新闻舆论工作系列重要讲话精神为背景，选取"新型主流媒体"这一政治话语的新概念、新表述，借鉴生态学的相关概念关系，力图理清新时代意识形态生态的关系结构及其内涵，并从整合媒体系统、打造可持续竞争力、构建新型业务链和新型业务网、更好地开发媒体内外部资源等多个维度提出了深入的思考。论文政治站位高，学理较强，切入角度新颖，结构有系统性，论证也体现了较好的逻辑性。不足之处是某些学术表达不适合特定的现实语境，在政治话语的表述上应该更严谨。同时论文对媒体融合的现实案例剖析不够深入，理论与现实的对应度、融合度不足，一定程度上影响了论文的说服力。获一等奖论文《新媒介生态下新闻"把关人"的积极意义与实践创新》选题不算新颖，但针对的是新的舆论生态、传媒格局出现的新情况、新问题，说明"人人都有麦克风、人人都是发言人"的传播场景使得舆论场中的意见表达鱼龙混杂、真假难辨、是非不分，凸显出新闻把关人的重要价值。论文能够结合具体的传播案例检讨新闻把关人角色缺失的现实表现，对照习近平总书记关于新闻舆论工作的重要讲话精神，重申新闻把关的现实意义，并从内容把关、导向把关以及时效把关等方面提出了当前新闻把关的实践路径。论文选题触及现实的热点和难点，问题意识较强，论证能事理结合，有感而发，对于把关角色的理解比较到位，同时对于如何强化新闻把关人角色的对策也有一定针对性。

本次参评论文中经营管理类的较多，总数有 21 篇，说明在传媒格局、传播方式发生巨大变革的市场环境下，广电影视行业的改革也遭遇了前所未有的挑战，如何在改革中寻求发展规律，创新经营管理理念，拓展广电发展路径，是广电业界普遍关心的问题。获一等奖论文《广电改革：从规律到对策——基于经济学视角》立足当前广电业经营管理出现的种种问题，如四级办台导致媒体无法做大、跨行政区整合受阻难以形成寡头垄断、事业行政体制下做不好"生意"，运用经济学的理论做出了理性的思考：新旧媒体的差别，不是媒体形态的差别，而是企业与非企业的差别。新媒体企业未必懂新媒体，但是它们懂市场；传统媒体未必不懂新媒体，但是脱离了市场。这些观点显示出作者具有较强的问题意识和探究意识。整个论证过程思路清晰，逻辑严密，分析到位，观点专业性强，较有说服力。论文的不足在于忽视了媒体的双重属性，只是考虑到媒体转型的市场属性，但对于媒体融合转型的社会担当未能兼顾在内，同时对新旧媒体的判断也稍显主观武断。当然更多的论文也就广电频道或频率的融合转型和具体栏目或节目的经营提出了自己的看法，但总体感觉思路不新、办法不多、力度不够。

值得一提的是，不少作者结合自身的业务实践对新媒体环境下"知识 IP"如何变现、电视媒体如何应对赛事网络付费的挑战、人工智能给广播创新带来什么发展机遇以及地方台节目如何打造 app 等问题进行了关注，尽管这些思考还不够深入，一些观点尚有待实践的检验，但"在实践中思考、在思考中实践"这种价值追求值得肯定和鼓励。

二、写作重经验总结，轻理论方法

本次参评的论文大都来自一线实践操作的感悟和节目制作管理经验的提炼，相对而言理论支撑和深度剖析显得不足，有些问题没有点透、有些道理没说到位、有的论点推广价值不大。虽然说业界论文不能完全参照高校学术论文的写作标准，但是注重论文对选题背景、意义的阐述和对相关学科理论的引入，注重体现论证过程中的逻辑性以及观点的建设性，显然更有利于提升论文的学术价值和应用价值。综合论文组外聘评委、国家新闻出版广电总局发展研究中心祝燕南主任对论文理论缺失方面问题的点评值得借鉴。

关于论文的理论性问题。《微纪录片〈了不起的匠人〉的探析》属于有感而发的"碎思"类评述，有一些思想的火花，但是作为论文的要素不够全面，理论性不强；《"场景化运作"：广播电台转型发展的切入与策略》对于改革的实践探索还处于初步阶段，结构不完整、逻辑不清晰，未能形成较完整的理论体系；《广东卫视〈直播全球〉的收视困境与突围之策》对节目策划制作的时间有深入的思考，表述方面下了很大的功夫，但是理论的创新性方面还需加强；《浅析媒体融合变革下广播娱乐节目的多平台互动——以羊城交通广播〈大卫小夫 DoDo-Do〉节目为例》，属于工作实践的有感而发和操作经验的集成，理论性不强。正如祝燕南主任所言，以上 4 篇论文的共性是缺乏相关的理论支撑，没有理论，论文研究的问题起点和理论逻辑就难以界定，案例经验的规律价值就落不到实处，论证的过程就会显得缺乏学术内涵，观点的系统性和实用性体现不出来。

关于论文研究的技术路线问题。一般来说，论文写作遵循"问题提出—背景阐述—问题分析—问题解决"这样的技术路线。学术研究必须坚持问题先于案例的原则，案例提供的只是理由和证据，对策和建议是针对问题的表现做出的回应和展望。但是相当多的论文要么是缺乏问题意识，要么是问题太泛、太浅，不够聚焦。比如《在媒体融合背景下，探索互联网＋纪录片的路径研究》《让主持人成为"新的价值"创造者——广东广播主持人工作室的探索实践》《晚间电台谈话节目媒体融合实践思考》《浅谈新闻工作者的职业道德底线》，这些论文的命题显然不太具有问题性，不是从问题出发，而是从自己的感觉出发，这样写起来难免流于空泛。

关于论文写作的对策建议。这是基于问题的现实表现及其成因所采取的因应之策，因应之策的有效性取决于理解问题的深度和案例剖析的力度，问题越有针对性，案例越有典型性，对策建议的价值也越大。2017 年参评的部分论文在满足上述要求方面有不小的差距，如《谈娱乐节目的社会责任感》《媒体融合时代广电人力资源规划与开发》《人工智能下的广播创新发展》《从媒体进化谈广电脱困策略》，这类论文提出的问题对策过于宽泛，没有什么新意和针对性，很难落到实处。

相比而言，获一等奖作品《根植于土壤与现实的地理传播——〈外来媳妇本地郎〉现象研究》在理论的支撑方面做了较好的探索。该文以《外来媳妇本地郎》这一现象级品牌的 IP 打造为研究对象，从地理传播的理论视角对作品的传播方略和经营策略进行了系统的梳理，对于该剧品牌延伸的逻辑和贴近本土、贴近市民的现实价值进行了分析解读，为类型化的影视产品的生产和传播提供了一个可供借鉴的研究样本。不足之处正如评委在讨论中所说的，作者对方言类节目地域性成功能否复制成为全国性经验未能展开论述，从而削弱了论文本身的推广价值。同样获得一等奖的论文《新型主流媒体的多维生态内涵解析》《新媒介生态下新闻"把关人"的积极意义与实践创新》《广电改革：从规律到对策——基于经济学视角》有相关的理论支撑，整体论证框架较为严谨，一定程度上能够对实践案例的解读和发展思路的预测提供具有规律性的经验借鉴。

三、广电理论研究如何突出政治标准、专业标准、技术标准

广电理论建设担负着为广东广播影视业改革创新提供智力支撑的重要职责，在广电改革面临新的传播生态、传媒格局以及传播方式的背景下，加强广电行业的理论研究，对于密切理论与实践的结合度、推动广播影视业的特色发展、提高理论研究的应用价值意义重大。

做好广电理论研究，首先要提高站位意识、突出政治标准。论文选题上要在学懂弄通习近平总书记"2·19"讲话、"11·7"讲话精神上下功夫。要始终坚持政治意识和大局意识，紧扣讲话精神和时代要求，自觉地把讲话精神覆盖广播影视业改革创新的各项内容、融入各项活动、落到各类机制创新等方面。要紧密结合广播影视业的实践，真正从实践中发现问题，在思考中解决问题，力争写出一批政治站位高、创新意识强、有实践示范性的高标准的学术研究成果。

做好广电理论研究，必须坚持理论联系实际，突出专业标准。理论是统领论文的骨骼，缺乏理论的支撑，论文的结构立不起来，问题没有出发点，经验形不成结合点，观点找不到着力点。理论从哪里来？除了学习新闻传播学的基

础性理论，广电从业人员和理论工作者更要善于从其他学科中汲取养分。事实上，在新媒体飞速发展的互联网时代，传统的新闻传播学已经面临很大的挑战，在陈述传播现象、回应现实问题、拓宽发展路径等方面陷入"老办法不管用、新办法不会用"的困境，甚至在方法论上已经滞后于业界的发展。在新闻传播学理论已经在寻求自我更新和跨学科拓展的背景下，广播影视的实践研究理应跳出原有的思维定式，从变化的传播格局、传播方式、传播对象中寻求新的研究切入点和跨学科的理论支撑，这样才能保持广电理论研究的活力和动力。

做好广电理论研究，要强化研究方法，突出技术标准。本次论文评审委员有一个共同的感受就是相当部分的参评论文不像论文，题目本身没有聚焦到真正的问题，只是涉及某台的发展改革思路或某个栏目的制作体会。对于为什么要改革、为什么要选择这样的个案、论文选题的理论意义和现实价值是什么、论文的篇章结构如何安排、各部分内容之间的逻辑关系如何体现、研究结论的可信度和可推广性在哪里这些问题都缺乏明确的阐释和清晰的展示。因此，有必要在广电理论研究上，大力倡导研究技术路线的规范性。当然本次参评论文有不少作者来自基层单位，平时缺乏论文方面的指导和训练，也不能过分苛求。但至少要有规可循，日积月累这个方面的问题就会有所改观。

做好广电理论研究，要树立评奖意识和精品意识。我曾经担任第 25、27 届中国新闻奖论文组的评委，对国内各媒体选送进入终评的论文有个基本印象，二等奖以上的获奖作品一看就不是"急就章"，都浸透了作者对于媒体实践问题长期的跟踪和系统深入的思考。如第 25 届中国新闻奖一等奖的论文《时度效的内涵、应用及着力点》的作者——深圳特区报社陈寅社长，把对时效理论内涵的把握和媒体实践的方法论有机结合起来，论述全面系统，理据充分，富于创见，对于实践有较强的指导性，获奖顺理成章。在此我也希望广播影视行业的从业者在撰写论文过程中，应首先树立评奖意识和精品意识，不要写什么报什么，为评奖而评奖。对选题的理解不要停留在简单的感性认识，而是要通过充分的实际调查，对问题出现的背景和原因有清晰的理解、对问题的现状和走向有多方面的比较分析、对相关的理论有系统的认知之后再动笔或发表，必要的时候也可以听取同行和专家的意见，这样的参评论文才可能在广东省乃至国家的评审中体现出应有的竞争力。

（张晋升，2017 年度广东省广播影视奖综合论文组组长，暨南大学新闻与传播学院副院长、教授、博士研究生导师）

2017 年度广东省广播影视奖技术论文作品评选综述

范创奇

在评奖委员会的指导下，经评审小组共同努力，2017 年度广东省广播影视奖技术论文作品评选工作顺利完成了。2017 年，共征集论文 17 篇。文章粗略按内容分类，电视制播类有 6 篇，传输发射类有 7 篇，全媒体融合技术类有 4 篇。文章数与去年相比略有增加，总体水平也比较高，说明各单位和广大广播电视技术人员对这项活动日益重视，客观体现了省局技术论文评选的宗旨：探讨学术研究，促进技术发展。

一、评审情况

技术论文评审小组一共由省内外七位专家组成，专家组成员包括来自国家新闻出版广电总局、省新闻出版广电局、省内各单位的技术专家。评审分为盲评和复评两个阶段，评审专家以公平公正为原则，从各自角度对论文进行客观综合评价；广东评审工作人员将盲评结果整理汇总后，复评小组就参评论文作最后议评审定，议评过程客观公正，大家在尊重盲评结果的基础上充分点评、认真讨论、形成共识。评审全过程由省新闻出版广电局纪委监察部门监督，所有数据整理和结果汇总均由监察人员、工作人员协助完成。

从 17 篇论文的盲评结果来看，评委的意见相对比较集中，特别是一、二等奖的作品，说明评委工作的认真及评选的客观公正。按评审要求，共评出一等奖 1 篇，二等奖 4 篇，三等奖 5 篇。其中一等奖的作品是《基于融合架构的全台网安全体系建设》；二等奖的作品是《标准技术流程里的艺术呈现——里约奥运乒乓球音频公共信号制作》等。

二、文章总体特点

2017 年的参评论文质量总体上比较好，文章立意清晰，论述准确，格式标准，整体结构也严谨、合理，理论总结提高较好。但也存在参差不齐的情况，省市级单位的好些，其他单位的稍差一点。

参评论文包括电视制播类、传输发射类、全媒体融合技术类，但欠缺有线电视网络方面的论文。据反映，网络公司没有收到参评信息，2016 年也是如此。

2017 年新技术论文占比较大，如《基于融合架构的全台网安全体系建设》《基于 IP 架构的视频系统的设计和实践》《全媒体播出分发平台设计及关键技术》等，充分体现了我省各级广电机构在当前网络化、IP 化以及全媒体融合发展技术浪潮中积极研究、努力探索，在各个新技术领域做出大胆的创新和尝试，取得了可喜的成果。同时，也体现了各单位对作为国家技术战略的国家新技术标准大力支持和勇于尝试，并得到一定的客观实际应用经验和数据，为接下来的技术应用规划和全面推广提供了坚实的基础，如《广东省基于 AVS + 和 DRA 标准的地面数字电视单频网应用探析》《地方发射台开展中国数字音频广播的思考》等。

多数论文都是作者在自己的技术专业岗位上的真实体悟和理论总结。有的源于作者长期的工作与技术实践中解决问题的过程，具有很高的实用价值和实践指导意义；有的虽然是采取他人的技术，但也经过自己的有创新的应用实践，显示出自身技术特色；有的总结应用案例，深挖实践背后的理论内涵，大大提高了论文的理论水平和指导价值。

部分论文对某些技术标准和模式提出自己的观点，虽然其推广性值得进一步讨论，但作者毕竟在深入思考、总结、实践这个问题，如《地方发射台开展中国数字音频广播的思考》等作品。

值得一提的是二等奖文章——《标准技术流程里的艺术呈现——里约奥运乒乓球音频公共信号制作》，它以里约奥运会乒乓球音频公共信号制作为案例，详细地介绍了奥运会音频公共信号制作的技术流程规范，充分研讨了我国音频制作团队在执行奥运国际公共信号制作时，如何从规划、沟通落实、方案调整、最终实施中，通过装配话筒和线缆、消除现场风机噪声、结合画面的声音创作等一系列的技术优化，自始至终地遵从奥运转播公司（OBS）的技术严谨性，以对终端用户的尊重为原则，实现既严格遵从技术规范，又充分发挥艺术呈现的完美结合。案例材料真实，见解独特。文章段落清晰，层次分明，结构严谨，分析到位，是实际转播技术经验的归纳总结，可以供同行参照，具有极强的应用价值和借鉴作用。

重点评述的是一等奖文章——《基于融合架构的全台网安全体系建设》，它重点探讨融合架构下全台网安全体系面临的问题，在当前广电全面融合发展形势下有着强烈的技术前瞻意识。文章能结合具体实践经验，从业务需求出发，探讨了在融合架构下全台网安全体系建设的目标、思路、方案以及实施经验，针对问题提供了从信息安全等级保护、信息安全监测系统和信息安全管理等方面进行设计和建设，实现全方位的安全管控的可行解决方案。文章结构合理，思路清晰，论述严谨，分析详尽。材料比较充实，叙述层次分明，有较强的逻辑性。文字通顺流畅，理据充分，结论正确，有创新见解，行文贴合学术规范。文章具有很强的针对性和应用价值，能为解决融合架构的全台网安全体系建设问题带来参考和借鉴。

三、存在的问题

（1）新技术研究高度和深度不够，表明当前省内各机构对广播电视技术的研究少、应用多，前沿技术理论研究缺乏。

（2）相比其他评奖项目，技术类奖项比较少，数量也少。

（3）有些文章技术含量较低，分析探讨力度不够，观点简单粗糙；有些文章就事论事，归纳总结和理论提升不足，缺乏自我观点；个别文章论述层次不够清晰，段落凌乱，表达欠准确。

（范创奇，2017 年度广东省广播影视奖技术论文组组长，广东广播电视台总工程师，高级工程师）

► 2017 年度广东省广播影视奖获奖作品精选点评 ◄

广播短消息

深茂铁路增资 1.8 亿元 "收声"　静静路过 "小鸟天堂"

江门广播电视台　周珊珊　周　超　朱树慧　秦　恒

【主持人导语】江门的 "小鸟天堂" 是全国最大的天然赏鸟乐园之一，鸟树相依，形成了独特的鸟类生态风景。为了不打扰这里的鸟类，深茂铁路建设方中铁四局增资 1.8 亿元修建了 2 公里的全封闭声屏障进行降噪，今天这项工程正式完工。请听报道。

【出记者周超录音】我所在的位置是 "小鸟天堂" 的观鸟楼，这里到深茂铁路的直线距离大约是 800 米，现在我们来做一个实验，看看火车经过的噪音会不会对这里产生影响。

【记者口述】记者周超在现场做了一个测试，测试仪上显示，火车经过时的声音强度是 45 分贝左右，相当于普通室内说话的声音。中铁四局深茂铁路声屏障分部总工程师简敏说：

【出简敏录音】我们用金属吸声板和 ECC 吸声板，能够把列车噪声封闭在全封闭声屏障范围内。

投资 1.8 亿建这个项目值得吗？很多人心存疑问。对此，中铁四局深茂铁路二标段党工委书记吴光华表示：

【出吴光华录音】这不是值不值的问题，我们要对自然界有一种敬畏，哪怕是一只鸟。

环保部华南环境科研所研究员梁明易表示，以往高铁的建设普遍存在轻规划、重项目的现象，深茂铁路建设方这一举措将有力促进高铁建设的绿色发展。

【出梁明易录音】采取全封闭声屏障，填补了国内这个领域的一个空白，在世界上应该是属于前列的。在同类案例里面，可以起到很大的引导和示范作用。

采编过程

江门的 "小鸟天堂" 景区是巴金先生笔下 "鸟的天堂" 的原型，栖息着 3 万多只鹭鸟。多年来鸟儿与周围村落居民和谐共处，形成了独具特色的自然生态景观。深茂铁路江门段途经 "小鸟天堂" 景区附近，为保护这里的生态环境，确保列车经过不会影响鸟儿的生活，建设方中铁四局增资 1.8 亿修建了 2 公里长的全封闭声屏障进行降噪，并于 2017 年 12 月 15 日竣工。记者从技术、环保等各个角度，采访了建设单位负责人、专家和施工者，深入了解这项具有重要意义的环保工程从论证到建成的始末，深刻感受到各方对后代负责、对自然敬畏的精神与情怀。采访时正好有运货的工程列车通过，记者抓住这个机会，在现场通过噪声测试仪进行测试，亲身体验全封闭声屏障投入使用后对降低列车通行噪音的明显效果。

社会效果

作为江门城市形象代表之一的"小鸟天堂"，可以说是人与自然和谐相处的典型范例。深茂铁路建设方为了保护"小鸟天堂"生态环境，投入巨资，把噪音对周围环境和鹭鸟的影响降到了最低，这种创造性工程在全球也属罕见。为了确保这一重要消息的发布效果，本台提前对这一事件进行了认真策划。新闻在各平台播出后，引起很大反响，国内不少媒体都对此新闻进行了报道。这条新闻消息也从侧面展现了江门在当前的社会经济建设中，坚持以习近平总书记新时代中国特色社会主义思想为指导，切实增强"四个意识"，牢固树立新发展理念，推动形成人与自然和谐发展的现代化建设新格局。

（以上文字有删节）

【点评】

第一，主题重大、视角新颖。记者通过报道深茂铁路增资修建全封闭声屏障保护"小鸟天堂"景区的独立事件折射了当代企业生态保护意识和责任感的提升。以小见大，反映国家经济建设与生态文明建设的协调发展，具有普遍的借鉴价值。第二，形式丰富，报道生动。记者采用了现场体验和现场评测的方法，使事实成效得以验证，火车声、鸟鸣声等多种现场音效的良好采制和恰当运用，为听众营造了很强的现场感和带入感，适听性强，很有吸引力。第三，采访扎实，独辟蹊径。重大铁路建设工程的进展，包括建设方花巨资建全封闭声屏障，原本是较为普通的成就报道，且当天众多媒体也以"世界首例"为吸睛点，但此报道记者能够沉下心，通过多方采访，不仅证实了"世界首例"并不准确，而且敏锐地抓住了新闻的核心价值，挖掘了深意，又使报道具有新意，体现出良好的新闻素养。整个报道简洁明快，既讲清事实，又毫不拖泥带水，是一篇来自基层的鲜活、清新且不失分量的广播短消息佳作。

（王晓红）

广播短消息

1 分 38 秒短视频 24 小时过千万阅读量
十九大代表闫文静解读报告受网民热捧

中山广播电视台　叶常州

1 328 万阅读量、242 万视频点击量，这两个数字定格在今天（10 月 20 日）17 点 14 分。短短 24 小时，正在北京参会的党的十九大代表闫文静，以一段时长 1 分 38 秒的拉家常式的十九大报告的短视频爆红网络。请听报道。

（闫文静视频语音衬底："你看有中国力量、中国智慧、中国方案、中国梦……"）

这段点赞中国大国气度的短视频昨天（19 日）17 点 14 分在中国青年网官方微博发布。经过短短一天发酵，赢得海量阅读和点击量。

网友纷纷说，闫文静说出了大家的心声。

【录音】

"她通过她的一种语言方式以及她的行为，拉近了党代表以及拉近了党和群众之间的距离。""这说明我们一直以来坚信正能量也有点击量。喜欢这种接地气的十九大新闻传播。"

闫文静表示，当时在人民大会堂聆听习近平总书记作十九大报告，记了满满二十页笔记，短视频只是截取部分内容，希望让更多的人了解国家的变化和发展。

【录音】

"我当时就马上拿起稿纸写下当时的心情，说我们这个时代有一个美丽、伟大、神圣的名字，就叫中国。这种超过千万的点击量，说明我的感受和广大网民的感受是一样的。反响那么大，也是所有人共同的一种心愿，共同的一种呼声。"

采编过程

十九大的召开是 2017 年中国的一件大事，我们选择了闫文静这位来自中山的十九大党代表作为报道切入口。这是一位有激情、有活力，并且有自己语言魅力的党代表。闫文静的语言表达非常个性化，尤其说到十九大报告中的"中国精神、中国力量、美丽中国、健康中国"等几个带有"中国"的字眼，表情非常丰富。于是，记者用自己的手机连续录制了几段短视频，把这个场景现场记录了下来。后来中青网记者保留了这些视频资料，经过后期制作加工后放在中青网官方微博上，通过网络传播迅速赢得了网友的喜爱，短短 24 小时，1 328 万阅读量、242 万视频点击量。记者根据这个事实，及时采访相关对象，组织稿件，采写了短消息于当晚播出，并通过新媒体推送。

社会效果

采访素材先用新媒体的方式进行传播，引发了第一轮的火爆传播。在第一轮网络影响力巨大的情况下，反过来促进了线下的回顾采访，掀起第二波的传播，进一步提升了采访素材的价值并扩大影响力。很多网友通过采访短视频认识了这这一位有激情、有活力，还有自己语言魅力的党代表；很多听众通过广播，重温了这位魅力党代表的形象。多元的传播，让作品影响更大。

【点评】

一是题材重大，报道视角独特。十九大的召开是 2017 年我国各族人民政治生活中的一件大事，受关注度高。如何报道好十九大，如何找出报道亮点，考验记者的新闻素养和创新力。记者通过十九大代表闫文静一则被采访的短视频的火爆和迅速发酵，敏感地察觉到现象背后潜藏的新闻价值：人民群众对十九大报告的关注，对国家发展、"中国梦"实现的关注。本作品可谓是眼光独到，角度巧妙，风格清新，是一篇以小见大、反映重大主题的佳作。

二是作品录音生动，感染力强。党代表闫文静"中国力量、中国智慧、中国方案、中国梦……"充满激情的话语，受访网民"我们一直以来坚信正能量也有点击量。喜欢这种接地气的十九大新闻传播"等心里话，语言朴实，感情真挚，听来振奋人心，使人对祖国发展取得巨大变化的自豪感油然而生。

（赵晓文）

广播长消息

我国南海可燃冰试采圆满结束，创多项世界纪录

广东广播电视台　唐　琳　唐梦圆

【导语】

南海可燃冰首次试采今天（7月9日）圆满结束。从5月10日试气点火以来，连续试开采60天，累计产气超过30万立方米，取得了持续产气时间最长、产气总量最大、气流稳定、环境安全等多项重大突破性成果，创造了产气时长和总量的世界纪录。广播新闻中心全媒体记者唐琳、唐梦圆报道。

"报告叶指挥长，目前的关井程序已经准备就位。请指示。"

连续试采60天后，广州海洋地质调查局局长、可燃冰试采现场总指挥叶建良，在"蓝鲸一号"平台总控室发出指令：

"我宣布南海海域天然气水合物试采工程，现在关井。"

可燃冰，学名天然气水合物，是由气体分子和水分子构成的一种冰状固体，97%存在于海洋中。标准状态下，1体积的可燃冰可以分解为164体积的甲烷气体。储量巨大，高效清洁，被誉为"21世纪绿色能源"。

本次试采作业区位于珠海市东南320公里的神狐海域。5月10日点火成功。目前，广州海洋地质调查局已在南海圈定了11个可燃冰资源远景区，预测远景资源量达744亿吨油当量，相当于我国最大油田——大庆油田石油储量的13倍。

世界发达国家早在20世纪80年代就开始投入巨资勘察开发。可燃冰试采现场办公室主任邱海峻介绍，与之相比，我国虽然起步较晚，但抓住机遇，群策群力，从学习国外经验，到自主开展调查和相关技术研究，实现了我国在海域可燃冰领域由"跟跑"到"领跑"的历史性跨越。

【录音】

"必须是一个团队的合作，有800多人的科研业务骨干的团队，我们地震资源有几十万公里，光这一个矿区我们就打了30多口调查井，国家有这么雄厚的资本来支撑，这个是在其他几个国家，美国、加拿大以及日本他们所不可比拟的，而且我们能迅速把水合物研究的这些人员集中在一起来集体攻关，才能在短期内实现一个超越。"

这次试采的"蓝鲸一号平台"，堪称海工装备里的"航空母舰"，最大作业

水深 3 658 米，超过泰山高度的 2 倍，最大钻井深度 15 240 米，超过马里亚纳海沟的深度。广州海洋地质调查局装备处处长余平介绍，我国海洋工程装备的发展是试采成功不可或缺的基础。

【录音】

"正好这几年我们国家这种制造业的发展，它有这个条件。那么没有这个条件，你像这个平台的话，我们根本试采不了。"

广州海洋地质调查局局长、可燃冰试采总指挥叶建良介绍，广东在可燃冰勘查开发产业化方面，考虑相当深远。一个战略性的发现将形成一个战略性的布局。

【录音】

"准备入驻南沙，也希望我们通过这个水合物的试采，今后能够形成一个产业的话，通过智力和技术的溢出，来为广东建立起一个天然气水合物试采的产业链。"

国土资源部中国地质调查局副局长李金发认为，试采成功，对我国能源战略格局具有重大意义。

【录音】

"这次天然气水合物的试开采成功，将会大大地提高我国资源的安全保障能力，大大地降低我国的对外依存度，同时也会大大的改善我国的能源资源结构。"

采编过程

天然气水合物（可燃冰）是资源量丰富的高效清洁能源，是未来全球能源发展的战略制高点。为了能到现场一探究竟，记者多次联系广州海洋地质调查局，争取到距离珠江口海岸 360 公里的南海神狐海域"蓝鲸一号"平台和存放可燃冰实物的南岗基地采访的机会。采访前记者搜集、阅读大量相关材料，做了充分的准备，采访后当即请广州海洋地质调查局宣传处和平台科学家对播出素材进行审核把关，为报道的严谨性、专业性和可听性奠定了坚实的基础。

社会效果

7 月 9 日我国可燃冰第一口井正式实施关井作业，中国创造了产气时长和总量的世界纪录。消息经过报道后引起社会的强烈反响，让人们了解到中国的科技实力和发展水平，增强了民族自豪感。

（以上文字有删节）

【点评】

2017 年，中国可燃冰开采实现重大突破，开采水平、开采成果超越美国、日本，全球瞩目。记者多次深入距离珠江口海岸 360 公里的南海神狐海域"蓝鲸一号"开采平台和存放可燃冰实物的南岗基地进行采访，积累了翔实的新闻资料。记者紧紧抓住圆满关井这一时刻，在井口开采现场采访，当天及时发稿，以广播报道的方式见证二十年来中国如何实现在这一领域从"跟跑"到"领跑"的历史性跨越，同时也展示了广东布局可燃冰勘查开发产业化战略的前景。该报道主题鲜明，新闻背景勾勒清晰，广播特点强，现场气氛热烈。作为科技创新题材的报道，报道在内容严谨性、专业性和通俗性方面取得较好的平衡。

（张敬忠）

广播长消息

全球在研最大水陆两栖飞机 AG600 成功首飞

珠海广播电视台　黄　华　郭　瑛

【导语】

由中国自主研制、全球在研最大的水陆两栖飞机 AG600 今天（12 月 24 日）上午在珠海金湾机场首飞成功。请听珠海台记者阳光的报道。

现场解说："现在，我们的 AG600 本场起飞！"

9 点 39 分，身形巨大的 AG600 在试飞现场数千人的瞩目下腾空而起，第一次冲向蓝天的怀抱！

AG600 装有四台涡桨发动机，运输能力与波音 737 和 C919 相当，是与大型运输机运 20、大型客机 C919 并列的我国三个"大飞机"项目之一。AG600 作为全国科研攻关大协作的成果，先后有遍布 20 多个省市的 150 多家单位、数以万计的科研人员参与研制，形成了具有自主知识产权的设计研发技术体系。AG600 总设计师黄领才激动地说："这是一个我国完全自主知识产权的大型飞机！"

AG600 研制成功，填补了国家重大装备的空白。中国航空工业通飞公司董事长吴光权说，借助机身腹部特殊的船体结构，AG600 堪称一艘会飞的船：

"它单次投水救火，即可对 4 000 余平方米的火场进行有效扑灭。它是一艘会飞的船，飞行速度是救捞船舶的十倍以上，可以一次性救护 50 名遇险人员，由海南三亚起飞可到达整个南海海域的任意地点。"

经过 64 分钟的飞行，在圆满完成对飞机上各系统的初步性能验证后，10 点 43 分，AG600 平稳降落。

现场解说："机组人员即将走下飞机，让我们挥动红旗欢迎他们！"

在人们的欢呼声中，首飞机长赵生郑重报告："报告总指挥，首飞任务圆满完成！"

AG600 项目总指挥、中国航空工业集团副总经理陈元先宣布："水陆两栖飞机 AG600 首飞成功！"

党中央、国务院为首飞成功发来了贺电。国务院副总理马凯、广东省省委书记李希亲临现场。马凯在致辞中说："今天是我国航空工业发展史上又一个值得铭记的重要日子，是继大型运输机运 20 交付列装、C919 大型客机成功首飞之后，我国航空工业发展的又一个重要的里程碑！"

AG600 的总研制单位——中国航空工业通飞公司是 2009 年由中国航空工业集团与广东省和珠海市共同出资在珠海成立的。此次成功首飞，不仅标志着广东结束了没有飞机整机研发制造能力的历史，也成为广东推动产业转型升级的重大成果。

广东省省长马兴瑞说："AG6000 飞机对促进国家应急救援体系建设，保障海上丝绸之路航行安全，建设创新国家，都具有重大的意义！"

工业和信息化部部长苗圩说："习近平总书记 2012 年视察珠海时强调，要抓紧推进这个国家项目。我们始终把 AG600 的研制作为我们的工作重点之一，并成为我国装备制造业转型升级、建设制造强国的新实践。"

AG600 成功首飞，标志着我国自主研制的"三个大飞机"成功聚首蓝天。这让首飞现场的数千名研制人员欢欣鼓舞：

"除了激动还是激动！"

"非常激动！干了七八年，我们拼命地干，飞起来非常高兴！"

"陪伴了它八年！"

"有整整九年了吧，我们会继续努力！"

采编过程

12 月 24 日上午，中国自主研制、全球在研最大水陆两栖飞机 AG600 在珠海首飞成功。AG600 填补了我国在大型水陆两栖飞机领域的研制空白，继运 20、C919 之后为我国大飞机家族再添一名强有力的重量级选手。记者全程参与首次试飞活动，多角度采访相关人物，在严密安保要求下全面采录多侧面的音频素材，有条不紊地把"大飞机""无可替代的特殊用途""习总书记叮嘱要抓紧研制的项目""航空工业发展的里程碑""自主知识产权""填补广东产业空白""海上丝绸之路的安全保障""三个大飞机聚首蓝天"等众多信息要素有机整合在一篇报道里，以全面的内容、极为丰富的信息、生动鲜活的音响完成这篇反映国家重大成就的报道。

社会效果

作品饱含激情又深刻内敛，播出后反响很好。

（以上文字有删节）

【点评】

由珠海广播电视台制作的广播长消息《全球在研最大水陆两栖飞机 AG600

成功首飞》主题重大，采访全面、深入，选材典型而生动，内容丰满，结构严谨，重点突出，详略得当。特别是音响丰富，现场录音清晰，生动鲜活。采访的录音从国家领导人到国家工业主管部门主要领导、我国航空工业的掌舵人，到飞机的设计者、生产者，系统完整，有代表性，说服力强。作品制作精良，这些具有重要新闻价值的音响被巧妙地有机串联在一起，短短三分多钟的消息生动记录了国家重大科技成果成功展现的精彩瞬间，听来让人有亲临其境之感，更催人奋进，让人备受鼓舞。

（马杰颖）

广播系列、连续及组合报道

回望高考四十年
——追忆我们的高考往事

广州广播电视台　张　婧　李婷婷　黎小培　潘彦晖　曹曼茹　姜文涛　肖　阳

【版头】

（恢复高考广播通知，压混）

"凡是符合招生条件的工人、农民、上山下乡和回乡知识青年、复员军人、干部和应届高中毕业生均可自愿报名……"

1977 年 10 月 21 日，恢复高考的消息，有如一声春雷响彻天地，唤醒了许多人尘封已久的大学梦，点燃了无数人"知识改变命运"的希望之火。

【录音　77 届考生】

"一下子在全社会形成了一个热潮，全社会都非常兴奋，所有人都在说'我们要上学'，很饥渴的那种感觉。"

"恢复高考"让中国迎来科学的春天，改变了整个国家的命运。

【录音　刘人怀院士】

"恢复高考是我们国家从落后走向进步的分水岭，所以我们中国才有今天的进步，所以恢复高考是一个了不起的事情。"

时光匆匆，40 年来，高考伴随着民族记忆，记载了整个社会的变迁，体现出中国人才制度与时俱进的改革与创新。

【录音】

考生："98 年之前都是走独木桥。"

家长："都说了高考也不是人生的终点嘛！"

中国教育学会副会长吴颖民："学生更注重自己的创造才能的培养。"

为纪念恢复高考 40 年，广州新闻资讯广播特别策划《回望高考四十年——追忆我们的高考往事》。

第一篇　打开尘封的记忆　诉说恢复高考那一年

1977 年注定是不平凡的一年。这一年，中国中断了十年的高考制度得以恢复，点燃了 570 万年轻人的"高考梦想"，中国由此迎来了尊重知识、尊重人才的春天。广东各所高校也为此欢欣鼓舞，努力克服一切困难，为恢复高考后的第一次招生而积极筹备。

【出现场声】

"这个就是我们的招生计划，报到广东省高教党委的招生计划里面就提到，我们准备招那么多人，两个学校加起来是 2 000 多人……"

华南理工大学档案馆馆长王雁飞从档案柜里找出 1977 年的学校资料。根据资料显示，当年华南理工大学还没有成立，而是华南工学院和广东化工学院两个学院，除了西藏、台湾之外，这两所学院当时都面向全国招生。华南工学院当年的校报还生动地记载了全校老师为了培养好 77 级新生而掀起的一股刻苦钻研业务的热潮。

【录音】

"我们学校的老师为了新生的入学，都付出了很多的心血，做出了充分的准备，许多有经验的老教师都争上教学的第一线。数学教研组的女教授邓艳秋老师年近七十，而且患有高血压，但是她日夜认真备课，准备给一年级的新生讲课，希望在自己有生之年为祖国多培养人才做出贡献。还有一些教师说'要给学生一碗水，自己要有一桶水'，教师们普遍迫切地要求业务提高。从各个学院到各个系、教研室对教师的提高都有长远期的规划和短期的打算，许多老教授一边自学深造，还一边热情地帮助青年教师的提高。"

对于暨南大学来说，不仅有 1977 年恢复了高考制度的收获，更加有推动 1978 年 2 月"复办暨大"的喜悦。暨南大学档案馆馆长林文兴一边翻开档案资料，一边介绍，1970 年，因为某些原因，暨南大学被解散了，整个教师队伍也被分流到中山大学、华南师范大学、华南理工大学等附近的几所高校。趁着恢复高考的春风，暨南大学从复办筹备到正式招生仅用了半年的时间。

1978 年 10 月，暨南大学迎来了恢复高考后的第一届学生。据暨南大学中文系老教师谭显明回忆，当时各院系都组建了最优秀的教师队伍为这届新生上课。

【录音】

"中文系萧殷当系主任，萧殷是延安时期的文艺理论家，比较有名；还有秦牧也当过系主任；还有杨嘉是副主任，杨嘉是戏剧家，他出过好多本剧本；还有艾四平（音译）老师，他是研究古典诗词的。当时都是选派最好的教师来上课，第一届的时候。"

1978 年 3 月华南工学院和广东化工学院一共招收了 2 342 名新生。王雁飞查阅档案资料时发现，3 月 13 日华南工学院召开了隆重的开学典礼，当时学校党委书记陈彬在讲话中对 1977 级新生提出了具体的培养目标。

【录音】

"我们的任务是既出人才又出成果，最主要的是要出人才，要为我们祖国的现代化建设多出高质量的人才、快出高质量的人才。"

1977、1978 级考生是时代转折的重要符号，是不可复制的一代，翻看档案馆里的学籍册，其中不乏满分"学霸"，校报上也记录了不少他们积极上进的光荣事迹。他们毕业后，大多数人成为各行各业的中坚力量，也成为各所高校最为之骄傲的两届学生。

【录音】

谭显明："汪国真可能是这个班知名度最高的。"王飞雁："这两级的学生中涌现了非常多的知名校友，像 TCL 李东生校友是我们 78 级无线电技术一班的；黄宏生是创维集团的创始人；霍东龄是京信通讯的董事局主席；梁伟校友是德生电器的总裁，号称我国收音机大王……（淡出）"

第五篇　从独木桥到高速公路，教育多元化让梦想翱翔

2017 年的高考已经落幕，最后一批 90 后已成为经历过高考的"师哥""师姐"。对于这批 90 后的父母来说，当年的高考如同"千军万马过独木桥"，"一考定终身"。如今，大学已不再是象牙塔，教育的多元化助力越来越多的年轻人展翅翱翔。

【录音】

"高考也是人生的一个必经之路，一定要参加高考，所以我并没有选择让孩子初中、高中就出国。参加完高考后，他人生的履历会丰满很多，他的心态和意志也会不一样。"

参加过 1987 年高考的考生家长林先生回忆起自己的高考岁月，认为现在的高考仅仅是"又一条起跑线"。

【录音】

"现在大学就像上高速公路，单车和三轮车都不能上了，能上的都是汽车，大家都在起跑线上，人生才刚起跑。"

考生们的心态也在这样的大背景下变得淡定，面对高考，他们虽然紧张，却显得自信满满。

【录音】

"现在选择是很多，但是人各有志，我既然选择了（高考）这条路，就一定会走到我的目标为止。"

恢复高考第 40 个年头，"知识改变命运"的口号渐渐淡出大众视线，但追求更多元化的教育步伐从未停止。华南师范大学附中老校长吴颖民从事基础教育多年，他从 1978 年投身教育事业，历届考生数字早已记不清。他认为，令高等学府从精英化教育走向大众化教育，这本身就是高考四十年改革的成就所在。

【录音】

"高等教育已经从精英教育变成大众教育，这个是最大的变化。接受高等教育上大学已经不是奢望，接受高等教育不是奢侈品，而是大众消费品。"

高考改革牵一发而动全身，近十年来改革探索的思路更宽广。从 1997 年打破铁饭碗，取消毕业分配，到 1999 年大张旗鼓地扩招，高考改革在收获掌声的同时也背负不少骂名。比如 1999 年的扩招，被解读为疯狂地扩张，令教育资源被过度稀释，至今都被认为是导致大学生综合素质下滑的主要原因。吴颖民却为高校扩招"正名"，认为扩招这个黑锅背得有点"冤"。

【录音】

"这个当时做这个决策应该是十分正确的。如果大学不扩招的话，就有一大批没有接受高等教育的青年人进入社会，那么就业的压力就更大。而这批即将走入社会的年轻人多了 3 ~ 4 年的教育培训的经历之后再走入社会，对社会稳定也好、劳动者素质提高也好，是意义重大的。"

不过吴颖民也坦言，令人不得不正视的是，高考这场大型应试教育背后埋藏的弊端依然存在，比如大学生高分低能的大有人在，眼高手低、宁愿在家"啃老"也不愿意工作的也不乏其人。这些都必须要一一反思，并成为今后高考改革的驱动力。

回首四十年，高考令莘莘学子平步青云，与此同时，教育的路子越来越多元化，出国留学、职业培训等，都在印证教育不断走向多元化。未来，中国教育的路到底应该怎样走？吴颖民认为，家长应学会多尊重孩子的意愿，而不应用自己的人生经历，过多地干预孩子的未来，毕竟，这是属于他们自己的人生。

【录音】

"今后路是要孩子自己走的，你不能代替他。所以实际上我觉得家长要更加尊重小孩的看法，有更民主的家庭氛围，而且给学生多方面的发展，不要太过注重学业的成绩。"

【版尾】

一连五集的纪念恢复高考 40 周年特别策划节目——《追忆几代人的高考往事》到今天已经播送完毕，感谢你的收听。如果你也有难忘的高考故事要和我们分享，欢迎到广州新闻电台公众号留言。

采编过程

1977 年恢复高考制度，不仅改变了几代人的命运，尤为重要的是为我国在新时期及其后的发展和腾飞奠定了良好的基础。时光匆匆，白驹过隙。2017 年是恢复高考 40 周年，记者特别策划了 5 集系列报道《回望高考四十年——追忆我们的高考往事》在高考期间推出。报道展现了每次高考改革与国家发展的密切关系，探讨和展望了高考发展与改革的未来，为高考改革、当前的教育制度带来启示。

怎样突破"老话题，无新意"的问题是记者在策划之初思考的重点。记者深入广州各所高校，寻访老教师、走入档案馆查找资料，并与广东省教育考试院多次联系，寻找线索。功夫不费有心人，最终从报道手法和报道内容上找到突破点，赋予"老主题"更多"新意思"——"融媒体报道""珍贵档案资料""院士""教育专家"等，都成为该系列报道的关键词。

社会效果

整篇系列报道不仅回望过去，而且还展望未来。通过对不同时代、高考改革发展不同时期的故事和专家的解读，展现了整个社会的变迁，体现了中国人才制度与时俱进的改革和创新，以"历史的声音与故事"引发人们的共鸣。

（以上文字有删节）

【点评】

该报道就"恢复高考 40 周年"这一主题，以饱满的情感，流畅的有声语言，将听众带入一段百感交集的历史，并油然生出对教育事业不断取得进步的自豪感。该报道具有以下特点：

第一，报道角度巧，有故事，有深度，有现实意义。报道从广州各高校的档案馆入手，通过一些鲜为人知的历史故事的讲述，为听众揭开恢复高考那一年的尘封记忆，脉络清晰，可听性强。

第二，报道人物典型，贴近生活，具有本土特色。报道采访了在广东知名度较高的中国工程院院士刘人怀，原华南师范大学附中校长吴颖民等典型人物，他们的看法具有典型性和说服力。

第三，报道方式和手段有所创新。整篇报道不仅制作精良，具有广播特色，而且以音频、视频、图片合为一体的融媒体报道形式推出，以适合新媒体的形式，在微信公众号上传播，让重大主题的宣传面更广、传播力更强。

（支庭荣）

广播新闻评论

不能让"小燕子"赵薇空手套白狼的游戏继续玩下去

广东南方财经全媒体集团股份有限公司　吴锡凌　黎晓婷　潘晓霞　关妙钿

吴锡凌：这次的《财经观察》，跟大家说一下"不能让'小燕子'空手套白狼的游戏继续玩下去"。

黎晓婷：近年 A 股市场高杠杆收购空手套白狼的玩法盛行，连一些演艺明星也跨界"变身"资本玩家，企图以极低的成本来控制上市公司，引起监管层的高度关注。

吴锡凌：比如说著名的演员"小燕子"赵薇，就用目前已知的最高的杠杆倍数 50 倍杠杆收购上市公司万家文化，这个案件就成为证监会严查高杠杆的典型案例。中国证监会已经下发《行政处罚及市场禁入事先告知书》，即将对包括赵薇夫妇及其旗下的龙薇传媒、上市公司万家文化等相关主体进行处罚。根据事先告知书，证监会准备对赵薇等四人予以警告并罚款 30 万元，同时对赵薇等 3 人，分别采取 5 年证券市场禁入措施。另外，对万家文化、龙薇传媒予以警告并罚款 60 万元。

黎晓婷：据证监会的处罚告知书披露，赵薇旗下的龙薇传媒在 2016 年的 11 月 2 日，也就是收购前的一个月才刚刚成立，注册资本金只有 200 万元，还没开始实际的经营活动，总资产、净资产、营业收入、净利润也是零。

吴锡凌：同样根据证监会的处罚告知书披露，这次收购共需资金大约 30 亿6 000 万元。收购方案里面，赵薇旗下的龙薇传媒自有资金只有 6 000 万元，其余收购资金的绝大部分，也就是 30 亿元左右的资金，都是借入的资金，杠杆比率高达 51 倍。

黎晓婷：龙薇传媒在自身境内资金准备不足、相关金融机构融资尚待审批，存在极大的不确定性的情况之下，以空壳公司来收购上市公司，而且贸然予以公告，对市场和投资者产生了严重的误导。

吴锡凌：在公布发布之后，上市公司万家文化股价大幅震荡。根据证监会口径，截至 2017 年 7 月 21 日，万家文化收盘价是 9.03 元，比 2017 年的 1 月 17 日股价最高点 25 元下跌 63.88%，比 2016 年 11 月 28 日首次停牌前下跌45.2%，投资者可谓损失惨重。

黎晓婷：我们邀请到中国法学会商法学会理事、上海汉联律师事务所合伙人宋一欣律师，下面听一听律师是怎样说的。

【录音】

宋一欣：严格来说，赵薇案实际上是龙薇传媒、万家文化、赵薇等好几个人收到证监会处罚告知书这么一个情况。那么之前曾经被证监会立案调查。立案调查以后，证监会在11月9日出具了关于公司及相关当事人收到中国证监会行政处罚及市场禁入事先告知书的公告，这个内容主要是涉及万家文化、龙薇传媒和赵薇、黄有龙等人涉嫌信息披露违法这样的一个事件。具体的来说，实际上就是一个虚假陈述行为。

吴锡凌：这个案件对市场又带来怎样的影响？我们听一下著名财经评论家、独立财经撰稿人、专栏作家皮海洲的意见。

【录音】

皮海洲：从《证券法》来说，30万和60万就已经是顶格处罚。这个尴尬情况怎么办？这就需要投资人索赔。最终的处罚结果出来之后，也就是起诉就有了依据，根据这个依据来索赔。对于通过向赵薇索赔的话，确实在一定程度上，可以对现在法律法规对这些违法违规行为惩处不力的情况起到一个弥补的作用，能够索赔几千万甚至上亿的话，可以对同类的违法违规行为起到震慑作用。所以在向赵薇索赔这件事情上，要是索赔的金额越大的话，它的警示作用也就会越大。利益受到损害的投资人，希望他们都能够通过法律的武器维护自己的权益。

黎晓婷：皮海洲老师鼓励大家拿起法律武器，积极维护自己的合法权益，但是赵薇方面就想提出申诉，究竟有没有可能翻盘？下面我们再听一听律师的意见。

【录音】

宋一欣：申诉是所有的被处罚的当事人的权利。但从目前来看，在现在这个告知书里面，实际上涉及了虚假陈述的三个方面——虚假记载、误导性陈述、重大遗漏三个方面。概括起来，万家文化、龙薇传媒、黄有龙和赵薇等人实际上用了200万的公司，加上6 000万的资金，然后用了50倍的杠杆去收购一个公司。而且这个收购公司的行为，实际上融资也具有很大的不确定性。在这种情况下发布公告，引起市场价格的极大波动，对投资者造成误导，造成了信息披露上的虚假记载和重大遗漏。

吴锡凌：既然证监会已经对这案件做出定论，并且翻盘的可能性并不大，这样在赵薇的虚假陈述案中，投资者可不可以通过索赔来维护自己的合法权益？

宋一欣：投资者凡是在2017年1月12日到2017年3月31日买入万家文化的，那它现在叫"祥源文化"、代码是600576这个股票的，并且在2017年4月

1 日以后卖出或者继续持有股票的投资者都是可以索赔的。

吴锡凌：究竟现在投资者申请索赔的情况怎样？估计索赔的金额又有多少？

宋一欣：这个比较难估计。申诉的金额，我估计每个人少则几千，大则几十万的水平是有的，甚至上百万都有可能。必须去相关的证券交易场所打印它的交易记录，打印完了以后把材料寄给律师，由律师来计算，算了以后得出结论，再进行代理。

吴锡凌：但是我们也注意到证监会做出处罚的立足点，以及投资者索赔的依据，都是赵薇等被处罚主体的虚假陈述行为，而对于他们用极低的成本以 50 倍高杠杆收购上市公司股权的行为，却没有受到相应的惩罚措施，所以现行的 2005 年修订的《证券法》已经不足以震慑这种空手套白狼的投机行为。

吴锡凌：在行为处罚及市场禁入事先告知书里面，只能以虚假陈述作为处罚的立足点，说明我国证券市场监管规则存在缺陷。所以我们在呼吁投资者拿起法律武器维护自己合法权益的同时，也呼吁要尽快完善相关规则，不可以让类似"小燕子"赵薇空手套白狼的游戏继续玩下去。

采编过程

2017 年 11 月，经党中央、国务院批准，国务院金融稳定发展委员会成立。习近平总书记强调，金融是国家重要的核心竞争力，金融安全是国家安全的重要组成部分，金融制度是经济社会发展中重要的基础性制度。防风险杠杆是金融市场的主基调，要坚决打好防范、化解资本市场重大风险的攻坚战。在此背景下，节目组响应政策导向，抓住证监会处罚赵薇利用高杠杆企图空手套白狼控制上市公司的新闻事件，进行精品创作，宣传金融政策，加强舆论导向，引导证券市场健康发展。

社会效果

作为新闻评论作品，客观、专业、权威是本作品的一大特色。本作品精选的两位嘉宾，都是证券界的权威专家。他们的分析和点评客观、中肯、专业，让整个作品有理有据，评论更具说服力。

（以上文字有删节）

【点评】

著名演员"小燕子"赵薇，用 50 倍杠杆收购上市公司万家文化，是典型的空手套白狼，影响恶劣，造成股价剧烈波动，使大量投资者损失惨重，严重影响市场秩序，引发社会普遍关注。就此而言，本作品选题具备相当鲜明的现实意义和前瞻性，契合当前我国高度重视金融风险防控的政策基调，立论高远，属于重大题材。

本作品资料翔实，论证严密，尤其是精选的两位权威专家，点评中肯到位，让整个作品有理有据，增添了说服力。而且，借助赵薇案，本作品进行了一次高水平的金融政策宣传，有利于加强舆论导向，引导证券市场健康发展，凸显强烈的政策意识和社会责任感。

此外，该作品能充分了解金融市场、专家学者和相关部门的信息，并在此基础上有感而发，评述精彩，结构严整，布局巧妙，具有较强的感染力和可听性，体现了新时代广播新闻评论的特点。

（赵建国）

广播新闻专题

不忘初心
——陈开枝百色扶贫"第二个100次"再出发

广东广播电视台　牛日成　赵鑫晔

广州市政协原主席陈开枝在21年间100次从广州到广西百色革命老区开展扶贫工作，先后荣获"全国扶贫状元""全国东西扶贫协作工作先进个人""全国脱贫攻坚贡献奖"等荣誉称号。在党中央吹响坚决打赢脱贫攻坚战、决胜全面建成小康社会的号角的时候，78岁高龄的陈开枝又踏上新的扶贫征程。请听报道：不忘初心——陈开枝百色扶贫"第二个100次"再出发。广播新闻中心全媒体记者牛日成、赵鑫晔报道。

2017年12月9日清晨6点40分，陈开枝来到广州白云机场出发厅。大家习惯称呼他为"陈主席"。

记者：主席早上好！

陈开枝：早上好，你们办好手续了没有？

记者：为什么把这一次定为"第二个100次"再出发呢？

陈开枝：因为98年离开政府了，后来去了50次了，退休了又没有权了，筹不到钱了，我给百色的人说，人人都认为我退了，可能就不来了，我说在位的时候来了50次，以后退下来，只要我能活到85岁，我还再来50次，一辈子一定来100百色。结果，今年8月19号去，这是第100了。夫人跟着去了，她说，"陈开枝已经把扶贫事业作为终身的使命，现在总书记又提出了扶贫攻坚，2020年全面实现小康，他作为一个老共产党员，他以后还一定会来"。她说："我建议呢，下一次来不要叫101次，叫'第二个100次'再出发！"那如果我能真的活到100岁，可能真的可以完成"第二个100次"。

从白云机场开始，我们跟随陈开枝踏上他"第二个100次"到广西百色扶贫的行程，同行的还有他发动一起到百色扶贫帮困的爱心人士。

1996年7月，党中央、国务院决定开展东西部扶贫协作，广东承担帮扶广西的任务。广东省委决定由广州对口帮扶百色，广州市委确定时任常务副市长的陈开枝负责这项工作。当年11月28日，陈开枝第一次踏上百色的土地，从此与这块邓小平等发动和领导革命武装起义的红色土地结下不解之缘。

陈开枝：住房是"八面来风"，都是茅草房嘛，到处通风进雨的。生活"三个不上":第一不上学——没钱读书;第二不上桌——没有东西吃,桌子有也没用;第三不上床——没被子盖,就睡在火塘边取暖。

百色革命老区人民的贫困远远超乎人们的想象,出身贫困农家、经历过饥寒交迫的陈开枝感同身受,抑制不住流泪:

陈开枝:我去的头十次,都是流着眼泪离开的。你看得见的,困难的状况,你还不流泪,你还有人性吗?

因为百色是邓小平战斗过的地方,又因陈开枝在任广东省委副秘书长时有幸全程陪同邓小平 1992 年春天的南方谈话,陈开枝心灵受到极大的触动,他决心竭尽所能帮扶百色老区人民摆脱贫困。

【歌曲《你的心牵挂着百色老区》(压混)】

这是百色人创作的一首歌——《你的心牵挂着百色老区》。从 1996 年到 2005 年退休前,陈开枝踏遍了百色的崇山峻岭、乡村田野。

百色人亲切地称呼陈开枝和广州来扶贫帮困的人为"亲人"。那满镇党委书记黄超总说,"亲人"的称呼表达了百色人的感恩之情。

黄超总:广州从九十年代开始支持我们百色嘛,陈主席来了一百多次了。冬天的时候还过来,看看我们的(工程)进度啊,来支持我们,就像我们的亲人一样,所以广州来支持的我们都叫"广州亲人"。

文明曾任百色地区行署副专员,在职时共 26 次陪同陈开枝扶贫。再次与陈开枝来到当年一起组织建造出来的弄福公路时,他感慨万千。

文明:当时百色地区乡村公路搞了一千多条,这条路是公里数最长、工程最艰巨的。路已修通了,交通出入方便了,改造土地改造田,种粮食,老百姓的生活有了一个翻天覆地的变化,老百姓永远不忘记广州的亲人。

如今,弄福公路被凌云县确定为艰苦奋斗的教育基地,永远铭刻那场艰难的"开山辟路大会战"。

【陈开枝唱《我的祖国》(压混)】

在弄福公路的一处悬崖边上,陈开枝望着远处的 12 个回转弯,放声高歌《我的祖国》,歌声中流淌着他的豪情。

从帮扶贫困山区开通公路,建设移民安置新村,到教育扶贫,陈开枝都倾注了自己的心血。他坚信扶贫必须不遗余力地扶教育,才能拔掉贫困的根。

陈开枝:百色教育那么落后,从我的角度来说,智力扶贫、教育扶贫是考虑的重点。你得让他掌握了知识才能改变命运。

1998 年 7 月,陈开枝从广州市副市长升任市政协主席,不再承担对口帮扶百色的职责,但他没有停止扶贫。他给自己定位:充分用好政协平台专攻扶智,解决百色教育落后的状况。我们随陈开枝走进百色祈福高中,这是他牵线搭桥、由香港彭磷基先生捐资近 3 000 万元援建的学校。现在其学生规模达到了 4 000

多人，90% 是壮族、瑶族、苗族等少数民族学生，40% 是家庭贫困的学生，已成为广西壮族自治区示范性普通高中。

【现场声：陈爷爷好……（压混）】

学生们齐声呼喊"陈爷爷好""陈爷爷我们爱您""陈爷爷我们感谢您"，热情迎接陈开枝来到学校。老师、学生们的话语中充满感激、感恩。

在百色祈福高中有好几个用捐资人名字命名的特困学生班，这是陈开枝想出的办法。通过这一办法来争取爱心人士的捐助，解决特困学生的生活困难。

陈开枝促成香港爱心人士郑柱成先生捐资近千万元，专用于培养边境地区特少民族的 251 名贫困家庭孩子，供他们从小学到读完大学。他还动员广州青年和社会人士开展"手牵手"活动，帮扶 4 000 多名百色贫困孩子完成学业。

1998 年 11 月，平果县女孩邓红霞向陈开枝写信求助，她是邓小平生前以"一个老共产党员"的名义资助的 25 个百色贫困家庭的孩子之一。邓小平逝世后，邓红霞陷入无法再读书的困境。陈开枝给邓红霞回信，答复她一直资助她到大学毕业。已经大学毕业参加工作的邓红霞说出心中最深的感恩之情。

见到资助过的贫困家庭孩子成人成才，陈开枝很满足。

陈开枝：听了你们的情况，很高兴啊。希望把家庭问题、事业问题，包括身体的问题都处理好。你们没有结婚的快点谈恋爱结婚，有孩子把孩子好好养好！

受资助学生：您和邓奶奶也要注意保养身体哦，我们还要等您 100 次再来！

【歌曲《你的心牵挂着百色老区》（压混）】

2005 年，65 岁的陈开枝退休。卸下党政职务，他还是放不下扶贫。他担任中国扶贫基金会副会长，广东省老区建设促进会理事会会长，继续为扶贫奔忙，尤其割不断与百色的情缘。

2012 年，陈开枝发起建立百色教育基金会，担任基金会名誉会长，选定每年的 12 月 11 日邓小平领导百色起义的周年纪念日作为慈善筹款日。

这次百色扶贫"第二个 100 次再出发"，陈开枝从北京、广州、深圳、香港等地筹得 3 348 万元善款注入百色教育基金，他和夫人邓妙珍捐出两个人三个月的退休金 8 万元，这几年他们为百色教育基金捐款达到了 30 万元。

深圳振华盛世股份公司捐资 1 000 万元，公司董事长曾梁苑说，之所以加入教育扶贫的行列就是因为被陈开枝的行动所感动。

【歌曲《你的心牵挂着百色老区》（压混）】

陈开枝 13 岁从广东云浮外出读书，60 多年回老家不到 50 次，而 21 年来他却到百色 100 次，如今又开始了百色扶贫的"第二个 100 次"。

陈开枝在任广州市常务副市长和政协主席时，身边的人戏说"跟着陈开枝，累死无人知"。退休后到百色扶贫，陈开枝还是保持着忙忙碌碌的状态。

这次百色扶贫"第二个 100 次"首次出发，三天时间里，陈开枝就像担任领导职务时一样，路途、中午、晚上都在忙碌。

陈开枝说，退休后坚持扶贫是因为共产党员要永远不忘初心，做人要懂得感恩、报恩。

陈开枝：别人说我"你七十八了悠着点"，我说我不是七十八，我是三十八，我充满着活力，因为我经常想到是党把我这个苦孩子培养成一个能为老百姓办点实事的人民公仆，所以我一直都心存感激。

【陈开枝唱《小草》（压混）】

熟识陈开枝的人都知道，他最常唱的一首歌就是《小草》。陈开枝说这是他的人生主题曲。

21 年来，陈开枝走遍百色的大小乡镇，跑过无数座山，生命曾历经危险。

陈开枝百色扶贫"第二个 100 次"的首次出发，73 岁的老伴邓妙珍同行。邓老师数不清这是她第几次陪伴陈开枝到百色，只说是几十次。在我们的多番请求之下，邓老师才接受我们的采访，道出她的一番心里话。

邓妙珍：我愿意他再走一百次。我知道他有这个心愿，一定再走下去。以后我只要走得动，他来我也会陪伴他。

陈开枝说，他有一个心愿，是将来离开人世的时候，要将一半的骨灰留在百色的土地上。

陈开枝还说，他很喜欢诗人艾青的诗《我爱这土地》，最后两句最能代表他的深情。

陈开枝：我的眼为什么长含着泪水，因为我对这土地爱得深沉。我深深爱着我们的祖国，我一定要为我们国家的扶贫事业继续出力！

采编过程

记者从相关渠道获悉"全国扶贫状元"陈开枝即将踏上"第二个 100 次"百色扶贫再出发的征程之后，认为这是一条极有价值的新闻。而且，正值全国展开扶贫攻坚战和党中央特别强调共产党员不忘初心之际，此新闻更具价值。记者主动联系，跟随陈开枝到百色，从机场出发开始进行全程跟踪采访，持续几天。在此过程中，随陈开枝翻越百色大山，进村入户，到达扶贫点，捕捉他在百色的点滴。同时，抓住机会倾听陈开枝回顾自己多年扶贫的历程和真实感受。另外，还采访了百色当地的多位干部群众和陈开枝的妻子，丰富报道的内容。整个采访过程设计周密，采访面广，采访对象多，完整展现了陈开枝身上体现出来的共产党员的高尚品质和"生命不息、扶贫不止"的可贵精神。

社会效果

本报道播出后，获得不少广播业内人士的赞赏。同时，得到不少听众的好评。微信推送获得不少读者（听众）的点赞、留言、转发。

（以上文字有删节）

【点评】

一次边走边唱的吟唱

《不忘初心——陈开枝百色扶贫"第二个100次"再出发》是一篇非典型的人物报道，它的非典型表现在全篇没有一个描述性的细节，也没有一句记者的主观评论。但它同时又是一篇极富感染力的广播新闻专题作品，该作品主题集中、突出，且感人肺腑。那么，这样的艺术效果如何实现呢？

陈开枝本身就是"自带光环"的人，78岁高龄还雄心勃勃向"第二个100次"再出发，所以创作者采取了纪录片式的实录手法：主人公自己推进整个报道，记者只旁观记录。

（1）一开篇陈开枝在机场的一番"随意"的独白在点题"不忘初心"的同时，将一名老共产党员、全国扶贫知名人物对扶贫攻坚的信心生动展现出来，先声夺人，一下子将听众的兴趣提了起来。随后通过采访记录下来的陈开枝的讲述，我们知道了他为什么如此锲而不舍地参与扶贫，为什么致力于扶教育，思考如何才能带动更多人参与扶贫等。通过采访扶贫对象，我们知道了扶贫如何有效解决了贫穷落后地方人的生存和发展问题，让扶贫攻坚的主题一步步得到深入的挖掘和展现。

（2）实录手法还运用在对记者行文的纯客观表达形式上，记者没有用任何描述性的词汇和语句。此行记者的所见所闻与陈开枝的回顾、讲述，21年的扶贫成果与当地人的记忆和评价有机穿插，浑然一体，记者平静客观的叙述与主人公自己的感性表达、扶贫对象的恳切评价相得益彰。完整地展现了陈开枝的感人故事以及他身上体现出来的共产党员的高尚品格和"生命不息、扶贫不止"的可贵精神。

（3）记者非常注重捕捉陈开枝的言行等细节，招呼队友、打电话、与小朋友的对话等通过现场收录的细节让一个鲜活的人物形象就这样立体地展现在我们的眼前。

总之，这篇作品的创作者用不动声色的姿态讲述了一位老人21年不忘初心、锲而不舍的扶贫故事，写作手法上的刻意坚守值得鼓励，用事实说话的专业追求引人深思。所以，作品依靠丰富且高质量的声音元素作为纽带的结构营造出鲜明的广播特点，有很强的感染力，让人深刻体会到广播的魅力。

（焦　健）

广播新闻节目编排

中国鲲龙腾飞
——我国首款大型水陆两栖飞机 AG600 在珠海成功首飞

珠海广播电视台 郭 杨 张 伟 王 东

导播：传播珠海，倾听世界，欢迎收听珠海晚新闻，今天是 12 月 24 号，这次新闻的主要内容有：

1. 头条关注：中国鲲龙腾飞——我国首款大型水陆两栖飞机 AG600 今天在珠海成功首飞，（同期声）国务院副总理马凯作重要指示。

2. 中共中央、国务院今天发来贺电，向参加 AG600 项目研制任务的全体参研参试单位和人员，表示热烈的祝贺和亲切的慰问。

3. 本台评论：AG600 在珠海成功首飞，期待中国有更多的大国之翼翱翔于九天之上。

4. AG600 项目总设计师黄领才说，AG600 的傲人能力，是数以万计的科研人员合力攻坚的成果。（同期声）

5. 中国大飞机专家张彦仲表示：AG600 首飞成功标志着中国特种飞机的发展达到新的水平。

6. 今天，记者全程伴飞 AG600 首飞全过程。

7. AG600 首飞成功将助推珠海产业转型升级。

8. 珠海机场全力保障"鲲龙" AG600 首飞。

9. 今天，首届海外留学人员创新创业大赛，文化创意及生物医药类总决赛在珠海举行。

采编过程

2017 年 12 月 24 日，我国自主研发的首款大型水陆两栖飞机——"鲲龙" AG600 在珠海首飞成功。当天上午，国务院副总理马凯，中央政治局委员、广东省委书记李希，国务院副秘书长丁学东，工业和信息化部部长苗圩，国务院国资委主任肖亚庆，广东省省长马兴瑞等中央和省领导参加了仪式。珠海广播电视台作为主办地的重要媒体，担负着主要的报道任务，同时，受中央人民广播电台和广东电台的委托，珠海台负责上传此次新闻节目的任务，为做好此项重大事件宣传报道工作。经过统筹，珠海台派出多路记者、编辑，分别到珠海机场等一线进行采访，在当天晚新闻中及时推出了《中国鲲龙腾飞——我国首款大型水陆两栖飞机 AG600 在珠海成功首飞》的新闻节目。

社会效果

重大事件能彰显广播的优势和特点。在 AG600 珠海首飞成功当天，本台三个频率均采用这组新闻，全程滚动播出，重点是晚间新闻。受众通过这组分量较大的新闻完整版的报道，全面了解了 AG600 在珠海制造到首飞成功的全过程。当天，本台融媒体平台也同步编发了这方面的新闻照片，起到了良好的视听效果。听众评价说，珠海台是新闻节目最及时、最快捷、最贴近听众的权威媒体。

（以上文字有删节）

【点评】

该节目报道题材重大，AG600 堪称大国重器，体现航空工业与广东的"大融合"，国家和省部多位领导人参加了首飞仪式。

珠海台伴随中国航空事业发展，向以航展报道见长，此次报道与编排亦十分熟练、完美。

从广播新闻节目编排的要求看，该节目具备明确的编辑思想，充分表达出中国航天人的信心。编排上运用了现场报道、评论等多样手段，表述紧凑；录音与音响使用得当，现场感强；重点突出，点面结合，长短搭配，结构清晰，层次分明。

该节目全部内容均为当天发生，当晚播出，时效性强，并在该台多个频率全程滚动播出，在融媒体平台编发相关图片，传播效果良好。

（李　幸）

广播新闻访谈节目

最美援外医生——林纯莹

广州广播电视台　梁俊飞　吴央央

　　林纯莹，2017 年"最美援外医生"。作为广东省人民医院南海医院院长的她，在艰苦的条件下迎着疾病英勇抗击，为世界最缺医少药的地区带去卫生援助。在林纯莹的多方努力下，"中加西非心脏合作项目"立项成功，为非洲加纳培养了当地第一批能做心脏介入手术的医生，成为我国援非项目中的标杆项目。从授人以鱼，到授人以渔。在林纯莹的积极带动下，中国医生正在改变西非的心脏病防治历史。欢迎收听特别节目《最美援外医生——林纯莹》。

　　梁俊飞：11 月 9 日，在中国人民对外友好协会与国家卫生与计划生育委员会、中央军委后勤保障部卫生局、中国友好和平发展基金会联合主办的 2017 大爱无疆——寻找"最美援外医生"公益活动年度盛典上，广东省人民医院心内科主任林纯莹被评为"最美援外医生"，全国仅有 10 名医护人员获选。

　　吴央央：作为一个医生当初为什么会选择援外这个工作并走上这条路的呢？

　　林纯莹：走上这条路其实很简单，因为这是广东省卫计委下发的一个任务，我们要组织第二批援加纳医疗队。第一批应该是 2009 年，广州市各大医院组织的一批医疗队，一共 11 人。然后就轮到要组建第二批。当时我们医院心内科有一个名额，因为我是心内科的党支部书记，于是就报名了。

　　记者：2011 年 12 月，林纯莹告别广州前往加纳，1 万多公里外的加纳首都阿克拉仍是炎热的夏天。在这里，她将度过两年时间。

　　林纯莹："援非两年，我的头发也白了，我们几个队长都全白了。这其中有来自各方的压力，比如说队员出去，又怕会不会有交通的问题，对外交流又要完成任务，最重要，你能不能把这个队伍安全带回来。""因为大家在一个群体中生活，所以也不会很孤独，但是回到每个人的房间，或者跟家人视频的时候，那每个人的感受可能就不一样了。"

　　林纯莹：因为那里是恶性疟疾的高发区，同时霍乱、伤寒和脑膜炎的发生率也很高。恶性疟疾是致命的，一旦感染，三日内没有积极治疗就会发展成为脑性疟疾，四五天就会死亡。

　　林纯莹：当地的蚊子是多到什么程度呢？每天傍晚的时候，我们从窗口往外望，蚊子都是一群一群、黑压压的。如果汽车忘了关车窗，第二天一开车门，里面会有几百只蚊子冲出来！

梁俊飞：哇，那就跟蝗虫差不多了！那么，对您来说，在当地最大的困难是什么呢？

林纯莹：最大的困难就是对亲人的思念。因为我们队伍比较特殊，队员比较年轻。其中有两个队员的孩子才半岁，另外一个队员家里生了三胞胎，也只有两岁多。

记者：医疗队所援助的克里布教学医院，是西非最大的医院，占地面积是国内普通医院的百倍大小。但诊疗水平却不高，加上医疗设备简陋，这所医院心内科的每月死亡率高达11%，在国内，这一数据还不到1%。两年里，林纯莹根据医院的条件和配套设施，将中国捐赠的心脏B超、动态心电图充分运用到临床，并对疾病诊断和治疗给予技术指导。医疗队还前往阿克拉四周的偏远地区义诊。中国医疗队义诊的消息一传开，很多加纳人从10多公里之外赶过来。

林纯莹："当时我们一去到现场，至少一千多人在那儿等，我们一进去他们就争先恐后地涌进来。后来我们告诉他们会保证看完最后一个群众，他们才好好地排队，一等就是七八个小时，他们都无怨无悔。"

记者：援非两年，林纯莹只回过一次家，见到自己的妈妈花白了头发，内心的感受难以言喻。但她的付出得到了回报，她在克里布医院建立起了心内科病房管理模式，在她离开之前，病区死亡率降至5%。回国之后，林纯莹仍在思考怎么让非洲的医疗技术有实质的提升，并在心中有了一个大胆的想法。2014年，在国家卫计委的号召下，"中加西非心脏中心合作项目"就此浮出水面。

梁俊飞："中加西非心脏中心合作项目"是2014年开始的，由国家卫生计生委出资，广东省人民医院广东省心血管病研究所实施的，旨在对西非地区心血管病进行技术援助，帮助他们提高诊疗水平。

林纯莹：因为2014年，国家就觉得援非需要创新，我们这个项目报上去后获得好评，成为第一批获得资助的项目。

吴央央：正是有了这两年的援非经历，才有了现在的"中加西非心脏中心合作项目"。这也应了一句中国人经常说的话，"授人以鱼，不如授之以渔"，正如林院长所说，要让当地的医生学到实打实的技术。

记者：在林纯莹看来，医疗援非不是我们自己的医生去看多少病人，而是要让加纳的精英人才学会如何治病，这样才能将中国医疗理念和技术植入加纳。

林纯莹："'授人以鱼，不如授人以渔'，这个'渔'还有一个讲究，就是你送一个什么'渔具'。"

记者：2014年，首名加纳进修生Francs来到了广东省心血管病研究所导管室。经过初期的设备学习之后，林纯莹作为导师，对他进行手把手密集培训，即使出门诊的时候，也让他在一旁观摩。同时，省医多名心脏病专家也会轮番带教，Francs 每个月可以参与多达 60 台手术，这样的数量在加纳简直是"天方夜谭"。一年后 Francs 学成归国，成为加纳心脏导管介入手术首屈一指的医生。也是在这一年，加纳总统投入 200 多万美元购入导管机，新建导管室，填补了加纳此项医疗空白。

吴央央：可以跟我们详细介绍一下"中加西非心脏中心合作项目"吗？

何鹏程：大家好，首先这个项目刚才林院长已经介绍过，具体的工作都是林院长一手一脚去落实的。前后有三批的加纳医生接受培训，从第一批的一个医生，到现在一共有五个医生。这五个医生在中心都参加介入的培训，他们会参与我们心内科的微创手术，例如刚才提到的起搏器，还有广州话所说的"通波仔"手术。在省医的帮助下，加纳也建立了第一个导管室。

吴央央：我看见林院长拿了一张卡片出来，是不是有什么故事呢？

何鹏程：这个可以请林院长来说说，是我们的非洲学生送的。

林纯莹：这是他们走的时候送给我的，他们说非常感谢我母亲般的关爱，对他们就像一家人一样。对于我们对他们的关怀，他们非常感激。此外，还感谢我们团队对非洲国家的贡献。

何鹏程：有个学生回去以后，表示还想继续来中国深造，那么我们这边是完全有这个条件的，能够帮助到他们，我们也觉得很开心。另外，我们还体会到，这些非洲医生来到中国后，感到非常震撼。因为他们来之前，不知道中国发展得这么快。他们说中国发展这么快，中国的制度一定有优越性，从中得出结论，中国道路是正确的。从他们的反馈中，我们自己也越来越自信。

记者：2015 年底，林纯莹回到加纳。与她同行的，还有广东省人民医院院长庄建等 10 名心脏病专家，他们计划在加纳的库马西医院展开援助。令人意料不到的是，这一在国内也鲜少联合作战的"顶配"心血管专家组却遭到非洲同行的"冷遇"。

林纯莹："第一天到的时候，他们只是安排我们去做手术，然后就没人理你了。然后我们就自己去搞 ICU，去配这配那，到处找设备、找仪器。但是第二天看你成功进行了两台手术之后，立马不一样，组织了媒体采访，休息室里面咖啡也有了、奶茶也有了，完全改变！所以他对你认可之后态度就完全不一样，刚开始第一天他还说（在）ICU 我不配人给你，第二天马上多配几个护士过来了。"

记者：中国医生再次赢得了加纳人的尊重。此后，当地的医生经常争抢与中国医生一起上台手术，希望得到"一对一"的指导。"爱心行"在非洲落地之后，5 天时间 10 台手术，100% 成功，医疗队创下了"非洲纪录"。

林纯莹：整个非洲的医生都很自信的，你说自己有本事，那就要做出来给我看，所以医生的水平很重要，我们的第一枪一定要打响。你能做到的，他做不到，他才服你。我们成功完成了一台手术。第二天，他们的态度就完全不同了，例如我们的麻醉科主任马劳，帮助当地的医生做气管插管，由于病人比较胖，他们怎么插都插不好。结果马主任走过去，两下就插好，2 分钟都不用，用技术征服了他们，自此以后，凡是有疑难的操作，他们都跑来找我们马主任。

梁俊飞：可不可以跟我们介绍一下"爱心行"项目的情况呢？

林纯莹："爱心行"活动是由广东省人民医院庄建院长带队的，以外科为主导的一个团队，去加纳的库马西医院开展心脏手术。这个手术有一定的难度，不像眼科手术这些。一台手术需要两到三个小时，需要七到八个人合作，有麻醉师、体外循环师、手术室护士、主刀、助手，手术后还有复苏室的主任护士，这么多人合作才能完成一台手术。我们一共做了 10 台手术，还有起搏手术也做了 12 台，还开展了西非第一台的三腔起搏器手术。今年（2017 年）年初，我们省医著名的陈景然主任亲自去了克里布医院，做了十几台手术。

林纯莹：我们也是一步步走过来的，一开始只是想培训医生。培训过程中，想了想索性过去医治病人吧，展示下中国医生的高超水平，顺便再带一带我们的学生，让他们的技术更加全面。

林纯莹：例如第一次"爱心行"活动，我们去了库马西医院。美国波士顿医院的医生已经在这里做了十年了，当地的非洲医生，十年里什么都学不到，根本没机会参与手术。我们中国医生过去以后，当地心外科的非洲医生不敢和我们一起做手术，不过做完第一次后，第二次、第三次他都争着上了。最后一次他独立完成，效果还不错。

【压混音效】

记者：3 年过去了，"中加西非心脏中心合作项目"已成为我国援非项目中的标杆。但成绩的背后是辛勤的付出，从 2011 年开始，6 年间林纯莹奔波在广州与加纳之间，为加纳建立了一支带不走的心血管医生队伍，她还带领加纳医生完成了首个非洲国家心血管疾病危险因素的流行病学调查，对于加纳医学研究与人民健康有着深远的意义，真正架起了一座"中非连心桥"。在大家的眼中，"最美援外医生"的称号，林纯莹当之无愧。但是对于这样的赞美，她却显得很谦虚。

林纯莹："这次我们之所以能够获奖，也是代表了一个援外创新的项目来获奖。得到非洲人民对我们的认可，我们是用奉献获得了尊重。"

林纯莹：其实我得奖的时候，颁奖的是加纳的参赞，两个星期后约我和加纳的第一夫人见面。原来见面只有 15 分钟时间，结果第一夫人很感兴趣，表示回去后大力推进此事，希望建立一个加纳的心脏中心。这几天，加纳驻华大使问我，有没有具体的方案，我也把方案提交了上去。无形中，我们就承担了医疗外交的作用。

吴央央：这只是一个开始，以后一定越来越好的。

林纯莹：在我们国家"一带一路"倡议中，医疗是占有很重比例的，国家对此事很重视的。

梁俊飞：今天的节目时间暂告一段落，谢谢大家，再见！

林纯莹、何鹏程：再见！

采编过程

广州女医生、广东省人民医院南海医院院长林纯莹，被评为"最美援外医生"，她申请成立了"中加西非心脏中心合作项目"。在林纯莹的引领下，中国医生"正在改变西非心脏病防治历史"。记者从广东省卫计委在 11 月底举行的广东全省援外工作暨林纯莹团队事迹通报会上了解到这一信息，并对林纯莹和相关援外医生进行了第一次的采访。

在这次采访过程中，记者发现，这些医生身上围绕着"援外"发生了很多故事，为国家、为中非之间的交流做出的贡献不是三言两语可以说完的，值得进行更深入的挖掘和探讨。于是，记者再次联系上林纯莹团队，邀请相关医生进行访谈，便产生了我们所听到的这个特别节目。作者希望，通过这个节目让大众走近这些既普通又特别的医务工作人员，从而对援外、对中非交流有更深入的了解。

社会效果

2017 年 11 月，由中国人民对外友好协会与国家卫生与计划生育委员会、中央军委后勤保障部卫生局、中国友好和平发展基金会共同评选出"最美援外医生"，全国仅有 10 人获选。另外，由林纯莹引领成立的"中加西非心脏中心合作项目"也已成为我国援非项目中的标杆。

我们通过一个广州人的故事——女医生林纯莹 6 年多的援非经历，了解到奋战在一线的援外医护工作者的工作是怎样的，他们不畏艰苦、甘于奉献、救死扶伤，他们用专业的技术和高尚的精神，展示出中国人民热爱和平、珍视生命的良好形象，表现中国白衣天使至善至仁的崇高品质。

（以上文字有删节）

【点评】

这是一档对新闻事件、新闻人物和新闻话题都处理得比较好的广播新闻访谈节目，节目主持人通过与采访对象轻松、自然的访谈，把一个个看似平淡、实为感人的、发生在"最美援外医生"林纯莹和她的伙伴身边的"援非"故事告诉听众，再现了广东的医务工作者在为国家、为中非之间的医术交流不畏艰苦、救死扶伤的感人历程。节目主持人在整个访谈节目当中，没有做作的语言，只有真情实感的流露，因而使被访谈者对许多事情和问题都能打开心房，知无不言。这是此访谈节目最成功的地方之一。对于一些新闻背景的处理，节目采用了由记者采访的录音来制作，避免了访谈节目中容易出现的枯燥感。

（吴　庆）

广播对港澳台节目

香港回归 20 周年特别节目——小证件大历史

深圳广播电影电视集团　李轶群　瞿　芳　李丹凤

主持人：

2014 年开始，港澳通行证由原本的蓝色小本，变成了银行卡大小的卡片，有效期变成了 10 年。仅凭一张有效身份证，就可以完成从表格填写到受理缴费全部流程。

这种通行证的电子芯可以反复擦写 800 次，现在广东的居民只需在每次赴港前，到任何一个加签自助机器上刷一下，缴个费，2 分钟便完成手续。

这张通行证还可以"刷卡通关"，解决了频繁换证的问题，降低了经济成本。

【歌曲：《我的 1997》片段】

主持人：

20 世纪 70 年代，分处香港和深圳两地的亲人，如果要见面，会约好时间到沙头角桥头，隔着深圳河，与家人喊话交流。

深圳河并不宽，二三十米，说话声音大一些都可以听见。虽然喊话的内容都是些日常问候，互报平安，说的是家里人吃得好不好，孩子成绩怎么样的家长里短，但是说到动情处也会听到或压抑、或释放的哭声，一条深圳河隔断了地界，却割不断两地亲人们的相互挂念。

2003 年前，内地居民想去香港，多数通过探亲、跟团游或者商务签三个方式。比如探亲，只能探访直系亲属，表亲都不被允许，如果通过旅行社跟团游的，则不仅需要提供旅行社参团证明，且严格要求在港期间全程跟团，不得随意脱团出行。

这样的情况，一直持续到 2003 年，2003 年 7 月 28 日，港澳个人游对广东省 4 个指定城市的居民开放，只需提供身份证和户口簿就可以申请，十个工作日可以领到证件。而再次前往港澳则只需申请加签，在通行证上加贴一个标签即可。

这本 5 年有效期的深蓝色小本子，代表了始自 2003 年的"自由行时代"，记录下了绝大部分内地民众的首次港澳自由行之旅。

而对于在深圳工作的外地户籍的人来说，去香港，还并不是那么容易。

现在，深圳市民通过"深圳公安"的微信平台，足不出户，就可以在手机上办理预约申请，港澳台再次签注、缴费支付等手续，深圳人下了班直奔香港，看一场演唱会、和朋友聚个餐，甚至买瓶香水、买件衣服就回来了，去香港现在变得很日常。

从全纸质手写文件，到薄薄一本深蓝色小本子，直到如今一张银行卡大小的电子芯片通行证，香港回归 20 周年，这 20 年我们一直在改变……作为内地居民前往香港的唯一许可证件，往来港澳通行证这张小小证件的变化，见证了内地民众与香港之间越来越近的距离，也让我们把日益繁华的香港看得更清晰。

最后，我想用《狮子山下》中的几句歌词，作为香港回归 20 周年特别节目的结束。这首歌是香港地区非常经典的一首老歌，香港人说：物化的狮子山，一百多年间，见证着香港由一个小渔村到今日国际化大都市的艰辛历程；精神化的狮子山，鼓舞着几代香港人顽强不息。我想，有着这"狮子山精神"，有着强大的祖国作后盾，香港的辉煌会一日胜过一日，一年胜似一年。

【歌曲：《狮子山下》】

人生中有欢喜/难免亦常有泪/我们大家/在狮子山下相遇上/总算是欢笑多于唏嘘。

采编过程

在香港回归 20 周年之际，深圳电台各套频率都以不同的角度庆贺与纪念这一意义重大之盛事，生活频率从"双城生活"入手，以 20 年来两地居民的生活变化为主要内容，展现香港回归以来香港的发展及对深圳的影响。《下班万岁》则是以港澳通行证这一证件的变化来表现内地民众与香港越来越近的距离。

主创人员搜集了大量资料，采访了海关工作人员以及有双城生活经历的市民，用"小剧场"的形式展现不同年代两地居民的往来，以"联系及往来方式"为主线，以"亲情"为辅线，以表现小证件对深圳与香港两座城市的发展与交流的影响。

社会效果

节目播出后，听众反响强烈，许多不同年龄段的听众通过微信参与节目互动，其中不乏在深圳生活、工作的香港人，讲述他们自己的或是从父辈那里听到的双城故事，对港澳通行证的变化使得两座城市之间的联系与往来日益紧密而深有感触，纷纷表示生活有了更多的选择，并对粤港澳大湾区充满了期待。

（以上文字有删节）

【点评】

这是一个把政治大事件的宣传工作做得相当漂亮的对外广播特别节目。首先是节目切入口径巧妙，角度独到，以小见大。通过一张小小港澳通行证件的变化，折射了香港回归祖国 20 年来深圳、香港的"双城生活"给两地人民带来的深刻变化。其次在节目制作和表现手法上，作者采用了不同年代的人们对话情景演绎的方式，再现了香港回归祖国 20 年繁荣依然的录像，其魅力依然，变化的是香港民众和祖国越来越近的距离。该节目十分适合境外受众的欣赏习惯，亲和力强，传播效果较好。

（吴　庆）

广播新闻栏目

东莞早晨

东莞广播电视台　蓝立新　孙曼曼　于　鸣　陈理钧

广播新闻栏目《东莞早晨》上半年作品——《全城动员　抗御"苗柏"》：

阿鸣：各位听众早上好！新的一天，《东莞早晨》节目如时与你见面。我是你的朋友阿鸣！

曼曼：大家早上好！我是曼曼。逢周一到周五，我们与你准时相约在FM100.8东莞电台《东莞早晨》，一起沐浴清晨的阳光与和风。

阿鸣：不过，我们今天一早所感受到的就不是和风，也不是凉风，而是台风。

曼曼：是的，一连两天，我们都在节目中关注了今年登陆广东的第一个台风——今年2号台风"苗柏"的发展动向，以及可能给我市带来的影响。今天的节目，我们继续关注它的最新动态。

阿鸣：节目开始前我们收到来自中央气象台网站今天早上6时发布的最新的台风蓝色预警：今年第2号台风"苗柏"已于昨晚在广东省深圳市大鹏半岛沿海登陆；今早5时，"苗柏"中心位于广东省河源市紫金县境内，外围最大风力有8级（18米/秒），中心最低气压为998百帕。

曼曼：我们从台风的路径看到，原本正面袭击东莞的台风"苗柏"在深圳沿海登陆后跑偏，往河源方向去了。可以说，今年第一个登陆广东的台风跟东莞开了个"玩笑"，让东莞全城"虚惊一场"。

阿鸣：台风"苗柏"从生成开始，就被气象部门视为一个"坏孩子"，预测将会给登陆地及周边地区带来巨大的"杀伤"。为此，东莞市三防指挥部已于前天（11日）晚上启动防风四级应急响应，要求各镇街（园区）和有关单位，根据实际情况，认真做好各项防御工作。市气象台昨天（12日）15时7分也将台风蓝色预警信号升级为台风黄色预警信号，信号生效期间，托儿所、幼儿园、中小学校全部停课。

阿鸣：强台风"苗柏"虽然与东莞"擦肩而过"，但它的影响和威力不容小视。下面我们连线东莞市气象台台长黄锋，了解一下"苗柏"的最新动态，以及昨晚、今晨登陆时对东莞的影响。

【电话连线——东莞市气象台台长黄锋】

黄锋：现在"苗柏"7点钟位于东延线，强度降为热带风暴级别，大概中心附近最大风力平均 18 米每秒，未来将继续向偏北方向移动，继续远离我市。

黄锋：从昨天晚上 8 点钟到现在将近 8 点，我市中西部是小雨，东部是中到大雨局部暴雨，其中谢岗录得 78.7 毫米的降雨量。

阿鸣：东莞市气象局局长凌汉强昨天表示，气象部门会根据台风的走向，及时向社会发布预报预警。

【录音】

东莞市气象局局长凌汉强：由于这个台风是南海台风，强度和路径变化会比较快，我们会密切关注这个台风的动态，及时向社会发布预报预警，东部镇街会影响大一些，普遍有大暴雨，其他地方都有暴雨或大暴雨，石马河流域按照预测，有 100～200 毫米的降雨，要做好预防。

阿鸣：对于"苗柏"的到来，广州白云机场和深圳机场的多个航班都做了延误和取消的准备，很多朋友打算今天出门或者昨天晚上坐航班出行、办理其他的事务时都受到了这次"苗柏"的影响。

曼曼：没错，不仅是航班，深圳火车站部分始发至广州东，包括广州方向的城际列车受到台风的影响也是处于停运的状态。为了防御"苗柏"，咱们广东省也是启动了防风的应急三级响应，有关地区和部门都是采取措施严阵以待，尤其在机场，比如说截止到昨天的 17 点 20 分，广州白云机场延误一个小时以上的航班达到 55 班，到了 16 点，深圳机场累计取消出港航班达到 72 班，尤其是昨天下午到晚间，比如 19 点过后的航班影响面就比较大了。

阿鸣：现在台风"苗柏"虽然离我们而去，但是夏季广东的台风还是比较频繁的。

曼曼：关于这方面的情况咱们到部分镇街来了解一下。第一站首先去到长安镇。长安镇的三防部门积极做好防御部署和应急准备，严防台风"苗柏"对长安造成严重影响，详细情况连线长安镇的记者王远飞。

王远飞：防御台风"苗柏"工作启动以来，长安镇三防部门密切关注天气动态，及时预报、发布气象信息，做好雨量、排水信息的统计汇报工作，向社会及三防成员单位、社区发布预警、预报信息。

王远飞：据介绍，目前我镇已备足、备齐三防物资，在各水库、水闸、排涝站、海堤等重要防汛物资储备点，按标准储备好了各类防汛物资，并安排专人看管，随时统计、补充，确保调用方便、及时。在抓好在建工程度汛工作的同时，我镇还切实落实好镇内在建水务工程的防洪应急度汛预案，确保工程顺利推进。

曼曼：大朗镇的情况，我们连线大朗镇的记者孙湘梅，湘梅把大朗镇的准备情况给我们介绍一下。

孙湘梅：记者昨天在大朗镇水口排站采访时看到，工作人员正在控电房里认真地做好值班登记和机器运行监控，时刻观察着排站内水位的变化。据排站技术人员介绍，为了应对即将来临的台风"苗柏"，工作人员已经实行 24 小时值班，加强对设备的维护。

阿鸣：接下来我们再把目光转向樟木头镇。樟木头镇城管部门积极行动，开展清淤及树木加固、修剪工作，迎战台风"苗柏"。接下来连线樟木头镇的记者安娜，请她介绍一下相关的情况。

安娜：为防御台风"苗柏"，我镇城管工作人员对镇内凹芝头一街路中间高大的高山榕进行修剪，一些幼小和破裂的枝干被一一锯下。

阿鸣：好的。在高埗镇方面，也是提前做好防范措施以应对台风"苗柏"。接下来连线高埗镇的记者吴孟武，请他给我们介绍一下。

吴孟武：高埗镇各职能部门也加大检查和督导力度，深入各在建工地、农田菜地、村社区等进行安全检查，要求所有受检单位切实落实好防台风措施，确保群众的生命财产安全。

阿鸣：好的，再见！虽然这次台风"苗柏"与我们擦肩而过，但在城市应急方面却不能掉以轻心，也不能存在侥幸的心理。

2017 年《东莞早晨》收听率和市场占有率排名情况

东莞电台综合广播节目收听情况-工作日

收听率排名	节目名称	播放时间	收听率(%)		市场占有率(%)	平均收听率(%)	到达率(%)
			2017.5	2017.4			
1	东莞早晨	08:00-09:30	9.1	8.46	35.07	4.84	12.95
2	莞饮莞食	17:00-18:00	4.95	4.85	30.83	2.88	7.11
3	真希happy show	13:00-14:00	4.93	4.98	33.63	2.53	6.48

（2017 年 5 月）

东莞电台综合广播节目收听情况-工作日

收听率排名	节目名称	播放时间	收听率(%)		市场占有率(%)	平均收听率(%)	到达率(%)
			2017.6	2017.5			
1	东莞早晨	08:00-09:30	9.14	9.10	35.62	4.83	12.74
2	莞饮莞食	17:00-18:00	4.95	4.95	31.06	2.84	7.11
3	真希happy show	13:00-14:00	4.87	4.93	32.91	2.41	6.37

（2017 年 6 月）

注：数据由索福瑞公司提供。

采编过程

关注城中热点是一个新闻栏目的内在要求和使命。本栏目通过 2017 年半年各一期的节目采编和制作，做了较好的实践和探索。

其一：本年度首个登陆广东的台风"苗柏"来袭，全城关注，紧急防御。栏目组及时洞察，提前预判，并与三防办、气象局、气象台等部门紧密联系。当台风凌晨登陆后，节目一大早就推出了《全城动员 抗御"苗柏"》专题，通过记者采访、节目连线等形式，及时、准确地播报强台风的最新动态以及当地的抗御工作。

其二：争取四度蝉联"全国文明城市"是东莞市市委市政府本年度的其中一项重要工作。栏目组紧紧围绕这一中心工作，精心策划采编，推出《文明东莞 争创"四连冠"》专题报道，将督导巡查、专项行动以及全市联动等"创文"工作的最新动态及时呈报。

社会效果

《东莞早晨》是东莞电台 1997 年推出的一档综合新闻类栏目，逢工作日早上 8 点播出。20 年来，栏目以民生为本，紧扣政府中心工作，注重"平民式"切入技巧，拥有了上至领导干部、下至普通百姓等一大批忠实听众。纵观 2017 年东莞市广播收听市场调研报告，其收听率和市场占有率一直稳居本地区同时段、同类型节目首位。

本次节选的半年各一期的节目中，《全城动员 抗御"苗柏"》专题播出时，正逢上班早高峰，让出门的人及时了解本年度首个登陆广东的台风的最新走向和动态，以及政府部门对此所做的一系列防御工作，既给广大群众吃了"定心丸"，又宣传了职能部门的有为形象，凸显了广播的时效和栏目的民生情怀。而《文明东莞 争创"四连冠"》专题的播出，提高了人们对"创文"工作的知晓度和认同感。同年 11 月，东莞顺利获得了全国文明城市"四连冠"的殊荣，也从一个侧面彰显了节目播出的社会效果。

（以上文字有删节）

【点评】

该栏目是东莞电台 1997 年推出的一档综合新闻类栏目，其收听率和市场占有率在 2017 年一直稳居本地区同时段、同类型的节目首位。

选送的两期节目紧扣本土热点，及时、准确、全面报道，采用节目连线、记者采访等方式表现新闻事件，角度多样，凸显了广播的时效和栏目的民生情怀。主持人节奏松紧适度，也较好地把握了节目的定位和基调，更增强了节目的传播效果。

　　该栏目不但在综合性专题报道中能够做到精心策划、组织得当，而且在突发事件中能够及时洞察，提前预判，是当前值得提倡的新闻栏目编排方向。该栏目能够充分发挥广播的传播特点和优势，有点有面，扎根本土，充分发挥了媒体的积极监督职能。同时也在报道角度、表现形式等方面做出了一定的新尝试。

（余　苗）

广播对象性节目

从绝望中找寻希望
——记肢残人士孙小军

广东广播电视台　王小敏　刘茵林　吕囡囡

2017 年 4 月 14 日，中国深圳创新创业大赛第一届国际赛总决赛在深圳龙岗举行。坐在参赛席上的孙小军显得有点与众不同。一条短装西裤下露出的是一条腿和一支假肢。要知道这支假肢不仅帮他支撑和移动身体，也是他在创业大赛上展示的设计成品。

【出录音】

孙小军：我们的项目名称是提高残疾人移动能力的智能假肢。（压混）

孙小军的故事要从他 9 岁那年开始说起。那时的他是贵州石阡县一名酷爱打篮球的小学生。每天放学后，他就跟小伙伴们在球场上撒欢。1995 年的一场球赛却让孙小军印象深刻。

这一场再普通不过的篮球赛，改变了孙小军的一生。比赛中，小军不慎扭伤踝关节。刚开始的时候，踝关节只是一点点地痛，但是，随着时间的推延，疼痛越发严重了。小军爸爸带着小军去求医。经医生的检查，小军竟然是骨癌，必须要截肢才能保命。

截肢以后，孙小军无法像同龄人一样在操场上奔跑嬉戏。以后的生活怎么办呢？小军爸妈只有让孩子把希望寄托在书本上。

中考时，小军又以优异的成绩考入了省级重点中学，离家开始了住校的生活。小军要面对的是学习压力和生活上的各种重新适应。

这时，小军爸爸每隔一段时间就到学校来送菜，还会跟儿子絮叨一至两个小时。

父亲的教导坚强了孙小军内心，也抚平了他的自卑感。在高考时，他如愿考入了华中科技大学的材料成型及控制工程专业。

2006 年，大学一年级学生孙小军在学校里听了一场俞敏洪的讲座。

面对着各种不确定因素，小军没有放弃心中的梦想。大四的时候，日本东北大学与华中科技大学有一个交换留学生的项目，孙小军因全面扎实的知识被选中并获得每月 8 万日元的奖学金。

2015 年，孙小军幸运地与日本东京大学 JSK 机器人实验室主任、世界著名机器人研究专家稻叶雅幸教授相识。孙小军带着《提高下肢残疾人移动能力——智能假肢》的课题，来到东京大学校园，成为稻叶雅幸教授的博士生，主攻机器人理念与假肢相融合的设计。

孙小军提出的智能假肢项目是全新的研究，完全没有任何文献可参考。刚刚进入实验室的时候，小军只拿到一个为期两年共 270 万日元的资助。功夫不负有心人，2016 年，孙小军制作出来的第一代智能假肢样品申请了日本专利，他与教授一起拿下了为期三年、每年 3 000 万日元的科研资金。

经过研发队伍的努力，孙小军设计的假肢不仅可以支撑身体，还可以通过加装智能感应器、控制器和电池、充电器等，能随着人体变化做出相应反应，让肢残人士在移动身体时获得动力。

每一个样机设计成形时，小军都带着假肢不断地进行行走测试。他说，他是假肢使用者，又是学工程学的，就想着利用这些优势，让中国人能用上最好的假肢。

不久前，孙小军及团队所设计的假肢样品在美国德州举办的"音乐电影 IT 创新创业大赛"（SXSW）上获奖。在微信朋友圈里，孙小军发布了领奖照片，并留言"这只是一个开始"。2017 年 4 月，他又在中国深圳创新创业大赛第一届国际赛的总决赛中获得了三等奖的好成绩。

孙小军计划在明年博士毕业后带着自己的设计成果回国创业。他已经有了更远的目标，那就是配上竞技假肢与跑友们一起训练、参赛，重点目标是参加 2020 年的东京残奥会。

【出录音】

人生座右铭就是：从绝望中寻找希望，人生终将辉煌！

采编过程

中国深圳创新创业大赛第一届国际赛总决赛在深圳龙岗举行。在这届大赛上，一位名叫孙小军的肢残参赛者引起记者的注意。他九岁被确诊为骨癌，不得不截肢保命。凭着他的毅力和勤奋，孙小军从一位调皮捣蛋的后进生变身为"学霸"，考入国内一流大学，并成为日本东京大学博士生，他所设计、制作的假肢更是获得多个大奖。记者被孙小军的经历打动，更为他的成绩感到骄傲。记者在对创业大赛进行采访的同时，也采访并写下了孙小军的故事。

社会效果

这是一个宣传社会正能量的节目，它让听众深深感受到什么叫"身残志坚"。节目一经播出，引起各方共鸣，赢得各界赞许。

（以上文字有删节）

【点评】

广东广播电视台《从绝望中找寻希望——记肢残人士孙小军》是一个对象非常明确的节目，讲残疾人的故事，讲给残疾人听。同时，节目通过讲述主人公孙小军如何从绝望中寻找希望的故事及其经历的种种困难，告诉听众，困难并不可怕，只要有勇气、有决心，就一定能够战胜困难，获得成功。为了形象地表达这一主题，节目用事实说话，用细节构筑故事情节，而且注重广播元素的巧妙运用，在关键处用简洁明了的情景演绎方式以及主人公的采访录音，对事实加以还原与呈现，强化信息的真实性和立体感。另外，节目注重包装设计，片头通过蒙太奇手法将录音采访中的精华在解说的引领与背景音乐的映衬下巧妙叠加，既美化了节目，又起到先声夺人之效果。因此，整个节目格调昂扬，积极向上，可谓内容精深、艺术精湛、制作精良，堪称精品佳作。

（申启武）

广播公众性节目

烈火与泥土的交响乐

佛山人民广播电台　陈家荣　麦倩茵　黄慧敏　林子皓

一、"灰烧"，以环保的名义

子皓：今年六月初，天气已经很热，在中国陶艺大师潘汾淋工作室，潘汾淋正与助手一起进行"灰烧"的第三次试验。所谓"灰烧"，就是在烧制前，在陶瓷上，人工地喷洒一些柴灰、盐水、星珠、氧化铁等，然后用电窑烧制，以达到柴烧效果。

慧敏：人称"蚁王"的潘汾淋，擅长制作蚂蚁、蟋蟀等小昆虫陶塑。他说，如果用柴烧，这些小昆虫陶塑要么被烧烂、要么火候不够，所以一向用电窑烧。但顾客又喜欢柴烧效果，为满足市场需求，他潜心研究，终于创出"灰烧"技法。

石湾龙窑技艺传承人蒙文德认为，潘汾淋的"灰烧"运用了现代科学知识，在明白了柴烧效果的原理后，用电窑人为地做出柴烧的效果，值得借鉴。

二、柴烧，千年的着迷

子皓：有人说，柴烧陶瓷是一部烈火与泥土的交响乐，泥土在烈火中产生了鬼斧神工的变化，不可预测。炉温完全凭经验控制，容易受天气影响，成品率低，上乘的作品弥足珍贵，所谓"一窑一宝"。

慧敏：每烧一窑就要烧掉几吨以上的柴火，大量消耗能源，加上产生大量黑烟，严重污染环境。所以，从 20 世纪 80 年代开始，柴窑逐渐被电窑、气窑取代，烧制陶瓷变得环保了，成品率也大大提高。

三、柴烧破茧，路在何方？

慧敏：中国陶艺大师苏锦伦说，在柴窑里，上、中、下层的温度不均匀，造成陶瓷釉色过火或不够，这是艺术家追求的效果。现代窑炉温度均匀，烧不出这种效果。他多次尝试在陶瓷烧制前涂抹釉料，但始终烧不出理想的柴烧效果。

【录音】

苏锦伦："我现在经常烧一些接近柴烧痕迹的作品，只是接近，但没有柴烧的味道这么浓，根本没有。用釉色去做，比如用石墨、星珠之类的化妆土去上色，稀释后用喷、烫或者用笔涂的方法。"

慧敏：佛山非文化遗产保护中心副主任关宏表示，龙窑营造与烧制技艺是省非遗项目，南风古灶对柴烧技艺的贡献非常大，但基于环保考虑，目前限制每个月烧窑两次。柴烧产生的天然效果确实很美，但与环保相矛盾。如果能够用科学手段达到柴烧效果，就能够在环保的基础上传承"非遗"了。

慧敏：石湾河宕贝丘出土文物告诉我们，石湾陶瓷已经有五千年历史，它是古老的文化和艺术，是祖先留给我们的遗产，也是我们佛山人的骄傲，我们应该薪火相传、发扬光大。

子皓：不过，任何艺术的追求，都不能成为破坏环境的借口。我们追求陶瓷艺术，更追求青山绿水、风清日丽。无论文化艺术还是经济建设的发展，都不能以破坏环境为代价。

子皓：我们也相信，陶瓷——这一部演奏了五千年的烈火与泥土的交响乐，在今天、在将来，能够弹奏出更辉煌的旋律，让世界聆听我们的声音！

采编过程

柴烧陶瓷（龙窑炼制技术）是佛山的省级非遗项目，但由于环保问题，近年绝大部分龙窑都被禁止生产，但仍然有部分人躲进深山老林坚持艺术追求。最近，佛山一位国家级陶瓷大师发明"灰烧"（陶器烧制前人工洒落柴灰，以电窑烧制），以环保手段取代柴烧而同时获得柴烧的效果。佛山人民广播电台记者经过深入采访，报道探索过程，并以此为线索，深入了解龙窑的历史以及陶艺人的故事，制作出公众性节目《烈火与泥土的交响乐》。

社会效果

本节目在采写过程中，得到佛山非物质文化遗产保护办公室、石湾陶都工艺美术馆、石湾新美陶公司、中国陶艺大师潘汾淋工作室及柴烧研究委员会，以及佛山多位"非遗"专家、陶艺大师、龙窑专家的大力支持。节目播出后，上述单位和专家对节目表示肯定，并索取录音，在佛山多个有关陶瓷艺术的论坛上播放或作为资料派发给与会者。

（以上文字有删节）

【点评】

该作品向不同层次的受众讲述了"柴烧"这项陶瓷制作技艺的来由、与环境保护的关系以及当代陶瓷制作行家苦苦追求技艺的故事，由此成功呈现了"柴烧"这项"非遗"技艺留存的意义及保存现状。作品还巧妙地采用广播小品《柴烧龙窑》以及歌曲《石湾公仔》和《石湾公仔谣》等特别的音乐元素，将日常难以用声音表现的"烈火与泥土"的制作技艺予以立体化表现。作品的环保与传承创新的主题立意高，内容制作精巧，好听易懂，具有听觉冲击力。

（余素琳）

广播知识性节目

人工智能时代，机器读懂人心

广州广播电视台　张　婧　梁俊飞

女：在信息时代刚刚来临的时候，有一则漫画里的语言曾被广为流传："在互联网上，没人知道你是一条狗！"而当人工智能时代来临的今天，这句话可能要改为："在互联网上，没人知道你是一个机器人！"

为什么？因为人工智能正处于大规模爆发的前夜。未来的十年，机器人将越来越像人，我们的生活也因此会发生翻天覆地的变化。

男：事实上，自从1956年美国达特茅斯会议提出人工智能这个概念，我们已经等待了足足60年了。在这些年里，人工智能经历了三次寒冬。

第一次浪潮的高峰是在1970年，当时由于机器能够证明大部分的数学原理，科学家曾乐观地认为第一代的人工智能机器可以在五到十年内达到人类的智慧水平。但是由于当时算法的局限性，包括第一代神经网络设计架构上的一些问题，大家的希望破灭了，1980年迎来了人工智能的第一次冬天。

随后，随着递归网络算法的出现，人工智能第二次浪潮到来，有科学家甚至雄心勃勃地提出了第五代计算机的概念。可惜，还是由于算法本身以及计算收敛性的问题，研究受阻，导致了2000年第二次人工智能冬天的到来。

第三次人工智能的产业发展，缘于2006年前后深度学习算法的提出。从2011年开始，多个创新公司和研究院把这些算法在各个应用领域进行突破和应用延伸，终于开始在语音合成、语音识别、图像识别等越来越多的领域取得了突破。今天，我们正处于人工智能大规模爆发的前夜。

今年7月8日，我国国务院印发《新一代人工智能发展规划》，提出了六个方面的重点任务和一系列保障措施，要求到2030年中国人工智能产业竞争力达到国际领先水平，人工智能核心产业规模超过1万亿元，带动相关产业规模超过10万亿元。

男：在企业层面，以科大讯飞为代表的中国自主创新企业已经找到人工智能发展的必由之路——以语音为入口介入认知智能。未来中国在人工智能行业和人工智能产业上必将大有可为。有人会说，人工智能中国不行，欧美和日本才是最先进的。那么接下来这条新闻，就要打他们的脸了。近日，中国人工智能系统在国际擂台上打败了微软、谷歌，取得了第一名的好成绩。

女：在一场由斯坦福大学发起的 SQuAD 挑战赛中，科大讯飞与哈工大联合实验室（HFL）提交的系统模型夺得第一，打败了包括微软亚洲研究院、艾伦研究院、IBM、Facebook、谷歌以及卡内基·梅隆大学、斯坦福大学在内的全球学术界和产业界的研究团队。这也是中国本土研究机构首次取得该赛事的第一名。那么，什么是 SQuAD 挑战赛呢？

男：SQuAD 挑战赛是行业内公认的机器阅读理解标准水平测试，也是该领域的顶级赛事。我们一起来听一下科大讯飞 AI 研究院副院长、哈工大讯飞联合实验室副主任王士进的介绍。

【录音】

王士进：SQuAD 其实是字母的缩写，就是斯坦福问答 Dataset 数据集。这个数据集是斯坦福在 2016 年推出来的，之前很多公司包括微软、Facebook 都推出了这种数据集。这种数据集叫作"阅读理解"，它就是给定一个篇章，然后围绕这个篇章去问一些问题，这是精准问答所需要的一个非常重要的技术。我们认为这里面有两个点：第一点，这里面的问题相比之前的数据集来说，都是真实的问题，它通过众包数据去真实使用，因为以前有些人是通过算法自动生成一些问题，自动生成的问题，通过神经网络可以很容易把它给模拟出来，就像以前的数据集，我们一下子就可以将准确率做到 90% 多；第二点，它通过众包数据把这个问题的数量做了很多，现在很多深入学习，需要人工智能去大量学习，所以它比其他数据集可以多实现几十倍量的数据，是业内非常认可的一些数据。

女：大家也许觉得奇怪，究竟机器人是如何阅读理解呢？它是模拟人类呢，还是有自己完全不一样的系统？这种阅读理解会否出现偏差呢？继续听听科大讯飞 AI 研究院副院长王士进的介绍。

【录音】

王士进：人类做阅读理解，其实就是阅读完一段文本后，形成自己的知识和记忆，这种知识和记忆会存在脑的组织里面，然后根据需要去读取。这一点的总原则就是机器跟我们人类做的基本相似，但是会有一些不太一样的地方，比如机器要学习的话，它需要通过大量相似语量的学习，使得它具备某一方面的能力，其实是机器在某一行业或者某一方面比较专的一种功能。我们人类有很多事情可以通过一种小样本的学习，通过更多事情的联想和发现去实现更多的功能，这一点机器目前还没能达到。机器做阅读理解的话，其实是通过语言处理，通过篇章中人、事、物之间的关系识别和关联，从而形成基于概率的知识网络；通过这些基于概率的知识网络把这些文本进行聚合，形成这样一个大网络之后进行推理。一旦利用基于概率的知识网络去推理就一定会有成功率和失败率，所以它跟我们人做推理是不太一样的。

男：自 2014 年以来，科大讯飞就提出了"讯飞超脑"计划，其中的目标之一就是要让机器人考上重点大学。除了中国，美国华盛顿大学的图灵中心也定下类似的目标，就是未来让计算机考上美国的大学，而日本制定了雄心勃勃的计划，在 2021 年要让机器人考上日本东京大学。

女：如果说第一次工业革命利用电力解放了人类的生活，人工智能就是下一次工业革命的工具。自 2016 年开始，人工智能从实验室专业圈走出来，变成了一个大众的话题，推动了互联网形态的新变化，而这些变化也即将渗入人类生活的方方面面。未来智能生活离不开人工智能。

（以上文字有删节）

采编过程

2017 年 7 月 8 日，国务院发布《新一代人工智能发展规划》，标志着我国已经将人工智能上调为国家战略。

最近，一场机器阅读理解考试的最新成绩新鲜出炉——由斯坦福大学发起的 SQuAD（Stanford Question Answering Dataset）挑战赛榜单更新成绩，科大讯飞与哈工大联合实验室（HFL）提交的系统模型夺得第一名，这也是中国本土研究机构首次取得该赛事的榜首。人工智能的脚步越走越快，与我们未来的生活息息相关，但是很多人对人工智能的认识还只停留在事件话题上，并不能够准确地知道人工智能的原理、世界水平及我国人工智能技术所处的阶段、未来人工智能可以怎样改变人类的生活等。

基于以上背景，记者联系科大讯飞华南有限公司，以科大讯飞获得 SQuAD 挑战赛冠军为由头，围绕人工智能技术开展话题探讨，让更多的受众能够准确、科学地认识人工智能技术，以及这一技术带给未来人类生活带来的重大变革。

社会效果

该节目抓住了当下社会发展的新趋势，及时地为公众普及了人工智能技术。为配合国务院发布《新一代人工智能发展规划》，推动各行各业主动积极地融合人工智能技术起到积极作用。让公众正确地认识人工智能技术，还对今后人工智能发展下的大众就业方向进行了前瞻性的指引。节目播出后收到不少听众的好评，有听众表示，节目让他真正了解了人工智能技术，对孩子未来考学校、选专业提供了参考；也有听众表示，认识到人工智能技术发展的未来，才清醒地知道自己要成为什么样的"劳动力"，才能避免被人工智能淘汰。

【点评】

一个好的广播知识性节目离不开三个要素：一是知识性，要向听众传播知识；二是时代感，传播的知识应当是当前最为热门的；三是通俗化，要充分发挥广播特色，运用各种手法，尽可能让听众听明白。《人工智能时代，机器读懂人心》介绍的是人工智能技术，知识性强。人工智能是我们所处的新时代正在发展的新技术。在国务院刚刚发布《新一代人工智能发展规划》一个月后，该节目就迅速制作播出，时代感强。以科大讯飞获得一项由斯坦福大学发起的挑战赛冠军为由头，围绕人工智能技术话题，用人们非常熟悉的经典电影情节再现手法，拉进听众与人工智能科技的距离，激发听众的想象，再通过权威专家的解释，使人工智能这样的高科技变得好理解，做到通俗化。三要素皆备，该节目被看好自然是意料之中的事。

（范干良）

广播公益广告节目

"一带一路"征程篇

广东广播电视台　吕　琳　谢倍伟　刘远飞　吕囡囡

【音效场景】飞沙走石；寒风呼啸；驼铃、驼队；艰难行走的脚步声

【女声】公元前 138 年，张骞出使西域，"凿空之旅"开辟了陆上丝绸之路。

【音乐】唢呐；异域曲调

【音效场景】惊涛骇浪；狂风暴雨；搏击风浪的呼喊声

【女声】公元 1405—1433 年，郑和七次下西洋，成就海上丝绸之路的壮举。

【音效场景】高铁；飞机；车水马龙；时光来到 21 世纪

【音乐】抒情音乐

【男声】2017 年 5 月 14 日，雁栖湖畔，中国又一次凝聚世界的目光。

【习总书记原声】"我们要把'一带一路'建设成为和平之路、繁荣之路、开放之路、创新之路、文明之路！"

【男声】和平、发展、合作、共赢——一带一路，开启新征程！

采编过程

"一带一路"是国家级顶层倡议。2017 年初夏，"一带一路"国际合作高峰论坛在北京雁栖湖畔开幕，举世瞩目。

创作者以新闻人强烈的责任感与敏锐的触觉抓住此重大主题，并力求调动在新闻和文艺两方面多年的扎实积累，以声音艺术的形式表现这一重大主题。

创作者反复自学习近平总书记关于"一带一路"的数次重要讲话，琢磨、"吃透"宣传精神，提纲挈领，把握要点，这体现在一分钟之内做到"四两拨千斤"的效果。这还需要调动历史知识积累，从历史故事中汲取营养，激发创作灵感，反复推敲，选取最恰当的切入点。

重大的政治主题还要有好听、耐听的艺术呈现手段，才能发挥出公益宣传的作用。创作者在制作演播上也是下足功夫，挑选、调集全台精英参加创作。主创们还精心制作每一个音效、音响，比如，作品中驼铃的声音是用小麦克风插头放置在玻璃杯内轻轻摇动制作出来的，经过多次试验才打造出有质感的声音。

社会效果

该作品在新闻广播、南方生活广播等多个频率滚动播出，有些频率编排播出一个多月。有听众评价："震撼！长知识又增干劲！这样的公益广告大气，像电影一样，太好听了，我们爱听！"

【点评】

此作品政治站位高，策划能力强，制作手法高，艺术水平高！2017 年初夏，"一带一路"国际合作高峰论坛在北京雁栖湖畔开幕，举世瞩目。作者以敏锐眼光捕捉到这一舆论热点，着眼于此重大主题，着手于细微的历史场景，生动地展开一幅幅气势恢宏的声音画面。丰富细腻的音响重塑了陆路、海上丝绸之路上重大历史征程的生动场景。旋即，画面定格在 21 世纪的今天，北京雁栖湖畔的"一带一路"国际合作高峰论坛开幕，世界的目光再次聚焦中国。结尾处，习总书记掷地有声的讲话，擘画出"一带一路"新征程的伟大蓝图。该作品有三个特点：一是主题重大，紧扣"一带一路"倡议，述说人类共同命运体的伟大设想，给人奋进向上的力量。二是策划到位，以"时光"为轴，以"征途"为主线，用历史和未来的眼光诠释"一带一路"宏伟蓝图。三是制作精良，充分发挥了音乐的作用，同时十分重视合成技术的运用。

（赵随意）

广播少儿节目

我们发明的 "好帮手"

中山广播电视台　赖敏辉　蔡文颐

小记者刘乐宇：大家好，我是特派小记者刘乐宇，今年 12 岁。我觉得这个智能炒菜学习系统应该有一个显示屏，有一个悬臂，那个显示屏显示怎么做，悬臂可以演示动作。我想象这个 "裱花机器人"，它应该是一个大罐子，下面装着很多轮子，可以跑，然后那个罐子可以把它（奶油）挤出来。

小记者区宝丹：大家好，我是特派小记者区宝丹，今年 10 岁了。我想象了一下这个智能炒菜学习机器人，它呢，肯定是有一个头，有一个眼睛，有个五官嘛，它会说话，肚子上有个屏幕，它会问你要吃什么菜，分量多少，要什么口味的，你只要输入，它就会给你做出来。裱花艺术伙伴机器人可能下面有一个管子，很多个孔，每个孔的花边都是不一样的。它里面装有很多材料，输入你想要什么样的花边，裱多长，有多厚，按个按钮它就可以帮你把花边裱上去啦。

小发明家梁梓洋：我们发明的这台机器名叫 "智能炒菜学习系统"。

小发明家潘志文：最主要的材料是积木，还有主机、EV3 的套件，以及一些连接线。这些是要用来控制闸门和下料的东西。

小发明家梁梓洋：这是我们的加料口，里面有三个马达，连着三个瓶子。第一个瓶子是用来装花生的，第二个瓶子是用来装椒盐的，第三个瓶子暂时还没有用到。想要这个部分工作起来，还得靠主机发送命令到马达，马达就带动罐子倒下去，实现自动下料的功能。在这台机器的后边有一个扩音器，是用来扩大主机声音的。旁边这个小家伙是触动传感器，按到一定时长即可到下一个步骤。现在系统正在倒入花生米。我们的小厨师潘志文正在翻炒花生米，请问有谁闻到花生米的香味呢？

小发明家梁梓洋：这个过程只要三分多钟，它都是用一个程序设定的。

小记者区宝丹：你们是怎么想到做这个机器人的？

小发明家梁梓洋：我们各有各的灵感。比如说我的灵感就是有一次过年的时候嘛，我想给家人做一顿年夜饭，可是我并不会做饭，于是我想能不能发明一台机器来教想学会炒菜的人炒菜呢？

小发明家梁梓洋：我们的确遇到了一些小难题。比如说这个盖子非常难装，有时候这边的油管还会脱落。

小记者刘乐宇：那你们是怎么解决这些问题的呢？

小发明家梁梓洋：我们就用盖子加固了一下，那边油管用透明胶粘上就没事了。实际上我们还遇到了一个问题，以前我们装花生的杯子是个玻璃杯，实在是太重了，一倒下去基本抬不上来，所以我们现在为了减轻重量，换成了塑料杯。

小记者刘乐宇：你们觉得这个智能炒菜学习系统有什么地方可以改进？

小发明家潘志文：比如能不能造一个能吸油烟那些（装置）。

小主持陈臻：听着同学们的描述，我也仿佛闻到了这个神奇的智能炒菜学习系统机器人炒出来的香喷喷的花生的味道呢！

陈晓艺老师：我觉得最重要的是他们在整个过程当中能学到有用的知识，可以激发他们对机器人的兴趣。能力的话，最主要的是他们的思维，思维的一个锻炼，还有他们的动手操作能力，以及最主要的是团队精神。

棉花姐姐：不管是石岐中心小学发明的机器人智能炒菜学习系统，还是市实验小学发明的裱花艺术伙伴机器人，小小发明家们都是过五关斩六将，以优异的成绩从市级赛冲进省级赛，一步一个脚印，再以省赛亚军的成绩进入国赛。

小记者区宝丹：现在来到了裱花艺术伙伴的演示现场。

小发明家朱天立：我们发明的机器人是"裱花艺术伙伴"。

小发明家谭皓仁：首先我们把饼干放在托盘上面，点击程序，它就会往下复位，往下的作用就是让它调好位置，让裱花裱得更好。它现在是往上，反复调整位置。现在选择要裱的图案，选择星星图案。现在只有三个图案。现在它正在旋转，这里拉动，就可以做出星星的一条边。通过这个臂拉动整个托盘就可以让这个托盘旋转，通过旋转就可以裱出花来，旋转的同时这个马达也在转，来带动这个轮子往下压沙拉酱，把沙拉酱挤在饼干上。整个过程大概需要两三分钟，现在我们在等待成品的诞生。

小记者区宝丹：我看到这个裱得特别漂亮，在这些展示当中算比较突出的吧。我还看到它旁边做了很多图案，比如说雪花、星星之类的，很吸引人。

小记者刘乐宇：那你们是怎么想到要做这个裱花艺术伙伴的呢？

小发明家梁力天：有一次我去蛋糕店里订蛋糕，当时我就发现蛋糕店里的裱花十分漂亮，我就想做一个机器人来做出这种裱花，于是我做了这个机器人。一方面是代替别人做这个裱花，一方面是可以教别人怎么做出更好的裱花。

小发明家谭皓仁：我想改进的就是让这个机器人装上一个语音系统，让它给我们制作的图案进行分析、评价，让我们更快地学会裱花。

小发明家梁力天：我就想在这个机器上再多加一个机械手，可以帮我们放入饼干和取出饼干，达到全自动化的效果。

采编过程

第十七届中国青少年机器人竞赛于 2017 年 7 月 17 日至 22 日在中山市举行。本次竞赛由中国科学技术协会主办,中山市科学技术协会等单位协办。本届大赛有来自全国各省、自治区、直辖市、新疆生产建设兵团及港澳等 33 个地区的五百支代表队参赛。中山派出了八支队伍参赛。其中,石岐中心小学和中山市实验小学参与了五大项目中的"机器人创意比赛"项目。作者带领两位小记者深入赛事现场进行采访,让参赛队伍成员一边演示、一边讲解有关机器人的制作等问题,并对指导老师进行采访。最后,进行文稿撰写、主持部分录制、采访声音剪辑、合成制作,把最精彩的声音在节目中播出。

社会效果

中国青少年机器人竞赛是一个全国性的赛事,中山市是全国第二个、全省首个承办该项赛事的地级城市。这届赛事落地中山市,势必加速推动中山市青少年的科技教育,有利于培养学生的创新意识、动手能力和团队精神。本期节目选择了中山市八支参赛队伍中的两支进行跟踪采访,并以我们发明的"好帮手"为探索主线,带着小记者逐一提出的问题去揭开科技小发明的神秘面纱,再通过广播的制作手法,突出现场声响,让受众如同身临其境,仿佛自己去到现场目睹了这些小发明。广播节目的再传播,能激发更多听众对科技创新发明的兴趣,在他们心中种下科技创新的种子。

(以上文字有删节)

【点评】

作品围绕青少年机器人大赛过程中孩子们的各种新奇发明展开,由小记者访问小发明家,是一件具有很强感染力的趣事。

①题材好。创新是当今发展核心,而创新的关键在人,所谓"少年智则国智,少年强则国强"。在这个作品中,小发明家睿智醒目地运用学到的知识研发机器人,解决各种生活难题。小记者善于沟通,善于追问,他们作为新时代少年儿童的群像,让人对中国的未来充满信心。

②制作好。节目紧紧扣住"我们""发明""好帮手"几个关键词。仅用语言描述机器人的各种形状、功能,并不是一件容易的事,但这件作品做到了活灵活现,仿佛让人身临其境,充分体现了广播少儿节目"编导为主导,少儿为主体"的教化作用。值得一提的是,作品中音乐的运用起到了锦上添花的作用。

(梁 婷)

广播社教栏目

畅听早高峰

惠州广播电视台　朱雪涌　徐　晔　娄　磊　李卓然

下半年节目选编——《我与惠州的奋斗史》：

晔：早上的 8 点 09 分，这里是惠州交通广播。

磊：从上周开始，我们联合惠州荣灿中心在早高峰节目当中开启了一个特别板块——"我与惠州的奋斗史"。

晔：是的，"我与惠州的奋斗史"持续时间将有一个多月。在十九大胜利召开之后，在即将迎来的改革开放 40 周年、惠州建市 30 周年等这样一些重大的时间节点到来之际，我们在惠州生活的每一个人一起来聊聊，这些年我们和城市的奋斗史！

晔：对，我们的话题，从"我在惠州的第一份工作""我在惠州的第一次跳槽""我在惠州最喜欢的交通工具""我的第一任老板""惠州最堵的道路"，到我们今天的话题"你眼中惠州近年最大的变化"，已经是第八期！每一期都收到大家热情的互动和留言。

听众"我与惠州奋斗史"电话采访录音：

听众一：2004 年我来到惠州，那时还在修三环路，之后三环路一通，麦地、河南岸、文头岭，眼看着就发展起来了，随着金山大桥的建成，惠州越来越像个大城市，越来越繁华。惠州最让我眷恋的是它的空气和生活环境，我爱惠州，我愿与惠州同发展！

听众二：我从 2001 年来惠州，刚来的时候，江北还是杂草丛生，海伦堡才刚开始盖。十几年后，现在高楼大厦林立，公交、地铁、火车站、汽车站都很方便出行，惠州建设很快，而且不管怎么建设，绿化都很好，在各个地方，公园、小区很多，发展也很快！

宏德装饰江国辉：我自 1992 年来到惠州，可以说是跟惠州一起经历风雨，一起成长。那时的惠州可以概括为"晴天灰尘遮天蔽日，雨天泥泞裹脚，白天奔波劳碌，晚上与蚊为亲"。河南岸惠淡路一路泥泞，麦地一片鱼塘芦苇地。曾记得有这么一台湾客商如此描绘惠州的道路："你坐车从深圳或东莞来惠州，不用看路牌，车子走着走着，哐啷哐当突然颠簸摇晃就知道进入惠州了。"惠州应该是在 2005 年左右开始进入大发展时代，从麦地到江北新区，南部新城拔地而起，城市不断发展壮大。高速路网、高铁、城轨等给市民提供便利的同时，也为经济带来高速发展。几块"国字金牌"（文明城市、旅游城市、环保模范城市等）彰显出的内涵就是最大的变化！我与惠州齐奋斗，我与惠州齐成长！连我的车牌都是 HZ520！

听众留言：

Baby（宝贝）：看城市变迁，看人事浮华，见证家乡惠州的变化，沧桑岁月不只是你我的记忆，更是前进的方向。高楼大厦拔地而起，城市改建发展迅速，昔日熟悉的街道小巷被高楼林立的小区取代，显得时尚有气派。繁华的数码街，谁曾知道它的前身是一条污水沟？科技数码园的建立，谁又知道提高了多少就业率？是的，惠州在不断变化，不断前进。体育馆和多个大型公园的建立更好地体现了惠民之州的理念。机场的重新启动和东莞城市轻轨的接通更是交通网的与时俱进。一个城市新的发展会更好，但旧的也不会消亡，它只是埋藏在我们的内心深处，发芽、开花，随着记忆一起成长！我是惠州人，因这个文明城市而自豪。

磊：从小在惠州长大的人，对于惠州的变化应该是最有感触的，对于在惠州生活的这些年，他们也有自己想说的。

听众语音 1：讲述在惠州长大，以及从西藏退伍回到惠州的生活。

晔：还有一群从外地过来的新惠州人，在惠州这个他们的第二故乡，找过工作、跳过槽、找到自己在惠州安身立命的理由。

听众语音 2：手机店管理员讲述跳槽经历，表示扎根惠州，热爱惠州。

磊：大家好，我是娄磊。其实，我们都知道今年是香港回归 20 周年，马上也快到惠州建市 30 周年，这样一个特殊的节点，我们特别有必要说一说，这些年香港和惠州的交通变化，我们也采访到了香港的朋友。

音频 5：（香港人杨顺景采访）以前去惠州不是那么方便，但是最近这些年方便很多，大巴从深圳过来惠州，75 分钟就有一班车。

音频 6：香港与惠州道路发展变迁小专题。

道路交通的演变，往往见证着城市的发展。而在惠州和香港之间的道路建设和变化，也反映着两地的变迁和发展，见证着社会的融合和进步。

香港人何禹霏，因为家庭原因，很小的时候就随父母来往于惠州、香港。在她的记忆中，在 20 世纪 80 年代通往惠州的道路总是伴随着无尽的颠簸。

惠州人邱程密这几年在一家外资公司当过司机，经常要开车来往于香港和惠州。他说，自己每次开车从香港经深圳湾过关时，都会习惯性地掏出手机查看电子路况，以选择一条不塞车的路线回惠州。

城际轨道交通，又一个诱人的城市命题。当城市间的道路交通资源越来越有限时，高铁公交化成为铁路发展的趋势，它拉近各城市之间的时空距离，城市与城市间就像公交站点与站点间，旅客出行就像坐公交车一样简单，基本不受路况和天气因素影响，在一定程度上有效改变了繁忙地段的交通状况。

晔：今天的话题聊到这儿，内心有着一种幸福感、满足感油然而生。到了年终岁末的时候，我们梳理总结了一番，让我们最踏实安心的，可能并不是这一年挣到了多少钱、创造了多少业绩，而是我们奋斗着、努力着，为自己为家人也为这座城市在创造着价值！

附：

FM 988 自办节目收听率调查表（2017 年）

节目名称	时间	收听率（%）	市场占有率（%）	平均收听率（%）	评估指数（%）	评估排名
《畅听早高峰》	一月	7.07	30.00	2.63	83.10	1
	二月	7.11	32.30	2.85	84.30	1
	三月	6.56	30.10	2.66	83.11	2
	四月	7.31	30.60	2.93	87.43	1
	五月	7.42	27.80	2.93	87.92	3
	六月	7.72	25.70	2.63	90.02	2
	七月	7.29	23.70	2.32	87.89	1
	八月	8.09	34.00	3.43	87.91	1
	九月	9.30	35.40	4.15	92.05	1
	十月	8.01	35.10	3.73	90.73	1
	十一	7.51	29.60	3.59	90.59	1
	十二月	7.10	26.00	3.18	89.17	2
	半年平均	7.19	29.41	2.77	85.98	1
	全年平均	7.54	30.02	30.85	87.85	1

FM988 自办节目收听率调查表（2016 年）

节目名称	时间	收听率（%）	市场占有率（%）	平均收听率（%）	评估指数（%）	评估排名
《一路阳光》（《畅听早高峰》栏目改版前）	一月	6.35	32.30	3.09	91.30	1
	二月	6.54	31.80	3.13	87.40	1
	三月	6.81	32.80	3.28	92.50	2
	四月	6.95	33.40	3.31	91.70	1
	五月	6.91	32.60	3.29	91.60	1
《畅听早高峰》	六月	8.17	27.10	2.21	78.90	1
	七月	7.55	34.00	3.25	90.00	1
	八月	7.14	31.80	2.97	90.30	3
	九月	7.01	29.90	2.77	90.60	1
	十月	7.04	30.80	2.78	90.00	2
	十一	6.90	30.80	2.83	90.20	2
	十二月	7.18	33.00	2.95	90.70	1
	上半年平均	6.85	32.05	3.12	89.34	1
	下半年平均	7.13	31.71	2.92	90.30	1

采编过程

《畅听早高峰》栏目，从 2007 年惠州经济环保广播开播至今，作为惠州上空的一档收听强档，在惠州地区的所有广播节目的评估指数和收听表现中多年保持着数一数二的位置。从节目改版前身《一路阳光》到如今的《畅听早高峰》，节目始终以男女双播形式呈现，从当中加入"快刷头条"的编辑讲述到设计增加"你好槽妹妹"吐槽环节到路况主播的实时连线穿插，节目始终贴合广播受众的收听需求。

该栏目关注本地民生大事，关注国家新闻，从不缺席。在惠州建市 30 周年、改革开放 40 周年到来之际，联合商家策划大型话题互动板块"我与惠州的奋斗史"，引起广泛关注与讨论。在下半年代表作品《我与惠州的奋斗史》的节目中，更多借用新媒体手段，通过官方微博、微信公众号提前预热话题，以参与评论赢金币等形式吸引受众。该节目通过大量的转发，激起人们对"我与惠州的奋斗史"主题的广泛讨论，再通过电话连线、街访录音的方法，深入群众，传播社会主义正能量和核心价值观。

社会效果

作为早间收听高峰时段的栏目，《畅听早高峰》深知责任之重大，任何一期节目都以年度创优节目和一个合格的广播社教栏目的要求来规范自己，始终将听众的需求放在首位，用积极阳光、鲜活生动的主持风格节目贯穿始终，在收获收听率的同时，也得到了广大听众的支持与喜爱，成为早间上班族的出行首选栏目。每期节目的互动量在全天节目互动量的占比，均排在频率前列，赛立信2017年的收听报告中表示："在听众倾向性方面，该栏目在4 000~4 999元和15 000元及以上月收入水平听众群、工程技术类专业人员、公司职员和社科文教卫专业人员等听众群中的收听倾向性较高，对这些听众群体的影响力较大。"

作为一个广播栏目，能真正持续吸引受众的东西当是其呈现出来的灵魂和性格，而《畅听早高峰》栏目的灵魂及本质，则是始终积极向上，始终传递快乐和真知，始终传播爱与正能量。

（以上文字有删节）

【点评】

作为开办超过十年的栏目，该栏目目标受众明确，播报风格清爽，节奏轻快明朗，内容贴合早高峰出行人群的需求；板块设计能做到与时俱进，与受众的互动平台和方式不断更新，传统的来电接听与新媒体的语音留言，样样齐全。难能可贵的是，该栏目始终将目标受众的服务需求摆在首位的同时，宣传任务和传播正能量的意识都没有缺位。它还获得了市场认可，是同时段商业广告投放的黄金地段，统计显示的收听调查数据一直稳稳占据当地收听榜前列。这让人看到在传统广播的持续发展中受众与商业市场同时兼顾的可能性。

（余素琳）

广播新形态节目

广播口述史——《120 分钟，我亲历的生死之间》

珠海广播电视台　集体创作

8 月 23 日，强台风"天鸽"正面袭击珠海。这是 2017 年登陆中国的最强台风，也是半个多世纪以来登陆广东的最强台风。

（8 月 23 日下午 1：50，珠海某海边小区，车库被淹，有人被困）

王："救命啊！""救命啊！"……我开始扯着嗓子喊，但是喊了没多久嗓子就干了，整个车库一片漆黑，除了黑暗还是黑暗。手机又没带，我很绝望！

呼救的是珠海百森花园业主王女士。她去地下车库挪车。台风"天鸽"来袭，海水倒灌，瞬间淹没车库，王女士被困。

钟：小区有三个保安，加上张特还有我，我们就下去四处张罗，到处找人。我们看到地下（车库）的水都没过顶了。有两个懂水性的直接就脱了外衣、外套，穿着个裤衩就往里边游了。我就穿个短裤、拖鞋，就这样下去了。

不会游泳的钟耀文负责在车库出口做接应工作，他和王女士住在同一个小区。车库里，已经和家人失去联系三个多小时的王女士生死不明。车库外，王女士七旬老父号啕大哭。

现场目击者杨益红：救援人员游进车库，多次呼喊无人回应。王女士究竟被困在哪个地方？生命状况怎么样？参与救援的 5 个人没有任何救援设备，也没有一个有专业救援经验的。怎么办？……

（8 月 23 日早上 7：00）

八月二十三号，星期三，天阴。

李：这场台风"天鸽"比我所见过的所有台风都要猛。十点左右，我们在珠海大桥完成直播任务后，接到报社撤回安全地方暂避的指令。行经中信红树湾小区时，距离我们采访车前方十多米处，我眼睁睁地看着一辆小货车瞬间被台风掀翻倒地。

【出录音】

唐：（来）珠海三十一年了！我第一次看到这么大的台风。真的！（这次台风）对珠海来说是摧毁性的！今天早上，我在市里兜了一圈儿，忍不住就哭了，我最喜欢的城市变成这么狼藉！

台风所到之处，树倒了、路堵了、电停了、水没了，连电话也打不通了。

这场台风来势之猛让所有人都始料不及。王女士和家人失去联系已经三个多小时了。

（8月23日中午12：30）

珠海有一条路很有名，大家都知道，叫情侣路。和王女士住同一小区的业主钟耀文、杨益红说，他们住的百森花园小区就紧挨着情侣路。台风造成海水倒灌、车库被淹。

王：我是台风"天鸽"中的被救者。当天中午十二点半左右，邻居就在楼道上喊："地库进水了，快去开车！"我想都没想，直接把女儿托付给了阿姨，拿了车钥匙、穿了鞋就往楼下跑，连手机都忘记拿。

这个小区离我工作的珠海电台只有五分钟车程。那天，我在电台直播《台风特别节目》。我不知道的是，离我不远的地方正在上演一场生死救援。

（8月23日下午4：05）

此时，车库外的钟耀文和其他业主自发分工，开始救援。

【出录音】

钟：有两个懂水性的直接就脱了外衣、外套，穿着裤衩就往里面游了。张特游进去说，里面很恐怖的。黑咕隆咚，视线也不好。因为我们也没有氧气筒，没有那些施救的设备。

救人刻不容缓，水性较好的张特、小区保安胡平良、谢春生三个人借着微弱的手电筒的光线，冒着生命危险向车库更深处游去。

杨：我先生还有两个保安就冲下去了。当时车库里没有电，海水倒灌以后水也比较冷，车库里的车都浮起来了。

半个小时过去了，没找到人。车库里的三个人和车库外面接应的两个人，他们的心都揪了起来。

（8月23日下午4：55）

【出录音】

杨：其他四个地方的门都打不开，只有一个门可以打开。他们就在那里拼命地喊："有没有人？有没有人？"

钟：在很远的地方有个声音回过来，很弱的一个声音。

王：一阵沉重的门响后，车库入门的地方重新有了亮光。我知道，我有救了！

现场目击者杨益红是张特的妻子。杨益红说，她的丈夫张特二话没说就进车库救人了。虽说当时顾不上多想，但事后想起来还是有些后怕。

（8 月 23 日下午 5：25）

王：水性较好的张特、胡平良、谢春生冒着生命危险，义无反顾冲入水中，游到我被困的地方。三人合力把我从车顶救下，让我穿上唯一的救生衣。大声鼓励并轮流扶（着我），使劲儿向车库出口游去。

（8 月 23 日下午 6：05）

120 分钟的艰苦救援，终于成功了！

钟：都非常激动，人（救）出来了，安全的，还是好消息。整个人还是比较激动的，都有点想哭的（感觉）。其他帮忙的、拿手机拍的，都在那里鼓掌。这有点像（当年）抗洪救灾。当时在现场，解放军救人的时候，现场的老百姓都在鼓掌，很像那种感觉。

杨：大家都很激动，在那里鼓掌！

台风过后，我几次想采访参与救人的张特，但是都被他婉言谢绝了。

杨：我觉得珠海人，邻居之间能守望相助！特别是在危难时刻，大家都不顾自己的生命，挺身而出去救人的精神，确实可敬可佩。从我们这个小区就反映出我们珠海人的"大爱"。

被救的王女士通过我们再一次表达她的谢意。

采编过程

2017 年 8 月 23 日，五十三年来登陆珠江口的最强台风"天鸽"重创珠海。台风所到之处，树倒了、路堵了、电停了、水没了，连电话也打不通了。压根儿没来得及带电话的珠海百森花园业主王女士，去地下车库挪车的瞬间遭遇海水倒灌，车库被淹，生命危在旦夕！110 报警成功，但此地交通瘫痪，警察、消防员短时间内无法到达。同一小区的业主张特、钟耀文及三名保安听闻消息，二话不说，脱掉上衣，游进车库勇敢救人……

为城市留史，为百姓留声！今天的讲述就是明天的历史！被救者、施救者、目击者……一个个"天鸽"亲历者的讲述一次次感染着记者，于是决定用"口述史"的形式记录珠海这段历史。广播、电视、报纸、自媒体记者的亲身经历真切反映了台风"天鸽"的凶势；供水、供电、通信、交通等从业者的讲述佐证着"天鸽"过后的巨大影响。通过一次次口述和邻里之间守望相助、见义勇为、生死不离的真实故事汇聚成一幅珠海"大爱"图。

社会效果

台风"天鸽"重创后的珠海俨然成了一个"战场"：恢复供水、供电、通信、道路，来自兄弟城市的货车满载树木呼啸而过，人们不分行业涌上街头义务劳动……《广播口述史——〈120 分钟，我亲历的生死之间〉》为人们吹响了战斗的号角！真实口述以艺术化的表现手法，以独特角度为珠海赢得"抗风救灾"胜利营造出积极向上的舆论氛围！珠海市三防办常务副主任许蓓蕾说："感谢珠海电台对台风第一手资料的真实记录。为我们总结、反思防御台风的经验、教训有很大帮助和促进作用！"

新媒体客户端留言者众："太感人了！""向英雄们致敬！"……阅读量创新高！

（以上文字有删节）

【点评】

广播节目的创新，不但要在传播方式上创新，更要在表现形式上有所突破，尽可能融入多种广播元素，从而产生一种新的、未曾出现过的广播新形态。

珠海广播电视台的《广播口述史——〈120 分钟，我亲历的生死之间〉》是一档新闻类的节目，虽然进行了大量的后期制作，但所有后期艺术加工都没有影响其真实性，具有很强的可听性和感染力，为广播研发新形态作品提供了有益的示范。

第一，广播剧的运用可谓"前无古人"，乃惊人之笔。作品在五个地方穿插运用了广播剧片段来还原新闻现场。这是个大胆的尝试。广播剧是源于生活而高于生活的文艺作品，用于新闻作品，是否会造成报道的失真？作者将无法还原的新闻现场，创新性地用广播剧片段来叙述：每段十几秒的广播剧，如同电影里的蒙太奇手法，将时空转移，把受众带回新闻现场。

第二，音乐的运用可谓"如闻其声"，属神来之笔。该作品大胆使用音乐元素，起到了"神来之笔"的效果。口述事件过程中，作者多次运用了能烘托现场危险、紧张场面的音乐：或是高昂的开头，或是渐弱的压混……音乐是人们抒发情感、寄托情感的艺术，除了语言，音乐是人类的第二种语言。这里，音乐成了替代记者口述的最好语言。

第三，多元素运用可谓"惊心动魄"，属传神之笔。该作品运用的广播元素是非常丰富的，单是语言方面，就有救援者、被救者等的录音，还有现场风暴肆虐和人们救援的声音等，可谓惊心动魄。各种广播元素融合在同一节目中，再现了台风中生死救援的过程，调动听众想象力，拓展了作品的表达空间。

（何　泓）

广播音乐节目

南海振国威、豪情颂中华
——记大型情景组歌《我的南海》

广东广播电视台　张薇娜　黄红星　谢倍伟

【序曲朗诵】

主持：翻开古老的史书，汉代、南北朝时"涨海""沸海"是你的名字。唐代以后，"南海"这个称谓永远定格了你的归属。海南岛，东沙群岛，西沙群岛，中沙群岛，南沙群岛以及黄岩岛……老祖宗留给我们的东西，我们会守护好、建设好、保卫好、开发好，因为这是我们的祖宗海。

【歌曲《祖宗海》】

主持：词曲作者们曾多次到海口、三亚、湛江、江门、汕尾，特别是三沙市等地进行采风，所以创作出来的歌曲非常具有时代性、地域性和史诗性。比如刚刚听到的这首《祖宗海》就从女娲补天的传说写起，重现了古人的智慧，也反映了南海的中国属性。

【歌曲《七下西洋》】

主持：这片海是烙有中国印的海，这片蓝是一片注入了华夏基因的蓝。在这部组歌成功进行了首演之后，我在直播间采访了作词者苏虎老师。

苏虎：娜娜好。这个作品呢，一共是 16 首曲子，15 首歌。就像现在的《战狼2》一样，不是说它吸引眼球到什么程度，（而是说它的）核心就是我们这个时代呼唤这样的爱国题材，呼唤我们这种爱国的情怀、情绪。情感需要有这么一个宣泄口，很多的情感也需要像《我的南海》这样正能量的文化的一个引领。

【歌曲《北纬九度四十三》】

主持：您是军人出身吗，苏虎老师？

苏虎：我现在还是军人。

主持：难怪了，我觉得您可能更多地把这部作品当作自己的一个孩子了，对它的那份情感是特殊的。那贯穿作品的一条主线是什么呀？

苏虎：首先非常感谢你那么理解我，说把这个作品当成自己的孩子，确实是。因为这个作品从开始策划、诞生到最后的演出，总得要有一个人来牵头把它做成。那么至于首尾串起来的一个主线，其实就是两点：第一点就是海权意识，第二点就是爱国意识。

【歌曲《我的三沙我的家》】

主持：高脚屋里的水兵，揣着捍卫南海、捍卫三沙的梦。海军战士在南沙，在群岛礁盘上安了家。蓝色的国土就是他们的中华家园。歌曲《我的三沙我的家》唱出了战士的心声，曲作者王小淞老师在组歌中一共创作了5首作品。好，那我们就先听听他创作的歌曲《三沙怀古》吧。

【歌曲《三沙怀古》】

主持：这五首作品当中，创作完之后让您觉得最满意的，或者说让您最感动的是哪首？

王小淞：我个人觉得啊，最能突破我自己创作的就是《北纬九度四十三》，但是我最喜欢的是那首《三沙怀古》。写这首歌，最关键的是我整个人的思想能沉下来。这首歌其实你一定要在安静的情况下细细地去听，特别有内心的东西。其他的歌呢，对我来说它可能就是比较张扬；这首歌，仔细听，是非常有内涵的。

【歌曲《这片海有我》】

主持：其实您创作的五首作品当中有一首让我印象深刻，就是《这片海有我》，这首歌应该是这五首当中最"硬"的一首歌了。

王小淞：对对。我知道最出彩、最好的就是这首。因为副歌那种"这片海有我"，就是哎呀那种一出来以后自豪的感觉，那种所有的情感都在里面了。我自己知道这首歌写得不错的，我写歌，其实我很擅长写一些很激情的歌，我写的好多歌都是非常激情的。

旁白：组歌中，一种能打仗、打胜仗的强军气概和南海的风情画卷交相辉映，部队官兵枕戈待旦，随时准备上战场的战斗精神扑面而来。这部组歌的创作，让大家感受到一种冲击心灵的力量。人民安逸和谐的生活背后是军人的无私奉献和付出。所谓的岁月静好，不过是有人替你在负重前行。

【歌曲《一湾渔火一湾歌》】

主持：南海的岛礁是在蔚蓝的大海上散落的颗颗珍珠，它美丽富饶。歌曲《一湾渔火一湾歌》出现在组歌的第二章——《美丽海》。南海的魅力在于军人的奉献和情怀。曲作者张胜老师用流淌的旋律表达出对军人的那份敬仰和赞美之情。

张胜：我每次在带部队、带演出队下海岛演出的时候，非常喜欢看夕阳。夕阳下有哨兵在站哨，我觉得挺美。这个剪影一直刻在我的脑海里。当时我就想啊，把这两个画面给它融在一起，有守岛官兵在那里站哨，才有我们渔村、渔港祥和和温暖的这样一个画面。这首歌我想表达的就是这个意思。

【歌曲《把我的浪漫绣进你的迷彩》】

主持：我们也可以想象，战士一个人在这个岛上，或者只是一群战士在岛上，士兵好像大部分都是以男性为主。

主持：他们内心可能也会觉得孤独，所以您就紧接着创作了这样的一首歌《把我的浪漫绣进你的迷彩》。这首歌就是用音乐来表达他们心中的那一份对情感的渴望，是吧？

张胜：没错，没错。刚刚说到这个东涌洲岛，岛上没有一个女性，岛上的生活也比较艰苦。即便我们的干部符合家属随军的条件，但是因为那边的生活环境、生活条件，包括子女的教育等都受限，所以他们没办法到岛上去生活。所以岛上是清一色的……

主持人：男儿兵！

张胜：对，呵呵呵。一说到这个歌《把我的浪漫绣进你的迷彩》，我想表达军人在奉献，他的家庭也是在奉献。我们在部队的时候他们也流传一句话：献了青春献终生，献了终生献子孙。说明我们军人的家庭、我们的军嫂，包括军人的子女，他们也跟着在奉献。所以这首歌就是为我们的军嫂写的。

【歌曲《走向深蓝》】

主持：在谈到这部作品为什么成功时，现任广东省音乐家协会专职副主席兼秘书长金旭庚说，通过音乐对南海文化和历史进行挖掘与传播，可以让人们更快、更及时地了解南海的历史与南海的主权属性，了解人民解放军守卫南海的决心和意志。今年，习近平主席到海军视察的时候说过，建设强大的现代化海军是建设世界一流军队的重要标志，是建设海洋强国的战略支撑，是实现民族伟大复兴和中国梦的重要组成部分。关于南海，每一个中华儿女都愿意是它的一滴水，与南海的波涛一起谱写波澜壮阔的人生。（歌曲结束）

（以上文字有删节）

采编过程

组歌《我的南海》词曲作者均为战士文工团的专业词曲作者，创作经验丰富，艺术修养深厚，并经过多次采风、调研，为创作进行了充分准备。2017 年

4 月 28 日这部组歌在广州首演，歌手为全军与广东一线歌唱家，获得专家广泛好评。

社会效果

本广播音乐节目通过对组歌《我的南海》中各位主创人员的采访和对一首一首音乐作品的展示，对组歌进行了深入的展示和剖析，为听众传递着强烈的爱国情怀和南海主权意识。整个节目主题鲜明，紧贴重大题材，主持人的采访内容感人、真切，歌曲与串词融为一体，体现了思想性和艺术性的统一。

【点评】

《我的南海》是中国第一部南海题材大型情景组歌，是文艺界就南海主权第一次集体发声，也是中国第一部以军人视角展开的南海情景组歌。在海权意识觉醒的今天，这部组歌通过音乐对南海文化和历史进行挖掘与传播，让国内外的人们可以通过音乐的形式和内容了解南海的历史，了解南海之美，了解南海主权属性，了解人民解放军守卫南海的决心和意志。

作为一部重大题材的作品，这部南海题材情景组歌《我的南海》第一次从南海人文的角度，在"一带一路"重要起航海域，通过一个个小角色、小故事、小视角进行情景演绎，再现南海沧桑历史，讲述南海士兵强国强军之梦，宣示南海主权，展示新一代革命军人守卫南海的铁血雄心和爱我家国的豪迈情怀。

这一广播音乐节目通过对组歌《我的南海》中各位主创人员的采访和对音乐作品的展示，对其进行深入剖析，为听众传递着强烈的爱国情怀和南海主权意识。整个节目主题鲜明，紧贴重大题材，主持人的采访内容感人、真切，歌曲与串词融为一体，体现了思想性和艺术性的统一。

（谭天玄）

广播文学节目

乡愁
——悼念爱国诗人余光中

广州广播电视台　孙宏利　霍浩晖　席　鸿

2017 年 12 月 14 日，台湾著名诗人余光中因病在高雄医院过世，享年 89 岁。一代诗人离我们而去，连海峡的浪涛也似乎在沉痛地叹息；余音绕梁，也勾起我们无尽的思绪。有人说，对诗人最好的怀念便是读他的诗。所以今晚，我们将在先生的一千首诗中取一瓢，重读那些美丽而深情的文字。

1928 年，余光中出生于南京的一个书香门第，小时候在秦淮河边长大，与众多的小表妹青梅竹马，其中一位表妹后来还成为他的妻子，因而，余光中对江南有着无限的眷念。9 岁时，他因战乱离开故乡，母亲用扁担把幼小的他挑在肩上一路逃亡，后来辗转到了重庆，在颠沛流离中，便触动了最早的乡愁。

由于母亲和妻子都是乌镇人，因此余光中说自己是"偏江南的"。后来母亲离去，令他悲恸万分，1962 年，他站在基隆港头，遥望回不去的故乡，将浓烈的思念和淡淡的哀愁凝聚成这首《春天，遂想起》。

为了躲避战火，他们一家来到巴山蜀水。在四川 7 年的生活经历，对余光中一生产生深刻的影响。我们能从他后来作品中感受到的，他对于祖国深沉久远的爱，对祖国文化刻骨铭心的爱，大概都源于这个时期的耳濡目染和教育熏陶。今晚，我们找来余光中先生以前接受采访的珍贵录音，听听便能理解，为何他对祖国一往情深。

【采访录音】

这可能和我小时候住在四川，跟大自然打成一片有关系。小时候住在悦来场，半夜那涛涛的江声就一路上山到我枕边来，就能听到，就有这样亲密的关系——这个嘉陵江跟我生命是不可分的。我们住在山头上，走下山去大概有两里路。可是在我们院子里，每天就看着嘉陵江流过。下大雨时就浊浪滔滔，然后有一道清流小支流流入嘉陵江，就在我们家旁边。每次下大雨第二天，我一定去那个清溪口去看，哇，像大瀑布一样地下来，真是生动啊。那看着心里是一种狂喜——所以小时候就已经被大自然所感动。

余光中形容自己的人生，是过着"蒲公英的岁月"，抗战胜利后，回南京不足一年，便由于内战爆发，不得不再度南下，先去厦门，后来辗转于香港，

1950 年去了台湾。

在两岸开放、民间往来后，余光中不止一次回到大陆。刚才在节目中我们都听到了，余光中的《乡愁》有四小段，分别写了母子分离、夫妻分离、母子死别、游子与大陆的分离。然而，大多数人不知道的是，2011 年 12 月，余光中在华南理工大学讲学时，还曾在千余学生面前亲自朗读了自己为《乡愁》续写的第五段。

【录音】

余光中朗读起了自己续写的《乡愁》第五段："而未来，乡愁是一道长长的桥梁，你来这头，我去那头！"（鼓掌）

两岸的血脉与文化，任凭再宽的海峡，也无法把他们隔断。游子的乡愁终将化作往来的桥梁，像彩虹般将海峡两岸紧密相连。我们祈愿，虽斯人已去，但余光中这个遗愿，终能成真。

采编过程

2017 年 12 月 14 日，传来余光中病逝的消息。为纪念这位著名诗人，频率总监孙宏利组织人力投入到专题制作中，资深编辑霍浩晖负责具体创作——他正好保存有许多关于余光中的珍贵历史资料。于是团队便开始构思、编辑、撰稿。孙宏利了解到华南理工大学曾在 2011 年邀请余光中讲学，当时现场先生还诵读了他续写的《乡愁》第五段，几经周折，终于找到了这段珍贵的独家录音资料。这段鲜为人知的珍贵录音为节目起到了画龙点睛的作用。

社会效果

节目不仅仅表达了对诗人的悼念，更说出了海峡两岸中华儿女的共同心声——祈盼祖国统一，两岸不再分离。这是一种深切的情感，一种感人肺腑的正能量，闻者无不被其打动。

广州新闻电台在节目播出的同时，还制作了微信公众号的推送，把节目素材和节目音频放在网络上供大家重温，点击率颇高，形成了很好的传播效果。

（以上文字有删节）

【点评】

①有出彩之笔：2017 年通过纪念余光中先生来表达乡愁和阐述对故土之恋的作品不少。这部作品的最出彩处在于取得了别的作品所没有的珍贵史料——余光中先生去世前几年在华南理工大学讲学时的录音。2011 年余光中先生已八十多岁，回到祖国的讲坛，和当初写下《乡愁》已经相隔快半个世纪，心态已经不同，但越发浓厚的是对故土的眷恋，因而余光中先生在华南理工大学现场

还诵读了续写的《乡愁》第五段，以深情的诵读记录近半个世纪的思乡情怀。如此珍贵的史料，令人越发感受到游子对祖国的无限情怀。这种独一无二的珍贵录音，还提升了作品的独到性；②有思想高度：主创人员还将对祖国早日统一的热望，融合于对余光中先生和他的名作《乡愁》的纪念中；③制作大气精良，充分运用多元的广播元素，主创人员声情并茂的诵读，经认真的剪辑后，能更大程度地感动听众，达到情景交融的效果。

（叶春萱）

广播戏曲节目

中国梦之腾飞《航父·冯如》
——纪念冯如飞天 108 周年戏曲故事节目

江门广播电视台 张晨露 容楚琪 吴 丹

主持人：江门有"中国第一侨乡"的美誉，也是中国早期航空事业的摇篮。在这片热土上，诞生了"中国始创飞行大家"——冯如先生。

冯如是我国航空史上第一位飞机设计家、第一位飞机制造家、第一位飞行家、第一位革命军飞机长，也是第一位我国近代航空事业的殉国者。早在 1909 年，冯如就把中华民族长久以来的"蓝天梦"——飞行天空的理想变为现实，曾经轰动世界，享誉全球，为祖国动力载人飞行史谱写了光辉的篇章。今天的戏曲节目，让我们通过不同的表现形式，一起去聆听冯如的故事。冯如之孙冯灿基由新会戏剧家协会主席高原演绎。

主持人：1884 年 1 月 12 日，冯如出生于广东江门恩平一个贫苦的家庭。他从小心灵手巧，喜欢制作风筝和车船等玩具。他对神话故事，特别是飞天故事，更是十分向往。

【出冯如的孙子冯灿基的情景再现录音】

冯灿基：爷爷最喜欢制作及玩风筝。他制作的风筝多式多样。有一次，他做了一只翼端呈椭圆形、体积特别大的风筝。风筝的两边各吊着一个小小的木桶。村里的乡亲们见了，都不相信这风筝能把木桶吊上天。爷爷却不慌不忙，把风筝拉到村东的空地，吩咐一个孩子拿着系着绳子的风筝，走到离爷爷十多丈远的地方站住了，爷爷拿着绳子的另一端，一声吆喝"放"，风筝便如巨鸟腾空，带着两只小木桶逐渐升到近百米的高空，这件事一下成了奇闻，传遍了整个村庄。

主持人：冯如童年在家乡的生活、学习和劳动的经历，培养了他爱祖国、爱家乡的感情。1895 年，腐败的大清朝廷在甲午战争中失败，被迫签订了丧权辱国的《马关条约》，割地赔款，国库空虚，民生凋敝。当时年仅 12 岁的冯如，虽然不懂国家大事，但也尝到了家庭窘困的滋味；虽然僻居乡间，但仍然可以听到一些归国华侨谈论外国科学进步、实业发达的情况。就在那一年，他挥泪告别父母，随亲戚远涉重洋，去美国旧金山市学习、谋生。

【出现代粤剧《航父·冯如》片段 压混】（略）

主持人：1900 年，八国联军攻陷北京，大肆烧杀，震惊世界。冯如为了救国，决心去纽约学习机器制造技艺。他先后在船厂、电厂和机器制造厂当学徒和工人。

【出现代粤剧《航父·冯如》片段　压混】（略）

主持人：1903 年，美国莱特兄弟首创动力载人飞机飞行成功，揭开了世界动力载人飞行史的第一页。1905 年，日俄战争爆发，在我国东三省厮杀，眼看着主权被践踏，骨肉同胞被蹂躏，冯如愤慨万分。这两件事，不仅进一步激发了冯如的爱国热忱，而且使他坚定了航空救国的思想，确立了为祖国研制飞机的奋斗方向。

【出冯如的孙子冯灿基的情景再现录音】

冯灿基：世界第一架飞机制造成功使爷爷备受鼓舞，而帝国主义对中国的侵略，使爷爷痛彻心骨。他发誓说："是（指制造机器）岂足以救国者，吾闻军用利器莫飞机若。誓必身之为倡，成一绝艺，以归飨祖国。苟无成，毋宁死！"

【出现代粤剧《航父·冯如》片段　压混】（略）

主持人：1908 年 5 月，冯如集资在奥克兰市东九街 359 号创办了以制造飞机为目标的"广东制造机器厂"。当时，并非富有资产的劳动者黄杞、张南和谭耀能 3 人参股，还有部分爱国华侨慷慨解囊，他们倾尽所有，在简陋的厂房里研制飞机，这正体现着中华民族奋发图强发展航空事业的精神。

【出现代粤剧《航父·冯如》片段　压混】（略）

主持人：1911 年 1 月 18 日是一个值得全世界纪念的日子。冯如驾驶着"冯如 2 号"飞机，在靠近旧金山海湾的爱劳赫斯特广场公开试飞。飞机在地面滑行了约 30.5 米后，凌空而上，升至 12 米的高度，环绕广场飞行了大约 1 600 米后，向着旧金山海湾飞去，然后返回，飞越奥克兰郊区的田野，徐徐降落在起飞的广场上。飞行时间 4 分钟，试飞完全成功！中西方报纸争先恐后地报道了这件事情。

【出冯如的孙子冯灿基的情景再现录音】

冯灿基：爷爷终于实现了他为中华民族而腾飞天空的抱负，实现了自己儿时的梦。爷爷的飞行成就誉满全球，他为中国龙添了飞翼，为中华民族、为祖国赢得了荣誉。当时美国曾有人以重金聘请他教授航空技术，他婉言谢绝了，毅然回国效力，以遂"成一绝艺，归飨祖国"的宏愿。

【出现代粤剧《航父·冯如》片段　压混】（略）

主持人：1911 年 2 月 22 日，冯如率领广东飞行器公司的技术人员，连同飞机及制造飞机的器材设备等，乘船离开旧金山回国。3 月 22 日抵达香港，清政府两广总督张鸣岐派"宝璧"号军舰前往迎接冯如一行回广州，并在燕塘划定飞机制造厂的厂址和飞行场地。

【出冯如的孙子冯灿基的情景再现录音】

冯灿基：爷爷回国不久，就接连发生震撼清廷的大事件。由于广州局势动荡，爷爷无法施展抱负，同时也失去了清廷的信赖。就在这万念俱灰的时刻，1911 年 10 月 10 日，震撼世界的武昌起义爆发，全国沸腾。11 月 9 日，广州光复，广东军政府成立。爷爷毅然走上革命道路，被任命为广东革命政府飞机长，成为中国第一位飞机长。

【出现代粤剧《航父·冯如》片段　压混】（略）

主持人：1912 年 3 月，冯如制成了一架与"冯如 2 号"相似的飞机，这也是中国国内制成的第一架飞机，揭开了中国航空工业史的第一页。因此，冯如也是我国近代航空事业的创始人和开拓者。

【出冯如的孙子冯灿基的情景再现录音】

冯灿基：为了普及群众航空知识，宣传航空救国思想，发展祖国的航空事业，1912 年 8 月 25 日，我的爷爷在广州燕塘进行飞行表演。那天风和日丽，前来参观者甚众。爷爷头戴飞行帽和防风眼镜，脚蹬皮靴，起飞前向到场参观的各界人士介绍"飞机如何利用，如何制造，如何驾驶等内容，听者无不鼓掌称善"。接着，他驾驶自制飞机凌空而上，高约 36 米，东南行约 8 000 米。当时飞机运转正常，操纵自如，鼓掌之声，不绝于耳。但由于爷爷急于升高，操纵过猛，致使飞机失速坠地，机毁人伤。医院抢救无效，爷爷以身殉国，时年仅 29 岁。在弥留之际，爷爷犹勉励助手："勿因吾毙而阻其进取心，须知此为必有之阶级。"

主持人：冯如的一生是短暂而光辉的。他是一位富于创造精神并勇于实践的爱国科技专家，也是一位开创和发展我国航空事业并为之献身的航空先驱，更是一位具有航空救国思想并参加革命的民主革命志士。他自力更生、奋发图强、百折不挠、不怕牺牲的奋斗精神，鼓舞着不少爱国华侨和飞行家回国效力，启迪着更多中国人为振兴祖国航空事业而奋斗。

采编过程

2017 年距冯如飞天已 108 周年。为了纪念冯如先生，江门恩平市文化广电新闻出版局特邀请广州文学艺术创作研究院副院长、国家一级编剧梁郁南和广州文学艺术创作研究院专业编剧吴海榕，以"中国航空之父"冯如短暂而光辉的一生为素材，倾力创作出大型现代粤剧《航父·冯如》，并于冯如飞天 108 周年纪念期间到各地巡演。

为了能够更加深入地了解冯如先生的一生，节目组特意到访冯如先生的故乡——江门恩平市牛江镇，寻找到冯如先生的孙子冯灿基，听他讲述自己爷爷的故事。节目选取了很多关于冯如先生的故事，例如从小就热爱制作飞行器具，不怕劳苦远涉重洋学习和工作，忍辱负重在国外研发飞机，最终实现了为中华民族而腾飞天空的愿望等。

节目以时间为主线，通过不同的表现形式，与听众一起聆听冯如的故事。整个节目讲述了冯如先生追梦的光辉历程，表现了冯如先生爱国爱乡的精神和苟无成、毋宁死的决心，既有历史内涵，又有不同历史时期相对应的粤剧欣赏，内容丰富，可听性强。

社会效果

"侨乡风采"栏目选用了《航父·冯如》这个具有较高的历史文化价值和爱国主义价值的题材，通过冯如一生追梦的故事来启迪每一个中国人为实现中华民族伟大复兴的中国梦不忘初心，砥砺前行。

整期节目无论是主持的叙说、冯如先生的孙子冯灿基的情景再现还是音乐和粤剧唱段的选配，都注重营造自强不息、奋发图强、百折不挠的奋斗精神。这让听众在深深怀念中国始创飞行大家——冯如先生的同时，也一同聆听他短暂而光辉的一生。

节目通过冯如先生的故事，激起更多年轻人奋斗的心，传递不屈不挠、爱国爱乡的精神，启迪更多中国人为振兴祖国航空事业、为实现习近平总书记提出的"中国梦"而奋斗。

（以上文字有删节）

【点评】

作品在选题上紧扣时代主题，响应习近平总书记提出的"中国梦"，以及在十九大报告中指出的实现中华民族的伟大复兴。中国航天事业正在不断稳步发展，作品在选题上选取了出自江门当地的具有较高的历史文化价值和爱国主义价值的题材，立意高，贴近时代，在诠释上也十分到位。节目构思巧妙，以时间为主线，逻辑清晰，故事内容详略得当，主题鲜明。此外，作品中运用的素材也十分丰富和生动，表现手法多样，将不同时期的戏曲与主人公冯如不同的人生阶段巧妙地结合，用人民群众喜闻乐见的方式传达不忘初心、砥砺奋进的主题。作品通过歌颂当地的、身边的人物，以接地气的方式鼓舞人心。从制作上看，各个素材的细节处理得十分到位，起承转合衔接流畅，兼具艺术性和可听性。作品有故事，有创新点，有地方特色，具有现实意义和示范作用。

（陈红丹）

广播综艺节目

乡愁，让心留住的地方

广东广播电视台　李燕梅　彭洁伟　陈月华　周　兵

一、诗歌《乡愁》（作者：席慕蓉）（略）

在台湾蒙古族女诗人席慕蓉的笔下，乡愁是无数碎片化的记忆，故乡的歌谣，故乡的景致，无法割舍，难以忘怀，永不老去。席慕蓉 2000 年曾回内蒙古寻根，应歌唱家德德玛之邀，写下了《父亲的草原母亲的河》的歌词。当她后来听到这首歌时，泪眼蒙眬地说："我无法控制住自己的泪腺，无法想象我竟然如此失控，那是从未有过的，由此可见这片土地对我的影响有多么大。"

二、歌曲《乡愁》（演唱：腾格尔）（略）

主持：什么是乡愁？乡愁就是你离开这个地方会想念的。乡愁，就是对故乡最深的眷恋和牵挂。

乡愁是文学永恒的主题之一。历代文人骚客更是在诗词歌赋中将乡愁淋漓尽致地表达出来。无论是李白的"举头望明月，低头思故乡"，白居易的"望阙云遮眼，思乡雨滴心"，还是崔颢的"日暮乡关何处是，烟波江上使人愁"，都是那么意境幽远、情真意切，借月、借雨、借烟把无形的乡愁有形化，别有一番滋味在心头。到了当代，由于时空阻隔，乡愁更是台湾诗歌作品中一个最重要的主题。

1971 年，20 多年没有回过大陆的余光中思乡情切，在台北厦门街的旧居内写下著名的诗歌《乡愁》，诉说着自己浓得化不开、解不掉的乡愁，以及对故乡、对祖国的深深眷恋之情。

三、诗歌《乡愁》（略）

四、《思乡曲》

主持：每当《思乡曲》那熟悉的旋律在耳边响起，在那简洁而高贵、流畅而不失华丽的音符里，每个人都能找到自己心灵的故乡。这么一个写出感人至深的思乡情愫的作曲家马思聪，56 岁时被迫出走美国。在国外，马思聪无时无刻不思念着祖国，思念着他所深深热爱的祖国的音乐事业。

五、情景再现短剧《马思聪的思乡情结》（略）

主持：有一种乡愁，叫作回家过年。踏上家乡的土地，年味就浓了，村道上的颗颗石子清晰地记得你长大的脚印。春节回家是我们慰藉乡愁的最佳灵药。

六、散文《乡愁》（略）

七、歌曲《回家》（演唱：蔡国庆）（略）

主持：2015 年春节前夕，在千家万户团圆、游子归家的时候，我们的总书记习近平同志却回到梁家河村曾生活了七年的"家"中。他说，每个地方都有让大家留念的东西，不要小看这种幸福感，因为这种幸福感能留得住人。这就是习总书记津津乐道的乡愁，是最接地气的乡愁，是离老百姓最近的乡愁。他的乡愁在梁家河，在人民群众里；在延安，在继承传统和优良的作风里；在西安，在三阳开泰和民族复兴的中华梦里。他对乡愁的守望，深蕴着对人民公仆的谆谆叮咛、切切嘱托和深信中华民族必将蓬勃复兴的荡荡新意……

让我们来听一个习近平总书记带上自家"婆姨"寻乡愁的故事吧。

八、故事：习近平带上自家"婆姨"寻乡愁

习近平录音：我人生第一步迈出来，就是来到咱们梁家河。来这里一下就待了七年，1969 年到 1975 年。但是呢，我走的时候，我的人走了，但是我把我的心留在这（掌声）。

习近平录音：在陕北插队的七年，给我留下的东西几乎带有一种很神秘也很神圣的感觉，我们在后来每有一种挑战、一种考验，或者要去做一个新的工作的时候，我们脑海里翻腾的都是陕北高原上耕牛的父老兄弟的信天游。

主持：是啊，在信天游的歌声里，父老兄弟们带来的那种乡愁的神圣与神秘，让我们沉浸在"那一道道沟沟坎坎，变成了咱的那个金个蛋蛋"的梦境中……

九、歌曲《梦回延安》（略）

主持："今秋月明人尽望，不知乡愁落何方？"留住乡愁，守望乡愁，就是

留住我们民族的根、精神的魂、文化的本。乡愁，在我们每个人的心中，在我们为中华复兴奋斗的路上！

采编过程

近年来，习总书记在不同的场合，都说到"乡愁"。然而，"乡愁"究竟是什么？"乡愁"其实就是饱含传统的价值观。留住乡愁，就是传承和弘扬传统价值观，使每个家庭生机勃勃地延续下去，使中华文明生生不息地延续下去。这也是节目的主题内容和重要的呈现。

社会效果

节目通过多种不同的文艺形式围绕"乡愁"，层层递进叙说着我们熟悉的乡愁，具有强烈的艺术感染力和深厚的思想内涵，以及浓郁的时代精神和现实意义，传播了正确的舆论导向。

（以上文字有删节）

【点评】

乡愁是人们对家乡的思念和对故土眷恋的情感。它既是许许多多海内外华人共同的情感和相互间紧密联系的纽带，也蕴含深厚的民族文化传统。乡愁，往往成为各类文艺作品恒久的创作主题。节目采用多种广播形式叙说与表现萦绕人心、留住人心的乡愁，传递出对乡愁的守望和追寻就是留住民族的根和留住民族的魂的主题。节目中所选取的作品形态多样，但都鲜明突出地表现了乡愁主题。这不仅有利于传承民族传统文化，也契合时代对留住乡愁、咏唱乡愁的呼唤。

节目采取了丰富的表现形式，无论是散文朗读、诗歌朗诵、歌唱、讲故事，还是情景短剧演绎，都体现了"广播综艺"的特色，而且在主创人员情绪饱满、认真投入的演绎下，呈现出较强的可听性。此外，节目配乐的优美抒情和音效运用的恰当，也增加了节目的可听性。

（钟剑茜）

广播小品和长篇连播节目

品茶听古
——《济公传》第 47 集

揭阳广播电视台　孙丽薇　徐淑敏　江博晓

栏目标语：《品茶听古》好节目，爱为听友添快乐。古今传奇咀你知，男女老少乐开怀。喝杯烧茶听广播，好听你就日日沙（接着听）。——《品茶听古》

开头语：请继续欣赏长篇魔侠故事《济公传》第 47 集，由阿忠播讲。

正文内容：（略）

揭阳电台《品茶听古》栏目 11 月 8 日推出魔侠故事《济公传》，播讲者为阿忠。

《济公传》改编自清代文人郭小亭的长篇小说，讲述了济公和尚游走天下，一路惩恶扬善、扶危济困的故事，塑造了济公诙谐幽默、无拘无束的鲜明个性。

聚天地神灵鬼魅于一体，演人间悲欢离合于一世。作品对正义、慈悲、平等、智慧等优秀品格进行颂扬，传递着积极的社会正能量。

《品茶听古》栏目播出时间：综合广播每天早上 7 点半、农业广播每天早上 6 点半，傍晚 6 点，欢迎收听。

采编过程

潮语"讲古"指的是潮汕地区特有的一种文艺形式，为群众所喜闻乐见。揭阳电台自 1996 年直播改版之后，就推出《品茶听古》栏目，节目中播出由潮汕"讲古"艺人（讲古师父）播讲的长篇、中篇、短篇小说，包括历史传说、武侠故事、古今传奇、民间故事等。为让更多的人关注潮汕"讲古"文化，提高"讲古"爱好者的兴趣和水平，发掘潮语"讲古"艺术人才，促进"讲古"表演艺术的传承和发展，揭阳电台农业广播近年陆续举办"讲古"大赛，吸引潮汕地区众多"讲古"爱好者，其中不乏 80 后、90 后的新生代"讲古"人，阿忠就是其中之一。阿忠曾师从潮汕"讲古"大师林江先生，已经有多年的故事播讲经验，擅长播讲今传奇、民间故事和神话传说，二度创作也有自己的特色。

为贯彻文艺上"百花齐放，百家争鸣"的方针，《品茶听古》栏目组每年会安排不同的"讲古"艺人播讲风格、类型各异的作品，以满足广大听众的要求。

根据阿忠"讲古"的风格特点，栏目组建议他选择故事性较强的作品开讲。于是，《济公传》就与听众见面了。

<u>社会效果</u>

揭阳电台《品茶听古》栏目一直致力于原创作品的推介和播出，善于发现和挖掘"讲古"人才，为"讲古"爱好者提供一个艺术展示的平台。多年来，共有十多位"讲古"艺人的作品在节目中播出，这些"讲古"艺人大多数是在揭阳电台举办的各种赛事中脱颖而出的，他们风格迥异，善于播讲不同风格、类型的故事——古代历史故事、现代战争故事、武侠传奇故事等，使《品茶听古》栏目能够带给听众不同的听觉享受，收听率一直居于前茅。特别是《济公传》推出之后，由于播出前已做好各种宣传，再加上作品内容吸引人，济公又是一个妇孺皆知的传奇人物，他的传奇经历被多次搬上荧幕，传奇的故事、传奇的人生让人心生好奇，且"讲古"人阿忠的播讲出神入化，听众评价极好，收到了预期的效果。

【点评】

小说连播是广播电台比较受听众欢迎并得以保留的节目类型之一。正因为它的受众面广而受到各台重视，除社会上语言艺术家播讲之外，还有各台不少节目主持人"跨界"播讲，也较受听众的欢迎。为使小说连播这个传统的节目能被传承和发展，揭阳电台不定期地举办相关的"讲古"大赛，也涌现出不少"讲古"爱好者，讲古人阿忠就是其中之一。这次阿忠用潮语播讲的《济公传》，获得了评委们的认可，大家觉得在"讲古"这个"行当"中，应该有更多的新人涌现，来充实广播电台"讲古"的节目，使此类节目后继有人。

该节目有如下特点：

一是所选小说的题材内容都有着广泛的群众基础，也是听众所熟悉和感兴趣的故事人物，因而会有一定的关注度。二是小说的节选、改编，都是编辑策划，力求把小说较为精彩的内容或具有社会教育意义的故事，呈现给听众。同时体现出广播电台的"导向"作用。三是播讲者能用不同的音色来塑造小说中不同的人物，用多元的声音如"正义"与"邪恶"语调去调动听众的联想和情绪，以期达到可听性。

但该节目还有提升的空间，如在节目的包装尤其是情景音效和表现形式等方面有待提高。

（马国华）

广播原创歌曲

梦 桥

珠海广播电视台　滕文海　梁　田　韦东庆　方崇清

《梦桥》主题歌曲谱：

梦 桥

"港珠澳大桥"交响组曲主题歌旋律

词：韦东庆
曲：方崇清

Andante

前奏（童声齐唱 憧憬 纯真的）

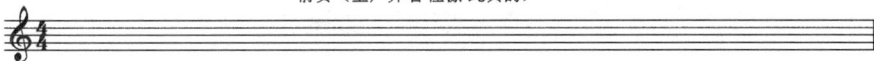

主歌（深情畅想地）

你把 把桥放在梦中 我把 梦放在桥上

你筑 一个有形的梦我 筑一个无形的桥 你

让 桥上的梦美丽 我让 梦中的桥矗立你在桥头 听

涛 语 啊 我在海中看 天宇

副歌 （波澜壮阔地）

你　从天上来　我　自海中过　相知　相知港珠澳

同　心　同心圆　梦桥　同心圆　梦桥

间奏 大型交响乐TUTTI

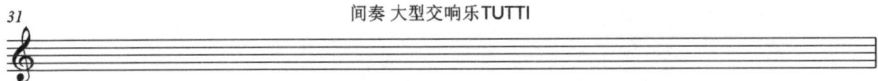

梦　桥

《港珠澳大桥大型交响组曲主题歌》
"献给港珠澳大桥伟大建设者"

词：韦东庆/曲：方崇清
演唱：纪敏佳　靳　韬

你把桥放在梦中
我把梦放在桥上
你筑一个有形的梦
我筑一个无形的桥
你从天上来
我自海中过
相知港珠澳
同心圆梦桥

你让桥上的梦美丽
我让梦中的桥矗立
你在桥头听涛语
我在海中看天宇
天之骄，海之骄
相知港珠澳
海天共逍遥

采编过程

2014 年 11 月，由港珠澳大桥管理局和珠海广播电视台联合发起，港珠澳大桥工会联合会承办的"港珠澳大桥之歌"主题创作歌曲征集活动正式启动。自活动开展以来，社会各界反响热烈，纷纷围绕大桥建设者、大桥工程、历史文化、改革创新和走向海洋五个元素进行创作，许多作者投稿后依然认真对作品进行反复斟酌和润色，使其臻于完美。在征集过程中，港珠澳大桥工联会曾挑选十余首佳作，在 2016 年的新春慰问茶话会上与建设者代表见面，引起了强烈的反响。

作为最终入选的五首大桥之歌之一的《梦桥》，作品主题突出，旋律优美，读来朗朗上口。词作者韦东庆作为大桥建设者的一员，在向本节目采编人员谈及感受时说："我们要做两座桥，一座是有形的桥，一座是无形的桥。有形的桥就是今天我们看到钢筋水泥所打造的港珠澳大桥；还有一座无形的桥，就是要在中国人心里构造一座我们民族自信、走向世界的桥，既能够传承民族文化，又能够继往开来，还有国际视野的一座通向世界的桥。"节目创作者深受感动，力求通过本期文艺节目体现出大桥人在新时代大背景下的新气象、新作为，并用音乐留下一段伟大造桥者的故事。

社会效果

《梦桥》在珠海广播电视台首播后，得到了奋战在一线的大桥建设者们的普遍好评，也引起了极大的社会反响。业内专家表示，《梦桥》这首作品词曲俱佳，主题鲜明，意境深远。不少市民也通过各种互动方式发表评论，认为自港珠澳大桥开工以来，上万名建设者夙兴夜寐，在伶仃洋上谱写了一首首波澜壮阔的大桥之歌，这首《梦桥》以音乐的方式对此项壮举进行了艺术的诠释。

作为"港珠澳大桥之歌"主题创作歌曲征集活动的入选作品，《梦桥》在 12 月 15 日播出，既为了纪念 2009 年 12 月 15 日港珠澳大桥开工，同时也为珠海广播电视台发起并全程参与的"港珠澳大桥之歌"主题创作歌曲征集活动画上圆满的句号。港珠澳大桥正在成为我国对外展示基础设施建设实力的一个平台，成为"一带一路"倡议的一张国家"新名片"。《梦桥》作为这项超级工程的艺术标签，必将使世界更好地认识这座中国"梦桥"。

【点评】

港珠澳大桥是连接香港、珠海和澳门的运输通道，对促进香港、澳门和珠海等地区在经济上的进一步发展，有着重要的战略意义。在建桥的过程中，中国的桥梁建设者克服了难以想象的种种困难，创造了中国乃至世界建桥史上的一个奇迹。为讴歌大桥建设者，珠海广播电视台和港珠澳大桥管理局联合发起了"港珠澳大桥之歌"主题创作歌曲征集活动，《梦桥》作为最终入选的五首大桥之歌之一，在珠海广播电视台进行首播。该歌曲有如下特点：

一是主题鲜明，体现出新时代、新气象、新作为以及大桥建设者的创新精神和美好的梦想。

二是旋律抒情、优美，像一个动人的故事，向我们讲述着建设者心中的梦想，特别是在前奏由童声带出一段哼唱，这和交响弦乐营造出一种情景衬托的效果，仿佛让我们看到无边的大海上横跨着一座"彩虹"，似一幅壮观的画卷。

三是男女声的对唱，在把握歌曲的风格特点和演唱的感情张力方面，恰到好处。

但该作品在男女声齐唱时，还有提升的空间，还可以做得更好一些。

（马国华）

广播剧

天山下的来客

广州广播电视台 黄建伟 谢彩雯 金 渡 梁健波 卜 涛

剧中人物：

梁海清——男，四十多岁，新疆喀什"广州新城"建设总指挥部总指挥。

库尔班——男，当地维吾尔族商户，二十七岁左右。木干村村民。

顾老板——男，浙江金乌某公司董事长，做生意小心谨慎，他的公司在当地小商品城众商家中颇有影响。

阿卜拉——男，巴哈尔古丽的爸爸，五十多岁，木干村村民。曾借债做驼队生意，在沙漠中历险吃苦还亏损，还不上债，妻子生病无钱医治而死，以至于谈商色变。后来转变。

巴哈尔古丽——女，阿卜拉的女儿，二十多岁，名字意为"春天的美丽花朵"。

马志——男，"广州新城"建设指挥部办公室主任，二十多岁。

梁妻——女，赵琳，梁海清的爱人，广州某中学教师。

张丽——女，"广州新城"建设指挥部办公室秘书。

广州市政府领导、外国商人、广州新城众员工、木干村男女村民等。

广播连续剧《天山下的来客》

监制：黄建伟

策划：梁健波 谢彩雯

编剧：黄建伟 金 渡 谢彩雯

导演：王 锐

编辑：卜 涛 孙建国

统筹：周淑怡

录音合成：胡 梅 蒋 林 吾买尔江·祖农

音响效果：吾买尔江·祖农

音乐：王 进

维吾尔族语言顾问：努尔江·阿吉

【音乐】

全剧共三集（略）

剧中人

梁海清：由武术演播

库尔班：由瓦西里·路军演播

顾老板：由桑宗中演播

阿卜拉：由何欣演播

巴哈尔古丽：由鲁晓英演播

马志：由程东升演播

梁妻：由鲁梅演播

张丽：由齐鹏飞演播

采编过程

自 1998 年以来，广东省按照中央统一部署，对口支援新疆哈密和喀什地区。2017 年，广东援建新疆迈入第 20 个年头。20 年来，一批批广东援疆干部不远千里，来到西北大漠，开展援建工作。在一系列产业的援疆工作中，广东走出了一条独具特色的新路子，探索形成一套产业促就业成功的模式，其中，广州作为千年商都，在对口援助的喀什市疏附县兴建"广州新城"，利用"五口通八国 一路连欧亚"的地缘优势，打造"广货北上、西进，疆货南下、东输"的中心枢纽。在"广州新城"，一张张跃动着朝气的广东面孔，诉说着在这片热土上奋斗的故事。广州市建筑集团总经理梁湖清，是广东省援疆工作前方指挥部副总指挥。六年多以来，他每年 20 多次飞抵新疆，风雪无阻，昼夜兼程，以对党和国家的无限忠诚，谱写出了一曲动人的援疆之歌。

2017 年，主创人员来到喀什地区，走访广东援疆项目，采访了在当地从事援建工作的广州援疆干部。广播剧《天山下的来客》以梁湖清等援疆干部为原型，讲述广东援疆干部以民族团结、国家稳定为己任，帮助新疆人民脱贫致富的故事。我们谨以此剧，用声音艺术向广东援疆干部致敬！

社会效果

系列广播剧《天山下的来客》播出后，引起社会热烈反响。广东作为援疆发展的中坚力量，有力地促进了当地的经济发展。该广播剧以声音的形式展现广东援疆 20 年的成就，起到良好的宣传效果，让社会公众对援建新疆这项中央重要政策有更深刻的认识，从不了解到支持、颂扬。有听众打来电话表示，广播剧是声音艺术的盛宴，听广播剧是听觉的享受，希望我台多制作广播剧。

【点评】

广州广播电视台录制的《天山下的来客》，是一部以广州市建筑工程总公司总经理梁湖清为原型创作的广播剧，主要讲述以梁湖清为代表的广州援疆干部在党中央提出的要深入实施东西部扶贫协作的战略部署下，在对口扶贫的新疆喀什地区援建"广州新城"的故事。喀什本来就是一个具有"五口通八国 一路连欧亚"地缘优势的古代丝路重镇，广州市的援疆干部为新疆的人民打造"广州新城"这个天山下的商都，使这个当年丝路重镇重新兴旺，走出了一条独特的援疆新路子。该剧主题选材好，剧名也起得好，人物设置性格鲜明，有代表性，有生活色彩，接地气，情节起伏，录制精良，具有广播剧特色。音乐有鲜明的地域色彩，新疆口音的对白诙谐有趣，为该剧添色不少。这是一个讲述广东援疆工作中"百亿"重大产业援建项目的故事，更是展现广东人民和新疆人民亲如一家的感人故事。该广播剧也是本组唯一得到众评委一致好评的作品。

（白小慧）

广播播音作品

大城匠心·黎家狮扎
——《听佛山·文化匠心》声音纪录系列之一

佛山人民广播电台　霍立韵

1993 年，徐克导演的电影《黄飞鸿之狮王争霸》正式上映。电影当中，由李连杰饰演的黄飞鸿，带领徒弟舞着大狮，一路闯关，夺得"狮王"金牌。片中精彩的打斗场面、威风凛凛的群狮齐舞，成为国人脑海中的经典记忆。不过，鲜为人知的是，片中那些威风凛凛的狮头，正是出自佛山的黎家狮。

国家非物质文化遗产项目彩扎狮头传承人、佛山黎家狮第五代传人黎伟，今年已经 72 岁。据黎氏家谱记载，清代道光年间第十四世太公黎恩深为避战乱，从江西迁至佛山并落户，开设扎作狮头的作坊，黎家狮从此代代相传，已有 180 多年历史。清末民初最辉煌的时候，黎家在佛山"狮头一条街"，也就是现在的禅城区福贤路上开了三间扎狮头店铺，人称"黎家狮"。当时佛山武馆林立，绝大部分武馆都有舞狮队，历史上的真实人物黄飞鸿，买狮头都认准黎家狮。

传统的佛山狮头的制作，分为四道工序：扎作、扑纸、写色、装配，缺一不可。每个工序都十分复杂细致，扎好一个狮头要经过 1 300 多个步骤，且全部都要手工完成。

改革开放之后，因为市场需求，狮头扎作再次兴旺起来。特别是在珠三角、港澳及东南亚一带，企业开张、宗族祭祀、村社庆典等场合，都有舞狮。可以说，"有华人处，必有舞狮"。到了 20 世纪 90 年代初，徐克导演开拍电影《黄飞鸿之狮王争霸》，要求一定要使用原汁原味的传统狮头，找一家在黄飞鸿时代已存在的"老字号"。他最终找到了佛山黎家狮。

用黎师傅的话来说，传统手艺人这种"务实、刻苦耐劳"的精神，正是佛山人典型的性格写照。除了坚守，他更是用心创新。例如狮头上的角，他会想出很多种造型，看到佛山祖庙屋顶上有鳌鱼，于是做了鳌鱼角，取"独占鳌头"的"好意头"。这些吉祥的文化符号不断被糅合进狮头创作中。

2006 年，佛山文化部门帮助黎家狮"彩扎狮头技艺"成功申请成为广东省非物质文化遗产，后来又晋级为国家级非物质文化遗产。黎伟本人也于 2009 年被文化部授予国家非遗"代表性传承人"称号。现在，黎家狮狮头不仅用于日常舞狮，而且成了收藏工艺品，价格不菲。

采编过程

佛山有上千年的文化积淀和悠久的历史底蕴。在信息化高速发展的今天，佛山的传统手艺人怀着一颗匠心，始终坚守并创新发扬佛山的传统文化。2017年 5 月，佛山人民广播电台推出大型融媒策划《听佛山》系列声音纪录片，结合"致敬大城工匠，弘扬工匠精神"的主题，遴选独具佛山特色的文化样本，通过资深记者、优秀编辑以及新媒体策划人员的合作，以"匠人"为线索，通过他们的口述，展现每个文化样本的独特魅力，体现出佛山"匠人"一丝不苟、心无旁骛、锲而不舍、精益求精、勇于创新的"工匠精神"。向佛山"大城工匠"致敬！

社会效果

播讲者在稿件的再创作过程中，有较为突出的表现，让稿件所表达的思想感情迅速传递给听众。播讲没有平铺直叙，而是将一个个鲜活的故事娓娓道来，起承转合恰到好处，缓急轻重拿捏得当。语言精练，思路清晰，脉络分明。播讲者与稿件主创人员共同经历了几易其稿的过程，也深入了解采访过程中的故事与主人翁在传承中的角色。在语言再创作中，感情真挚、语言质朴、感染力强。霍立韵常年担任佛山人民广播电台的重要专题播讲者，具有多年的一线播音、主持经验，逐步形成严谨、亲切、自然的播音风格，其所制播作品受到听众的追捧和认可。

（以上文字有删节）

【点评】

该作品为佛山人民广播电台以"致敬大城工匠，弘扬工匠精神"为主题策划的《听佛山》系列的第一篇。作品遴选了独具佛山特色的文化样本为线索，通过国家非遗项目彩扎狮头传承人、佛山黎家狮第五代传人黎伟的讲述，传递大城工匠的文化匠心、睿智传承。

主创霍立韵在播讲中呈现出饱满的情绪，内容理解到位，较好地把握了节目的定位和基调，整体驾驭较好，个人表达与节目内容高度融合。语言平和自然，讲述清晰，节奏松紧得当，在多元素的节目中把控自如，起承转合恰到好处，脉络分明，感染力强，播音创作的内外部技巧运用娴熟，表现出了较扎实的专业功底。尤其是她这种自然、亲近的交流语态具有较强的时代感，是当前值得提倡的播音方向。

（杨继红）

广播主持作品

早教早知道之恐怖的三岁

广东广播电视台　杨　健　林　邃

杨健：前两期节目我们分享了幼儿 0～2 岁的语言发展特点。而今天，我们将关注幼儿三岁的语言发展特点。其实，三岁对于儿童语言发展来说是第一个很重要的阶段，因为它是人生的第一个叛逆期，俗称"恐怖的三岁"。除了不乖的时候，所有小朋友都很可爱的。你们看到的只是三岁幼儿语言发展好的一面。但随着他的语言能力的进步，各种的不愿意、不接受、不配合就出现了。

刘劲：有的，因为小朋友的这些行为，其实是跟他的语言发展有关。当他语言能力越来越好的时候，他发现原来世界是这样的，他就开始有自己的思考，有自己想做的事情。那么，在这个阶段他就会要做自己的事情。但是你要想到，他只有两岁多三岁，有很多事情是不能让他自己做的，当你去控制他的时候，他就不乐意了，他就一定要去做，那矛盾就出来了。

杨健：说到恐怖的三岁，其实还有一件很恐怖的事情。有一位妈妈在我们公众号上留言，说她三岁的儿子遇到了很恐怖的事情，一起来听听。（略）

杨健：别说一个妈妈遇到这样的情况，就算是我这样一个大男人都吓出一身的冷汗啊！不过，我们是相信科学的，肯定是不会存在一个灵异的小朋友。

刘劲：这个也是语言发展的表现，如果三岁左右（的小朋友）有这样的行为，我觉得他的语言能力是比较好的。

刘劲：所以各位家长，其实可以用这个方式去引导他，当小朋友出现这种情况的时候，不要怕。这种行为表现，我们说是因为他语言能力的发展，才会出现这样的状态，那么我们只要跟他玩大量的假想游戏去引导，同时这些假想游戏是有情节的，怎么有情节呢？没有情节（的假想游戏）就是拿着梳子假装梳头发，拿着碗假装吃饭，这些就是没有情节的假想游戏。有情节那些（假想游戏）就是，举一个例子，就是我们今天去坐公交车，比如假装开公交车，然后坐下、让座，就是将一些生活情景演绎出来。

杨健：今天的节目给大家介绍了儿童三岁这个年龄段的语言发展特点和应对方法，希望能够给各位家长带来启发。

（以上文字有删节）

采编过程

《早教早知道》是一档关注学龄前儿童教育的节目。幼儿语言发展是其中的一个系列。节目组不时收到听众反馈孩子三岁左右开始不听话、顶嘴，进入叛逆期，不知如何应对。还有不少听众反映孩子有"隐形"玩伴的现象。于是节目组针对这种在育儿过程中普遍遇到的现象，策划制作了《恐怖的三岁》这个节目，通过场景再现、广播短剧、暗访等丰富的声音元素，生动立体地呈现了三岁幼儿语言发展的特点和问题。同时通过与资深幼教专家的访谈，为家长解惑并提供解决方案和建议。

社会效果

早教，越来越受到年轻父母的关注。该节目解答了家长对于幼儿三岁语言发展关键阶段的疑惑，让家长正确面对孩子的第一个叛逆期，受到听众的好评。另外，该节目除了在广播平台播出外，还在"粤听""触电新闻"等知名应用平台上进行多渠道传播，扩大了节目的影响力。同时，节目组还把节目进行精编，在频道微信公众号上推送，点击率创频道同类推送纪录。

【点评】

主持人在主持节目时讲究的是对节目的吸引、组织、引导、串联、控制等作用。在本节目中，主持人采用了广播小品的形式来彰显主题，很快就将听众的注意力吸引过来。在组织中，主持人将音效和采访有机地串联起来，用情景铺垫替代提问，通过趣味性的场景突出三岁孩童的普遍心理，在不同的场景下录制孩子最真实的情感反应，听后让人忍俊不禁，节目流畅自然。在引导方面，主持人始终能抓住大家最关心的"叛逆"这个主题，很有针对性地对嘉宾进行了采访。在采访中，主持人并没有一味奉承和迎合，而是结合自己的切身感受进行交流，让收音机旁边的听众感同身受。主持人在音效和采访之间的切换和衔接非常柔和与自然。这是一个比较好的社会教育专访节目。

（朱海强）

电视短消息

创造生命奇迹　南沙接力抢救 7 名沉船幸存者

南沙区新闻中心　莫道庆　黄增才

【导语】

11 月 27 日凌晨珠江口货船碰撞事故中,"锦泽轮"沉没后,12 名失踪船员中有 7 人在 28 日成功获救。请看报道。

【正文】

28 日下午 3 点左右,海面上一艘海事船鸣着警报向码头飞速驶来。海事船靠岸停稳,第一批获救的 3 名船员立刻被医护人员转移到了岸上,抬上了救护车。南沙警方为救护车开辟绿色通道,救护车一路疾驰,与时间赛跑,在最短的时间内从龙穴岛赶到南沙中心医院。

在接下来的时间,又先后有 4 艘次海事船只从救援前方向岸上送来 4 名获救船员,所有船员第一时间被送往南沙中心医院进行救治。

南沙中心医院在接到通知后,已经启动了应急预案,组成应急医疗救治组对伤者进行会诊。7 名伤员在进行全面检查后,均送往 ICU(重症监护室)进行救治。据了解,送往医院的时候,其中 6 名伤员神志清醒、情况较稳定,主要伤情为呛到海水、泥沙导致的吸入性肺炎,以及货船撞击导致的外伤。

【同期声】

广州市第一人民医院南沙医院贾林:"其中有一位 69 岁的老年患者,病情比较危重。目前我们总院专家进行多学科会诊,争取利用我们最好的设备和最好的技术把病人抢救成功。"

经夜间救治,7 位伤员中 6 位情况稳定,已脱离生命危险。受伤最严重的一名伤者,现在正接受人工肺体外循环,血氧情况接近正常。

采编过程

11 月 27 日凌晨 3 时许,在珠江口伶仃航道海域,装载 5 038 吨钢材的福建平潭籍散货船"顺锦隆"与装载 5 000 吨黄沙的江苏南京籍散货船"锦泽轮"发生碰撞,导致"锦泽轮"沉没。其中,"顺锦隆"船上 11 名船员已全部获救,事发时"锦泽轮"14 名船员中 2 名船员获救,12 名船员下落不明。

　　记者得到消息后，通过多方努力，希望跟随救援舰艇拍摄第一手资料，但由于救援工作的安排，指挥部最后指示，除了少数上级媒体外，其余人员一律不准登船以及自行接近事发地点。为此记者没能参与海上救援第一现场，虽多方沟通，也没有得到相关视频资料。最终记者另辟蹊径，紧跟区内救援应急队伍，抓住基层单位发挥社会责任、与时间赛跑接力抢救生命的新闻要点，在事件过程中采写出这篇报道。

（以上文字有删节）

【点评】

　　该片有两个突出的特点。第一，擅长争抢新闻第二落点。由于种种原因，记者不能随船出海，拍摄不到救援的第一现场。但记者敏锐地抓住"获救船员被紧急送往医院救治"这一新闻第二落点，从而独辟蹊径，成就了一条角度较为独特的电视新闻作品。记者的新闻敏感度、应变能力及敬业精神值得称道。

　　第二，充分利用电视声画多符号的优势，现场还原到位。经过精心剪辑，伤者移送医院的过程被完整、准确、洗练地呈现给观众，特别是现场同期声的剪辑很有讲究，医务人员那句"送南沙中心医院，跟着警车走"短促而清晰，还有几段警笛声。这些都有力地衬托出现场紧张的气氛，很有代入感。如果把画面看作"长×宽"的平面信息，那么现场同期声就相当于"高"，有了它，信息立刻立体化了。由此可见，记者对"题材进行时，传播过程性"的电视媒体特性认识充分，把握到位。

　　该片也有两点不足，一是时效性不是特别强，27 日发生的事情，28 日完成救援，29 日才播出；二是消息标题称"创造生命奇迹"，似有夸大之嫌。

（邱一江）

电视长消息

中国散裂中子源首次打靶成功获得中子束流

东莞广播电视台　何春辉　刘　星　王卉玲　阳玉明　刘锐良

【导语】今天，东莞吸引了世界科学界的目光。位于东莞大朗的国家大科学工程——中国散裂中子源对外宣布，首次打靶成功获得中子束流。这是工程建设的重大里程碑，标志着中国散裂中子源主体工程顺利完工，进入试运行阶段。预计将于 2018 年春按计划全部完工，正式对国内外用户开放。

【正文】上午，中科院高能所在中国散裂中子源园区召开新闻发布会。聚光灯下，中国科学院院士、中国散裂中子源工程总指挥陈和生发布消息。

【同期声】中国科学院院士、中国散裂中子源工程总指挥　陈和生

今天，我非常高兴地向大家介绍，中国散裂中子源首次打靶成功获得中子束流的情况。

【正文】这张就是中国散裂中子源首次打靶成功后测量到的中子飞行时间谱，时间显示的是 8 月 28 日上午 10 时 56 分。那一刻，工程的拓荒者陈和生难掩内心激动的心情。

【采访】中国科学院院士、中国散裂中子源工程总指挥　陈和生

十年的奋斗，大家应该说是感慨万千，就是说，十年过来很不容易，克服了很多困难。

【正文】中国散裂中子源建成后还需要通过建设谱仪设施和相应的实验室进行科学研究和成果转化。

【现场】记者　欧阳玉明

我身后的装置就是散裂中子源的其中一台谱仪。它也可以说是散裂反应的终端。

负氢离子加速转变成质子，质子加速之后快速地打向靶站，在靶站中发生散裂反应，从而放射出大量的中子。这些中子与实验的物品发生碰撞，产生各种各样的运动轨迹。那么，谱仪将会对这运动轨迹进行记录，从而供用户进行实验的研究。

【正文】发达国家的实践经验表明，以大科学工程为核心的科学园区如同发动机和火车头，将逐渐成为区域创新高地和经济增长极，对周边地区的经济、

产业发展起辐射和拉动效应。

【采访】中国科学院院士、中国散裂中子源工程总指挥 陈和生

（中国散裂中子源）它落户东莞，这对珠三角经济发展、产业升级、科技创新具有重要意义。它将成为粤港澳大湾区建设国家科技产业创新中心，成为它的核心单元。通过解决高科技产品研究当中的问题，能够让每一个老百姓都受益于我们散裂中子源的科技平台。

【正文】依托中国散裂中子源，东莞正规划建设总面积约 45.7 平方公里的中子科学城，打造国内领先、世界闻名的国家综合性科技创新中心和面向全国全球的创新驱动发展新高地。

【采访】副市长 黄庆辉

使得我们东莞的也好、广东的也好、全国的也好，千千万万的产业、企业能够利用我们这个大科学装置的一些科技所起到的支撑作用，达到"强身健体"的目的。

采编过程

"近水楼台先得月"，在中国散裂中子源工程所在地的记者，一直在等待获得第一束中子束流的消息。8 月下旬，记者从市领导的公务安排中提前获悉中国散裂中子源打靶成功将于 9 月 1 日发布的消息后，与编辑、摄制团队提前策划协商，做好充足准备。当天，记者不仅详细记录了发布会的消息和各个环节的细节，还采访到了新闻关键人物——中国散裂中子源工程总指挥陈和生院士。在摄制方面，当天安排了航拍，并结合中科院高能所提供的动画演示进行制作。

社会效果

节目播出并通过网络传播后，更多人了解到中国散裂中子源建设的重大意义。通过宣传，让东莞更好地依托中国散裂中子源规划建设中子科学城，使更多人了解到东莞的创新驱动发展情况，使东莞的城市形象和影响力得到提升。

【点评】

《中国散裂中子源首次打靶成功获得中子束流》报道了我国散裂中子源取得举世瞩目的突破性成果，记录了具有里程碑意义的历史瞬间。报道主题宏大，立意高远，通过形象生动的画面和语言讲述了我国科技界践行十九大提出的强化"引领性原创成果重大突破"的故事，阐释了科技创新驱动区域经济发展和增进人民福祉的关系。报道技巧上也颇多亮点，综合运用现场同期声、动画演示、航拍技术等元素，将原本枯燥的科技报道通过深入浅出的可视化手段提高

了观赏性和传播力。同时，时空转换有序，情理兼容，被采访的科学家道出科技理性背后"十年奋斗"的辛苦，体现出新闻的温度和价值向度。不过报道也存在同期声画面不够清晰、文本格式和资料使用不够规范等问题。

（漆亚林）

电视消息

130 多个商标在智利被抢注
澄海企业抱团维权成功收回

汕头广播电视台　陈璇真　吴汉坤　林树强　官汉波

【导语】今天对于澄海众多玩具企业来说是个激动人心的日子，因为此前国家工商总局预警称，包括澄海多家玩具企业在内的 120 多家中国企业的 130 多个品牌商标被一国外商人在智利恶意抢注。澄海区迅速组织海外维权。今天，维权团队带着商标收回和解协议从智利归来，130 多个商标几乎零成本收回，这场维权战为中国企业今后的海外商标维权提供了可借鉴模式。

【现场】记者

我现在是在澄海玩具协会。现在海外维权团队的律师和专家正带着在智利达成的商标收回手续以及和解协议等材料，第一时间把好消息告诉他们。

【同期声】维权团队律师　余飞峰

（6′24″）这是对方签订的合同，这是公证的印章……我们代表澄海玩具协会签订了合同。

【同期声】澄海玩具协会会长　郭卓才

非常满意！谢谢你们为我们打赢这场官司！

【配音】澄海是我国最大的玩具、礼品生产基地，享有"中国玩具礼品之都"的美誉，澄海玩具出口到欧美、中东、东盟的 140 多个国家和地区。智利是南美新兴市场的重要中转贸易口岸。此次商标被大量抢注，直接影响我国企业在南美的出口贸易。

【同期声】澄海玩具企业代表

（8′47″）我们每年出口玩具到南美的国家是比较多，商标被他们抢注之后，澄海出口到这个国家的玩具全部被终止了。

【配音】此次在智利被国外商人恶意抢注的中国商标共有 130 多个，其中有 67 个属于澄海玩具企业。由于在智利抢注商标按程序是合法的，所以，维权行动难度很大。这次，澄海玩具协会聘请律师团队和顾问，组织企业收集大量证据材料，证明了抢注人的抢注行为是恶意的。

【同期声】维权团队律师　余飞峰

（22′07″）一个人抢注了这么多商标，起码很难说他是一个善意的行为。

(22′17″) 中间有不少是有图案的,他又有可能涉及我们的商标,侵犯了我们的著作权,违反了《反不正当竞争法》等。

(23′00″) 所以他还是选择和解。

【配音】抢注人最终选择和解,并在智利公证部门的公证下签订和解协议,将其在智利抢注的 130 多个中国商标以无偿转让的形式归还中国企业。这场"没有硝烟的战争"能够打赢,让维权团队感慨万千。

【同期声】维权团队律师　余飞峰

(21′24″) 随着我们国家的日益强盛,我国的影响力也逐步扩大,我们的人民在海外诉讼就有了一个被平等对待的基础。

【同期声】澄海玩具协会会长　郭卓才

(9′58″) 这个体现了中国的影响力,体现了中国的强盛。

(10′26″) 不仅仅是我们澄海打赢官司,也是我们中国玩具行业打赢这个官司,其他几个省份被抢注的商标都无条件还给我们。

【配音】目前,已有 40 多个商标进入归还程序,其他被抢注的商标正按协议约定陆续归还。近年来,中国商标在海外被抢注的事件频发,成为中国企业"走出去"的"拦路虎"。此次维权行动的特邀法律顾问宁立志教授认为,这个成功案例为中国企业海外维权做出了很好的示范,对于我国企业拓展对外贸易、推进贸易强国建设具有重要意义。

【同期声】武汉大学知识产权与竞争法研究所所长　宁立志

(19′48″) 中国现在逐渐走向世界经济舞台的中央,所以我们将有更多产品走向国际市场。

(20′05″) 以前我们的商标在外面被人家侵权了以后,我们要么放弃,要么花钱把这个商标买回来。

(20′19″) 这一次我们通过谈判,通过专业的学术力量来据理力争,零成本收回。这是一种新的模式,可以为我们国家以后类似的案例提供一个借鉴。

采编过程

记者在了解到包括澄海在内的企业在智利被恶意抢注商标故抱团维权这一信息后,持续跟踪联系,关注案件进展。在获知维权成功、维权团队将胜利成果带回汕头时,第一时间赶往成果对接现场,成功采访到参与维权的权威专家和律师团队,拍摄到企业收到商标收回证书的激动场面,对中国企业成功在海外维权的范例进行了及时全面的报道。

社会效果

报道播出后,被中央电视台、广东电视台等上级媒体广泛采用,引起了普遍关注,坚定了广大企业"走出去"开辟国际市场的信心和决心,也让企业加强了依法维权的意识。对于我国企业在开辟国际市场、应对挑战、规避风险方面起到显著的引导和借鉴作用。

【点评】

企业商标在国外被抢注的现象日益增多，但能够成功维权的不多。以前企业商标被恶意抢注以后，要么是放弃，要么是花钱把商标买回来。这次澄海玩具企业组织的律师团队到海外维权，通过谈判，让抢注人最终选择和解，并在智利公证部门的公证下签下和解协议，将其在智利抢注的 130 多个中国商标以无偿转让的方式归还中国企业，事件具有典型性。该作品能够获奖有如下几个主要原因：①意义重大。在中国扩大对外开放、推进"一带一路"建设的大背景下，汕头澄海企业在进军国际市场过程中遇到商标被抢注的情况时，能够应用法律，敢于与国际恶意抢注商标的商人对话、谈判，成功维护了自己的合法权益，为中国企业今后的海外商标维权行动提供了可借鉴的模式，亦为国内解决恶意抢注商标的官司提供了参考案例。②采访充分。记者抓住维权团队将胜利成果带回澄海的第一时间，采访了维权律师、玩具协会会长、玩具协会代表和知识产权方面的权威专家学者，充分利用了生动的电视语言，把澄海玩具企业抱团跨国维权的过程、成果以及社会效果一一展现，时效性强，现场感丰富，结构完整，主题鲜明。③社会影响大。这次成功维权，保护了澄海玩具企业的 67 个商标，以及国内其他企业商标，共计 130 多个。这不仅是澄海打赢国际官司，也是中国玩具行业打赢国际官司，体现了中国品牌企业走向世界过程中日益增强的维权意识。维权成功，也体现了中国在国际贸易上的影响力，体现了中国实力。作品被中央媒体和广东省媒体采用并被广泛转播、转载，社会影响深远。

（程柳青）

电视系列、连续及组合报道

海丝·粤桥

广东广播电视台 杨田子 欧琳琳 董 琳 杜 曼 王一凡 曾广添 吴珊珊

【正文】

伴着阵阵锣鼓声，一只英姿飒爽的狮子，在梅花桩上腾挪跳跃，时而回首摆尾，憨态可掬，时而单腿直立，威风凛凛，姿态各异的表演将狮子的习性演绎得栩栩如生。

【正文】

潮州会馆醒狮团成立于 1994 年，是从会馆下属端华学校的学生中挑选队员组建而成的。起初只有 20 多名团员，到目前已经有 108 人。蔡团长告诉我们，每年的春节是他们最忙碌的时候，只要鼓声一震，威猛的醒狮一动，整个年仿佛都活了起来。虽然我们很遗憾没看到蔡汉文团长所说的盛况，但是这些队员十几年如一日地坚持这项活动，从中也大概能看出他们对舞狮的热爱和珍惜。

学校校舍由租到买，学校开课、停课、复课……根据当地形势的变化，当地华人在夹缝中一点点积蓄力量去推动华文教育的发展。像郑棉发这样的华商对华文教育"有求必应"，甚至以个人名义替端华贷款；梁校长更是一入端华，终身为端华人。68 岁的她已经为端华付出了 25 年的光阴，为华文教育奉献了一辈子的青春。

【正文】

随着中柬两国交流合作日益深入，近年来不少中国企业进驻柬埔寨，巨大的汉语市场需求带动了大众学习中文的热情。而那些一直致力于推动华文教育的人也愿意付出所有努力，给在柬埔寨的华人一个完整的承诺。

夜晚的柬埔寨安宁平静，忙碌了一天的郑棉发和同乡们喜欢相聚在这家潮州牛肉丸店，吃上一碗潮汕粿条，配上来自家乡的手打牛肉丸，满足而幸福。

【正文】

不管是高桩舞狮、华文教育，还是一碗热气腾腾的牛肉丸粿条，对在外创业的华人来说，都是家乡的味道。随着"一带一路"建设的推进，会有更多像黄泽坤这样的人走出去，但是只要文化的根在，心就不会走远。

乘风破浪会有时：从"海巫"号到中巴建交

【导语】

来看《海丝·粤桥》系列报道。今天我们把目光投向中美洲。提到巴拿马，首先让人联想到的就是连接大西洋和太平洋的著名咽喉要道——巴拿马运河。在"一带一路"建设中，巴拿马发挥着不可忽视的重要作用。从首批华人踏上巴拿马的土地开始，160 多年来，粤籍华侨华人为当地的发展建设做出了不可磨灭的贡献。今年 6 月，中巴两国正式建立外交关系，各领域的合作开启全新征程，两国人民的交往也迎来了新的历史发展机遇。

【正文】

虾饺、凤爪、肠粉……一道道香气扑鼻的正宗粤式点心，一不留神，还以为是在广东"叹"早茶，全然不觉这里已是远在万里之遥的中美洲国家巴拿马。每到周末的早晨，巴拿马城的中餐馆里都是这么热闹。目前，在巴拿马 300 多万人口中，华侨华人约有 20 万，其中 90% 以上都来自广东。他们接受当地教育，熟悉巴拿马文化传统，开始进入金融界、房地产、高校和政府部门任职。祖籍广东的张伟强，改革开放初期来到巴拿马，在这里生活了 30 多年。说起巴拿马，他感触最深的就是运河。

【正文】

在巴拿马运河管理局博物馆里，这艘"海巫"号帆船的模型承载了首批华人抵达巴拿马的历史。1854 年 3 月 30 日，"海巫"号帆船运载来自中国广东汕头的 705 名华工抵达巴拿马。次日，《巴拿马先驱报》刊发这一消息，他们成为第一批有正式文字记载的抵巴中国人。之后，数万华工为巴拿马修建铁路、开凿运河献出血汗。

【正文】

2004 年，为纪念华人抵达巴拿马 150 周年、颂扬华人对巴拿马做出的巨大贡献，巴拿马国会通过提案，将每年的 3 月 30 日定为"华人日"。在横跨巴拿马运河太平洋入海口的美洲大桥西岸，矗立着中巴公园和"华人抵达巴拿马 150 周年纪念碑"。公园不大，却特色鲜明，红柱黄瓦的中式牌楼坐东朝西，遥对三万里之外大洋彼岸的中国。

【正文】

9 月 17 日，中国与巴拿马建交的第一百天，中国驻巴拿马大使馆正式揭牌。在"一带一路"倡议的契机下，未来两国将在贸易、投资、海事、文教、旅游等领域开展广泛合作，对当地华侨华人来说，也迎来了新的历史发展机遇。

【导语】

古代丝绸之路上的驼铃从未在这里响起，千年之前的商船也不曾在这里停泊。但是，自从 170 年前华人首次踏上这片土地，它便与远在东方的中国结下了不解之缘。今天的《海丝·粤桥》带您走进有着"加勒比明珠"美誉的岛国古巴，一起去听听那里的粤侨故事。

【正文】

当时的古巴还在西班牙殖民者的统治中，漂洋过海而来的华工在白人庄园主的甘蔗园和制糖厂里劳作。虽说这些华工都签下了契约，但实际上他们的境遇跟奴隶没有两样，靠出卖体力换来的收入只够勉强度日，即便是契约期满，他们也无力支付回国的路费。于是，大部分华工不得不留在了古巴。史料记载，1847—1873 年，从广州、汕头、澳门的港口出海到古巴做苦力的华工超过了 10 万人。

直到 1874 年，迫于国际社会和清政府的压力，西班牙统治者不得不中止贩运华工。

此后，赎回自由身的"契约华工"与陆续而来的中国自由移民，在古巴首都哈瓦那市中心开辟了纵横 40 多条街道的华人区，到 19 世纪末，这里已经是拉丁美洲最大的华人区，常住华人超过 14 万。在古巴众多的华人中，广东人占了很大的比例。当时哈瓦那华人社区有三家电影院，每天都放映粤语电影，更有四个粤剧戏班登台演戏。

【正文】

何秋兰的养父方标，是来自广东开平的华侨，早年移居古巴，靠洗衣、洗碗、卖彩票维生。因为痴迷粤剧，方标赚到钱后立刻组建了一个剧团，还专门请了师傅教养女读书写字、唱粤剧，9 岁时何秋兰便能跟着师傅登台唱戏。在广东华侨家庭长大的何秋兰，后来也嫁给了一个同样来自广东开平的丈夫，度过了一段富足快乐的日子。

【正文】

蒋祖廉侨居古巴的时间并不长，但是做过古巴《光华报》总编辑的他，对古巴华侨华人的历史了如指掌。他说，无论是早期的华工，还是后来的新移民，他们身陷困境时的奋进，面对压迫时的抗争，都特别令人钦佩。在 19 世纪末古巴爆发的两次独立战争中，华侨华人积极参与，表现英勇，为古巴人民最终推翻西班牙殖民统治贡献了自己的力量，也与古巴人民结下了深厚的友谊。

【正文】

在蒋老先生的指引下，我们来到哈瓦那海滨大道街心花园。一座黑色大理石纪念碑静静地伫立在花园里，上面刻着古巴独立战争时期的将军贡萨洛·盖萨达的一句话："在古巴独立战争中，没有一个华人是逃兵，没有一个华人是叛徒。"古巴人民对独立战争中华人的英勇行为和高尚品质非常崇敬，于是树立华人记功碑以纪念华人所做的巨大贡献。

采编过程

该系列报道于 2017 年 5 月开拍，采访团队足迹遍及亚洲、非洲、美洲的 12 个国家和地区，其中有刚刚与中国建立外交关系的巴拿马，有中国主流媒体从未踏足的加勒比岛国库拉索，还有拥有除中国之外世界上最大的华文学校的柬埔寨等。围绕"一带一路"建设中人文交流、共建共享的话题，我们走访了十多个海外华人社团，不仅采访了近百位粤籍侨胞，还采访了中国驻外使领馆官员以及部分国家政要，制作出 19 集的系列报道——《海丝·粤桥》。整个采访过程历时 5 个月，于 2017 年 10 月初，也就是"21 世纪海上丝绸之路"倡议提出 4 周年之际开播。

社会效果

采访地华人社会高度重视本次采访。摄制组每到一处，都成为当地华人社会的大事，家乡电视台来采访的消息不仅在华人朋友圈刷屏，还登上了当地华文媒体的头版，其中柬埔寨《华商日报》、非洲《华侨周报》等华文媒体对摄制组进行跟踪采访、报道。

该片在新媒体平台也引起了热议，转发量、点赞量、评论量都突破新高，有三分之一的片子点击量突破 10 万。其中《古巴华人的家国情》《海外华人："一带一路"上的连心桥》等报道被人民网、中国侨网、广东侨网等网站转载，腾讯、搜狐、爱奇艺等网站也转载了 19 集系列报道的全部视频。

（以上文字有删节）

【点评】

广东广播电视台的电视新闻报道《海丝·粤桥》有四个值得同行借鉴的特点：

一是选大主题。报道以"一带一路"上的中华文化传承为主线，展现海外华人守护、传承中华文化的决心、魄力和行动，彰显文化自信，增强了新闻的重要性。

二是敢走出去。报道的采访团队足迹遍及亚洲、非洲、美洲的 12 个国家和地区，其中有刚刚与中国建立外交关系的巴拿马、中国主流媒体从未踏足的加勒比岛国库拉索等，增强了新闻的创新性。

三是打"粤侨"牌。报道始终围绕广东华侨展开，采访团队走访了十多个广东海外华人社团，采访了近百位粤籍侨胞，报道的对象有终其一生也要办好华文学校的印尼侨领，有连续 20 年自掏腰包做春晚的巴拿马华商，有积极推广中餐并在秘鲁、南非种水稻的老侨、新侨，还有不遗余力弘扬中华文化的古巴华裔，这增强了新闻的贴近性。

四是推组合拳。整组报道近 20 篇，气势恢宏。播出时机配合大局，在"21世纪海上丝绸之路"倡议提出 4 周年之际开播。播出顺序独具匠心，始播东南亚的报道，再播印度洋、非洲、南美洲的报道，最后以加勒比岛国的报道结束，寓意实现从古代海上丝绸之路到现代海上丝绸之路的延伸，这增强了新闻的影响力。

（范　文）

电视新闻专题

第二个一百次，再出发

广东广播电视台　卢　战　温　俊　李国权　臧　穆

　　12 月中旬，广州人民十分熟悉的老市长陈开枝，枝叔，第 101 次带着南粤各界的爱心，动身前往广西百色老区开展扶贫济困工作。究竟是什么样的动力，什么样的信念，让这位 78 岁高龄的副省级退休领导，不顾年事已高，不顾舟车劳顿，义无反顾地一次又一次地踏上异乡呢？为什么把这次专题定为"第二个一百次，再出发"？

【正文】

　　广西百色，这次是枝叔第 101 次造访此地。枝叔说，他来这里的次数，甚至比回自己老家云浮的次数还要多得多。谈起百色 20 年的发展变化，他如数家珍。

　　1996 年，党中央、国务院决定开展东西扶贫协作，要求广东对口帮扶广西。时任广州市常务副市长的陈开枝，担负起组织、协调广州市对口帮扶百色的工作。从那一年开始，枝叔就与百色结下了不解之缘。21 年来，他平均每年到访百色 5 次，扶贫足迹遍布百色 3.6 万平方公里上的每一个乡镇。

【同期声】广东省老区建设促进会会长　陈开枝

　　1996 年 11 月 28 日，第一次登上这片黄土地。（当时这里）357 万人，有 100 万人没路走，路都没得走的；有 80 万人是没得喝水的；有 60 万人生活在绝对贫困线以下；有差不多 20 万人生存在没有基本生存条件的地方。当地老百姓住房是八面来风，茅草房到处通风漏雨。

【正文】

　　百色，曾是全国 18 个连片贫困地区之一。全市 12 个县，有 10 个都戴着国家级贫困县的帽子。

【正文】

　　搬迁，一定要把山区的贫困群众，从没有生活条件的地方搬出去，这是枝叔首先敲定下来的扶贫路子。

　　在枝叔的牵头协调下，广州市仅用了 2 年时间，就先后帮百色建起了 6 个移民开发区，帮助 8 000 多户、40 000 多名山区特困农民下山安居落户，实现了当年开发、当年搬迁、当年住进新房以及当年解决温饱的"四个当年"目标。

【正文】

在枝叔不遗余力的"撮合"下，21 年来广州对口帮助百色的项目已有 200 多个，异地安置点建造了 120 多个，结束了 10 万多人住茅棚的历史；此外，广州还帮助兴建人畜饮水工程 25 700 多个，修建公路 5 000 多公里，为 380 多座村庄通了电。

【正文】

枝叔，是许多百色的孩子们心里头最感恩的人；而这些孩子们，则是枝叔心里头最牵挂的人。1996 年当他第一次到百色调研时就提出：要扶贫，先扶教育。

【同期声】广西百色祈福高中校长 谢承斯

正是因为在陈主席的牵线搭桥之下，我们才得到了祈福集团彭磷基先生的鼎力资助——捐了巨资援建这所学校。

【正文】

2000 年 9 月，百色当地的第二所公办高中——祈福高中正式建成招生。历经 17 年的发展，祈福高中已经成为广西一流的高中，先后共有 300 多人考取国家 985 工程院校，2 000 多人考取 211 院校。历届广州班的毕业生也都 100% 考上本科线。

【正文】

为了让更多的山区孩子读上书，21 年来，枝叔四处奔走求援，促成了 245 所希望学校在百色落地生根，惠及百色全市 80 多个乡镇，解决 8 万多人的上学难题。

【正文】

2012 年，退休后的枝叔开始张罗另一件大事，他要成立百色教育助学基金会。5 年来，这个由他担任名誉会长的基金会共筹集款物 1.8 亿元，资助贫困学生 3 万多人。第 101 次到访百色，他为基金会带来了自筹的 3 348 万元助学金，当中也包含了他和老伴的 8 万元退休金。

【正文】

得知枝叔又一次来到了百色，这天，有几位特殊的朋友，早早地守候在他入住的酒店，等着他回来。

【正文】

原来，枝叔的这些朋友都是他曾经以个人名义捐助过的学生。当年陷入人生困境的孩子们从大山里走出来，有的当了老师，有的当了公务员，还有的当上了十八大党代表……邓红霞就是其中被改变了命运的孩子。

【正文】

小时候的邓红霞，曾是小平同志以"一个老共产党员"名义资助的 25 个百色贫困学生之一。1997 年，小平逝世，邓红霞一下子失去助学金，面临辍学回家的困难。当时刚上初中的她鼓起勇气，给枝叔写了一封求助信。

【正文】

就这样，靠着广州"亲人"的资助，邓红霞一步步读完初中、高中，然后还考上了大学，毕业后进入国企工作。3 年前，她们家从大山脚下搬进了 60 公里开外的县城，住进了一套 120 多平方米的高层商品房。

【正文】

百色，辖区总面积 3.62 万平方公里，山区占 95.4%，其中石头山占 30%。

作为广东的干部，枝叔比谁都清楚，路通才能财通，百色要脱贫则必须打赢"修路"这一场攻坚战。

【正文】

弄福公路位于凌云县东南部，全长 30 公里，海拔跨度从 300 米到 1 200 米，共有 12 个回头弯道和 3 条隧道。在没修通之前，很多山区群众一辈子都没有离开过村庄，甚至连汽车都没见过。

【正文】

在 1997 年的一次下乡途中，已经连续工作多天的枝叔，终因过度劳累、体力不支晕倒在半山腰。而直到几个月之后，枝叔的老伴才偶然从电视新闻中看到这一幕。

我已经提出我的宗旨是"生命不息，扶贫不止"。

【正文】

2012 年 12 月 8 日，习近平总书记到深圳调研。在莲花山上，小平铜像下，总书记对枝叔多年来的扶贫工作给予高度评价。

【同期声】广东省老区建设促进会会长　陈开枝

（总书记）他拉着我的手，深情地说了一句话。他说，退下后发挥余热，扶贫工作也卓有成效。我就跟他说，我一定按照中央的要求，继续把这个工作做好。

【正文】

21 年的扎实扶贫，让陈开枝这个名字响彻百色大地，当地人称呼枝叔为"广州的那个兄弟"，也有人称呼他"大好人陈开枝"。

但是枝叔说，他最喜欢的还是大家称他为"打工仔"，因为他所做的一切，都是为了无愧"共产党员"这个沉甸甸的称号。

【同期声】广东省老区建设促进会会长陈开枝即兴高歌《我的祖国》：这是美丽的祖国，是我生长的地方……

在这片辽阔的土地上！

【尾句】到处都有美丽的风光。

采编过程

2017 年 12 月初，广东省老区建设促进会决定前往广西百色扶贫助学，并向广东广播电视台发来邀请采访函。这是陈开枝同志第 101 次造访百色，于是我们将采访主题定为"第二个一百次，再出发"，寓意陈开枝同志"生命不息，扶贫不止"的精神。为更真实呈现陈开枝同志的事迹，我们另辟蹊径，舍弃传统的摄像枪和采访麦克风，用单反、手机贴身记录，以专题片的形式记录这一历史性事件。

这次扶贫助学活动行程紧密，现场媒体多达十几家。为克服干扰，我们兵分多路：第一路跟访开枝同志；第二路记录现场环境；第三路与其他受助对象联系并进行采访。短短四天里，三路记者起早贪黑，紧密配合，采访地点达 15 个，受访人物超过 30 人，累计拍摄 40 多个小时的海量素材。为去芜存菁，我们连续多天通宵剪辑，并辗转找来历史画面，制作特技数据图表，直观讲述扶贫成绩……经过近一个月的集体协作，最终完成 15 分钟的专题作品，在广东新闻频道特定时段推出。

社会效果

为贯彻落实党的十九大精神，作品以"扶贫状元陈开枝第 101 次百色扶贫"为切入契机，全程记录了这一新闻事件，这既是完成一项"高举旗帜、引领导向，围绕中心、服务大局"的严肃任务，更是主流媒体履行职责的体现。

全国扶贫开发工作会议确定 2018 年为扶贫领域作风建设年。我们选择在会议结束的第三天播出本片，这是对陈开枝同志"真扶贫，扶真贫"精神的大力弘扬，也是对广大干部群众的一次深刻教育。

专题片播出后，得到我台主要领导的高度评价。陈开枝同志也专门来电表示感谢，并安排在广东省老区建设促进会的年度会议上播出。据了解，该片得到与会同志的高度评价，大家一致认为该作品真正起到"团结人民、鼓舞士气、成风化人、凝心聚力"的重要作用，为"坚决打赢脱贫攻坚战"营造了良好的社会舆论氛围。

（以上文字有删节）

【点评】

新闻专题《第二个一百次，再出发》获得一等奖实至名归。

首先，选题具有很强的社会价值。该片选择广州市原副市长、现广东老区建设促进会会长陈开枝作为表现对象，向观众讲述其始终致力于扶贫事业的感人事迹。陈开枝身上集中体现了一位人民干部兢兢业业、心系群众、始终牢记为人民服务的热诚态度，彰显出党和政府对困难群众"真扶贫，扶真贫"的坚定决心。片子弘扬了社会主义正能量，树立了共产党员、人民干部的正面形象，具有极大的社会价值与意义。

其次，人物事迹叙述客观多元。记者紧扣陈开枝"助学""修路"的主要事迹和贡献，叙述来自各个方面，有来自帮扶对象、当地干部、家庭亲人的讲述，还有来自习近平总书记的当面表扬，让观众真切了解到陈开枝的工作卓有成效，是真扶贫，令人敬佩。

再次，片名由头充足，形象深刻。片头记者在机场采访 78 岁的陈开枝，他介绍自己已经到过贫困地区 100 次，这次是第 101 次，是第二个一百次再出发，本片因此得名。片名很好地讴歌了陈开枝生命不息、扶贫不止的奋斗志向，让观众在敬佩之余也开始好奇人物的具体事迹，成功地引出了后面的内容。

最后，资料翔实，画面震撼力强。创作此片，记者收集了大量有关陈开枝的扶贫资料，使得人物塑造有血有肉，十分饱满。尤其是画面中记录了陈开枝在视察扶贫工作进展时因身体不支晕倒在现场的场景，深深地震撼和感动了观众，让人由衷产生敬意。

片子如果能减少使用主观音乐、加强片头的设计感就完美了。

（张步中）

电视新闻评论

佛山三道加法，为粤港澳大湾区加出融合发展的新速度

佛山电视台　严剑锋　莫小峰　陈泳谕　黄悦阳　肖均培

今天是 7 月 1 日，全球的众多媒体都聚焦一个主题：粤港澳大湾区的全新合作。打开新闻我们可以看到，在习近平主席的见证下，国家发改委在今天早上，刚刚与粤港澳三方共同签署了《深化粤港澳合作　推进大湾区建设框架协议》。而打开伶仃洋的版图，我们也可以看到，被誉为"世界超级工程"的港珠澳大桥，其主体工程已全线贯通。就在眼前，宣示着一个世界级大湾区时代的到来。

抓住粤港澳大湾区的战略机遇，珠三角每一座城市今年以来都提前部署，热火朝天。在大湾区战略提出短短四个月的时间内，作为区域内非中心城市的佛山，连续推出了"香港＋佛山""广州＋佛山""深圳＋佛山"三道加法组合拳，而且这三道加法算术题已经得到多方的高度认同，被迅速推进实施。今天，我们联合粤港澳大湾区的媒体记者和专家学者，一起观察佛山提出的加法方案。

【正文】

全球最长的跨海大桥，被称为"新世界第七大奇迹"的超级工程，在香港回归 20 周年之际，以壮丽画面展示一个浩瀚的大湾区时代的来临。这座横空出世的大桥，更将珠三角传统的 A 字形发展矩阵，改变成力学结构上最稳定的三角形矩阵。

【正文】

"大湾区"的概念一出，区内每座城市都争相抢跑。善于抢机遇的佛山，也一马当先，在立足打造国家制造业创新中心的主战略下，接连推出"广州＋佛山""深圳＋佛山""香港＋佛山"的三大布局，力求在大湾区朋友圈中，做出融合发展的大文章。国际大都会香港立即主动北上响应，并以"并船出海"四个字为两座城市谋划全新的合作分工模式。

【同期声】香港特区第四任行政长官　梁振英

谁去帮佛山的生产者找在地球上最好的买家呢？我觉得香港可以有个作用。佛山也要面向全球的，我觉得香港是一个非常好的伙伴。香港加佛山，可以怎样一起面向全球？

【正文】

佛山组合最有优势的制造业产品，香港发挥国际市场超级联系人的角色，在"一带一路"的国际市场上共同打造粤港澳大湾区的品牌基地。而全新的合作分工，迅速成为大湾区城市融合的新焦点，并且从最开始的"佛山高攀"变成了"香港主动"。

【正文】

仅仅两个月，"香港＋佛山"取得框架性的合作进展，第一大合作项目应声落地。双方在"一带一路"的全球 10 个国家和地区，共同布局佛山的泛家居体验馆。

【采访】佛山市商务局局长　苏岩

根据市委市政府的部署，我们现在已经打造三家海外体验馆：第一个是在伊朗的德黑兰，第二个是在匈牙利的布达佩斯，第三个是在澳大利亚的悉尼。

【正文】

距离佛山容桂 30 公里外的伶仃洋上的广州南沙港，已开通外贸航线近 80 条，与世界 100 多个国家和地区的 400 多个港口建立海运贸易。在国家自贸区政策的大配套下，这里成为粤港澳大湾区一个重要的海洋战略大枢纽。而佛山就在 6 月正式宣布以 19% 的持股比例参建南沙港的四期工程，掀开大湾区时代广佛联手合作的新序幕。

【正文】

打开粤港澳大湾区的版图，11 座城市之间，未来既是握手融合，也是赛跑竞合。"深圳＋香港"一极，有着雄厚的国际化基础；"澳门＋珠海"一极，随着港珠澳大桥的即将开通，将打开全新的发展空间；而"广州＋佛山"，要巩固三足鼎立的核心一极，必须思考跨越性的新布局。因此"大湾区"概念一出，一个没有出海口的佛山，拿出自己的钱去建设广州的南沙港，下的正是一步具有想象力的先手棋。

【正文】

除了南沙港，当前佛山西站的启用已进入紧张的倒计时，在陆路上需要和广州协调分工打开一个广佛西门户枢纽。空港布局上，入年以来珠三角干线机场的筹备工作在佛山紧锣密鼓地推进。一个海陆空合作的"广州＋佛山"大计划，让一对兄弟连顺应历史潮流，推动两城的分工合作要更深，让利共赢要更多，抱负和梦想要更大。

【主持人出镜】严剑锋

广州和佛山，是国内走得最早的同城化合作伙伴，是地缘上天然的兄弟连。而在大湾区战略下，佛山抛出的第三道加法，是要加珠江东岸的深圳，而且在今年上半年已经实现五区全面对接深圳的局面。佛山加深圳，会给粤港澳大湾区带来怎样的发展新动力呢？一起深入剖析。

【正文】

被誉为"华南第一路"的黄金走廊深南大道，是中国经济最活跃的区域之一，这里汇聚了深圳南山区过百家上市企业的总部大厦。深交所、国际交易广场等商业地标，16 万金融才俊，每日在这里创造难以估量的财富。而财富大厦的背后，是腾讯、大疆等一大批龙头科技和软件企业总部在这里扎堆。现在深圳每天产生国内发明专利授权超过 55 件的 PCT 国际专利申请总量，今年即将超过德国，排到全世界第五。

【正文】

在大湾区战略下思考"深圳＋佛山"，绝不是"深圳软件＋佛山硬件""深圳研发＋佛山生产"这样简单的产业链上下游整合，而是必须走出从资本到技术到人才、从产品制造到专业服务、从合作到融合的层面上。长期观察区域经济发展的学者认为，"深圳＋佛山"若能全面结合，必定可以为粤港澳大湾区的东西岸协调发展找到新路径。

【主持人出镜】严剑锋

大湾区的建设其实就是一句老话：广东先行一步，再次引领中国。

【同期声】北京大学国家发展研究院教授　周其仁

单位土地面积发生的经济活动，最活跃的是这个地方，这个没有问题。但有问题的是什么呢？密度够了不等于浓度也够。就是他们之间动得怎样？我觉得这是湾区建设的重点。这个煲很重要，要有温度，有持续的温度去焖，才能让分子充分地交换，营养才能够进到汤里面。我们要好好地在南中国，在大湾区，煲一锅创新驱动增长的浓汤。

【主持人出镜】严剑锋

佛山推出的加法，不仅仅立足佛山的利益。打开粤港澳大湾区的地图，我们可以仔细观察佛山的地理坐标，向南是面朝大海的世界级大湾区，向西北是背靠粤桂黔高铁经济带的大山区。因此我们可以说，算好了佛山的加法算术题，就等于让世界级的大湾区更好地联结广阔的大山区腹地，带动南中国，全面参与更具活力的改革开放，意义非同一般。

采编过程

2017 年 7 月 1 日，是香港回归 20 周年纪念日，也是粤港澳大湾区战略推进实施的重要日子。本台时政部针对这一重要时间节点，提前一个月，策划新闻深度评论，通过观察佛山与香港、广州、深圳等粤港澳大湾区主要核心城市主动打造的全新合作，深入分析粤港澳大湾区城市群融合发展的新速度，从宏观角度和微观例子着手，分析背后的重要意义。本作品的采编制作过程有几个重要的特点：①采访的人物丰富，评论权威；②案例说服力强；③镜头拍摄丰富，全面展示粤港澳大湾区核心城市的发展面貌；④联动粤港澳大湾区的城市媒体共同参与采编创作，评论角度丰富。

社会效果

该作品于 7 月 1 日香港回归 20 周年之际播出，以新闻评论的角度解读粤港澳大湾区合作中佛山的作用，有着十分好的宣传效果。它让佛山乃至粤港澳大湾区城市群的观众，对国家的宏观发展战略加深了共识。新闻评论播出后，粤港澳大湾区的城市媒体纷纷转发，众多国内政界、商界的人士以及海外乡亲通过新闻评论，更充分认识了粤港澳大湾区城市群融合发展的重要性。

（以上文字有删节）

【点评】

2017 年 7 月 1 日，香港回归 20 周年。这一天也是粤港澳大湾区战略推进实施的重要节点。佛山电视台把握时机，策划、推出了这一深度新闻评论。评论由佛山这一"点"，扩展到粤港澳大湾区这一"面"，让佛山、粤港澳大湾区城市群乃至全国的观众都对国家的宏观发展战略有了更加深入的了解，充分认识到粤港澳大湾区城市群融合发展的重要性。

作品从佛山与香港、广州、深圳等粤港澳大湾区主要核心城市的全新合作入手，展现了粤港澳大湾区城市群融合发展的新速度，通过宏观角度和微观事例深入分析了事件背后的重要意义。

作品在采编、制作过程中有如下特点：

（1）评论题材重大。新时代，粤港澳大湾区战略已经从区域经济合作上升到全方位对外开放的国家战略，在国际、国内的双重需求和挑战下，粤港澳大湾区的发展备受瞩目。在这一背景下，作品立足于粤港澳大湾区融合发展的重大意义，从"香港＋佛山""广州＋佛山""深圳＋佛山"三道加法的组合入手，通过独特的视角，深入剖析大湾区合作中佛山的作用。就如同节目中所说，算好了佛山的加法算术题，就等于让世界级的大湾区更好地联结广阔的大山区腹地，带动南中国，全面参与更具活力的改革开放，意义非同一般。

（2）评论时效性强。2017 年 7 月 1 日，既是香港回归 20 周年的日子，也是粤港澳三方共同签署《深化粤港澳合作　推进大湾区建设框架协议》、促进粤港澳大湾区合作发展的重要时间节点。作者抓住时机，使作品具有极强的新闻时效性和可观性，体现了作者对评论作品的策划能力。

（3）采访对象权威。在这一评论作品中，香港特区第四任行政长官梁振英，广东省委副书记、广州市委书记任学锋，佛山市委书记鲁毅，佛山市市长朱伟，腾讯集团董事会主席马化腾，志高集团董事局主席兼总裁李兴浩，北京大学教授周其仁等，从政策、业务、理论等多方面表达了相应的观点，为新闻评论提供了权威的观点论证。

（4）评论视角多元。作品由佛山电视台牵头策划，同时联动广州广播电视台、深圳卫视、珠海广播电视台、腾讯网等。作品并不局限于佛山一处，而是放眼粤港澳大湾区的整体发展。这篇由多方共同参与创作的新闻评论，评论观点具有多维视角。

（5）制作手法丰富。作品在前期拍摄过程中收集了丰富的素材，画面比较丰富，能够比较全面地展现粤港澳大湾区核心城市的发展面貌。在后期制作过程中，能够充分利用 LED 大屏的功能，展示区域地图、新闻关键词以及事件案例等核心要素，增强了新闻评论的可看性和被接受度，避免了政策解读的枯燥。

（高晓虹）

电视新闻访谈节目

林鸣：大国工师与超级工程

广东广播电视台 张 欢 彭曦翎 李秀生

2017 年 8 月 31 日，港珠澳大桥的建设又取得了新进展！东人工岛主体建筑结构正式封顶。根据设计，东人工岛主体共有地下两层和地上四层，建筑面积超过 40 000 平方米，采用清水混凝土工艺，造型优美，与自然融为一体，宛如伶仃洋上的一艘"超级航母"，建成后将成为珠江口的新地标。

整座港珠澳大桥长 55 公里，在这片 2 000 多平方公里的广阔海域上，如一条跨海"巨龙"横空出世。这座集桥、岛、隧为一体的超级工程建成后，将成为世界上最长的跨海大桥。其中，岛隧工程恰似整个超级工程皇冠上的一颗"明珠"。负责打造这颗"明珠"的就是中国交建总工程师、港珠澳大桥岛隧工程项目总经理林鸣带领的建设团队。

【短片 2】

港珠澳大桥的建设是一项超长周期的工程，很多人要为之奉献十几年的光阴。2005 年年底，林鸣开始参与港珠澳大桥建设的前期准备工作。对于当时已近知天命之年的林鸣来说，这项工程成了他退休之前的最后一个作品。

【短片 3】

港珠澳大桥所在海域周围机场众多，每天还有几千艘船只通过，其中不乏大吨位船只，地理位置极其特殊。为了方便飞机起降和船舶通航，最终的设计方案是让这条"巨龙"的中间一段"潜"入海底，在海底建一条深埋沉管隧道，并在海中建造两座人工岛，实现桥隧百米落差的过渡衔接。

在此之前，中国工程师从来没有做过外海沉管隧道，仅仅建过几个长数百米的内河沉管隧道，外海沉管隧道的核心技术一直掌握在为数不多的几家外国公司手里。

【短片 4】

当时，摆在林鸣面前的只有外国公司在网上公开发表的一张沉管隧道产品宣传单页，没有任何先例可循，没有一点成熟经验可借鉴。外国专家笃定地对林鸣讲："你们没有能力做这件事情。"但面对质疑，林鸣没有动摇。

【短片 5】

在林鸣的办公室，有一块小白板，上面贴满了纸条，还画有密密麻麻的图形和符号。在这间屋子里，林鸣和他的团队开了无数次的技术研讨会议，从概念到方案到具体施工，一次次地论证、一次次地否定、一次次地优化，在林鸣的带领下，这道世界级难题的解答思路逐渐清晰。小白板立下了大功劳，最终见证了奇迹的诞生！

【短片 6】

林鸣和团队成员开创性地提出介于刚性与柔性之间的"半刚性"沉管结构形式，既能让沉管隧道适应地基的沉降变化，又能保证每个沉管的受力需求，提升接头的水密性。最终，这一施工方案得到了国内外专家的一致认可。

【短片 7】

在论证沉管隧道方案的同时，人工岛建设也在如火如荼地进行中。2011 年，林鸣和他的团队仅用 221 天，就让 120 个直径 22 米、高 50 多米、单体重 500 多吨的巨型钢圆筒围成了东西两座海上"长城"，实现了"当年开工、当年成岛"，攻下了岛隧工程的"第一战役"。

【短片 8】

紧接着，岛隧工程的"第二战役"全面打响。2013 年 5 月，港珠澳大桥沉管隧道首节沉管——E1，经过 96 个小时的鏖战，顺利安装就位，实现了与西人工岛的"海底初吻"。

【短片 9】

顶住巨大的压力，林鸣深思熟虑后果断下达指令："中止安装，沉管回航！"后来，查清了安装失败的主要原因是人们在这片海域采砂、洗砂产生的悬浮物所造成的回淤。经广东省政府协调，7 家采砂企业近 200 艘船舶在不到两天的时间内全部撤离。2015 年 2 月 24 日，E15 沉管再次出征。就在沉管即将到达转向区时，林鸣接到报告：基床面出现大面积异常堆积物，最厚处达到 60 厘米。听到这个消息，工程指挥现场一片沉寂，感觉天塌地陷一样，很多人痛哭出声。而作为现场总指挥的林鸣再一次冷静地下达了"沉管回航"的指令。

【短片 10】

这次，很快弄清了原因。施工人员再次完成了清淤、重新铺设基床等工作，做好第三次安装准备。3 月 24 日，E15 沉管第三次踏浪出海，在 40 多米深的海底与已建隧道实现了精确对接，安装取得圆满成功。

【短片 11】

林鸣和他的团队用一片丹心谱写了"三战伶仃洋"的壮歌。经历了 E15 沉管一波三折的安装过程，林鸣和他的团队更有信心了。2015 年全年，港珠澳大桥创造一年安装 10 节沉管的"中国速度"，刷新了沉管隧道建设的纪录。

在岛隧工程建设过程中，林鸣一直倡导岛隧的"工匠精神"，提倡"哪怕是拧一颗螺丝也要拧得最牢，扫一片地也要扫得最干净"。在他的感召下，在岛隧工程的每块工地上，整整齐齐的场地、干干净净的设备、统一规范的着装，展示出一支建筑铁军的精气神。自项目开工以来，这支队伍中的 16 个集体、9 名个人获得了国家级荣誉，工人管延安以"上个螺丝都要检查三遍"的精神成为中国"深海钳工"第一人，被誉为"大国工匠"。

【短片 12】

2017 年 7 月 7 日，港珠澳大桥海底隧道贯通，这是当今世界上最长、埋深最深、综合技术难度最大的沉管隧道。这意味着，港珠澳大桥主体正式贯通。8 月 27 日，连续经历"双台风"的洗礼后，港珠澳大桥安然挺立。目前，是人工岛的决战阶段，这个超级工程将于今年年底正式向世人展现它的巍峨雄姿。

采编过程

港珠澳大桥作为我们国家的超级工程，备受世界瞩目。整个港珠澳大桥长 55 公里，在 2 000 多平方公里的广阔海域上，如一条跨海"巨龙"横空出世。这座集桥、岛、隧为一体的超级工程建成后，将成为世界上最长的跨海大桥。其中，岛隧工程恰似整个超级工程皇冠上的一颗"明珠"。而负责打造这颗"明珠"的就是中国交建总工程师、港珠澳大桥岛隧工程项目总经理林鸣带领的建设团队。记者耗时大半年不间断采访以及近一年的资料和拍摄作品整理，总共用了近一年半的时间完成了最终的拍摄，并于 2017 年 9 月，在港珠澳大桥东人工岛主体建筑结构正式封顶之际，播出了这个节目。采访过程集聚多方力量，专访过程非常顺利、流畅，最终文稿一气呵成，后期编辑也尽心尽力做到最好。

社会效果

由于人们对港珠澳大桥的关注度非常高，虽然采访过程艰辛，但是最终在播出当天取得了超高收视率。节目播出当天的收视率进入当天全频道前三，与此同时，较上周的同栏目节目，收视份额提升了 500%。

（以上文字有删节）

【点评】

《权威访谈》栏目播出的《林鸣：大国工师与超级工程》有三大特点值得首肯。

一是选材得当，立意高。通过访谈展现了项目主管人林鸣攻破技术难关、带领团队实现港珠澳大桥成功建设的过程，体现出团队协作下大国工匠的专业精神、奉献精神。港珠澳大桥的建设可谓一波三折，在不断涌现的工程难题面前，林鸣和他的团队不畏艰险，不断攻坚克难，终获成功。E15 沉管一波三折的安装过程，谱写了"三战伶仃洋"的壮歌，也使得节目跌宕起伏，更加扣人心弦。外海沉管安装，"半刚性"沉管结构的大胆提出，不仅为国家节约了大量经费，而且打破了国外垄断，对提高中国人民的自信、鼓励观众勇于迎接挑战具有正面的效果。

二是作为电视新闻访谈，节目时效性强。2017 年 8 月 31 日，港珠澳大桥的建设取得了新进展，东人工岛主体建筑结构正式封顶。编导以此为由头，对林鸣进行访谈，节目于 9 月 16 日正式播出，及时地满足了观众的心理需求。

三是节目运用多种手法来展示工程内容，大大拓展了访谈的时空。节目采用大量的工程人员工作镜头、工程现场镜头以及动画概念镜头，帮助观众更好地了解施工的难度、现场的氛围以及大桥最终完成时预计展现的效果。

节目的不足在于由记者出身的张欢临时充当栏目主持，在访谈现场略显拘谨，对于营造良好的谈话氛围，还有一定的提升空间。

（张步中）

电视对外新闻

西学东渐·根与魂

珠海广播电视台　林卫旗　张雪梅　张　浩　杨　扬　陈晓军

1847 年春天，容闳乘坐"亨特利思"号帆船前往美国求学。多年之后，容闳成为美国高等教育史上首位中国留学生，被誉为"中国留学生之父"。

2017 年 11 月，容闳诞辰 189 周年之际，珠海广播电视台携同珠海中国留学博物馆筹备中心，专程赴新加坡采访容闳后裔，三代人讲述容闳精神。

容闳孙子　容永成：

我爷爷是 47 岁才结婚，Mary Kellogg（玛丽）是我的祖母，她跟我爷爷是在康州的时候认识的。容闳说很难跟中国女孩子结婚，但是他又难过的是，他认为美国女人不会嫁他。

容闳玄外孙女　白翠文：

因为那个时候一个美国人跟一个中国人（结婚）不是一件很正常的事情。

（略）

容闳孙子　容永成：

（容闳）到美国的时候看美国那种很开放，有那种自由的精神，他觉得这种是值得学习的，常常想到怎么样对中国的国家或社会服务，什么制度可以使中国那个封建的制度进行改革还有进步。

容闳曾孙　容志鸣：

他去了美国之后，又想着回到中国，帮助中国进步。对我而言，这是一种非常无私的精神。

（略）

容闳孙子　容永成：

为中国这个国家服务，对社会做贡献。

容闳曾孙　容志鸣：

（容闳）他是一个非常杰出的人物。他鼓励这些留学生好好建设祖国，在中国好好工作，所以我觉得他是一个非常杰出的人。

【音乐字幕】

容闳的后人参与创办了德威教育集团，旗下的德威国际学校遍布亚洲 4 个国家、7 个城市，通过与国际课程专家的合作，开发了一系列融合国际先进教育理念和教学方法的校本课程，为学生提供中西融合的国际化教育。

（略）

容闳曾孙　容志鸣：

我为中国感到非常骄傲，尽管我在新加坡，但我仍然觉得自己是中国人。我们其实仍然属于（中国）。

容闳玄外孙女　白翠文：

我爱中国！中国是我的家！

【音乐字幕起】

你每句话都打动我心弦，赞美的话仍藏在我心间，多年以前，多年前……

（以上文字有删节）

采编过程

2017 年年中，珠海中国留学博物馆筹备中心启动"留学文化资源抢救"行动，我们有幸参与其中。11 月下旬，在容闳先生诞辰 189 周年纪念日，我们携同珠海中国留学博物馆筹备中心一行六人前往新加坡，开始了对容闳嫡孙容永成先生及其长子容志鸣、外孙女白翠文长达数天的采访。

我们采访的初衷只是希望留下一些珍贵的资料，回到珠海整理素材之后发现，容永成先生祖孙三代以及留美后裔那种致力于教育事业、为社会做贡献的精神是一脉相承的。这条主线让我们萌生了制作专题片《西学东渐·根与魂》的想法。

我们将容闳先生当年出国乘坐的"亨特利思"号模型作为一个引子，配以容永成先生的同期声拉开讲述。从古色古香的南屏老屋到现代时尚的新加坡，背景音乐 *Long Long Ago* 舒缓深沉，带出了时空穿梭之感。古老与现代，穿越了时间的阻隔，几代人的血脉精神得以连接。

在主题内容的表达上，我们尝试摒弃传统方式，除了寥寥无几的点睛字幕，通篇没有任何解说词，仅以单纯的采访将片子串成五个部分，用人物采访的方式来表达整个片子的思想和情绪。

片尾我们采用了情侣路上的灯塔这一画面，寓意容闳精神如明灯一般指引着后人，也与开篇的南屏老屋遥相呼应。一段往事，一种精神，始于珠海，照耀后世！

社会效果

"为国家服务，对社会做贡献。"这是专题片中容闳嫡孙容永成先生说的一句非常朴实但实际上有着崇高立意的话，也是 100 多年前容闳精神的一个传承延续，这句话所蕴含的精神贯穿着《西学东渐·根与魂》这部电视专题片。

《西学东渐·根与魂》播出后，在社会上引起巨大的反响。在这个留学生愈发普遍的年代，容闳后人对故土的情感引起了许多观众的共鸣——无论你去往多远，你的根始终在那里，永远不会变。通过该片，观众不仅看到了容闳后人对故土的深情，还有对传承延续容闳精神的感动。"为国家服务，做一个对社会有贡献的人"，是这部专题片带给观众最大的正能量！

该片还被珠海中国留学博物馆选中，将在 2018 年召开的"珠海中国留学博物馆'学术立馆'规划研讨会"上播出。

【点评】

这部专题片一开场就很吸人眼球，一曲爱尔兰民歌 *Long Long Ago* 以舒缓深沉的曲调，仿佛把观众带到 100 多年前。随着片子的展开，观众"跟随"容闳先生在海外的两代后人，听着容闳的往昔故事，感受到容闳家族"一定要对社会有贡献"的精神传承和后人从事教育的理念，以及他们对祖国高速发展的自豪。整部片子没有解说词，只有点睛的几处字幕，仅以人物采访串成五个部分，以人物的讲述带出全片的思想和情绪，风格质朴，别出心裁。片子在后期制作上下了功夫，画面讲究，剪辑精心，特别是配乐恰到好处——*Long Long Ago* 贯穿全片，甜蜜绵长又带着一丝忧伤，让人有穿梭时空之感，整部片子唯美、有诗意。

（岑　力）

电视新闻栏目

深视新闻

深圳广播电影电视集团　齐蕴泉　康晓明　唐海钰　宋菁菁　吴一琪　李　偲

2017 年 4 月 11 日《深视新闻》内容

序号	播出方式	节目标题	带号	时长	累计时长	记者
1	口画	提要		00:00′50″	00:00′50″	符立雄
2	图像	（3 个标题）【践行新理念　实现新发展】深圳：打基础　利长远　固定资产精准投资		00:01′45″	00:02′35″	徐卫亚、柳佳凝
3	无导语	（第二部分）【践行新理念　实现新发展】深圳：打基础　利长远　固定资产精准投资		00:01′26″	00:04′01″	符立雄
4	图像	王伟中会见诺奖得主安德烈·海姆爵士		00:01′06″	00:05′07″	李元电、张玉涛、何嘉琪、支丙然
5	图像	（4 个标题）【深圳湾会客厅】专访诺贝尔物理学奖得主安德烈·海姆		00:04′02″	00:09′09″	何嘉琪、李元电、支丙然
6	图像	《经济学人》刊文：深圳已成为创新温室		00:01′46″	00:10′55″	符立雄
7	无导语	【余治国观察】到深圳去！世界创新场上的新动向		00:05′54″	00:16′49″	余治国、杨阳
8	图像	深圳市召开轨道交通建设指挥部会议　加快推进轨道线路内联外通		00:01′02″	00:17′51″	徐卫亚

（续上表）

序号	播出方式	节目标题	带号	时长	累计时长	记者
9	无导语	深圳：提升网络舆情应对和处置能力		00:00′43″	00:18′34″	高旭、郭保瑞
10	无导语	深圳：构建"共建共治共享"格局 打击侵权假冒		00:00′31″	00:19′05″	余兮、朱思宇
11	图像	第五届"电博会"落幕 助推中小微企业成长升级		00:02′16″	00:21′21″	黄涛、郭保瑞
12	无导语	小片花 + 广告 1 + 小片花		00:02′10″	00:23′31″	符立雄
13	图像	深圳拟调整路边停车位 新增泊位331 个，取消159 个		00:01′41″	00:25′12″	刘龙树、孙海鹏
14	无导语	深圳：警企合作 开展直升机紧急救援服务		00:00′42″	00:25′54″	杨阳、罗骁
15	无导语	小片花 + 广告 2 + 小片花		00:02′09″	00:28′03″	符立雄
16	口画	4 月 11 日天气：阴天，有雷阵雨，气温20℃ ~24℃；东北风3 级；相对湿度75% ~95%		00:00′18″	00:28′21″	钟进洪
17	口画	结束语		00:00′35″	00:28′56″	符立雄
18	图像	编辑：齐蕴泉 康晓明 唐海钰 宋菁菁 吴一琪 李偲		00:00′00″	00:28′56″	符立雄

2017 年 4 月 11 日《深视新闻》文稿（略）

2017 年 10 月 20 日《深视新闻》内容

序号	播出方式	节目标题	带号	时长	累计时长	记者
1	口画	提要		00:00′50″	00:00′50″	赵霞
2	口播	开场语		00:00′05″	00:00′55″	符立雄
3	无导语	十九大片花		00:00′30″	00:01′25″	赵霞
4	口画	连线开始语		00:00′20″	00:01′45″	符立雄
5	图像	【深圳·使命】打造新时代更具示范引领作用的改革先行区		00:04′57″	00:06′42″	刘宇宁、于源灏、朱思宇、聂双双
6	图像	广东代表团讨论中央纪委工作报告		00:02′31″	00:09′13″	李元电、余兮、崔波
7	图像	广东团党代表热议十九大报告		00:01′43″	00:10′56″	李元电、余兮、崔波、聂双双
8	图像	(3 个标题) 十九大记者会：加强思想道德和文化建设情况		00:02′34″	00:13′30″	聂双双、靳阳懿
9	图像	【学读十九大报告】专家：深圳应主动破题　探索新时代发展新路径		00:01′51″	00:15′21″	周庆元、顾雷兵、马巍
10	图像	【学读十九大报告】贯彻新发展理念　建设现代化经济体系		00:03′01″	00:18′22″	何嘉琪、支丙然
11	图像	【十九大时光】深圳干部群众：新思想指引开启新征程		00:03′31″	00:21′53″	黄涛、李祥菲、韩达
12	图像	【盛会观察四】"创新中国"蓝图绘就　"创新之都"勇当尖兵		00:04′13″	00:26′06″	梁轶琳、余治国
13	无导语	十九大短版小片花		00:00′15″	00:26′21″	赵霞

（续上表）

序号	播出方式	节目标题	带号	时长	累计时长	记者
14	图像	省领导来深调研工业互联网企业发展情况		00：00′32″	00：26′53″	罗骁
15	无导语	市领导调研深圳国际会展中心建设		00：00′32″	00：27′25″	徐卫亚
16	无导语	深圳市政协督办垃圾分类重点提案		00：00′23″	00：27′48″	孙海鹏
17	无导语	深圳南山区桃源书画院举办欢庆十九大书画展		00：00′16″	00：28′04″	隋啸
18	口画	10 月 21 日 630 天气：多云间晴天；气温 22℃～28℃；东北风 2～3 级，沿海和高地阵风 5～6 级；相对湿度 50%～85%		00：00′24″	00：28′28″	钟进洪
19	口画	结束语		00：00′35″	00：29′03″	赵霞
20	图像	编辑：齐蕴泉　康晓明　唐海钰　宋菁菁　吴一琪　李偲		00：00′00″	00：29′03″	赵霞
21	图像	深视新闻小片花		00：00′00″	00：29′03″	赵霞

2017 年 10 月 20 日《深视新闻》文稿（略）

采编过程

《深视新闻》是深圳卫视一档以本地时政新闻为主的日播类综合新闻栏目，是深圳卫视历史最悠久的新闻栏目，每天 18：30 播出，是深圳本土最权威的电视时政新闻发布平台。相关工作人员牢记习近平总书记嘱托，落实中央、省、市各项要求和部署，坚持正确的政治方向，在时政新闻的制作理念、质量提升、报道形式创新、融媒体发展等方面积极探索，在地方台新闻联播改革方面走出了一条新路。

制作理念创新：从记录到观察。在精准、及时报道深圳市委市政府的各项决策部署、深圳主要领导的政务活动，权威发布深圳经济特区改革先行先试的新理念、新做法、新经验，宣传深圳经济社会发展取得的各项成就，持续跟进政府各部门的工作进展基础上，从 2015 年 5 月开始，《深视新闻》打造品牌评论员，推出栏目《余治国观察》，用观察员发表评论的方式，对深圳市委市政府的决策部署进行深刻解读和分析，在全国地方台新闻联播中尚属首创。评论员用接地气的语言、生动的实例、深入浅出的表达方式，传播严肃、理性的政策主张，点明施政行动背后隐藏的深意，展望决策实施的未来效果。2017 年，该栏目录制了近百期，十九大期间，更是达到每天一期的高频次播出，多次受到省市领导的高度赞誉。

播出质量提升：从跟随到推动。在坚持导向正确的前提下不断探索、提升报道质量，摒弃时政报道碎片化、流水账式的表达，围绕国家、省、市一段时间内的工作重心策划选题，设置议题，全方位、多角度、多层次展开系列报道，助力政策落地，成为决策实施效果的风向标，为经济社会发展营造良好的舆论氛围，鼓舞士气，凝心聚力。

报道形式创新：从模仿到独创。除了《余治国观察》之外，近年来栏目还精心策划了多个子板块。如：

《玮玮道来》——独创高端政务访谈，以季播为周期，通过专访、走访、航拍等方式，创新常规主题报道，在深圳卫视新闻节目播出史上尚属首次。第一季推出十区党政一把手访谈，第二季专访深圳各委办负责人，全年共播出 16 期，受到普遍好评和广泛关注。

《深圳湾会客厅》——类直播采访高端国际人士，全年播出近 50 期，其中包括约 20 位诺贝尔奖获得者，此外还有联合国副秘书长、欧盟委员会委员、智利前总统、瑞典前首相、多国驻华大使等政要，栏目影响力和权威性得到进一步提升。

《科学说》——围绕市委市政府重点工作，以新闻视角，将治水提质、垃圾分类处理等关乎城市质量提升的内容，在虚拟演播室和实地场景中，科学知识及统计数据以动画式、浸入式方式呈现，形式新颖，内容生动，收到良好的传播效果。

融媒体发展：实现自有平台壹深圳 app 实时发布，战略布局两微一端传播矩阵，在聚合媒体平台全渠道分发，流量增长显著，多次冲击 100 万以上的点击量，用户交互活跃度不断提升；大手笔前瞻性投入，建立虚拟演播室，运用 VR、3D 等技术，让严肃的新闻表达生动起来。

社会效果

（1）主流权威可靠：唱响主旋律，传播正能量。栏目在深圳电视时政新闻报道方面已经确立绝对权威地位，传播力、引导力、影响力和公信力得到有效提升，多年来屡次获得国家、省、市领导的肯定。

（2）影响高端人群：在政策制定者、产业领袖、行业精英、专家学者中具有良好口碑，他们愿将节目作为发布信息的渠道，也常将节目内容作为自身发展的重要参考。

（3）辐射地区广泛：节目不仅在深圳本地具有重要影响力，还辐射了珠三角、港澳台地区、全国多地乃至海内外华人聚居区域，成为他们了解深圳经济特区的重要平台。

（4）社会效益显著：节目在坚持正确政治方向和舆论导向的同时，接地气、聚民心，群众基础扎实，在全国地方时政类新闻中，收视率名列前茅。

【点评】

《深视新闻》是深圳卫视历史最悠久的新闻栏目，2017 年这个老牌节目焕发出新的活力：一是着力提升播出质量，摒弃了时政报道碎片化、流水账式的表达，围绕国家、省、市一段时间内的工作重心策划选题、设置议题，为经济社会发展营造出良好氛围；二是创新制作理念，打造自己的品牌评论员，在精准、及时报道本地时政新闻的同时，推出观察员评论节目《余治国观察》，解读和分析党和政府的政策和主张；三是创新报道形式，高端政务访谈《玮玮道来》、类直播采访高端国际人士的《深圳湾会客厅》和以科学知识、统计数据来解读城市建设、治理等内容的《科学说》等多个子板块各显身手。此外，还大力促进融媒体发展。该栏目唱响了主旋律，传播出正能量，成功影响高端人群，为深圳卫视塑造了"主流、权威、可靠"的媒体形象。

（岑　力）

电视纪录片

海丝寻梦录

广东广播电视台　谢　冰　谭世桢　黄文峰　郭志勇

《海丝寻梦录》第一集

【解说】

我们生活的地球 70% 被水覆盖。不同的人类族群被河流、海洋分隔。出于与生俱来的本能和需求，自古以来，人类就有穿洋过海的冲动。

随着造船及航海技术的发展，人类逐渐征服海洋，一条源自东方的贸易航线——海上丝绸之路应运而生，覆盖了大半个地球，构筑起一张无形而巨大的网络。物产在这里自由流动，文明在这里激烈碰撞，持续千年，生生不息，世界各国人民命运的交融日益紧密。

时至今日，随着中国"一带一路"伟大倡议的提出，"21 世纪海上丝绸之路"日新月异，更有力地推动世界经济的发展，共同构建人类命运共同体，实现共赢共享。

【解说】

钱山漾遗址，位于浙江省湖州市城南，是人类丝绸文明的一处发祥地。1958 年，考古学家在这里发现了绸片、丝带、丝线等一批尚未碳化的丝麻织物，距今已有四千多年，是至今发现的最早的家蚕丝织品。2015 年，潞村古村落钱山漾遗址，被正式命名为世界丝绸之源。

湖丝甲天下，它细、圆、匀、坚、白、净、柔、韧等特征在明清两代就全国闻名。乾隆年间，就有外国人用外国商品交换湖丝，而真正让东方丝绸誉满全球的，是来自广东中山的商人——徐荣村。徐荣村在上海从事蚕丝和茶叶贸易。他善于经营，为防止别人假冒招牌，他将自己的商品打上"蚕桑为记"的商标，包装纸上加印"仿帖"，上写"确鸡为记"的荣记字号。

【解说】

1851 年，远在西半球的英国宣布举办世界博览会，维多利亚女王以国家的名义，邀请十多个国家参展。徐荣村获悉之后，立即将自己所经营的"荣记湖丝"打包 12 捆，装上货船，紧急运往伦敦。由于遇到逆风，世博会开幕三个多月后，货物才抵达伦敦。

【解说】

经伦敦世博会评定,中国湖丝获得"制造业和手工业"金奖。美丽的蚕丝和茶叶、瓷器等商品风靡全球,源源不断地从广州十三行出发,流向世界,促进了全球贸易和文明交融,以至于德国学者李希霍芬用丝绸来命名这个伟大的海上贸易网络。

眼前的这座红砖房,装潢简约古朴,主人马可把这里命名为家园,用来展示自己的设计理念和服装,古老的丝绸在这里有了新的表达。

马可,设计师品牌"例外"的创始人之一,打造中国原创服装品牌是她的梦想。

中国是世界上最大的服装出口国家,生产能力为世界第一。但是,能在国际上产生影响力的品牌少之又少。2006 年,马可离开了"例外",在广东珠海创立了工作室,用心打造一个建立在中国民族文化基础上的原创品牌。

【解说】

2007 年 2 月,马可的作品《土地》在巴黎时装周发布。她把过去旅行过程中对祖国山河大地的感叹、对乡村农民和手工艺人的感动,全部融汇到服装设计中。东方文明与巴黎这座时尚之城激烈碰撞。

【解说】

时隔一年半,马可再次受邀,回归本真的系列《奢侈的清贫》亮相巴黎高级定制时装周。随着马可作品的发布,越来越多的中国设计师在国际舞台上崭露头角。

郭培正在为她 2017 年的巴黎高级定制时装周作准备,这已经是她第三次登上世界服饰文化的金字塔尖了。

【解说】

花了五万个小时完成的"大金"、北京奥运会颁奖礼服、央视春晚歌手和主持人的礼服、巨星蕾哈娜的大黄袍,这些美丽的作品,都出自郭培之手。这些年,每次郭培的设计发布,中国的手工,东方的元素,都让国际各大品牌设计师的血液为之沸腾,也带动了时下的刺绣热。

【解说】

2017 年,巴黎时间 1 月 25 日晚 8:30,郭培的 2017 年春夏系列《传说》在巴黎小皇宫发布。现场座无虚席,时尚大亨云集。"T 台不老传奇"美国超模卡门·戴尔·奥利菲斯压轴登场,将发布会推向高潮。

一条条漂亮的大裙子,承载了中国原创的梦想,在时尚的王国里闪耀,已可与国际知名品牌产品并肩。

【解说】

2016 年元旦,粤海关大钟楼的钟声在沉寂了 20 年之后,再次敲响。自建成之日起，它一直屹立于珠江之滨，目睹了广东近代海上丝绸之路的辉煌。现在它又与坐落于琶洲的广州国际会展中心交相辉映。

【解说】

中国进出口商品交易会，俗称广交会，创办于 1957 年春季。它每年春秋两季在广州举办，是中国目前历史最长、层次最高、规模最大、商品种类最全、到会客商最多、成交效果最好的综合性国际贸易盛会。如今已经是公司老总的杨全兴，回想当初在广交会拉客户、谈生意的情景，历历在目。

【地图：南非德班】

【解说】

海丝博览会不仅将外商引进来，也让中国商人走出去，把交易会开到了万里之外的德班，这里是南非重要的港口、非洲的门户。

2016 年 7 月，南非东莞商品展销中心旗舰店在德班试运营，以东莞为主的中国商品，从这里走进南非的千家万户。

【解说】

目前，东莞商品南非展销中心已经在德班、约翰内斯堡、比勒陀利亚等城市设立了 6 个分店，超过 50 家企业进驻，成为南非采购商与东莞供货企业互通的桥梁，立足东莞，服务广东，走向全国。

【地图：中国北京】

【解说】

今天是两个月以来拉维第三次来到北京密云县。经过四年多的试运行，拉维公司的北京第一个总代理门店即将开业，这也是中国第一家总代理。

【解说】

19 世纪 70 年代，英国人沿着海上丝绸之路，将茶树从中国引到斯里兰卡，当地良好的土壤和气候成就了红茶的独特口感和口碑。

100 多年前，中国的茶叶传入斯里兰卡，在这里落地生根，开枝散叶。今天，沿着"21 世纪海上丝绸之路"，斯里兰卡红茶又回到中国。

【解说】

2016 年 9 月 4 日晚，杭州西子湖畔，出席 G20 峰会的各国元首和来宾观看了一场中西文化完美结合的晚会。钢琴曲《月光》流畅而舒展，与如诗如画的西湖夜景水乳交融，而这架惊艳全场的白色钢琴，来自中国，产于广州。

【解说】

这里是德国的布伦瑞克，这座小城，因舒密尔钢琴厂而被誉为"钢琴城"。这个皇冠标志由欧洲皇室授予，象征着品质与地位。

尼古劳斯·威廉·舒密尔，是钢琴厂的第三代接班人，他接手工厂后，一直致力于优化生产力并提高自己的品牌在全世界的影响力。

【解说】

时代在变,全球钢琴产业的竞争愈演愈烈。面对欧洲和北美市场的萎缩,这个百年老牌乐器企业不得不寻找优质的合作伙伴,开拓东方市场。

【解说】

在古代的海上贸易中,季风是必不可少的动力。为此,商船必须等待漫长的季节,还要经受风浪的考验。

1745 年,闻名于世的瑞典商船"哥德堡"号,第三次满载货物从中国返航,离家 30 个月的船员们正在为凯旋而欢呼的时候,船只在离岸仅 900 米处意外触礁沉没,成为古代海上丝绸之路贸易中一次重大事件。

【地图:瑞典哥德堡】

【解说】

如今,在瑞典哥德堡港,哥德堡号仿古船静静地停靠在这里,作为那段波澜壮阔的历史的见证,供游客参观。

【解说】

2005 年,"哥德堡"号仿古船起航,沿着 18 世纪的航行路线,开始新世纪的中国之旅,起航时哥德堡市万人空巷,这次旅行被媒体称作"追逐太阳的航程"。

【解说】

"哥德堡"号沉没三百年后,历史进入 21 世纪,远洋帆船早已被万吨巨轮代替,电子商务正改变传统的贸易方式,搭建起新时期的丝绸之路,吹起了全天候的贸易季风。

【地图:俄罗斯莫斯科】

【解说】

12 月的莫斯科,零下三四摄氏度。快递小哥穿街走巷,挨家挨户,为俄罗斯人派送他们从中国淘回来的商品。

2015 年 7 月,中国快递企业开通国际跨境全货机服务,物美价廉的中国商品昼夜不停地被快速送达全球。现在,中国快递企业的物流网络正延伸至世界各国,只需动动手指,各国人民即可实现在中国海淘。

2015 年 4 月 21 日,中国(广东)自由贸易试验区在广州南沙正式挂牌。广东自由贸易试验区着重推动与"21 世纪海上丝绸之路"沿线国家和地区的贸易往来,共同开拓国际市场。自由贸易,让商品自由进出,让贸易自由竞争,广州这座千年商都迎来了全新的贸易时代。

开放包容,互利共赢!构建"21 世纪海上丝绸之路",不是中国一家的独奏,而是沿线国家的合唱!

《海丝寻梦录》第二集（略）

《海丝寻梦录》第三集（略）

（以上文字有删节）

采编过程

大型纪录片《海丝寻梦录》，沿着"21 世纪海上丝绸之路"，从世界丝绸之源出发，通过古代海上丝绸之路跟今天广东相关内容的对照，将历史上的辉煌与今日广东现实的回响互相呼应，在历史与现实的自在穿行中，用大众视角讲述广东新传奇，展望"中国梦"。

历时一年余，摄制组先后奔赴 28 个国家，探访广东企业，解码中国制造，体验"一带一路"互联互通，呈现广东在"21 世纪海上丝绸之路"建设中的国际影响力和先行示范功能。

本片立意宏大、叙事手法新颖，具有国际视角，张弛有度。通过海陆空等丝绸之路通道的建设，讲述今天广东与海上丝绸之路沿线各国在经贸、投资、产业合作、设施联通以及人文交流的故事，反映各国政策沟通、道路联通、贸易畅通、民心相通的鲜活案例，在让沿线各国分享中国发展成果的同时，为构建人类责任共同体、利益共同体和命运共同体提供中国实践的成功样本。

社会效果

2017 年 5 月，节目完成后期制作并在广东广播电视台、中央电视台播出，其片段被作为"一带一路"宣传，被广东卫视新闻及中央新闻联播截取片段播出，有效引导社会舆论。该片获广东省第十届精神文明建设"五个一工程"奖。

【点评】

如何讲好"一带一路"上的中国故事，纪录片《海丝寻梦录》无疑作了一个很好的范例。它是一部立意高远、视野宏大、故事精彩、人物鲜活、制作精良、引人入胜的好片子。

该片追溯历史，把握当下，启发未来。以"21 世纪海上丝绸之路"为经，以企业与国家为纬，从世界丝绸之源湖州出发，奔赴全球，考察了海上丝绸之路沿线的 28 个国家，探访了 20 多个企业与个人的鲜活案例，全面真实地展现在"一带一路"伟大倡议下，广东作为改革开放排头兵和生力军的带头示范作用。看完该片，人们会发现，在历史与现实的交错中，以海上丝绸之路为代表的历史从未远去，栩栩如生。

《海丝寻梦录》具有鲜明的南派纪录片特点，宏大的主题不乏细腻的描述。

为了在展现"一带一路"的主题的同时，保持讲故事这一纪录片的基本特性，该片在节目架构上进行了精心构思，将"一带一路"这一宏大主题切分成"贸易往来""中国制造""互联互通"三集，再通过讲故事的方式来展现。每一集中都有六七个具体而微的人物故事，然后在故事的结尾和每章的结尾通过人物采访和精练点评来回应主题。

该片故事精彩，人物鲜活，追梦与圆梦，泪水与欢笑，跌宕起伏，引人入胜。片中虽然都是一些普通人物故事，却极具代表性，不难看出导演对每一故事的选择都是很严谨的，对题材的把握也是拿捏到位的。同时，这些故事的表现手法也很细腻，拍摄角度和剪辑手法都强调了对细节的展现。每个故事都不长，但六七分钟的长度不但留下了足够的空间去描述，也避免了故事的沉闷，让人感觉节奏感快而强。

（施燕峰）

电视专题片

印象海丝

广东广播电视台　集体创作

第一集　印象海丝——相逢：元首外交

【正文】

古墓埋客帝，丰碑载友谊。

这座坐落于中国山东省德州市的苏禄东王墓是目前中国境内为数不多的几座外国王墓之一，也是唯一形成后裔守陵村落的异邦王陵。如今，仍有许多苏禄东王的后裔守护在王墓旁边，并逐渐聚居成今天德州的北营村。

经过几百年的繁衍生息，迄今为止，苏禄东王守陵的后裔已经繁衍至二十多代，分散至全国各地。

在这一丘黄土之下，长眠着的就是那位传奇古国的统治者——苏禄东王。

古苏禄国，位于今天的菲律宾南部。2 000 多年前，海上丝绸之路成就了世界性的贸易网络，并推动了沿线各国的共同发展。其中，位于东南亚的苏禄国就是当年受益的国家之一。

【正文】

明代永乐年间，国力逐渐强盛，中国海上的航运事业渐渐发达，造船业已处于当时世界先进行列。明成祖朱棣遵太祖遗训，遣使出访南洋 15 国。郑和七下西洋的壮举大大提高了中国在海外的声望。

1417 年，苏禄东王率领家眷、官员共 340 多人组成友好使团，"梯山航海，效贡中朝"，远渡重洋，从福建泉州登岸，经杭州、苏州沿京杭大运河至北京，受到了永乐皇帝的隆重接待。也是在这时，苏禄国与中国的友好交往达到了高峰。

【正文】

苏禄东王返回途中，不幸病逝于德州。明成祖深为哀悼，派礼部郎中陈世启赶赴德州，为东王举行了隆重的葬礼，并亲书悼文，立碑纪念，谥曰恭定。

【正文】

除修墓厚葬外，明成祖特许东王王妃葛木宁，其子安都鲁、温哈喇及随从 10 人留华守墓。

从此,苏禄东王的后裔在中国定居下来,繁衍生息。如今后裔族群已有 3 700 多人。

【正文】

在漫长的历史长河中,苏禄东王墓几度淹没在洪水之中。如今的苏禄东王墓占地面积也仅为曾经的七分之一,但生于斯、长于斯、守于斯的北营村村民们从未停止对王墓的修茸。

再过几个月,纪念苏禄东王使华 600 周年的大日子就要到了,大家都在琢磨着组织纪念活动。为此,全国各支系的后裔代表们络绎不绝地赶来,纷纷捐资翻修王墓。

【正文】

作为菲律宾上好佳集团的名誉董事长,施恭旗一直活跃在中国和东南亚的商贸圈里。心系中菲关系的他不仅是一位企业家,还拥有一个特殊的身份——菲律宾总统中国事务特使。

北营村守陵文化的有序传承,很大程度上得益于两国政府对传统友谊的呵护。1949 年以后,菲律宾苏禄苏丹的一些后裔以及多位菲律宾驻华大使都曾造访苏禄王墓。1995 年,苏禄苏丹一位世袭王子拜谒苏禄王墓,与安金田执手相认。

2013 年 12 月 4 日,菲律宾籍东王后裔梅里安姆·基拉姆公主一行来到苏禄王墓寻根祭祖,近 600 年的跨国亲人又一次相逢。

【正文】

两千多年来,海上丝绸之路早已成为许多人的精神家园。无论时代怎么变迁,无论形势如何复杂,它都没有中断过。因为对许许多多像苏禄东王后裔这样的人来说,长久以来的交往与融合早已使这个地区的人们命运相连,心灵相通。它用 600 年时光证明,丝绸之路从来都不只是物资往来与货品贸易的载体,它为探索、追求与相逢创造了可能,而相遇、相识、相知又为它激生出新的动力,让人策马前行,扬帆海上。

第二集　印象海丝——见证:文明印记(略)

第三集　印象海丝——互鉴:最强大脑(略)

第四集　印象海丝——信守:货币传说(略)

第五集　印象海丝——通衢:互联互通(略)

第六集　印象海丝——生息：稻花香（略）

第七集　印象海丝——分享：技术时代（略）

第八集　印象海丝——逐梦：一页纸（略）

【正文】

风正潮平，正当扬帆远航，一页白纸，搭乘了海上丝绸之路的航船，经历了千年的沉浮，从被人渴求的奢侈品成为走向世界的商品。它不仅仅承载着技术传播、文化载体的内涵，更反映了各民族对共同发展的渴望。用一千年时间圆梦，也许就是海上丝绸之路最核心的魅力。

（以上文字有删节）

采编过程

本报道从 2016 年开始策划并进行故事的搜集整理，走访了多个国家，采访多人，在海上丝绸之路上找到了不少深入人心、生动有趣的故事。2016 年 12 月开始制订拍摄方案，特别是海外部分，分为两个摄制组，分别前往菲律宾、马来西亚、越南、泰国、老挝进行实地拍摄，并与新华社协同处理相关工作。后期工作与拍摄同步进行，4 月下旬拍摄工作基本结束，编辑记者在海量素材中充分审阅，挑选出信息量最大、最能反映新闻主题的资料，挑选其中最出彩的部分，与撰写的文字相互照应，形成逻辑思维和形象思维的双向交流。编辑在对各类不同符号类型的资料进行剪辑时注意运用整合思维，充分利用各类资源，发挥最佳的传播效益。

社会效果

本专题片于 2017 年"一带一路"国际合作高峰论坛期间推出，英文视频短片被选入高峰论坛会场展示。国内各大主流媒体网站转载度高，仅新华社客户端点击量就达 1 300 万，联合国粮农组织、中东社等国际机构和主流媒体也进行长篇转载报道。

【点评】

专题特点鲜明，表现手法创新。广东广播电视台送评的电视专题片《印象海丝》的主题紧扣时代脉搏，是一个故事性强、一环扣一环的好专题。该专题片在历时一年多的海内外调研基础上，从大量的故事案例中选取出彩的部分，从文明交流和文明互鉴方面入手，紧紧抓着"人"这个核心要素，用普通人的故事来烘托宏大主题——影响世界文明发展的"一带一路"倡议的前世今生。

专题片在故事架构、表达手法上有较多的创新。专题片的每一集都在历史和现实两条主线的发展中铺开叙事。它讲述了海上丝绸之路上许多鲜为人知的历史趣闻与现代佳话，从中揭示海上丝绸之路传承几百年的"基因密码"。涉及的内容都是当今世界性的命题，能够从海外观点讲述的故事颇有新意。另外，运用重现、现场播放、访问和动漫等多种手法，使"节目"制作得好看，值得细细品味。

该专题片在后期剪辑中，可以看出编导的用心——在境外制作电视节目并非易事，将采访到的内容制作成集更难。若不下功夫，电视片只能是浮光掠影。但该专题片在剪辑中既有匠心，又有努力的体现，画面流畅，观看后既使人"悦目"，又"赏心"，使表达的内容更加易于为观众所接受，并能使观众产生新的感受。

（梁浩泉）

电视动画节目

熊熊乐园

华强方特文化科技集团股份有限公司　集体创作

一、作品介绍

《熊熊乐园》全片 52 集，每集 13 分钟，以幽默、益智、欢乐为主要风格，主要讲述了童年光头强与童年的两头熊——熊大和熊二相遇，互相追逐，并跟着熊大和熊二来到一个新的世界——大树幼儿园的系列故事。大树幼儿园是小动物们的幼儿园，大家发现了闯进来的人类光头强，非常好奇。光头强见到这么多会说话的小动物很开心，拿出了自己的小汽车分享给小动物们。从没见过小汽车的小动物们把光头强团团围住，只有小熊大很不开心，因为以前大家都围着他转的！小熊大心中排斥光头强，但是又对光头强充满好奇。在猫头鹰老师的开导下，小熊大接受了新朋友，并一起愉快地玩耍。光头强开始了他的大树幼儿园生活。

二、作品创新性

《熊熊乐园》以环保、健康、自然、快乐为主题，以幽默、益智、欢乐为主要风格，以童年时期的熊大和熊二、光头强和其他小动物的"萌熊萌事"为剧情主线，通过童真梦幻的画面及场景、妙趣横生的故事内容、稚萌可爱的人物设定，以寓教于乐的方式传递成长知识，引导孩子树立正确的世界观、人生观与价值观。它的特点可概括为以下几个方面：

（1）国内首部寓教于乐的学前启蒙教育作品。《熊熊乐园》是华强方特（深圳）动漫有限公司全新推出的针对 3～6 岁学龄前儿童群体，定位于健康幽默、益智欢乐、寓教于乐的学前启蒙教育作品。

（2）独特的世界观设定，现实与童话元素交织。故事由光头强在林场附近发现一个洞口开始，他发现，这是一条长长的长满鲜花藤蔓的隧道。故事通过这条神秘隧道，连接着光头强和他的熊伙伴们生活的动物世界，而有趣的故事发生在森林幼儿园，场景和道具取自大自然，呈现出多姿多彩的童心、童趣、童真。虽是童话的世界，讲述的却是现实中小朋友的情绪培养、生活习惯、成长烦恼等。该片没有家长式的教条，通过动画的形式和充满睿智、童趣的方式，让观众在美好的童话世界中懂得现实世界的道理，传递知识，教育和引导孩子们学会认知，丰富情感世界，帮助儿童树立正面、积极、健康的世界观。

（3）以寓教于乐的方式传递正能量。故事内容妙趣横生，寓教于乐，引导认知。在故事上打破之前的强斗模式，定位在 3～6 岁的年龄层，将故事焦点锁定在熊大、熊二、光头强和他们的小伙伴上。创作团队借鉴生活实际，多次进入幼儿园实地采风，了解幼龄儿童特点，并渗透在故事创作和角色设定上，用生动的故事引导和启迪孩子的智、趣、情，在以寓教于乐的方式讲述角色成长故事的同时，教导孩子学会认知，丰富情感世界，培养孩子快乐、有梦想、自信、友善、懂得分享、团结、勇敢等重要品质。

（4）角色设置稚萌可爱，性格特点突显儿童特色。

（5）专为幼童打造的视觉效果。贴近低幼年龄层需求，充满梦幻童真色彩。

三、社会效益及经济效益

《熊熊乐园》运用高科技创新生产方式，是科技与文化相结合的产物。项目以健康幽默、益智欢乐、寓教于乐为目标，贴合学龄前儿童需求，以乐学乐教的方式，传递生活百科知识、成长知识，培养小朋友快乐、有梦想、自信、友善、懂得分享、团结、勇敢等重要品质，弘扬社会主义核心价值观，凝聚和传递正能量，引导儿童树立正确、健康的世界观、人生观及价值观，将为国产动画产业增添又一闪亮的动漫品牌新星。

（以上文字有删节）

采编过程

《熊熊乐园》片长 52 集，每集 13 分钟。公司于 2015 年 7 月开始着手调研、立项、策划、创作，前期剧本、美术制作有序进行，中期建模、动画也同步开展。在整个创作过程中，主创人员借鉴生活实际，多次进入幼儿园实地采风，了解低龄儿童心理特点，并渗透在故事创作和角色设定上，让故事充满童趣。故事内容体现智、趣、情，以寓教于乐的方式在讲述角色成长故事的同时，教导孩子们学会认知，丰富情感世界，培养小朋友快乐、有梦想、自信、友善、懂得分享、团结、勇敢等重要品质。在制作方面，该作品采用全三维无纸动画生产模式，将动画生产、集成式工作流程和公司自主研发的三维数据库插件管理系统有效地结合，真正实现从创作到制作各个环节的全无纸化、规范化生产。此外，面部表情模板和动作库都沿用了动画电影中的制作方案，角色表演更加细腻；使用了新的渲染器 Arnold，使光影表现更为真实，画面更富有表现力，提升渲染合成效率；使用了公司自主创作的技术系统，包括新型分层次、多级别绑定技术、交互式口型同步系统、非线性动作修型技术等，使人物动作及表情更为生动立体，角色塑造饱满灵活，细致入微地在动画角色身上呈现了真人才有的肢体语言和面部表情，使动画栩栩如生。在项目制作过程中，引入计划及进度控制、标准化作业控制、效果控制、数据管理等多个系统管理方案。严格把关过程，对每个关键点建立检查机制，确保产品质量；通过严格的计划管理，确保产品进度；采用导演负责制，确保产品最终效果。

社会效果

《熊熊乐园》作为国内首部学前启蒙教育作品，思想性、艺术性、观赏性兼具，作品思想积极向上，获得各方媒体以及专家学者等肯定。

【点评】

该片有明确的主旨内涵，将健康、快乐的核心价值融入寓教于乐的动画情节中，引导少儿在潜移默化的观影过程中体验幼儿园的生活风貌。

本片的叙述语态自然、风趣、贴近生活，打破了传统的说教模式，契合学前儿童视角。作品思想积极向上，培养少儿自信、友善、团结、懂得分享的重要品质，令少儿在娱乐的同时也能达到学习和仿效的目的。

故事情节设计紧凑，转承自然，人物性格特征鲜明，表情达意简单明了。主创在画面构图、色彩搭配、场景设置等方面也颇下功夫，具有较高的可观赏性。

角色台词不艰涩，不做作，简单易懂，语气语调契合孩童的表达习惯，亦能呈现动画角色善良的品质，具有正面的引导作用。评委组认为，以《熊熊乐园》为代表的《熊出没》系列可视为国产动画片中的优良作品，值得鼓励。

（黄雅堃）

电视公益广告节目

我爱我家

佛山电视台　王晓晖　陈仕涛　卢绮云　李鹏飞

字幕	画面
家，是什么？	关门
孩子的乐园	三个小孩在屋里玩耍
爸妈的世界	妈妈在家做饭，爸爸在家做木工
我们的港湾	儿子修葺房子
	妈妈盛菜，同期声："开饭啰。"
	一家人围坐吃饭 儿子同期声："很喜欢大家聚在一起的感觉。小时候不懂事，老羡慕外面的味道。长大以后才发觉，其实家里的味道才是最适合自己的。"
标题：我爱我家	

采编过程

《寻味顺德》是佛山电视台顺德分台 2016 年出品的优秀纪录片，里面大量的故事、人物均具有代表性，拍摄制作精良。采编者在 2016 年利用其素材创作的《家传承》公益广告获得省公益扶持项目扶持。2017 年，采编者继续挖掘"寻味"的"富矿"，从节目中挑选了一家人，根据其故事，提炼出"我爱我家"的主题，通过一家三代人日常平淡生活的点滴，反映相亲相爱、和睦的好家风。

社会效果

片子播出后社会反响良好。观众认为，片子没有说教，用画面说话，使"我爱我家"的主题潜移默化、深入人心，起到很好的宣传效果。

【点评】

电视公益广告《我爱我家》以一个居住在传统岭南风格民居的家庭为切入点，通过大人做一顿家常菜，小孩在天井玩耍，最后大家一起吃饭的温馨画面来展示"我爱我家"的主题。该作品结构层次清晰，画面精美，音乐配合恰当，岭南气息浓厚。在短短的 45 秒中，依次展开大人饭前的劳作和小孩天真活泼地跳跃玩耍的画面，构造一幅又一幅家庭和睦、幸福温馨的画面，突显"我爱我家"的主题。该作品通过简单朴素、富有生活气息的描述，以家庭和睦为着眼点，表达和颂扬和谐、文明、幸福的价值观。

（陈一珠）

电视少儿节目

平安广州　快乐暑假

广州广播电视台　集体创作

璐：我是广州市公安局的民警孙璐，感谢大家今天来到"平安广州　快乐暑假"的活动现场。我们"平安广州"宣讲团系列活动一直秉承着以群众喜闻乐见的形式宣传安全防范知识的主旨，走进企业、媒体、社区、校园、军营，将来自广州公安的一片心意带给大家。

6A. 网络游戏诈骗短片

6B. 主持人串词接防电信诈骗中心民警宣讲

璐：当然这个只是比较常见的行骗手法，随着科技越来越发达，不法分子的诈骗技巧、以假乱真程度越来越高，面对从没见过的行骗手法，大家又应该怎样做呢？

7. 主持人串词接消防云梯救援演练

嘉：好了，放松的互动环节之后，继续回到我们今天的主题"平安广州　快乐暑假"。对于安全防范，我想大家现在听得最多的一句话就是，"防火、防盗、防骗"。防骗刚才我们宣讲完了，接下来要宣讲的就是防火。

7B. 火场逃生演练

嘉：哦，原来是逃生演练，我想同学们在电视新闻、电影上都看到过我们英勇的消防战士冲入火场救人的画面。特别是当高层楼房发生大火时，消防云梯升起救人的那一刻，相当让人震撼。而今天，我们把这震撼的一幕，带到了现场，带到了同学们的身边。

8A. 连线天河分会场，公交车逃生演练

8B. 交通出行安全宣讲

9. 番禺分会场溺水救援演练

9A. 溺水救援演练

10A. 增城分会场防踩踏疏散演练

10B. 防踩踏人多活动场所安全教育宣讲

结束

璐：我们每位民警最初的梦想就是让大家平安，而我们也一直奔跑在实现梦想的路上。在大家共同的努力下，我们相信让大家都平平安安的想法并不是梦。

（以上文字有删节）

采编过程

《平安广州　快乐暑假》是广州广播电视台新闻频道与广州市公安局合办的一档新颖的安全宣讲节目，也是 2017 年平安广州进社区系列活动中的针对未成年人安全教育的专场宣讲活动。

未成年人暑假安全问题涉及内容非常多，小学生和中学生、城区和近郊的安全隐患各有不同，如何能在一场节目中尽量表现出来，并且吸引最活跃的年龄层——中小学生的注意力呢？节目组在多方考察与协调后，决定分为主会场和分会场，主场设在广雅中学，番禺、增城、天河各选取了一所中学或小学作为分会场，同时举行安全宣讲活动，然后在现场与各个分会场通过网络进行互动，让各个分会场的安全演练能通过大屏幕展现。

为了让安全宣讲更加生动，针对受众特殊的年龄层次和收看习惯，选取的内容均是来源于近期中小学生的警情，以及容易出现的安全隐患。例如，玩手机游戏《王者荣耀》被诈骗的案例、五类车事故视频等，并配合内容精心选择了演讲、实物展示、紧急情况演练、互动问答、主题歌舞等形式，使整个节目生动活泼。

社会效果

暑期学生的安全问题向来是社会关注的热点。学校平时的假前教育通常是由负责安全的老师讲讲课，形式相对单调，学生接受的"干货"少。但这期节目却为假前教育开辟了一个新的路子：由专业人员进行生动讲解，并还原现场。

所有现场参加的同学都表示感到很新鲜。节目播出后，同学们都说，这样的节目确实是内容丰富，播出效果非常理想。难能可贵的是，由于节目制作出色，内容精良，很多学校通过各种渠道希望拿到录像，在学校进行假前教育。二次传播的效果很理想。孩子们都表示这样的宣讲他们爱听，这样的内容他们都记得住，社会效应良好。

【点评】

由广州广播电视台制作并获一等奖的电视少儿节目《平安广州 快乐暑假》，是一个主题鲜明、针对性强的少儿节目。该节目围绕暑假期间未成年人的各种安全问题，别出心裁地策划了由广雅中学主会场和番禺、增城、天河三个分会场联动的专场宣讲活动，把当下青少年遇到的警情和安全隐患以及处置办法等，运用宣讲案例、还原现场、实地演练、互动问答、主题歌舞的形式，巧妙地布局在活动环节中。电视制作方法多处创新，现场既有实景，也有视频演示。尤其是实景部分，火警、遇溺、逃生演练都根据不同场景需求精心安排在不同的会场，且学生均未经彩排，使节目显得更加真实。通过多种电视手段切换不同的会场场景，有节奏地连接起活动场面，使整个节目具有现场感好、案例鲜活、讲解通俗、视听语言丰富、可视性强、传播精准的特点，使故事一个接一个，不落俗套，不失为一部寓教于乐的电视少儿节目典范作品。

（郑咏梅）

电视社教栏目

你会怎么做

广东广播电视台　王世军　蒋长安　夏　云　张瑞祥　常　鹏　吴　云

1. 《目睹老人需要帮助，你会怎么做?》文稿
2. 《当目睹"背篼"需要帮助，你会怎么做?》文稿
3. 收视表现、目标受众占有率、满意度排名
4. 全年十个选题
5. 2017 年《你会怎么做》年度总结

（由于该节目文字太多，篇幅有限，仅提供标题）

2017 年《你会怎么做》收视表现

通过两年的播出，正能量已经成为《你会怎么做》的标签。传播正能量是节目永恒的目标，2017 年节目走向更多的城市，着力于深度挖掘地域文化的差异性和相似性，并记录更多身边的榜样，感染现场和电视观众，引导人们增强道德判断力和道德荣誉感，向往和追求讲道德、尊道德、守道德的生活。2017 年全年平均收视率 0.28%，市场份额 1.033%，同时段最高排名第 4 名。

2017 年 4 月 6 日播出的《目睹老人需要帮助，你会怎么做?》将目光聚集在老年人身上，收视率 0.344%，市场份额 1.181%。中国已经成为人口老龄化速度最快的国家之一，目前 60 岁以上的老年人口超过 2.3 亿人。由于年龄的增长，老年人面临着身体和心理的双重不适：行动不方便，内心孤单寂寞。而当他们在生活上有了困难，人们会怎么做呢? 本期《你会怎么做》真实还原了这个场景：长长的天桥，连续几段斜坡，年过古稀的老人一手拄着拐杖，一手拖着重物，显然她上坡有些吃力，路过的人们谁会主动帮忙呢? 观察本身更像一个提醒，它提醒每一个在外的年轻人，该想想家中的老人了。

2017 年 8 月 17 日播出的《当目睹"背篼"需要帮助，你会怎么做?》，收视率 0.395%，市场份额 1.449%，在当地引起了巨大的反响。这期节目将目光聚焦在一个特殊的人群。在贵阳，"背篼者"在大街小巷随处可见，他们

走过许多路，尝过很多艰辛，也有疲惫到走不动需要休息的时候。看到这样一位体力劳动者向街边店家请求一杯热水时，人们会给予他帮助吗？潮湿的雨天，大街小巷却涌动着阵阵暖流。炎热的夏季，"背篼"也变得不再沉重。

2017 年《你会怎么做》选题

1. 《目睹职场女性遭遇困境，你会怎么做?》，首播日期 1 月 19 日。
2. 《你会怎么做》冬日暖心特辑，首播日期 3 月 9 日。
3. 《目睹老人需要帮助，你会怎么做?》，首播日期 4 月 6 日。
4. 《目睹残疾人士遭遇困境，你会怎么做?》，首播日期 6 月 15 日。
5. 《当目睹"背篼"需要帮助，你会怎么做?》，首播日期 8 月 17 日。
6. 《目睹有人进行民族资产诈骗，你会怎么做?》，首播日期 9 月 7 日。
7. 《目睹老人遭遇理财诈骗，你会怎么做?》，首播日期 9 月 28 日。
8. 《〈你会怎么做〉特别策划——早安，晨之美》，首播日期 10 月 19 日。
9. 《目睹校园暴力，你会怎么做?》，首播日期 11 月 16 日。
10. 《目睹有人"啃老"，你会怎么做?》，首播日期 12 月 21 日。

采编过程

《你会怎么做》是广东卫视 2015 年全新推出的全国首档社会行为观察类节目。通过还原当下社会热议的事件，以隐藏拍摄的形式，来观察普通人的真实反应，旨在记录普通人真实的善良，刻画生活在我们身边的平民英雄。节目选择抛开明星参与、游戏等这些传统真人秀节目的手段，回归到人性最本质的善良。用打动人心的正能量去吸引和影响观众，这也是《你会怎么做》创作团队想要达成的最重要目的：希望做一档纯净的节目，去发现我们这个社会中普通人的大爱，去传播我们这个社会最真挚最感人的正能量，去向这个时代里那些温暖着我们的善良的中国人致敬。

社会效果

2017 年 4 月 6 日播出的《目睹老人需要帮助，你会怎么做?》，收视率 0.344%，市场份额 1.181%。观察本身更像一个提醒，它提醒每一个在外的年轻人，该想想家中的老人了。

2017 年 8 月 17 日播出的《当目睹"背篼"需要帮助，你会怎么做?》，收视率 0.395%，市场份额 1.449%，在当地引起了巨大的反响。潮湿的雨天，大街小巷却涌动着阵阵暖流。炎热的夏季，"背篼"也变得不再沉重。

（以上文字有删节）

【点评】

《你会怎么做》精选社会关注议题，由演员采用角色扮演方式代入情景，隐藏拍摄普通老百姓真实而生动的反应，再加上简洁精到的旁白介绍和嘉宾评述，打造了一档叫好又叫座的社会观察类电视节目。节目坚持弘扬社会主义核心价值观，主题鲜明，制作精良，手法新颖，风格独特，叙事说理情景交融、深入浅出，令观众精神一振、耳目一新。一是记录真善美，传播正能量。选送的两期节目聚焦弱势群体，分别讲述老人和基层劳动者在遇到困难时，得到各式各样陌生人关心帮助的故事，情理景交融，真善美流淌。如在扶助老人过天桥的故事中，节目旁白道："怒放的生命，苍老的身影，如果一路有人同行，这起起伏伏的人生旅途，至少也能多出一抹亮色吧。"在此基础上，进一步拓展人心向善、城市文明的主题。"春天的广州，最不缺温暖"，"贵阳人心柔软，我们收获良多"，由感谢帮助、感受温暖到感恩社会，贯注着满满的向上向善力量。二是娓娓讲故事，话语暖人心。两期节目开始时先分别对我国人口老龄化严峻形势、贵阳"地无三尺平"特殊地貌作了简明介绍，为相关议题展开做好了铺垫。在情景拍摄时，节目善于捕捉细节，常以特写镜头加到位的旁白来渲染情感、升华主题。如 6 岁小姑娘搀扶老奶奶过天桥，在镜头放大小女孩充满关切的神情时，嘉宾评述道："她真可爱。这张脸，是天使的脸。"在母女二人帮助老人渡过难关后，嘉宾说道："刹那间的镜头，就是浓缩的一个人的一生。孩子、母亲和老人，人生最重要的三个篇章，浓缩在一个天桥的两头。这头到那头的天桥，就好像这头到那头的人生。生命的轮回，美德的传承，好像都流转在这座天桥上。"真实的画面、精当的评述、优美的配乐，令观者动容，潸然泪下。三是升华闪光点，传承好家风。不满足于表层简单的助人为乐诉求，节目组通过追问采访，深入了解助人者的思想动机，进而实现主题升华和精神寻根。如在帮助老人过天桥、陪伴老人进餐的故事中，助人者或表示自己也终将老去，希望年老时同样会被别人"温柔以待"，或想起自己家乡的父母、祖辈日渐老去，身边无人陪伴而当众拭泪，充分反映了中华民族推己及人、"老吾老以及人之老"的传统美德。无论是年轻母亲、小女孩一起帮助老人过天桥，还是老母亲要求年轻儿子帮助女"背篼者"背货上陡坡，旁白和嘉宾都指出，通过言传身教、耳濡目染，好家风、好品德将会代代相传、融入血脉，进一步传递了美德弘扬、家风传承的时代责任感和历史使命感。

此外，人文关怀的精神贯穿在节目录制始终。由于采取隐藏拍摄方式，节目对不文明者的脸部作了遮蔽处理。在事后向助人的年轻妈妈说明节目录制真相的同时，节目交代他们对小女孩作了善意的隐瞒。毕竟，节目组很难向一个未成年人解释她的善意其实被利用了。正如节目中所说，"就让今天的故事，和那满桥的勒杜鹃一样，悄悄地盛开在小女孩的心底吧"。

（陈江帆）

电视新形态节目

广东卫视跨年盛典之"更好的明年"

广东广播电视台　刘玉雯　李　玮　李思强　项唯末　王思洋

开场短片词

人类的文明，如同浩瀚星空。看似沉寂的表面，却点缀着智慧的光芒。寒来暑往，物换星移。经济的力量贯穿人类历史，伴随着产业迭代的深入，成为推动社会变革的关键。从远古的象形文字到互联网跳跃的代码，从铁犁上打下的烙印到人工智能迸发出的火花，经济社会不断破除陈旧的思维模式，应对时代的变化发展。这一年，全球经济告别了漫漫长夜，迎来了复苏的曙光。而贸易保护主义，又为经济全球化蒙上了一层阴影。这一年，人工智能鏖战围棋大师，科技的迅猛发展让人类遭到了前所未有的挑战。这一年，中国进入金融监管元年，缩债务、削杠杆成为热点话题，两市股指面临深度调整，史上最严调控政策让中国楼市绷紧了神经。这一年，粤港澳大湾区建设迎来开局之年，党的十九大布局"两个阶段"的发展战略，深化供给侧结构性改革，全面扩大开放，构建出新时代的宏伟蓝图。这一年，中央经济工作会议倡导稳中求进，秉承高质量发展的根本要求指引中国人民砥砺奋进，取得更辉煌的成就。今晚，在这里，九位财经大咖与您一起回首 2017，眺望 2018。纵观世界经济风云，透析社会热点问题，洞察财经本质。让我们相信经济的力量，相信变革的力量，相信自己，共同期待一个更好的明年！

王牧笛

2017 年的年度汉字是什么呀？有人说是新旧的"新"，有人说是游戏的"戏"。在我看来，尴尬的"尬"字绝对有机会竞争 2017 年的年度汉字。我们这个时代尬舞、尬聊、尬唱、尬笑、尬主持，不信看看你们的微信，前年各位微信聊天用得最多的是两个字"呵呵"，去年用得最多的是"笑哭"的表情，今年各位看一看，用得最多的一定是"捂脸"的那个表情。

2017 年就要过去了，每年我们都会做两件事情。第一件事情是年初许愿，第二件事情是年底总结。比如说我，2017 年年初我就许了个愿，我要在股市里实现一个小目标，赚一个亿。到了年底，我一总结，我赚了两个亿（忆），一个记忆，一个回忆。

在说更好的明年之前，我们不妨先来盘点一下这即将过去的 2017 年。

今年，2017 年，有四个关键词。第一个关键词，在这一年红透了半边天，叫"油腻"。第二个关键词，是"着急"。第三个关键词，叫"尴尬"，尬，尴尬。四个关键词，也是最后一个关键词，叫"荣耀"。

第一篇章短片词：成长

2017 年，全球市场结束了危机以来的漫漫长夜，迎来了复苏的曙光，然而世界范围内普遍性的信贷扩张，使经济活动的风险性与日俱增；各国政治经济的不确定性引发反全球化浪潮，为全球经济复苏蒙上了一层阴影。2017 年，中国经济稳中求进，始终保持中高速增长，前三季度国内生产总值增速达 6.9%，在世界主要国家中名列前茅。供给侧结构性改革引领中国制造业带来新的转机，"一带一路"倡议托起经济腾飞的翅膀。支撑中国经济保持中高速增长的有利因素与日俱增，中国经济稳中向好的态势还将持续发展。中国经济已成迷雾中最为耀眼的闪光点。新的业态在自由生长，时代的快速发展催生了一批新晋中产者，他们是时代长河中的弄潮儿，冷静观察着经济社会里的暗流涌动；他们胸怀理想，却又时常焦虑不安；他们渴望深入到社会的血液里，感受时代脉搏，掌握财富的风云变幻。

郎咸平"中国经济新周期"

2017 年是高端制造元年，我把它分成三大块。第一块，追赶一流；第二块，……

那么展望未来，我们要怎样做？在我们已经发展的基础之上，我们要补齐短板，保持高增量的增长。所以到最后呢，我想跟各位谈谈十九大报告里面的几个重要观点。深化供给侧结构性改革，促进我国产业迈向全球价值链中的高端，培育若干世界级先进制造业集群。要瞄准世界科技前沿，强化基础研究，实现前瞻性基础研究和引领性原创成果的重大突破。

李大霄"中国蓝筹股在风云中傲然屹立"

海外经济会怎么样呢，2008 年年底已经过去了，世界遭受百年难遇的金融危机，但这也是百年难遇的投资机会。第二个底部已经见到了，2016 年年初是全球经济的第二个底部，这个时候原油价格的"钻石底"就出现了，27 块 1，整个商品价格的"钻石底"就出现了，整个波罗的海干散货指数的底部就已经见到了。全球市场在 2016 年年底找到了一个新的起点，国内的经济会怎么样走呢，L 形是长这个样子的。但是 L 形的底部是 6.5%，我们就算处于"L"形的底部，也比其他国家要高一些，实现了 1 倍至 2 倍的增长，这就是我们股票市场的底气。

琢磨先生"新时代　新生意"

我跟大家分享几个赚钱的方法，刚才郎教授也好，李大霄老师也好，他们聊的都是百亿、千亿这样的大生意，咱们聊点小生意，比如"一个亿"。赚钱的方法，我归纳为目前有五个机会，一个亿、两个亿左右的小生意。第一个生意呢，就是向少年卖娱乐。第二个生意，向青年卖知识。第三个生意，向少妇卖所谓信仰。第四个生意，向中年男人卖所谓鄙视。最后一个生意，就是向中产阶层兜售焦虑。那么接下来我挨着分析这五个生意模式背后的逻辑。

第二篇章短片词：机遇（略）

第三篇章短片词：飞跃（略）

采编过程

广东卫视"更好的明年"跨年盛典历经一个月的筹备，最终完美收官。从前期招商、嘉宾联络、舞美设计搭建到中期晚会策划、会务安排至后期剪辑制作，团队延续一贯的专业精神与严谨态度进行优质输出，选题内容涵盖 2017 年经济趋势分析、全年经济大事件解读及社会热点财经现象及话题分析等，剪辑手法多变，嘉宾演讲结合虚拟特技，最终呈现出极具影响力的高品质跨年晚会。盛典当晚不仅得到了现场观众的五星好评，节目播出后，更是得到了挑剔网友们的高度评价。

社会效果

在跨年时段，广东卫视"更好的明年"跨年盛典在全国卫视平台收视率排名中一度名列前茅。在其他卫视利用歌舞晚会形式跨年之际，广东卫视引领知识跨年的新风尚，为观众朋友打造了一档独树一帜的跨年节目，以全新模式打破跨年晚会的固有形式。同时，在内容上，"更好的明年"跨年演讲所传递的知识与观点，在高知群体和年轻群体中获得积极的反馈，影响和聚拢了更多行业精英。权威媒体《人民日报》指出，2017 年几大卫视"思想跨年"打破往年跨年歌舞晚会霸屏的现象，其中包括广东卫视。节目播出后引起多方关注，社会各界均给予较高评价，认为广东卫视开启了知识跨年新风尚。

（以上文字有删节）

【点评】

广东卫视"更好的明年"跨年盛典打破卫视以往歌舞娱乐跨年的固有模式，同时，"财富跨年"基调更高于"知识跨年"，立足经济视角，内容更为深刻。跨年盛典聚焦宏观经济发展，探析全球商业趋势，从中提升财商，高度符合十九大报告提出的"文化创新"新要求。具体来说，其创新主要体现在以下几个方面：首先是前期筹备工作效率上的创新，从策划、招商、宣传到最终执行，仅仅耗时二十几天，一举突破卫视千人级盛典筹办时间纪录。其次是晚会形式上的颠覆革新，敢为人先，首推"财富跨年"新概念，成为跨年晚会中独树一帜的创新样板。最后，也是重点所在，即内容出新，策划团队将盛典内容整体设置为"成长—机遇—飞跃"三大板块，主题在紧密结合国家重大发展战略规划和经济发展实际情况的同时，优先考虑观众接受度及电视传播力，将传统意义上深刻难懂的经济事件及理论，通过语言及表达方式转化，实现最大化有效传播。几大板块深入浅出地诠释 2017 年的中国经济：制造业转型升级，科技创意产业蓬勃发展，经济取得高质量发展。盛典突出传播主流价值观，传递正能量。所邀嘉宾郎咸平、叶檀、闫肖锋、胡润等九位海内外知名财经大咖，均从不同角度深入浅出地把脉全球经济脉络，梳理和分析经济大事件，在高学历和新中产群体中获得极高的口碑和赞誉。该节目对中国经济发展成果作出了专业的解读，为广东经济社会发展献计献策，是当下广播电视节目中不可多得的精品之作，堪称"文化清风"。其为全国观众献上一台极具信息量与洞察力的财富思想盛宴，成为跨年夜全国卫视晚会中的一大亮点。

（施燕峰）

电视音乐节目

千年客韵——中华客家山歌

广东广播电视台 陈菊芬 王淑萍 陈佩思 林敏熙

解说：《十送红军》改编自江西的客家山歌《长歌》，因为歌曲有十段，所以又名《十送郎》，1960 年在中国革命历史歌曲表演活动中，由空政歌舞团演出而扬名。它之所以传唱不衰，除了红色主题之外，还因为它连绵往复的句式、温柔婉转的曲调，还有南方山区红土地上的种种风情，多为客家女人送自己的表哥上南京下广东时的心声。

黄玉英采访：《十送红军》，当年就是我们国家政协原主席李瑞环到我们赣南来，我曾经给他演唱过。它的传统曲牌在我们采茶戏里叫《十送表哥》，音符都没怎么变，基本上是一样的。我们赣南是红军长征出发地，其中二万五千里长征路走下来，每一里路都倒下一位客家子弟，当时母送儿、妻送郎……

解说：客家人为中国革命作出了巨大的牺牲和奉献。赣南的将军县、兴国县，当年的 23 万人中，就有 9 万人参加红军，可谓男女老少齐上阵。那时候的通信与交通极其落后，更不用说闭塞的客家地区。在兵荒马乱的时代，日常的送别可能就是永别。但客家女人一直等待为革命献身的情郎，地老天荒，至死不渝。池煜华就是其中一个，新婚三天就送别丈夫去参军。

解说：一首山歌动员一个师，讲的就是李坚真的真实故事。她祖籍广东丰顺，出生 8 个月就被卖作童养媳，后来参加苏区革命，1949 年后担任过广东省委书记。而她，也是一位山歌高手，出版过《李坚真山歌三百首》。在苏区，她负责宣传和组织农会的工作，用山歌和战士、群众交流，动员革命力量，效果显著，被广大军民亲切地称为"李大姐"，并受到毛泽东、周恩来等领导人的高度认可。

解说：长期以来，中原地区流行"男耕女织"的生活模式。在长途跋涉中，女人经历了极大的苦难与磨炼。到南方后，由于生活所迫，且受南方劳动习俗的影响，无论是家务还是农活，包括生儿育女和侍奉公婆，她们一概包揽。

解说：客家人崇文重教，追求"学而优则仕"，相信"养儿不读书，不如养条猪"的古训。无数的客家山歌既反映了客家女人的艰辛，更赞美了她们习于劳苦的品质。她们吃苦耐劳的性格是自小训练、世代积累以至与生俱来的天赋。

解说：乾隆时期的广东《大埔县志·风俗篇》里提到："妇女装束淡素，椎髻跣足，不尚针刺，樵汲灌溉，勤苦倍于男子，不论贫富皆然。"英国学者爱德尔在《客家历史纲要》中称："客家民系是牛乳上的乳酪，这光辉，至少有70% 应该是属于客家妇女的……"

解说：客家山歌五句板《客家妹子顶呱呱》是由广东梅州山歌大师、国家级非物质文化遗产客家山歌传承人汤明哲填词创作的，在客家地区广泛传唱，它取材于一个客家妇女的人生。

解说：家头窖尾懂持家、田头地尾会耕种、锅头灶尾要做饭、针头线尾能缝纫，这四头四尾，便是在客家人传统家庭教育中女孩子从小就要担起的妇功，这也是客家女人一直以来信奉和自豪的"贤惠"。重重的磨炼，造就了客家女人任劳任怨、坚毅豁达的个性。郭沫若就曾经以"健妇耙犁如铁汉"的诗句来称赞客家妇女。

解说：《客家妹子顶呱呱》传唱相当广泛，它有别于大部分山歌的哀怨凄厉，尤其是五句板表演风格明朗，生活化的语言凸显了风趣。经过歌者高妙的演绎，又经过央视的传播，这首山歌更是受到客家人以及客家人以外人群的高度喜爱。

过去，客家女人不识字，山歌是她们主要的表达情感的方式。她们用山歌来滋养生命、教化子孙。近代以来，女人们识字的机会多了，她们蕴藏了上千年的情感与能量，以惊人的方式爆发出来。留名青史的客家女人不胜枚举。人们熟悉的民国元勋与著名国画家何香凝、著名旅英作家韩素音、著名指挥家郑小英等，都是现代客家女人的骄傲。这或许归功于客家女人对美的热爱与创造力。

即使是在以贤良淑德著称的中国女性世界中，客家女人也是一个真正的神话。她们谨守妇道，刚柔相济。《易传》说：天尊地卑，乾坤定矣。乾道成男，坤道成女。乾坤大道中，客家女人谨守坤道，以无比的柔顺与坚韧，如同她们的天籁山歌，推动整个世界的运行。

采编过程

2014 年广东省委宣传部立项对口扶持文艺精品项目；2015 年 3 月开始启动拍摄，历时两年多；2016 年 12 月进入后期制作；2017 年 1 月 28 日首播。

社会效果

《千年客韵——中华客家山歌》这样以一个族群为主要对象进行大规模的歌曲影像辑录、整理以及播出，在国内尚属首次。节目相继在广东卫视、广东新闻、广东综艺、岭南戏曲等频道播出，不但在客家地区反响强烈，在非客家地区也有不俗的口碑。正因为有这样的影响力，在 2017 年世界客商大会期间，本节目应邀在大会举办地梅州电视台播放，2018 年元月作为交流节目在澳门有线电视播出。2018 年，该节目拟在央视纪录片频道与广大观众见面。

【点评】

以歌证史是 12 集电视音乐节目《千年客韵——中华客家山歌》的核心创作理念，该节目以全国乃至世界各地的客家山歌为主线索，展现客家这个具有独特个性民系的精神文明史。该节目从筹备到开拍历时两年多，创作摄制团队足迹遍及赣、闽、粤、川、桂、台及东南亚等客家族群聚居地，行程超过 10 万公里，是一部足下生辉的历史。

摄制组收集到客家山歌逾 500 首，其中 12 集节目中呈现了约 200 首。在客家山歌里体现出来的民系迁徙中的大苦大悲、爱恨情仇难以言表，大量场景令摄制组人员感动万分，如韶关 93 岁老太太呈现的客家历史歌谣、四川濒临失传的客家童谣、台湾客家山歌的真诚、新马客家山歌的压抑，只有亲临现场才能真切领会为什么只有山歌才能彻底释放客家人的情感。

该节目最大的贡献是在于它的史料价值和人文价值，客家人走过的地方，或许情感相同，但是风情各异，变与不变之间也使得客家山歌拥有了独特的艺术魅力。

这部 12 集的电视音乐节目，可能因为拍摄的地点较多，行程紧张，如闽西四天时间拍四个地方等，且大多数都在山区拍摄，所以拍摄不够细致、深入，后期制作手法略为保守，在细节和节奏把控、内容分配上可以更加细致，尤其是对客家山歌代表人物的个性形象挖掘上可更加丰满。尽管如此，该节目无论从题材内容、视听呈现还是拍摄手段等各个方面都是一部不可多得的好片。

（谭　颖）

电视文学节目

羊城过客

广东广播电视台 谢晓路 曾震宇 余健敏 黄 卉

1905 年，清政府废除科举制度，把贡院两边的号室，就是举子们考试的小房间全部拆除，用这里的砖瓦材料，在原址上兴建了两广优级师范学堂。1912 年，学堂更名为国立广东高等师范学校。1924 年，孙中山对广州地区实行近代高等教育模式的多所大学进行整合，创立了国立广东大学。1926 年，为纪念孙中山，国立广东大学更名为国立中山大学。

当时的广州以革命的策源地闻名，作为新文化运动的旗手、思想界最著名的斗士——鲁迅的到来，受到了青年学生的欢迎，也成为当时广东各派政治力量共同争取的对象。但是在这里，鲁迅感受到的，却是革命风暴过后的萧瑟，是文化空气的岑寂。鲁迅一面忙于教务工作，一面积极参与社会活动，受邀于粤港两地发表演讲，支持学生创办"南中国文学会"，在芳草街 44 号开办北新书屋，力所能及地改造广州这片"文化的沙漠"。

鲁迅的行迹和言论，成为当时地方报刊的报道热点，大钟楼成了青年们瞻望的高地。鲁迅寄予年轻人极高的期许，强调个人命运与社会命运的结合。1927 年 3 月 1 日，在中山大学举行的开学典礼上，鲁迅在题为"读书与革命"的演讲中说道："对于一切旧制度、宗教社会的旧习惯、封建社会的旧思想，还没有人向它们开火！中山大学的青年学生，应该以从读书得来的东西为武器，向它们进攻——这是中大青年的责任。"

鲁迅到广州一个多月后，就开始寻找更好的居所。1927 年 3 月 29 日，他和许广平、许寿裳一起移居到白云楼。

许广平出生于广州高第街的许地，她在给鲁迅的信中描述过自己的少女时代："好读飞檐走壁、朱家郭解、扶弱锄强等故事，更幻想学得剑术，以除尽天下不平事。"这样一位豪爽侠义的女子，1923 年 7 月与鲁迅相识于北京女子师范大学的课堂上。这段师生情谊，因为"女师大风潮"而愈加醇厚，当时的鲁迅，是荷戟而立的思想界斗士，四周充满虎视眈眈的敌人，也是背负着旧时代婚姻枷锁、内心满是迟疑与审慎的中年人。与鲁迅从相识到相爱，许广平这位奇女子一路披荆斩棘勇往直前。

1926 年 9 月，他们同时南下，鲁迅前往厦门大学，许广平抵达广州，处两地之遥而书信往来频繁，思念所致，精神愈加靠近。1927 年 1 月 18 日，厌弃厦门大学虚无而混乱的氛围，鲁迅抱着梦想南下广州。

时光辗转，爱的激情纯粹而宽厚，牵引着伤痕累累的灵魂，走出孤苦的人生。两个人终于相聚在羊城，相聚在白云楼温煦的俗世生活里。

1927 年春天，北伐战争节节胜利，当广州热烈庆祝北伐军攻占上海和南京的时候，鲁迅写下了《庆祝沪宁克复的那一边》。这篇时事评论警示的危机，竟然不幸成为现实，文章未及发表，蒋介石已打着革命的旗号，公开篡夺革命的领导权，在上海等地悍然发动政变，搜捕和杀害共产党人和工人领袖。暴风骤雨袭来，中大校园也无法幸免。

（画外音）对于这座城，鲁迅是一个不寻常的过客，他为孙中山创立的岭南高等学府，带来了开创性的起步；他求真务实的精神浇筑，对青年学生的悉心爱护，令中山大学成为莘莘学子景仰的圣地，成为岭南文化人心目中的思想标识。

（画外音）这座城，留下了鲁迅人生中最柔软而浪漫的日子。许广平，一如这座城般妍烈的温情，化开压抑与孤苦的坚壁，为鲁迅人生的最后十年，渲染上了"艰危与共、相濡以沫"的幸福色调，为鲁迅作品与精神的存世付出了巨大的努力。

（以上文字有删节）

采编过程

电视文学节目《羊城过客》制作团队在整个采编过程中，本着一丝不苟的学术研究精神，在研读鲁迅作品、书信、日记的基础上，大量翻阅并吸取鲁迅研究成果；多次就文稿的写作登门拜访国内最好的鲁迅传记《人间鲁迅》作者林贤治老师，得到林老师在选材和结构上的指导；实地采访了广州鲁迅纪念馆馆长吴武林、业务科长刘丹，同时因机缘巧合采访了资深的哈佛大学博士李欧梵老师及鲁迅文学奖获得者毕飞宇老师。在这样坚实的基础上撰写了文稿，并选取鲁迅与羊城的缘分为出发点，既尊重史实又充满情感。拍摄追求写实与写意相结合的方式，大钟楼、白云楼、演员演绎以及书籍拍摄，强调温暖诗意的美感，学者采访和史料拍摄，重视真实的质感，后期特效强调历史感，画外音将理性的叙述与感性的抒情相结合，音乐的制作以钟声为意象，舒缓行进中配合着画面情绪的起伏。

社会效果

鲁迅是 20 世纪中国最伟大的文学家和思想家之一，他的作品与思想艰深而浩瀚，跨越百年时光与此时相连，他的深刻性与超前性仍然启示着当代的思想文化界。1927 年，鲁迅逗留羊城八个多月，2017 年正值鲁迅在广州九十周年纪念。他是这座城特殊的过客，是这座城的骄傲。电视文学节目《羊城过客》追寻鲁迅与羊城的珍贵记忆，不仅具有史学意义，更具有审美价值。

【点评】

本节目以追寻鲁迅与羊城广州的珍贵记忆为线索和主要内容，生动讲述了鲁迅于 1927 年在广州逗留八个月间所发生的故事。节目视角独特地找到了文化价值、历史名人与地域特色的结合点，可谓既"有意义"又"有意思"。节目在制作过程中，将史料、口述、抒情等熔于一炉，以客观而又温暖的基调表现了鲁迅的风骨和柔情，刚柔相济、形神兼备。其间，节目使用了情景再现等表现手法，让观众身临其境地感受到一代文化巨人的所思所行、所感所遇；而娓娓道来的口述历史，更是使观众徜徉在历史的厚重积淀和人物的喜怒哀乐之中。节目的后期剪辑也是颇具匠心，画面的精致、音响的浑厚、配乐的优美，都令节目有了难得的艺术质感。

（闫　伟）

电视戏曲节目

少年有戏——2017 深圳市戏曲进校园汇报演出

深圳广播电影电视集团　集体创作

少年有戏中国强，薪火相传梨园美。

从古到今，文人最喜欢用两种花来比喻戏曲，古时有"梨花一枝春带雨"，今天有"岭上红梅傲雪枝"，梅花寓意着戏曲的精神，更演化成一种品格，不断激励一代代的中国人。让我们一同欣赏演出的第一篇章——"梅花蓓蕾"。

第一篇章　梅花蓓蕾
《国粹飘香》+《红梅赞》+《白蛇传》+《哑女告状》+《京剧联唱》

观众朋友，刚才为我们表演的孩子们年龄最大的读小学高年级，最小的在上幼儿园，但是他们都获得了全国小梅花金奖，是一群名副其实的"老戏骨"！

第二篇章　薪火相传
《贵妃醉酒》+《探阴山》+《何文秀》+《女驸马》

刚才，我们欣赏了京剧武生、粤剧正印花旦、浙江越剧女小生、黄梅戏反串的经典段落。

第三篇章　百花齐放
《惊梦》+《梁祝》+《朝阳沟》+《对花》+《伊人如画》

刚才的这一段表演中，就有两种扇子功，一个是小生的折扇，一个是花旦的团扇，折扇的一开一合，团扇的一遮一掩，道具、动作和人物是息息相关的，都是中国传统美学的肢体表达。

第四篇章　少年有戏
京胡《夜深沉》+《望江亭》+《文昭关》+《蜈蚣岭》+《白鳝

仙》 +《梨花颂》+《我是中国人》

梅花香自苦寒来，戏曲的魅力让我们相聚在一起；今宵且看丛中笑，文化的自信让我们亮相在舞台上。

少年有戏，星光灿烂！深圳有戏，筑梦鹏城！

（以上文字有删节）

采编过程

《少年有戏——2017 深圳市戏曲进校园汇报演出》根据习近平总书记对中国传统文化的指示精神，以及《中共中央宣传部、教育部、财政部、文化部关于戏曲进校园的实施意见》（中宣发〔2017〕26 号）要求，围绕坚守中华文化立场、传承中华文化基因、加强戏曲通识普及教育、增进学生对戏曲艺术的了解和体验的目标所举办，旨在通过展演，引领学生树立正确的审美观念，陶冶高尚的道德情操，培育深厚的民族情感，促进学生全面发展，营造戏曲传承发展的良好环境。

为此，导演组发挥社会各级组织的力量，面向全深圳挖掘具有戏曲艺术天赋的少年儿童，在全市学校范围内遴选最优秀的 20 个节目进行展演。演出分为"梅花蓓蕾""薪火相传""百花齐放""少年有戏"四个篇章，除了少年的演出，还有全国戏曲小梅花金奖得主的演唱和戏曲名家师生献唱。

此次演出实现和满足了少年儿童对戏曲艺术的追求与愿望，同时也让社会各界更加关注与认可中华国粹，让"戏曲进校园"活动今后在深圳得以更好地发展和弘扬。

社会效果

此台演出以弘扬与传承国粹艺术为背景，贯彻落实党和国家对戏曲剧种的发展与扶持政策，反映了我们国家传统艺术后继有人的良好局面，对中华传统文化的传播起着不可估量的作用。

本次晚会还具有传统性、传承性、特殊性的多重影响，有很强的传播力、感染力和很高的知名度与美誉度。以汇报演出为契机，积极倡导社会各界来关心和帮助少年儿童健康成长，鼓励当代少年儿童对传统艺术进行大胆的追求。

接下来《少年有戏——2017 年深圳市戏曲走进校园汇报演出》将延伸成为深圳电视台的一个固定栏目，搭建起市内外艺术交流的桥梁。

【点评】

在今年参评的电视戏曲节目中，《少年有戏——2017 深圳市戏曲进校园汇报演出》得到全体评委的一致好评。

这是一档期望通过戏曲的普及教育，传承中华文化基因，引领少年儿童树立正确审美观念、陶冶高尚道德情操的电视节目。它以优秀节目展演、现场体验实践、权威嘉宾助阵、名家师生同台等形式，精心设计了"梅花蓓蕾""薪火相传""百花齐放""少年有戏"四个篇章，通过新颖生动的视频包装和精美的舞美设计，让传统戏剧的电视呈现创新升级，使节目好看、吸引人。

从儿童抓起，从学校入手，传承和弘扬优秀国粹艺术，该节目找到了一个好抓手、好载体，不仅成为一档有生命力的电视节目，也将助力中华传统文化在少年儿童中的传承和弘扬。

（余瑞金）

电视综艺节目

梦·中国——第三届世界广府人恳亲大会晚会

江门广播电视台　黄　娟　赵　玮　崔志力　苏淑芬

任：乘着"十九大"胜利召开的东风，江门迎来了"第三届世界广府人恳亲大会"的隆重召开。我相信，这无论对 400 多万江门市民还是对 400 多万江门籍海外乡亲而言，都意义非凡。

苏：广府民系发展至今已经有两千多年历史了，而珠玑巷一直被视为我们广府人的发祥地。到了南宋绍兴元年，有 37 个姓氏的 97 个家族，从南雄珠玑巷迁徙至江门良溪村，广府人便在江门这片沃土上生生不息、发展壮大。

桑：从岭南儒学名城到中国侨都，从珠西交通枢纽到粤港澳大湾区的门户担当，江门得天独厚的地缘优势，海内外乡亲的勠力同心，使这座城市现已步入加速发展的窗口期、上升期、黄金期。

陈：作为岭南三大民系中最具开放性也是最早受到海外文化思想影响的一个群体，广府人一直以思路开阔、视野宽广、精明能干、善于经商而闻名全国。

任：中国特色社会主义已经进入一个新时代，为了实现中华民族伟大复兴的"中国梦"，为了对全人类作出新的更大贡献，就更需要我们每个江门人、每个广府人继续发扬"敢为天下先"的拼搏精神，在世界各地和各个领域发挥我们的聪明才智。

苏：世界广府人，共圆中国梦。今天我们有幸邀请到来自全世界 70 多个国家和地区的 2 300 多位新朋老友齐聚一堂，共襄盛会。国强则侨安，让我们无论身在何处都要永远铭记我们的——

任、苏：根在珠玑，梦在中国！

序　根在珠玑
【篇章片头一：序　根在珠玑】

【节目一】群舞：赛龙夺锦
舞剧：《沙湾往事》经典舞段
表演：广东省歌舞剧院

第一篇章　梦中那条江

（略）

【节目二】粤曲名家名段：《渔舟唱晚》

【主持人串场】

任：你说的是不是广东省非物质文化遗产茅龙笔？

苏：没错，茅龙笔正是由我们广东省唯一一位从祀孔庙的大儒、号称"岭南一人"的陈白沙所创造的，他就是我们江门新会人。

任：正所谓"茅君稍用事，入手称神工"，接下来，我们真是要见识一下《茅龙神韵》了！

【节目三】群舞：《茅龙神韵》

现场书法：张瑞亨等

【主持人串场】

任：一支茅龙笔，写下五百年沧海桑田；一部江门华侨史，记录了一个半世纪以来，海外广府人的心路历程。

苏：是啊，江门在海外的华侨华人遍布 107 个国家和地区，其中又以客居美国的人数最多。19 世纪下半叶，约有 30 万江门籍华工进入美国，成为美国淘金大军中的主力，所以，后人把到美国谋生，称为"闯金山"。

苏：历史不能忘记，苦难值得珍惜！江门的文艺家创作了一部音乐舞蹈史诗《闯金山》，为我们记录下一个个感人肺腑的历史瞬间。

【节目四】大型情景音乐舞蹈史诗：《闯金山》选段之《唐人街》《银信》

第二篇章　梦中那幢楼（略）

第三篇章　梦中那个人（略）

尾声　我爱你，中国！

采编过程

第三届世界广府人恳亲大会的主题为"世界广府人，共圆中国梦"，充分肯定了华侨华人与"中国梦"的必然联系，所以本届大会的晚会主题也与之相呼应，定为"梦·中国"。"中国梦"凝聚精神，引领未来；"梦·中国"守住乡愁，继往开来。"梦·中国"奠定了本场晚会庄严而温情的基调，也成为引领晚会导演团队在确立编导思路、情感诉求、舞台呈现和节目构成时的最高标准。

围绕着"梦·中国"这个主题，晚会共分为五个部分：序——根在珠玑，第一篇章——梦中那条江，第二篇章——梦中那幢楼，第三篇章——梦中那个人，尾声——我爱你，中国！五大篇章将晚会有机地划分为五大板块，板块次第展现，情绪逐层铺开，将晚会推向一个又一个高潮。

在节目类型的选择上，导演组尽量选取了多元化的文艺形式：独唱、小合唱、舞蹈、粤曲、武术、诗朗诵、书法、短视频等。作为一场立足广府人、立足江门的晚会，导演组在节目内容的设计上尽量取材于江门五邑，以"茅龙笔""柑普茶""小鸟天堂"和梁启超名文《少年中国说》等为题材，创作了一批原创节目，力求以"小"见"大"，以具象的人、事、物展现侨乡人文历史，凸显"梦·中国"的宏大主题。

晚会的舞美设计采用的是传统的"镜框式舞台"，舞台主屏幕半圆形设计既代表了团圆，又有日出东方之感，表现出来的画面和谐稳定；两侧占满舞台的细长屏幕象征着连接五洲的彩带和光芒，表现出一种海纳百川的气度和胸怀；舞台上错落有致的主台阶和附台阶，配上海蓝色的 LED 灯带，模拟的是波涛汹涌的蓝色海洋，凸显出侨乡的海洋文化生态。

社会效果

"梦·中国——第三届世界广府人恳亲大会晚会"共邀请到来自全世界 70 多个国家和地区的 2 300 多位广府人以及中央统战部侨务办公室、广东省侨办的重要领导嘉宾现场观看，其中尤以江门籍海外华侨华人和港澳台同胞为多。众多身在异乡的广府人包括江门人通过晚会看到家乡翻天覆地的变化、听到熟悉的乡音诉说的浓浓乡情、尝到家乡人亲手奉上的家乡的柑普茶、手捧家乡的书法家用茅龙笔书写的字画……无不感动万分。他们一方面为中国、为家乡所取得的辉煌成就自豪，一方面为家乡人对他们这份真切的牵挂而感怀。

（以上文字有删节）

【点评】

江门广播电视台选送的《梦·中国——第三届世界广府人恳亲大会晚会》在电视综艺节目这一项目的作品里比较突出，各方面的表现也比较优异，因此被评定为一等奖作品。

该晚会是为"第三届世界广府人恳亲大会"专门策划和摄制的，因此其主题不同于一般的综艺节目或晚会，必须既有时代性，又有"侨性"。以此看来，编导人员将该晚会的主题定为"世界广府人，共圆中国梦"，是恰当与熨帖的——在确保时代和国家高度的同时，又充分肯定了华侨华人与"中国梦"的必然和紧密关联性，进而奠定了该晚会崇高、庄严而温情的基调。

晚会的框架和篇章设计结构扎实、合理，极能凸显"恳亲大会"的特色。晚会围绕着主题，分为五个部分：序曲　根在珠玑；第一篇章　梦中那条江；第二篇章　梦中那幢楼；第三篇章　梦中那个人；尾声　我爱你，中国！各板块间既有紧密的逻辑性，又有明显的递进性，逐段展开，又层层递进，最终将晚会推向高潮。整个设计充分体现了编导人员的用心、精心与匠心。

既然是综艺晚会，那么在节目类型的选择上，也必须做到多元化。该晚会中独唱、小合唱、舞蹈、粤曲、武术、诗朗诵、书法、短视频等艺术种类一应俱全，可谓为现场和电视机前的观众呈现了一场内容充实、形式多样的视觉盛宴。加之颇具江门侨乡元素、中国文化元素的赠画、敬茶以及嘉宾采访等环节的有机融入，极大地增强了晚会的参与性、互动性与接近性，使得晚会风格清新、氛围热络、主题鲜明，有力地拉近了华侨华人与家乡、与中国的距离，较好地实现了举办晚会的宗旨与目标。

（张静民）

电视娱乐节目

极速前进（第四季）

深圳广播电影电视集团　集体创作

第一期　中国香港

配音：这里是香港，最激动人心的亚洲国际都会。中西合璧，多元包容，创意无限。2017 年，是香港回归祖国 20 周年的喜庆时刻。20 年来，香港依托祖国，面向世界，益以创新，不断塑造自己的现代化风貌，以伟大祖国作为坚强后盾，"一国两制"在香港的实践，再谱新篇章。而第四季的《极速前进》也将在这激情豪迈的气氛中启程。

配音：第四季黑黑乳《极速前进》以"夺宝奇兵"为主题。整季共分为 10 个赛段，选手们将从香港出发，跨越亚欧大陆，探寻各国宝藏，最终回到中国上海进行总决赛。最后一个赛段第一支到达终点的队伍，将成为《极速前进》第四季的总冠军。轻脂饮品黑黑乳助力极速明星轻脂前行。

信息任务：前往中环十号码头

主持人吴振天：今天的香港赛段，依然会有两张直通卡，与以往不同的是，直通卡不再是属于本赛段的冠军，而是全靠运气来赢得。其中一张直通卡自己使用，另一张则必须在第六个赛段结束前，送给另一支队伍。每完成一项任务，你们将获得一个宝物，你们现在要拿到黑黑乳《极速前进》的第一张线索卡，以及第一赛段基金。拿上你们的背包，我相信第一个任务就会让你们热血沸腾起来。

信息任务：维港龙舟赛

配音：信息任务——维港龙舟赛。端午节赛龙舟，是中华民族延续千年的文化传统。香港，作为现代国际龙舟竞赛的发源地，在每年端午都会举办龙舟嘉年华活动。本季的第一项任务中，选手需从七支男女混合队伍中选择其中一支，一起完成一场 400 米龙舟赛。大家需要合力，将龙舟划至终点。简洁有力的划水动作和整齐划一的挥桨节奏，是划龙舟的制胜法宝。注意，先到达任务点的选手，有优先选择龙舟队伍的权利。这里设有轻脂饮品黑黑乳补给站，请选手按需取用。

信息任务：迪士尼探索家度假酒店搜寻线索

配音：信息任务——迪士尼探索家度假酒店搜寻线索。坐落于大屿山的香港迪士尼乐园，是一个童话故事般的梦幻国度，今天，我们的选手将来到迪士尼探索家度假酒店，从大堂里四位探索家的行李箱内找出与往季《极速前进》相关的元素，将答案告知迪士尼朋友。回答正确，即可获得下一张线索卡。同时，幸运的选手也将获得隐藏在线索卡里的直通卡。

信息任务：平衡高手

配音：信息任务——平衡高手。选手们将来到香港迪士尼乐园旁的迪欣湖，体验一项特别的极限运动。在迪欣湖上方，有 3 组约 50 米长的绳索。每组两位选手需先后上到钢丝木板上，在保持平衡的同时合力推动木板前移。拿到悬挂在另一端的标志旗，即挑战成功。裁判将给出下一线索及一个天星小轮模型。注意，选手在十分钟内没有到达绳索中的红线位置，或在前移过程中手抓绳索，都属于犯规。

信息任务：大坑舞火龙

配音：大坑舞火龙，挥舞火龙沿街奔跑，是香港老百姓们祈求来年风调雨顺的祈福仪式。所谓火龙，是将点燃的线香插满龙头及龙身，再用一颗同样插满线香的沙田柚作为龙珠所组成。今天选手们将来到被列为香港一级历史建筑物的大坑莲花宫前，在 15 分钟内，用 300 根线香，完成龙珠插香任务。

绕道任务：《本草纲目》vs.《九章算术》

配音：《本草纲目》还是《九章算术》，在香港，中药啤酒逐渐走红，各式传统中药与西式啤酒完美结合，创造出多款个性鲜明的中药啤酒。选择《本草纲目》的选手，将去往中环的荷兰正酒吧，探索手工中药啤酒的奥秘。《九章算术》是中国古代第一部数学专著，是世界上最早系统叙述分数预算的著作，选择《九章算术》的选手，将要去往香港的淘货圣地摩罗街，进行一场算术的挑战。

中继站：九龙铁路钟楼

主持人吴振天：位于尖沙咀维多利亚港旁边的前九广铁路钟楼，这一座有着百年历史的标志性建筑，见证着香港的历史变迁。最后一名到达中继站的选手，可能会被淘汰！

范冰冰：香港二十周年是一个非常美好的记忆，希望下一个二十周年的时候，我们还可以一起庆祝！

谢依霖：祝福香港越来越好，大家身体健康！

修杰楷：祝福香港越来越繁荣！

贾静雯：欢迎大家来香港玩！

黄婷婷：祝香港的明天更好！

采编过程

深圳卫视《极速前进》是深圳广播电影电视集团、深圳卫视于 2014 年起推出的一档环球竞速真人秀节目，到 2017 年已经成功制作播出了四季。2017 年，第四季《极速前进》在主题化操作上再作创新，加强城市与节目的融合，以"夺宝奇兵"为主线，前往 10 座城市——香港、哥本哈根、斯德哥尔摩、合肥、新加坡城、胡志明市、珠海、澳门、吉隆坡、上海进行比赛，接受具有当地特色的挑战，收集各地宝藏。节目邀请了范冰冰与好友谢依霖，奥运冠军吴敏霞夫妇，奥运冠军张继科与父亲，深圳卫视主持人强子、张星月等作为"极速精兵"参与其中。

社会效果

《极速前进》第四季"夺宝奇兵"自 2017 年 8 月 4 日开播至 10 期全部播完，据 CSM 数据，其收视率稳居周五同时段节目前三，CSM52 城平均收视率达 0.72%，其中 3 期节目排名第二，最高收视率达 0.88%。

新浪微博里仅"#极速前进#"一个话题的阅读量就超过 83 亿，节目播出期间，"#强子张星月极速前进#""#为强子星月打 call#""#张继科张传铭极速前进#"等多个子话题荣登微博话题综艺榜第一名。节目中向观众传递了积极向上的正能量，具有强烈的榜样作用和深刻的教育意义，也得到了业内外人士的一致嘉奖。

2017 年 8 月 4 日播出了香港赛段后，节目组收到了来自香港旅游发展局的感谢信，肯定了节目组每一位工作人员的坚韧、拼搏和专业精神，认为节目中的任务融入了地道的香港文化，将香港敢拼敢闯的城市精神诠释得淋漓尽致。本期节目让内地观众对于香港的重点旅游盛事、新景点等有了更深刻的认识，在香港回归二十周年之际，具有极为重要的意义。

【点评】

此作品是在全国卫视同类型节目中收视口碑双丰收的一档真人秀节目，也是广东省电视台在引进外国电视节目版权、节目制作的基础上进行本土化改良、结合市场化运作的一个良好范本。每期节目会邀请国内来自演艺圈、体育界等各界知名人士参与，跨越富有不同地域特色的国家和地区进行各种高难度极限竞技项目的比拼。在节目构思和竞技形式上，能结合本土的实际情况作改良，整体节目编排有序，拍摄专业严谨。贴合现今人们"崇尚健康、走出户外、亲近自然"的新思维，有效利用明星效应，通过节目向社会受众倡导健康向上、不畏艰险、勇于挑战的精神。同时，节目老少皆宜，能达到寓教于乐的效果，使得此节目在平台不占优势（非国内一线卫视）的情况下以综艺黑马姿态脱颖而出。

（宁肖周）

电视文艺专题节目

中国电影先驱　郑正秋

汕头广播电视台　集体创作

1930 年，对于中国电影，注定是非比寻常的一年。

这年 6 月，上海。电影《歌女红牡丹》的场景搭建正在紧张进行中。

这部由明星影片公司投入巨资的电影，是中国第一部有声片。早已习惯了片场氛围的郑正秋，这一次格外细致谨慎。在寂静的默片时代，郑正秋决意要和他的公司同仁们率先打破沉寂，让银幕发出中国人的声音，为中国电影添一页光荣的新纪录。

在中国电影博物馆的入口处，矗立着五位中国电影开拓者的雕塑，排在第二位的就是广东潮汕人——郑正秋。

郑正秋是中国电影的拓荒者，在电影史上熠熠生辉，更成为潮汕文化的一个重要符号。这里是郑正秋的潮汕老家——成田镇上盐汀村，广东汕头潮南区的一个安静村落，溪水环绕，古朴安然。

郑氏宗祠，精美的木雕石刻显示郑家祖上曾有的富足荣光。

在 20 世纪的最初 30 年里，郑正秋与张石川携手创造了众多"中国电影第一"。他们碰撞出的火花照亮了中国电影的拓荒期。

1922 年 3 月，中国电影史上最重要的一家制片公司——明星影片股份有限公司在上海成立。郑正秋、张石川、周剑云、郑鹧鸪、任矜萍为主要发起人，号称"明星五虎将"。

从 1922 年到 1937 年，明星公司共拍摄了 183 部影片，并培养了大批电影人才，为中国电影工业的发展作出了重要贡献。1937 年上海沦陷后，明星公司片场毁于战火，大部分电影拷贝被烧毁；加上长期亏损，最终宣布破产解散。郑正秋付出一生心血的明星公司陨落。

人生如戏，戏如人生，再好的戏终有落幕的时刻。

郑正秋的人生定格在 46 岁，他一手开启了中国国产电影的大幕，成为中国电影主流叙事传统的奠基人。

在中国电影的前行中，郑正秋的人生影响和意义早已超越时间，紧紧交织在中国电影发展的脉络里，愈久弥坚。

人生，是一场为了梦想的远行，跌宕过后，终将邂逅最初的自己。

（以上文字有删节）

采编过程

郑正秋是中国电影先驱，更是潮汕文化的一个重要符号，在今天弘扬中国文化、挖掘地方文化资源的大背景下，重新认识和发掘郑正秋的价值，极具现实意义。

郑正秋（1889—1935），广东省汕头市潮南区成田镇上盐汀村（上蓝汀乡）人，中国早期戏剧家和评论家，中国电影开拓者，中国第一代电影编剧、导演，被誉为"中国电影之父"。一生编剧、导演了 53 部电影，奠定了中国电影最重要的以伦理情节剧为主流的叙事传统，创造了众多"中国电影第一"。1932 年，在他的主导下，中国共产党的电影小组进入明星公司当编剧顾问，为党领导下的左翼电影运动作出重要贡献。在中国电影的前行中，郑正秋的人生影响和意义早已超越时间，紧紧交织在中国电影发展的脉络里。

纪录片《中国电影先驱 郑正秋》长达 95 分钟，全面展现了 20 世纪 20 年代初期中国第一代电影工作者筚路蓝缕、披荆斩棘的开拓履痕，梳理郑正秋为中国电影留下的有传承价值的传统和根基；挖掘 20 世纪二三十年代潮汕人和中国电影背后那些不为今人所了解的故事，向以潮汕电影人为代表的中国电影先驱们致敬。其中，许多史料和图片影像第一次被整理呈现，在中国电影史的学术层面意义重大。

社会效果

本片是第一部关于郑正秋在戏剧和电影两大领域艺术成就的影视作品，在中国戏剧和电影史研究中意义重大。本片播出后，受到中国电影研究界广泛关注和好评。该片被中国电影博物馆、中国电影资料馆、上海戏剧学院、北京电影学院、北京大学、湖南大学、崔永元电影传奇馆收录为研究郑正秋的影像资料，上海戏剧学院还将该片列入中国电影史的影像教材。

【点评】

这是一部典型的、货真价实的、充满创意的电视文艺专题片。

该片选题立于本土，视野却放眼于中国电影史，乃至当时整个中国社会，是属于那种最有可能结出硕果的"根深叶茂"式选题——表现对象选择的是出生于汕头的中国早期电影事业先驱郑正秋和他通过拼搏努力而开创的电影艺术道路；在艺术表现上，该片以主人公郑正秋开创性的电影艺术发展道路为线索，在时代和社会的大背景下探讨其在电影艺术尤其是中国有声电影艺术上所取得的伟大成就及动因、成因；在摄制上，该片文本的撰写既有专业性、学术性，又充分考虑可表现性和可视性；一些再现场景的设计和拍摄，无论是创意还是具体到摄影、灯光、舞美、道具和演绎效果，也都很能彰显电影艺术的专业性和编导在艺术追求上的讲究。特别值得一提的是，片中所采访的专家知名度高、专业性强，所设计的叙事和打造叙事者的方式也很有创意。

正是以上种种努力，才使得该片能够在艺术上获得成功，这也是评委决定评定其为一等奖作品的原因所在。

（张静民）

电视原创歌曲

功夫传奇
——2017 佛山功夫（动作）电影周主题曲

佛山电视台　冯强苏　梁嘉璇　梁献谣　梁炽辉

《功夫传奇》主题曲
词：陈章明　曲：黄智骞

一掌托起莽莽群山　巍巍峻岭
一脚踏过悠悠岁月　漫漫光阴
几度刀光剑影　几度侠骨柔情
挺起民族脊梁　笑看世纪风云

一拳激起澎湃烈火　朵朵绚丽
一棍挥动滔滔江水　生生不息
多少凛然正义　多少顶天立地
化成满腔热血　谱写长歌一曲

武术之乡　人杰地灵
英雄豪杰大丈夫　天下闻名
拥抱世界　敞开胸襟
今朝扬名于四海浩荡民族之情

岭南佛山　砥砺前行
神州大地好儿女　凝心聚力
海阔天空　自强不息
唱响时代的旋律　上演功夫传奇

采编过程

　　《功夫传奇》音乐影片是主创团队——佛山电视台制作部影像工作室以"佛山功夫"为题材，以"2017 佛山功夫（动作）电影周"主题曲《功夫传奇》为载体策划并制作的音乐影片。该音乐影片的创意，以怀着功夫梦的孩童机缘巧合下看见一本《功夫传奇》拳谱为引子，再以佛山本土五大拳种的代表人物为主线，带出佛山作为功夫之城的历史背景。故事情节一气呵成，既展现了佛山功夫过去的辉煌、现在的蓬勃发展，又以小朋友的亲身参与，带出佛山功夫得到传承的美好未来。该音乐影片取景构思以佛山本土五大拳种代表人物分别在佛山五区地标式景点打出功夫套路为主，结合多种新颖的拍摄手法，既体现出佛山本土功夫拳术的气势与功架，又融入出佛山五区的美景。在后期制作时，糅合传统与现代多种元素，使用多种崭新的先进制作手段，使整个作品如功夫般刚柔并济又丰富多彩。

社会效果

《功夫传奇》音乐影片故事情节生动，承上启下，体现五大拳种在佛山的传承和发展。影片播出后，一石激起千层浪，敲击观众心弦，广受业界好评。以功夫为题材的影片很多，但能集中呈现佛山五大拳种现状的却是凤毛麟角。片中能让人看见并感知佛山武术在传承中的创新，与影片不拘一格的表现手法相通，让人浸润在自古以来佛山作为武术之城的情怀当中，令佛山功夫再次成为一时佳话。一曲《功夫传奇》，一脉世代流传，长江后浪源源不断，激起无数英雄梦。

【点评】

佛山是座功夫之城，孕育、传承、发展了五大拳种。而这首为"2017 佛山功夫（动作）电影周"而创作的主题曲《功夫传奇》也是颇见功夫。该作品歌词句句是功夫：一掌、一脚、一拳、一棍，招招式式，顶天立地。旋律既有岭南音乐特色，又紧密契合功夫节奏，铿锵孔武，凛然正气。画面故事构思精巧：一个孩子机缘巧合读到一本《功夫传奇》拳谱，激发起功夫梦想，由此展现出佛山功夫五大拳种的气势与功架。作品以电视的叙事方式把佛山功夫的传承创新与佛山本地特色、人文情怀完美地呈现出来，艺术效果令人震撼。旋律好听动人，画面好看引人，歌词好懂振奋人，整部作品功夫味十足，正能量满满，是一部难得的艺术性、思想性俱佳的好作品。

（白　玲）

电视剧

爱人同志

广东强视影业传媒有限公司　集体创作

第一集

20 世纪 20 年代初，岭南小镇惠平。

留法归来的塘西麦家大少爷麦耀棠来塘东沈家提亲，希望完成两家定下的娃娃亲。沈碧青的父母和麦耀棠在客厅叙话，沈碧青与表姐陈桂在屏风后偷看偷听，虽只看见麦耀棠的背影，但麦耀棠支持自己读书的言论让沈碧青满心欢喜，并对这场包办婚姻充满了期待。

是夜，身为共产党员的麦耀棠与区达铭、古大章等同志接头，决定借婚礼之机，刺杀军阀林粤昌。

麦耀棠主动向父亲提出请林粤昌当主婚人，林粤昌与麦父关系良好，欣然答应。

广州坤雅女师宣讲团的欧阳春晓来镇上宣讲，得知沈碧青有一桩包办婚姻，劝沈碧青反抗，同时，鼓励不能结婚的自梳女陈桂大胆追求婚姻。

婚礼当天，区达铭、古大章等人埋伏在林粤昌参加婚礼的必经之路准备刺杀，未料因道路坍塌，林粤昌临时改道。行动小组扑空后，区达铭执意去麦家伺机行动。

因蒙着喜盖头，麦耀棠与沈碧青均未见到对方真容。迎亲队伍回到麦家，洞房内的沈碧青发现了麦耀棠早已写好的休书，正要去问个明白时，麦家枪声大作。

林粤昌、麦父当场毙命。行动小组带走了中枪的麦耀棠。

林粤昌的手下赶到，抓走了麦家族人，并四处搜查沈碧青。

（以下文字省略）

第四十八集

麦秋实刺探出这两人根本不是技术人员，处置了两个谍报人员后，决定改变线路，启用已经废弃的长兴交通站。

区达铭发现两名暗探的尸体，明白计策已被识破，判断麦秋实一定是改道长兴。区达铭致电袁昌，袁昌命令区达铭给麦秋实的队伍布下一个口袋阵。

麦秋实带着队伍找到沈梦苏，请求沈梦苏帮忙。古大章得知消息，带着陈桂和基层群众赶去支援。

当麦秋实的队伍走进袁昌安排的口袋阵时，枪声大作，双方激战，麦秋实带着护卫队员拼命掩护运输人员突围。

麦秋实护住挑起担子的沈梦苏，区达铭赶了过来，沈梦苏痛骂区达铭，区达铭受刺激端枪指向麦秋实。区达铭开枪时沈梦苏扑在麦秋实面前，为他挡了子弹。这一幕被跑来的陈桂看见，顿时清醒。就在区达铭打算打死麦秋实时，陈桂向区达铭开枪，两人死在了对方的子弹下。

此时嘹亮的号角声响起，古大章带着赤卫队员、基层群众以及真正的闽西红军主力赶来，袁昌被迫撤退。

为了方便沈梦苏革命，欧阳春晓把小远接去了广州。

麦秋实来向沈梦苏转达任务，他要跟随红军主力转移，让沈梦苏留在广东担任地下组织的负责人，继续坚持革命斗争。麦秋实随组织转移时，沈梦苏突然出现，组织上同意了沈梦苏的申请，让沈梦苏和麦秋实一起转移苏区。

（以上文字有删节）

采编过程

电视剧《爱人同志》系国家广播电视总局"2016—2020 百部重点电视剧"选题剧目，以弘扬伟大的爱国主义精神和高尚的革命英雄主义精神为主题，制作精良、格局大气、立意高远，从全新的视角回望、诠释了第一代共产党人的"初心"和"中国梦"，展示了文化自信、信仰自信和道路自信，具有信仰之美、理想之美、崇高之美和很强的现实贴近性。它以 20 世纪 20 年代的广州为背景，以国共合作的大革命时期为发端（1924 年年底），至中国共产党领导的工农红军长征（1934 年 10 月）为结点，讲述了出身背景及性格各异的三对青年的爱情、信仰和选择，男、女主人公在长达 10 年的革命斗争中，历经磨难，九死一生，仍初心不改，以第一代共产党人的"初心"和"中国梦"，诠释了伟大的信仰之美。

社会效果

《爱人同志》以偶像为表，正剧为里，不忘初心，从信仰追求和爱情追求之相互关系的角度书写那段历史，打通历史和现实，在青春偶像和革命历史题材的结合上，作出了有益而成功的创新。《爱人同志》讲述了第一代共产党人为实现民族解放的"中国梦"而奋斗、牺牲和奉献的故事，成功塑造了第一代共产党人的英雄群像，热情歌颂了第一代共产党人为党为国为民族奉献青春、爱情甚至生命的伟大精神。这一伟大精神在当下这个新的历史时期仍将指引千万共产党人带领亿万中国人民实现民族复兴的"中国梦"。

《爱人同志》既有饱满的革命激情又有刻骨铭心的爱情，它将历史真实和艺术真实相结合，用革命现实主义和革命浪漫主义相结合的创作方法，突出表现了信仰之美、理想之美和崇高之美，是对当前文艺创作要突出爱国主义、英雄主义的积极回应。

【点评】

电视剧《爱人同志》系国家广播电视总局"2016—2020 百部重点电视剧"选题剧目。该剧从全新的视角艺术地回望、诠释和演绎了第一代共产党人的"初心"和"中国梦"，进而以此激励今人不忘初心，砥砺奋进。

在题材选取和主题表达上，该剧意识明确、方向正确。编剧独具慧眼地选取了二十世纪二三十年代风云激荡中的广州这片革命热土上的几对热血青年与革命的故事作为表现题材，并通过主人公们在大时代背景下个人命运与爱恨情仇的纠葛与抉择，歌颂革命理想，讴歌革命精神，赞颂革命爱情，弘扬了伟大的爱国主义精神和高尚的革命英雄主义精神。

在剧情设计上，该剧刚柔并济，既大手笔展现大革命年代的时代风云激荡，也细腻地描绘大时代里青年人内心情感的波澜起伏和参加革命、献身革命的心路历程。全剧虽弥漫着革命的浪漫主义和英雄主义气息，却显得真实可信。

在叙事视角和角色设计上，该剧颇具匠心，以女性的视角去叙述大时代里早期共产党人的革命故事，这不仅有利于展现时代风云，更有利于营造矛盾冲突、表现真实的内心情感，进而为塑造有血有肉的早期共产党人群像奠定基础。

该剧演员的选取和对其艺术表现力的调动也很成功，对"偶像"和"革命者"之间的平衡性拿捏得恰到好处，加之演员对角色的全力演绎，都为良好的收视效果起到了保障作用。

（张静民）

电视文艺栏目

文化珠江

广东广播电视台　杨卓兴　吴泳斌　彭　蓉　陈艳芬　宋　飞　侯朝霞

一、道不尽的乡愁——余光中

（略）

二、西藏人家

（略）

采编过程

《文化珠江》是广东广播电视台精心打造的一档文化类纪实专题栏目，每集25 分钟，栏目自 2006 年开播以来，至今已播出 11 年。从 2015 年开始，栏目慢慢转向形成了现在的"专题纪录片"形式，每期介绍一个文化名人或讨论一个文化话题，纪录对象都是各界名人，或者引发热议的文化现象。节目选题涉及绘画、陶瓷、建筑、民俗、音乐、导演、学者等方面，先后策划制作了《广东文化名村行》《广东文化名镇行》《广东文化名城行》《岭南屋语》《广东在京画家》《台湾文化名人》《中国印石》《文化江南》《茶文化》《一地一风俗》《一地一名人》《人文珠水》《80、90》《中国大画家》等系列的专题纪录片。

社会效果

《文化珠江》栏目组从 2012 年至今连续被共青团广东省委员会授予"青年文明号"称号。栏目收视率同比 2016 年上升 35%，收视率超出频道考核标线139.41%，并且在省内同播出时段同内容的栏目中市场份额位居第一。2017 年全年零播出事故，成功策划制作并播出了多个不同类型风格的系列节目，以满足不同年龄阶段的收视群体需求。

2017 年 8 月，由《文化珠江》团队主创的广东首部 4K 超高清电视纪录片《通海夷道——丝路的岭南文化》在阳江市海陵岛"广东海上丝绸之路博物馆"举行开机仪式，广东省委副书记、省长马兴瑞出席了开机仪式。该纪录片入选中宣部"纪录·中国"国际传播工程项目,得到了更大的社会影响力和经济效益。

【点评】

该栏目所报送的两期节目均彰显了《文化珠江》的品牌栏目特质。在著名诗人余光中逝世之际,栏目组主创团队反应敏锐,迅速制作了《道不尽的乡愁——余光中》一期节目,运用大量的珍贵影像资料再现了余光中先生具有标志性意义的人生段落,从一个诗人的乡愁情愫升华至祖国统一的美好愿景,不但具有时效性,而且具有文化深度和思想高度。《西藏人家》一期节目从大气唯美的西藏风光中,从普通人家的日常生活中,传达出富有感染力的艺术气息和深刻的人文内涵,制作精良,观赏性强。《文化珠江》栏目自开播以来已成为省内的名牌栏目,其始终高扬着文化担当情怀,在充斥着浮躁气息的文化环境中坚守住了一方文化净土,同时也为电视同行树立起了价值标杆。

(闫 伟)

电视播音作品

珠海新闻

珠海广播电视台　许鲁南

1. 市委市政府召开救灾复产重建总结推进大会　郭元强姚奕生陈英陈洪辉出席

口播时间：00′41″—01′11″（30 秒）

2. 众志成城　砥砺前行　向坚守在救灾复产最前线的您致敬

口播时间：05′46″—06′20″（34 秒）

3. 新闻述评：大灾　更是大考

口播时间：09′24″—09′56″（32 秒）

12′29″—13′16″（47 秒）

15′47″—16′21″（34 秒）

18′01″—19′12″（71 秒）

21′14″—21′55″（41 秒）

4. "珠海十大文化名片"昨晚揭晓

口播时间：23′14″——23′38″（24 秒）

5. 片尾

口播时间：27′09″——27′35″（26 秒）

采编过程

8 月 23 日，强台风"天鸽"登陆珠海市金湾区；8 月 27 日，台风"帕卡"接踵而至。5 天内，珠海连续遭遇台风袭击，全市 64.14 万人受灾，造成直接经济损失超过 200 亿。这是一场 50 年不遇的大灾，更是对珠海前所未有的大考验。

9 月 28 日，在"天鸽"过去的第 36 天，珠海召开救灾复产重建总结推进大会，表彰先进，总结经验。《珠海新闻》当天及时刊播了关于总结大会的两条动态报道，并在之后的十多分钟时间里，推出了策划评论《大灾，更是大考》，对今年影响珠海的"双台风事件"进行总结回顾，并提炼评论。

作为珠海台的时政窗口，《珠海新闻》平常的播报状态多为坐播，为了让特别策划呈现出完整性和独立性，在《大灾，更是大考》板块中，主持人从坐播区转到站播区，并随之转换了播报状态。

社会效果

《珠海新闻》收视率长期以来居珠海台各栏目前列。"双台风"期间，节目的平均收视率较往日有大幅提升，最高达 4.64%，位于同时段第一。这反映出重大事件、重大灾害面前，传统媒体仍是信息传播的主渠道、社会的稳定器。

台风"天鸽""帕卡"的消息，在各大媒体头版头条并不少见，但如此全面总结回顾两场台风对珠海影响的深度报道，珠海台走在了前列。一个月后，台风肆虐的场面还历历在目，众志成城、救灾复产的故事还在继续，这样的新闻作品无疑起到凝聚共识、加强城市认同感的作用。因此，当天新闻的新媒体产品得到了很多市民的转发。这也体现出传统媒体运营的新媒体在移动互联网传播中的公信力。

【点评】

该电视播音作品导向正确。新闻播报者不仅能够以第三人称客观报道节目内容，而且采用了"讲述式"的时政播报方式，语言表达专业规范、播报语音标准，播报语态基调符合时代要求。尤其是播报涉及台风大灾这样民情关注较高的时政新闻时，播报者为了体现节目整体策划的完整性，结合播报内容，从坐播区转到站播区，播报状态转换自然，节奏把控得当，语言表达状态和稿件内容贴切契合，镜头前的语言播报能够较好地反映新闻内容，体现新闻主旨。同时，播报者在镜头前的手势、肢体等副语言表达也能够与新闻内容达到和谐统一，作品充满贴近性和温度感，也同时显示出较强的时代感和感染力。

（王　婷）

电视主持作品

2017 "深圳·遇见未来" 超级盛典晚会

深圳广播电影电视集团 庞 玮

庞玮：各位现场的朋友，年轻的创客们，在座的各位大咖们，大家晚上好！这里是 2017 "深圳·遇见未来" 超级盛典的现场，我是深圳卫视的节目主持人庞玮。

2015 年元旦的时候，李克强总理曾经来到我们深圳，视察深圳的柴火创客空间，相信很多人都知道这事。创客的热潮迅速席卷全国。2016 年的时候，李克强总理再一次来到我们深圳，这一次，他是亲自主持中外创客领袖座谈会。一时间，全世界的商业大咖们都云集在我们这座城市，深圳一时风头无两。所以很多人非常好奇，说，这么一座年轻的城市，究竟有什么样的魅力能够不断地吸引国家领导人还有商业大咖们云集于此呢？我想这背后最主要的原因，就是我们深圳有着最饱满的创新热情和最具有力量的创新机制。也正是因为有了这些，我们深圳在三十多年的时间里才能不断地创造奇迹。现在 "2017 年全国双创周深圳活动暨第三届深圳国际创客周" 已然来临，而一直秉承着这种双创精神的深圳卫视也为大家倾力打造了这台超级盛典。今天晚上，我们将在这里共同见证深圳双创力量是如何走向世界、走向未来的。

庞玮：人工智能。英文简称是 "AI"。这个词也听过，对吗？其实它是对人类思维、意识模拟的一个过程，它包含语言的识别、图像的识别、计算机视觉等。说起来特别高大上，其实我自己完全是个外行。但是这种看似 "高大上"、高深莫测的东西现在已经 "飞入寻常百姓家" 了。我们接下来要上场的这位空间架构师的讲述就会带给我们这样的智能故事。他是我们中国第三次电视产业革命的引领者，他把人工智能带进了千家万户。

庞玮：在 8 月 31 号的时候，我们深圳卫视推出过一个节目——《2017 秋季知识发布会》。在节目当中，罗振宇先生曾经提到过一本书，叫 "百岁人生"。这本书提醒我们所有人，随着现代医疗技术的不断进步，也许我们这一代人活到一百岁的概率是非常大的。一百岁哦！想不想活那么久？一百岁以后，我们的生活是什么样的呢？是不是医院都不够住了？是不是我们没法退休了？我觉得最主要的是我们以后逢年过节向人送祝福的时候不能再说 "祝您健康长寿、长命百岁",对不起,我已经一百一十岁了。

（全场笑）我们每个人都想活得更长久一些,而且希望这种长久是更有质量的。那怎么达到呢?有一家公司一直在思考和探索这个问题。

他们看到的不只是今天,他们永远瞄准的是未来。它就是我们非常熟悉的、赫赫有名的华大基因。

庞玮: 梵高、贝多芬,他们都是艺术的代表,但是我们印象当中艺术是感性的、抽象的,但是科技呢,是理性的、具体的。这两个看似毫不相干的两级如何碰撞在一起?碰撞在一起会产生怎么样的火花?

庞玮: 煤炭、水、天然气等这些是我们非常熟悉的传统能源,这些能源我们都知道并不是取之不尽、用之不竭的,而且它们所带来的一些环境问题日益突出,所以现在新能源产业越来越被全世界重视。

庞玮: 谢谢惠红林先生。其实能不能早一点过上我们所畅想的这种健康绿色的未来生活,有赖于每一个人的共同努力和实践。再一次感谢您的讲述,谢谢。朋友们,这里是深圳卫视独家为您呈现的 2017 "深圳·遇见未来"超级盛典的现场。今天晚上我们携手深圳市政府,也携手这么多年轻的创客们一起畅想创造、畅谈未来。有人说,遇见未来最好的方式就是创造未来。从三十多年前的一个边陲小镇发展到今天的全球创客之都,也许在我们每一个人的心里,深圳就是最大的创客。不过相较于上一代人的开荒拓土来说,我们,可以说在座的很多人,只能说是参与和见证了深圳的发展奇迹,我们还只能算是新一辈。

庞玮: 谢谢王梅情怀满满的讲述。谢谢你。从当年喊出的口号"实干兴邦"到现在我们说的鼓励创新,从深圳制造到现在的深圳创造,深圳一直在勇敢地当一名创客。也许我们现在享受的今天是上一代深圳人传承到我们手上的,但是我们的未来,也会一代又一代地传承和参与下去。

在深圳市委市政府的大力领导下,在大众创业、万众创新这种氛围的号召下,我们在发展粤港澳大湾区、在不断推动落实"一带一路"和亚太自贸区战略,相信不用等到一百岁,我们就可以和我们今天畅想的、倡议的未来之城不期而遇了。好,感谢所有百忙当中莅临我们超级盛典现场的领导们,感谢所有年轻的创客们,感谢所有守候的伙伴们谢谢所有人的守候和支持。2017 "深圳·遇见未来"超级盛典到此结束,所有意犹未尽的朋友们,有机会再见!

（以上文字有删节）

采编过程

2017 年 9 月 15 日,"2017 年全国双创周深圳活动暨第三届深圳国际创客周"盛大开幕。作为中国第一个电视双创平台,深圳卫视为深圳这座"创客"之城量身定制了一场"2017'深圳·遇见未来'超级盛典晚会",助力国家创新驱动战略。这是一场令人瞩目的创新成果大秀，让科技魅力从想象走入现实，描绘未来之城的美好。晚会组特别邀请到来自深圳的多位创新创业代表人物站上舞台，为观众带来了精彩的智能科技展示，探讨创新发展的方向以及最有潜力的未来行业，也通过深圳卫视平台向全国观众展示了深圳的创客精神和风采。基于这种主题，晚会风格不同于一般性综艺晚会，首要体现深圳这座城市的创新感、科技感、未来感。主持以讲述、交流式为主，串联起各位创新人物的主题演讲，加强互动频率，格外考验主持人控场能力。

社会效果

2017年深圳卫视积极响应国家创新驱动发展战略，充分发挥深圳在双创浪潮中的引领作用。本场"双创盛典"即充分融合人才、资源、创想的交流碰撞，而主持人更是在晚会中机动高效地联动协调各个工种、各个环节各部分内容，比较全面地展现了较为丰富的生活积累、较强的主持功力和较显著的个人魅力，帮助晚会推进、展示了许多前沿"黑科技"，为观众打开了生活新想象，也让观众大开眼界。同时，在主持过程中，通过与嘉宾生动活泼的互动问答，非常接地气地展示了科技改变未来的无限可能这一宏大主题，为创新理念和创新精神的传播成功搭建了极好的传播平台，取得了很好的传播效果。客观地说，此次晚会主持作用的体现比一般性晚会更加突出、重要、主动且灵活，当晚的整体舞台表现也得到了业界内外包括当地市级主要领导的高度肯定和赞扬。

【点评】

主持人在镜头前大气端庄、从容自然，节目主持基调和镜头前的主持状态自如松弛；在整体节目主持中，主持人角色定位准确，态度饱满积极，声音清晰，亲切流畅；在这样一台大型专题晚会主持中，主持人不仅能够以讲述交流的方式自然串联起各个节目板块和主题演讲，而且体现出了较强的现场掌控力和对象感，现场互动到位；同时，主持人又较好地呈现出在镜头前的亲和力，其形象气质、语态基调、态度节奏等把握得体，表现了主持人成熟稳重的底蕴和镜头前的专业能力和素质；且服装得体，主持节奏明快。总的来说，整体节目主持效果较为和谐统一，是一个具有示范作用的优秀作品。

（王　婷）

广播电视社科理论论文

新型主流媒体的多维生态内涵解析

深圳广播电影电视集团　　袁　侃

【摘　要】以习近平同志为核心的党中央提出的"新型主流媒体"思想与作为意识形态的生态理念有着高度的互通关系。在当前纷繁芜杂、令人眼花缭乱的"新型主流媒体"论述中，以生态理念诠释中央"新型主流媒体"思想的深刻内涵，对于正本清源、把握方向有着极为重要的价值与意义。本研究认为，在生态学的视野下，新型主流媒体应当是有机联系、多样共存、循环开发和具有生态竞争力的媒体。在生态结构维度上，应当重构媒体与生境之间的强链接关系，推动媒体自身各生态子系统的系统化整合；在生态位势维度上，应当在差异化生存和生态位扩充两个方面打造可持续竞争力；在生态营养维度上，应当着力构建新型业务链和新型业务网，从而更好地整合开发内外部各类资源。

【关键词】新型主流媒体；生态结构；生态位；生态营养

自 2014 年 8 月习近平总书记在中央深改组第四次会议上提出"新型主流媒体"概念以来，围绕于此而开展的理论研究与传媒实践正呈现出如火如荼的发展势头。与此同时，由于以"融合发展""一体发展""形态多样"等为关键点的新型主流媒体建构思想与以"有机联系""系统协同""持续健康"等为基本诉求的具有意识形态属性的生态理念高度契合，生态学中的相关概念、理论或思想被研究者们大量论及。但令人遗憾的是，相对于具有上百年学科发展历史、理论体系极为丰富和庞杂的生态理论而言，目前大家对新型主流媒体的生态内涵思考由于对生态理论本体把握不足，仍然停留在"概念借用"的表层阶段，呈现出简单化、碎片化的显著特点。深入挖掘新型主流媒体的生态内涵，特别是对新型主流媒体的生态结构、生态位选择路径、生态营养关系构建等核心问题的探讨，将有助于正处于起步阶段的新型主流媒体加深认识、拓宽思路、寻求出路。本研究将循此路径，对相关问题进行深度剖析。

一、新型主流媒体与意识生态的理念互通

1. 新型主流媒体的界定与构成要件

在习近平总书记的新闻思想框架中，新型主流媒体是指以媒体融合发展为核心，以"形态多样""手段先进"和"具有竞争力"① 为主要特征的媒体形态，具体包括了"理念、内容、体裁、形式、方法、手段、业态、体制、机制"② 九个方面的创新内容。实际上，作为区别于传统主流媒体的一个重要概念，新型主流媒体也具有主流媒体的一般特征，即在传播规模上"必须具有相当的社会接触规模和人群覆盖密度"，在传播内容上一定是"回答社会现实发展的'基本问题单'上的问题"，在传播效果上一定是影响着"主流人群的思想观念和意志行为"，在治理结构上一定是建立在现代企业制度基础之上的传媒组织。③ 由此可知，新型主流媒体的构成要件至少包含这样四点：①具有先进的运营理念，必然是利用以互联网思维为代表的现代社会理念对传统主流媒体运营理念进行扬弃改造后的创新理念，有着明显的开放性、共享性、整合性等特征。②具有广泛的传播渠道，必然是全媒体渠道传播，并且能够直接地、有效地影响相当规模的用户群体。③具有创新的运营手段，必然是采用先进传播技术和创新手段实现经济效益与社会效益双丰收的创新媒体。④具有独特的新型业态，必然是能够积极适应未来新经济发展趋势，有效利用自身与环境资源，打造出具有核心竞争力、特色化、可持续的新型盈利模式。

2. 作为意识形态的生态理念

有研究者指出，"生态概念不能只局限于自然科学范畴，……蕴含着强烈的意识形态价值"④。作为意识形态的生态概念，有着强烈的价值倾向性，并形成了一整套完整的生态理念，主要包括有机联系、多样共存、循环开放、持续健康等方面。其中，有机联系理念主要源于生态系统是"自然的有机整体"⑤ 的规律认知，要求我们必须以整体观、系统观等基本观点，考察生物与生境（生存与发展的外部环境）之间的相互关系，把握生物内部组成要素各自的结构与功

---

① 《习近平：强化互联网思维　打造一批具有竞争力的新型主流媒体》，新华网，http: // news. xinhuanet. com/zgjx/2014 – 08/19/c_ 133566806. htm，2014 年 8 月 19 日。

② 《习近平主持召开党的新闻舆论工作座谈会》，新华网，http://www.xinhuanet.com/politics/ xjpzymtdy/，2016 年 2 月 19 日。

③ 胡瑛、陈力峰：《论主流媒体的评价标准》，《新闻传播》2009 年第 12 期，第 25 页。

④ 熊韵波：《生态概念的意识形态性内涵及其演变》，《南通大学学报（社会科学版）》2014 年第 4 期，第 17 页。

⑤ 邵培仁等：《媒介生态学——媒介作为绿色生态的研究》，北京：中国传媒大学出版社，2008 年，第 129 页。

能，并以资源优化整合的思维方式，取得整体功能大于部分功能之和的效果。多样共存理念主要源于"在同一动物区系中定居的两个不可能具有完全相同的生态位"① 的规律发现，以及生物多样性对于维持生态系统的平衡与稳定具有重要作用的观点，要求以多样化发展的思维提升生态系统的稳定性。循环开放理念主要源于生物内部及生物与生境之间需要通过开放的方式实现能量与物质顺畅循环的观点，强调了保持相互之间的开放性链接对于维持生物生存与发展的重要意义。持续健康理念虽然是对前述三项理念的总括，但更加强调生物内部、生物与生境之间的高度协调，进而维持一种长期稳定的健康发展状态。

3. 新型主流媒体思想与生态理念的高度互通

一是"融合发展"与"有机联系"的高度互通。新型主流媒体要求其打破过去的内部科层制管理模式与组织架构及条块分割的部门壁垒，进行全媒体流程再造，实现融合产品、全渠道立体化传播，这就要求其内部业务各流程环节之间、各部门之间真正建立起便捷而又有机的联系，实现"1 + 1 > 2"的整合传播效果，这恰与生态理念的"有机联系"思维不谋而合。二是"形态多样"与"多样共存"的高度互通。新型主流媒体在强调融合发展、一体发展的同时，也更加注重"形态多样"，这就要求其必须走出一条特色化、差异化发展之路，实现"多样共存"，避免恶性竞争。三是"业态创新"与"循环开放"的高度互通。面对新媒体的剧烈冲击，传统主流媒体依托于"内容 + 广告"的二次销售盈利模式已经难以为继，这种现象实质上体现了传统主流媒体的经营模式已经无法有效保障其与外部环境之间的能量、物质顺畅循环，而"循环开放"理念要求其以更加开放的态度，重构其与生境之间、其内部各要素之间的能量链接关系，进而更好地整合资源、吸取能量、做大做强。四是"具有竞争力"与"持续健康"的高度互通。基于新型主流媒体对"具有竞争力"的强调，其需要在可持续、健康的发展模式上进行创新，特别是在如何处理好与社会化网络媒体之间的关系和打造持久的新型盈利模式上，也需要进行有效探索。

二、生态结构维度：高强度链接与系统化整合

结构性是生态的首要特征，对生态的结构进行分析，能够有助于我们更好地认识生物与生境、生物内部各要素之间的内在关系。从生态学理论中我们可以发现，生态主要具有两个层次的结构关系，即由生物与生境构成的第一层次结构关系和生物内部各要素之间构成的第二层次结构关系。相应地，新型主流媒体的结构关系也主要包括以上两个层次，并且实现其与生境的高强度链接和

---

① 李鑫：《生态位理论研究进展》，《重庆工商大学学报（自然科学版）》2008 年第 3 期，第 27 页。

内部子系统的系统化整合，是其在维护建构有机联系的生态系统的基本通路。

其中，在第一层次生态结构关系中，生态学理论认为，在复杂的生境系统中，既存在着阻止生物生存与发展的限制因子，也存在着能够为其提供生长与发育充分能量的驱动因子，不管是限制因子还是驱动因子，均存在着关键因子，而这正是生境研究中需要极为重视的要素。[①] 在新型主流媒体与其生境的生态关系中，经济增速下滑、社会化新媒体的冲击、行业内的竞争，无疑是影响新型主流媒体发展的关键限制因子，而用户、广告主以及更为广泛的社会经济资源，无疑是促进新型主流媒体成长的关键驱动因子。但是，传统主流媒体与用户、广告主的生态关系已经逐渐弱化，而其与更为广泛的多行业经济资源之间的生态关系并未真正建立起来。因此，强化与上述三大关键驱动因子之间的联系甚至是重构双方之间的生态关系，对于新型主流媒体来说，显得尤为必要。其中，对于新型主流媒体与用户之间的关系，要积极变革传统的受众理念，不仅要做用户文化信息需求的传播者，而且要做用户互动沟通需求的满足者，不仅要提供传统的媒体服务，而且要在满足用户更多的生活需求上狠下功夫；不仅要吸引住用户，而且要增强用户体验，提高用户黏性[②]，并对用户资源进行多层次、全方位开发。对于新型主流媒体与广告主之间的关系，要认识到自身的大众传播价值及此种价值对于企业营销的重要意义与优势地位，既不能全盘否定新型主流媒体的广告营销意义，又不能简单地因袭传统的广告运营模式，而是应当通过供给侧结构性改革式的广告经营变革，融合广告产品、创新技术手段以更好地为企业营销服务，以新型的广告业务构筑新型主流媒体盈利模式的重要一极。对于新型主流媒体与更为广泛的行业经济资源之间的生态关系，要积极借鉴生态位扩散迁移的理论思想，利用好新型主流媒体与各行各业天然的纽带关系，通过"广电＋"、线上线下结合运营等方式，积极介入实体经济领域，并与实体经济共同发展。我们看到，国家广播电视总局《关于进一步加快广播电视媒体与新兴媒体融合发展的意见》已经从政策角度予以更为明确、细致的方向指引，而以湖北垄上频道为代表的少数广电媒体在此领域也进行了卓有成效的探索，需要继续向前推进。

在第二层次的生态关系中，其在整体上是一个有机的系统，在内部结构上也包括各个有机联系的子系统，重点包括了内容生态子系统、经营生态子系统、技术生态子系统和组织生态子系统四个方面。其中，在内容生态子系统方面，新型主流媒体必须坚持"以内容建设为根本"的创新发展思路，一方面充分发挥好在新闻内容生产上的传播优势，强化新闻报道的权威性和公信力，同时根

---

① 常杰、葛滢：《生态学》，北京：高等教育出版社，2010 年，第 87 页。
② 谭天：《媒介平台：传统广电转型之道》，《新闻记者》2013 年第 12 期，第 33 页。

据自身条件打造包括评论、调查、专题等更加多元化的新闻内容产品，并积极强化产品思维理念，推动自身从新闻资讯服务向"新闻＋服务"新模式①的转变；另一方面要通过联合开发、资本运作、收益共享等更加多样化的手段，在影视内容等方面积累较为丰富的资源，以适应视频付费时代的发展新趋势，进而建构起相对稳定、健康的内容生态系统。在经营生态子系统方面，要全力打破过去"内容＋广告"的单一化、简单化产业经营旧模式，通过对内容资源、用户资源的深度开发，延长产业经营链条，切实将此类核心资源转化为实实在在的经济效益；同时，要通过更大范围、更有深度的资源整合，形成多元化运营的产业新格局。在技术生态子系统方面，要充分认识到技术创新的第一生产力地位，同时要注意到媒体的技术创新并不主要在于自主的技术创新，而是应当对新技术特别是新技术在信息传播领域的应用保持足够的敏锐，并以最快的速度去全面、深入地利用相关最新传播技术，改进自身的传播手段、渠道和方法，以此形成以先进技术为依托的媒体服务生态圈。在组织生态系统方面，要从组织架构、运营流程、体制机制、企业文化等多个方面进行全面改造，形成更加扁平、开放的组织架构体系，更加顺畅、高效的全媒体生产管理流程，更加市场化、有活力的内部运行机制，更加富有创新力和融洽性的企业文化。值得注意的是，组织生态子系统对于其余各项子系统具有强烈的整合作用，必须将其深入融合到其余各项子系统之中，以更好地发挥其对整个生态系统的有机协调和高效整合作用。

三、生态位势维度：差异化生存与生态位扩张

传统生态位理论认为，所谓生态位（ecological niche），主要是指"有机体对生境条件的耐受性以及对生境资源的需求的综合"②，主要包括空间生态位（又称生境生态位）和功能生态位（又称营养生态位）等，揭示了生物的生存和发展主要依赖于外在的空间位置和资源条件的道理，更揭示了生物差异化生存的必要性和可能性。在新型主流媒体建设中，"融合""全媒体""一体化"是党中央明确强调的重点内容。其主要着眼于新型主流媒体的舆论影响力，即新型主流媒体必须通过全媒体内容的生产和全渠道传播平台的构建，进而在舆论影响力方面形成关键优势，这是新型主流媒体必须在激烈的媒体生态竞争中占据的核心生态位。但与此同时，中央认为新型主流媒体又必须是"形态多样"

---

① 章先清：《澳大利亚媒体"中央厨房"模式失败的原因及启示》，《传媒》2017 年第 2 期，第 22 页。

② Michael Begon、Rolin R. Townsend、John L. Harper 著，李博、张大勇、王德华译：《生态学——从个体到生态系统》，北京：高等教育出版社，2016 年，第 97 页。

的，这从生态位理论角度，为新的媒介生态格局下新型主流媒体的差异化生存与发展路径指明了方向。具体来说，新型主流媒体的差异化发展主要包括三个方面的基本路径：一是内容特色化路径。脱胎于传统主流媒体的新型主流媒体，与社会化网络媒体相比，在资金实力上相对较弱，因此不可能在内容布局上全方位铺开，但是可以在传统的新闻内容形态上继续挖掘自身优势，并在某一项或几项特色内容上深耕细作，逐步打造自身的内容优势。比如，深圳广电集团在十余年的发展历程中，依托深圳卫视《直播港澳台》《军情直播间》《决胜制高点》等新闻栏目，在国际类、军事类报道中形成了领先全国绝大多数媒体的内容优势，这就是一种内容特色化的体现。二是地域特色化路径。地方性媒体虽与全国性媒体在传播范围上存在着较大差距，但仍可以发挥好自身在地方上的传播优势，依托自身的全媒体平台，围绕本地人群进行更加广泛、深入和细致的地域特色挖掘，做好本地用户相关的各类服务。三是经营特色化路径。从某种意义上说，新型主流媒体的"形态多样"主要还是体现在经营方面的形态多样，要求其必须打破传统整齐划一的单一盈利模式，根据自己在经营方面的优势或者特色，在多个可以突破的产业领域进行发力，进而形成特色化的新型盈利模式。

此外，基于动态角度的生态位态势理论又提出，生态位扩充是"生命系统发展的本能属性"，"生物都有无限增长的潜力，当其所处的环境有利时，这种潜力便得以发挥，以无可阻挡的力量增长、繁荣和进化"[1]。对于刚刚兴起的新型主流媒体来说，其必然具有强大的生命力，并且要通过对生境中的能量和物质等资源条件的创造性汲取，扩充自己的生态位，实现自身的快速成长。在此过程中，新型主流媒体至少面临着两个领域的生态位扩充任务：第一个领域是从单一媒体类型在内向全媒体类型扩张。新型主流媒体不再是运营过去一个或者几个媒体类型，而是要运营包括传统媒体类型和网络媒体类型在内的所有媒体类型，最终达到"我就是你，你就是我"的运行状态，这就要求其在构筑全媒体运营流程、全媒体传播渠道的同时，通过全媒体产品的提供与体制内外所有媒体进行直接竞争，并重建包括影响力、传播力和可持续发展力在内的媒介新生态。我们看到，湖南广电提出"双轮驱动"战略并大力发展以娱乐内容为核心特色的"芒果生态圈"，上海广电更是直接提出了向互联网媒体转型的发展目标，这些均是新型主流媒体直面全媒体竞争、扩充生态位的典型例证。第二个领域是从传统的"播出＋广告"盈利模式向更加多元化的盈利模式扩张。这要求新型主流媒体必须通过多种方式涉足更多传媒相关产业乃至实体行业，分享相关行业的经济资源。当然这种分享有可能是以一种友善、共赢式的方式推

---

[1] 朱春全：《生态位态势理论与扩充假说》，《生态学报》1997 年第 3 期，第 12 页。

进，但在本质上仍然是一种势在必行的生态位扩充，否则其将难以形成新型盈利模式，难以获得可持续发展的能量与物质输入。

四、生态营养维度：新型业务链与新型业务网

新型主流媒体的建构，核心在于通过各种创新方式重塑党办媒体在舆论影响中的优势地位，重点在于通过自身的业务创新重构内部各要素之间、内部与生境之间的能量、物质等营养的流转关系。生态营养理论认为，"生物能量和物质通过一系列的取食和被取食关系在生态系统中传递"[1]，由此形成的传递链条就被称为食物链（food chain）。这反映在新型主流媒体之中，可称之为"业务链"。对于新型主流媒体建设来说，进行业务链的生态式创新，打造新型业务链，正是中央提出的"业态创新"的根本体现。对此，主要应当把握住业务链再造和业务链协调两个基本方向。在业务链再造方面，要重点在业务链精细化运营和业务链延伸两个关键领域狠下功夫。在业务链精细化运营上，要着重对传统的"播出＋广告"二次售卖模式进行全新改造，认真着眼于广告主的真实需求，通过量身定制、营销分成、软性植入等更有针对性的举措，切实增强广告传播效果，提振广告主的信心。在业务链延伸上，应基于用户需求，摆脱过去"播出即结束"的惯性思维，加大线上线下结合业务的开发力度。近年来，以无锡广电、佛山广电为代表的地方广电媒体，围绕汽车等各类展会，将节目与活动深度结合，已经获得了丰厚的经济效益。在业务链协调方面，价值链管理理论认为，企业之间的竞争并非单个价值链节点的竞争，而是整个价值链的竞争，不能相互影响或制约，而应相互协同和支持，否则企业将丧失竞争的优势。[2] 因此，新型主流媒体应当积极改进业务链上的每一个环节，特别是对于薄弱环节，更应进行重点改善，使各个环节之间实现均衡协调发展，避免失衡的价值链环节短板拉低其整体竞争力。特别是在当前媒体收入不断下降的大背景下，新型主流媒体更应创新性地强化内容建设的根本性地位，而不是随波逐流，任凭内容品质不断下降，否则将难以对其所在价值链的其他环节构成有效的支撑作用。

同时，生态营养理论还发现，生态系统中往往具有多条食物链，各条食物链之间往往存在"错综复杂的普遍关系"[3]，由此构成了具有较强稳定性的食物网（food web）。因此，对于新型主流媒体来说，必须从多元化业务链打造与业务节点的深层次开发两个方面扎牢新型业务网，以实现自身的稳定、可持续发

---

① 常杰、葛滢：《生态学》，北京：高等教育出版社，2010 年，第 101 页。
② 陈继祥、王家宝：《企业战略管理》，北京：清华大学出版社，2010 年，第 77 页。
③ 常杰、葛滢：《生态学》，北京：高等教育出版社，2010 年，第 54 页。

展。其中，在多元化新型业务链打造方面，新型主流媒体应当在对传统"播出+广告"业务链进行深度改造的同时，尽可能地拓展较为多元的新型业务链条。比如，在内容业务链打造方面，据统计，近年来以腾讯视频、爱奇艺、优酷土豆为代表的网络视频媒体的付费用户增长极为迅猛，各自用户规模均超过几千万，"预计 2017 年付费用户数将达到一个亿，2020 年有望达到两个亿"①。在此背景下，高品质内容业务的价值将得到极速凸显，新型主流媒体可以围绕于此建构起包含版权销售、收益共享等在内的新型内容业务链。在强化业务节点链接方面，新型主流媒体更应当加大深层次开发力度。值得注意的是，在新型主流媒体各生态节点的深层次开发之中，内容产品的作用无疑起到了举足轻重的作用。我们看到，近年来，国内互联网文化巨头腾讯公司狠抓网络文学业务，成立阅文集团，并积极布局企鹅影视、腾讯影业等，就是为了实现文化全产业链布局，并与其传统游戏业务实现深度整合，进而实现业务节点的深层次开发。我们也看到，湖南卫视《爸爸去哪儿》、浙江卫视《奔跑吧兄弟》等"现象级"综艺节目利用其强 IP 价值，在大电影、游戏甚至是实体经济领域，均开发出了可观的经济价值。这些都启示我们，在坚持以内容建设为核心的基础上，通过创意部门、广告运营部门、线下运营部门、实体运营部门多方联动，是可以实现业务节点的深层次开发的。

结 语

当前，面对网络新媒体的持续深入冲击，我们需要进一步增强新型主流媒体建设的紧迫感。但是，在纷繁芜杂并令人眼花缭乱的各种观点中，我们更应牢牢把握中央关于新型主流媒体建设的核心观点，特别是要深刻把握其内含的丰富生态学意涵，并通过生态理念的反馈性思考，进一步丰富新型主流媒体的建设思想。笔者以为，在生态学的视野下，新型主流媒体应当是有机联系、多样共存、循环开发和持续健康的媒体，其运行与发展的理念也必须将此作为基本的原则。同时，在生态结构维度上，应当围绕用户、广告主和更为广泛的社会经济资源等关键因子，重构与外部环境的强链接关系；应当围绕内容生态子系统、经营生态子系统、技术生态子系统、组织生态子系统进行全面建设，并以组织生态子系统整合内容、经营、技术等生态子系统，实现"一体发展"。在生态位势维度上，应当通过全媒体内容的生产和全渠道传播平台的构建确保主流传播力和影响力，在盈利模式上积极探索差异化生存与发展的路径，实现

---

① 张楠：《"短信"媒体 卓越"视"力——从厦门"PX 风波"看手机短信的舆论力量》，《安徽文学（下半月）》2008 年第 4 期，第 65 页。

"形态多样"式发展，并在守住核心生态位的同时推进生态位扩张。从某种意义上说，新型主流媒体是否能够守住核心生态位并进行适度生态位扩张，关系到其发展的成败，因此必须予以高度重视。在生态营养维度上，应当通过传统业务链再造和业务链协调，积极构建新型业务链，并在此基础上加快推进多元业务链的构造和生态网节点资源的深层次开发，进而增强新型主流媒体生态系统的稳定性，增强其可持续发展能力，最终打造出"有竞争力"的新型主流媒体。

采编过程

推动媒体融合发展，是巩固宣传思想文化阵地、壮大主流思想舆论的战略举措。以习近平同志为核心的党中央高度重视媒体融合发展，党的十八届三中全会提出了推动媒体融合发展的重大任务，中央专门印发了《关于推动传统媒体和新兴媒体融合发展的指导意见》。习近平总书记多次就推动媒体融合发展作出深刻阐述，强调融合发展的关键在于融为一体、合而为一，要尽快从相"加"阶段迈向相"融"阶段，着力打造一批新型主流媒体。这些重要论述为推进媒体深度融合指明了方向、提供了遵循依据。文章以生态理论诠释中央新型主流媒体思想的深刻内涵，对于正本清源、把握方向有着极为重要的价值与意义。文章认为，在生态学的视野下，新型主流媒体应当是有机联系、多样共存、循环开发和具有生态竞争力的媒体。《编辑之友》杂志社的副总编辑对文章进行了认真编辑，并精心选择发表时机，确保了文章的质量和社会影响最大化。

社会效果

作为武汉大学新闻学重点课题成果之一，该文在国内顶级学术期刊 C 刊首发，在国内外引起强烈社会反响：新华网、求是网、光明网、中国青年网、中国社会科学网等众多主流新闻网站和新浪网、腾讯网、凤凰网等大型商业网站全文转载。许多读者通过网上评论和给编辑部来电、来信的方式对文章表示认同和赞赏，认为文章坚持问题导向，密切联系新形势下党的新闻舆论工作实际，对习近平总书记"2·19"重要讲话进行了深入解读，具有很强的现实针对性和导向性。同时，以该文为基础的学术专著《中国广电传媒生态化转型研究》入选"2017 深圳学派重要理论著作"，将由中国社会科学出版社出版。

【点评】

十八大以来，习近平总书记就加强党的新闻舆论工作发表了系列重要讲话，如何深刻领会、认真贯彻讲话精神，是新闻界的当务之急。论文以此为研究背景，选取"新型主流媒体"这一政治话语的新概念、新表述，借鉴生态学的相关概念关系，力图厘清新时代意识形态生态的关系结构及其内涵，并从整合媒体系统、打造可持续竞争力、构建新型业务链和新型业务网、更好地开发媒体内外部资源等多个维度进行了深入的思考。论文政治站位高，学理较强，切入角度新颖，结构具系统性，论证也体现了较好的逻辑性。存在的不足是在政治话语的表述上应该更严谨，学术表达一定要适合特定的现实语境。同时，论文对媒体融合的现实案例剖析不够深入，理论与现实的对应度、融合度不足，在一定程度上影响了论文的说服力。

（张晋升）

广播电视社科理论论文

广电改革：从规律到对策
——基于经济学视角

广东广播电视台　谢江林

【摘　要】传统媒体办新媒体，但是成为不了新媒体；反过来，如果腾讯做电视，未必就成了传统媒体。从经济学角度看，新旧媒体的差别，不是媒体形态的差别，而是企业与非企业的差别。本文从经济学视角破题，分析广电媒体的改革转型，从现实与规律的冲突中查找问题，并以规律为参照寻找对策。

【关键词】广电业；改革；经济学；对策

广电如何改革？这是一个"老"话题。1979 年 1 月 28 日，上海电视台在晚间 22 点播放了我国第一条电视广告——参桂补酒，这算是我国广电改革的起点。一直到当前，改革还在持续。问题出在哪？我们有没有听说过体制外的某个行业在不停改革？比如食品、服装、电视机，它们不谈"改革"，它们谈"选择"——打造品牌还是代工？用哪种技术？选择哪个市场？令企业最焦虑的是选策，不是改革。要寻找改革对策，必须从规律说起——不搞清楚本源问题，改革会用错力。在不容易抓主要矛盾的时候，我们不妨试着先排除次要矛盾，为此，笔者先抛出一个问题，这一问题的厘清有助于我们找到线索。

一、新媒体懂新媒体吗

这是一位资深新媒体从业者——原网易内容部常务副总编辑、现"快手"短视频平台合伙人曾光明提出的设问。曾光明本人的回答是，新媒体也不懂新媒体，新媒体是全新的东西。

对于新媒体，所有人都在摸着石头过河，包括新媒体公司自身。那么，同样是一帮不懂新媒体的人在搞新媒体，广电系新媒体为何全面落后于体制外新媒体？要知道，传统媒体在新媒体运作上的起步并不晚，新华网（1997 年 11 月）早于新浪网（1998 年 12 月）创办，央视网（2006 年 4 月）早于优酷（2006 年 11 月）创办，国内很多电视台官网的创办都早于爱奇艺（2010 年 4

月）和腾讯视频（2011 年 4 月），但前者影响力都不及后者。同时起步，体制外新媒体培育出了互联网思维，缘何广电在"＋互联网"？

还有一个不应忽视的事实——目前整个新闻传播研究领域保驾护航的对象是传统媒体，而不是新媒体。研究者们的建言献策不少，要说对新媒体的理解，新媒体未必强于传统媒体。

可见，要办好新媒体，也许跟懂不懂新媒体关系不大；换句话说，不是懂了什么是新媒体、懂了传播规律，就能做好新媒体。由此，或许可以得出一个结论：媒体的改革转型，不是单纯的媒体形态问题、传播问题，也不是政治问题——服务于政治是目的，而不是手段。那究竟是什么问题？笔者提供另一条思路——媒体改革是经济问题。以下遵循"规律—问题—对策"的思路作分析。

二、传媒经济三大规律

传媒经济学是为数不多聚焦单一行业的经济学分支，盖因传播活动的巨大影响和传播学作为独立学科的成熟，然而到了经济领域，还应从经济规律着手分析问题。

（一）媒体有做大的冲动

媒介产品生产的规模经济并不是体现在通常认为的"随产量增加，产品平均成本降低；在平均成本上升之前，产量越大越经济"。媒介产品是创意产品，产量增加，生产成本下降的趋势并不明显，但是媒介产品的边际传播成本很低，多一个人看不会增加多少变动成本。因此，媒介产品生产的规模经济体现在消费量（而非生产量）上，收看（听）的人越多，分摊下来的平均成本越低，同时收益（广告及其衍生）越多。所以，媒体有占领渠道、扩张规模的冲动。

（二）寡头垄断是相对高效的市场结构

这一规律由"媒体有做大的冲动"衍生而来。市场结构有四种：完全竞争、垄断市场、垄断竞争、寡头垄断。对于传媒业来说，寡头垄断是相对高效的一种。

媒体有做大的冲动，达到一定规模，才能"经济"。一个市场中存在无数小媒体自由竞争，这样的行业是低效的；但是市场中如果只存在一两个超大规模的媒体，接近完全垄断，竞争不足，伤及受众利益，这更是低效的；如果若干个大型媒体集团为整个市场供给大部分产品，如同习近平总书记在 2014 年"8·18"讲话中提出的构想——"建成几家拥有强大实力和传播力、公信力、影响力的新型媒体集团"，就能既保证较大的个体规模和较高的效率，又确保一定的市场竞争强度，避免垄断。对传媒业来说，这是相对高效的市场结构，名曰"寡头垄断"，这已为国外传媒业实践所印证。

（三）媒体运作是一种价值交换

早在 1993 年，中共中央、国务院在《关于加快发展第三产业的决定》中将广播电视正式列入第三产业。媒体运作不仅是传播（宣传）行为，而且是经济行为——以低价优质的产品（内容）和服务，满足顾客（受众）需求，交换对方手中的货币（注意力）。媒体除了要做好宣传，还要做好"生意"——卖广告。

这与意识形态管控不冲突，所有国家对新闻业（内容产业）都有严格的法律制度规约，但不妨碍内容生产与传播成为一门生意。在竞争环境下，一家电视台如果不生产真实的新闻、不能提供合法合规且好看的内容，就无法实现价值交换。获利的前提是交换、付出，电视媒体不能再抱有过去那种依靠频道频率垄断坐收渔利的心态，这也是国有企业的普遍心态。

三、现状与规律的冲突

传媒业现状与经济规律的冲突集中体现在体制机制上，体制机制问题也是当前传媒改革研究绕不开的话题。

（一）四级办台导致媒体无法做大

四级办台，一级行政区设置一个媒体，一级政府管一级媒体，导致媒体难以做大。当然，央视例外，由于国家资源倾斜，央视或有条件做大。

再看省级卫视。省级卫视目前看似两极分化了，但强者再强，也只能拥有一个卫星频道，凭单频道及其衍生产业的自我积累，很难做大，或者说做大的速度很慢。腾讯和阿里通过兼并收购构建各自生态，电视媒体的增长路径与之相比，是"低维"与"高维"的差距。

数量庞大的城市电视台和县区电视台的电视信号无法"出城"、业务难以"出城"，更是无法做大了。

当然，电视台可以尝试做大副业，副业没有行政区划限制。当前很多电视台尤其是地市电视台为解决眼前的生存困境，涉足其他产业，但是多元化经营往往需要较为强大的主业支撑，如果主业经营不善，不能提供强大的品牌和现金支持，副业很难做大。

（二）跨行政区整合受阻难以形成寡头垄断

当前县区级电视台大多撤销了自办频道，不算作一级，剩下"三级办台"，电视台数量有所减少。然而在跨行政区整合受阻、没有退出机制的情况下，电视台数量还是太多，难以形成寡头垄断。就算央视和少数一线省级卫视的运作效率越来越高、规模越来越大，但数量极其庞大的城市电视台和为数不少的二三线省级卫视仍然存在，拉低了行业的整体效率。

（三）事业行政体制下做不好"生意"

再看微观机制。一级政府管一级媒体，电视台属于事业单位，沿用政府的科层化管理体系。电视台管理者是行政官员，宣传任务第一，政治导向高于一切，并且电视台是不以营利为目的的事业单位，因而电视台并不注重建立基于经济指标的激励机制和淘汰机制。所谓激励，不仅仅是"多劳多得，少劳少得"，在企业，少劳者、达不到绩效目标者会被淘汰，"避免淘汰"是比"多劳多得"更深层的激励因素。然而在很多电视台，薪酬与级别挂钩，级别高者多得，"多劳者多得"尚且不一定能做到，遑论少劳者被淘汰。不论亲疏、官位，注重利润、绩效，这是企业文化的基本构成要素，但事业单位的电视台做不到这一点，所以电视台不适合"做生意"。

媒体的"生意"是一种价值交换——以优质的节目内容和渠道体验，赢得注意力，换取广告费。如果电视台的激励机制不鼓励员工做节目、提升节目质量，而是鼓励搞行政、做官，"生意"怎么做得好呢？另外，电视台的事业单位身份一定程度上也影响了"做生意"，比如缺少投融资机制。

"做生意"是企业干的事，电视台要做好"生意"，必须更像个企业，所以有了"事业单位企业化管理"，这种机制改良产生了一定的积极作用。

四、对策分析

传统媒体办新媒体，但是成不了新媒体；反过来，如果腾讯做电视，未必就变成传统媒体。新旧媒体的差别，不是媒体形态的差别，而是企业与非企业的差别。新媒体企业未必懂新媒体，但是它们懂市场，能持续满足市场需求，在持续的价值交换中理解了什么是新媒体；传统媒体未必不懂新媒体，但是脱离了市场，自办新媒体也就徒有其形。所谓改革，无非还是那三个字——"市场化"。

事实上，我国三十多年来的改革都在践行"市场化"这三个字：从媒体不能做广告，到可以做广告；从央视独大，到卫视上星而引入竞争；从制播一体，到制播分离，民营公司允许涉足新闻以外的节目制作；从事业单位，到"企业化管理"，再到产业事业分类管理。我国广电依循着"帕累托改进"的路线——旧的问题搁置、寻找新的增量，改革的红利一直在释放。

可以说，广电业已经很市场化了，但现在还是不够，因为新媒体来了。过去电视媒体缺乏体制外的竞争对手，改革与否、改革快慢，都不会影响电视的根基，电视不会"死"（没人看）。当下，替代性的媒介出现了，电视媒介优势随之丧失。在平等的媒介资源条件下，未来的竞争只能在运作效率上硬碰硬，此时，改革须向市场化再推进一步。以经济规律为参照，以下提出两方面对策建议：

（一）产业层面：放开跨行政区媒体整合，基于竞争生成寡头

国内已有学者提出跨行政区整合设想，例如，学者信险峰提出按地域分布，形成华中、华北、华东、华南、东北、西北、西南、东南八大电视传媒集团。

出于交易成本（管理成本）的考虑，地域相邻的媒体整合也许是可行选择。不过笔者认为，比起整合谁或被谁整合，整合的方式更重要。"事业集团"的道路已被证明行不通，必须通过竞争，基于市场规则、产权归并形成产业集团，才能在运作效率上与互联网巨头抗衡。对于优质的平台、资产，要共同竞争，价高者得。至少，市场为主，行政为辅。

被整合的一方，不等于"死"了，事业部分还在，新闻业务仍由地方政府管控。媒体整合的目的不仅仅在于让强势媒体迅速做大，更在于利用强势媒体的管理能力溢出，带动落后媒体机制改良。

整合的主导者应是目前领先的几个一线省级卫视。过去卫视之间资源条件差距不大，强势卫视之所以崛起，归根结底，依赖于先进机制和高效运作，身处经济非发达省份的湖南卫视是最好的例子。可以认定，当前一线卫视的管理水平是过关的。

媒体整合是实现媒体产权多元化的重要路径之一，而产权多元化是实现个体效率提升的最有效手段，对此，国有企业的相关研究已提供了佐证。对于国企效率问题的认识，学术界出现了两大流派——产权学派和管理学派。产权学派认为政府部门天然地不是一个"好"的所有者，不可能像私人所有者那样有效地行使权力，解决效率问题的办法是产权多元化或民营化。管理学派认为，政府可以管理好一个企业，只是管理手段需要改进，可行的措施包括赋予国有企业自主经营权、将职工和管理人员的奖金与企业绩效挂钩等。目前广电业实行的"事业单位企业化管理"就是管理学派的思路。

在国有企业经历了大量实践和探索之后，国内有学者通过实证分析检验了国企改革中两大理论流派的有效性，发现国有企业效率的天平倒向了产权学派：即便是有限的产权多元化，都能一致而明显地提升国有企业的绩效。在一些率先实行混合所有制的国有企业，在外部股东的监督下，企业能很自觉地利用各种手段提升运作效率。

放开跨行政区的媒体整合，强势媒体将随本性跑马圈地，迅速做大。市场将出现若干大型媒体集团，市场结构趋于合理，行业效率达到最优。从微观来看，弱势媒体因强势媒体的介入，将实现产权多元化，运作效率得以提升。

（二）媒体层面："企业化"改革

笔者在过去的文稿中提出过"企业化"的命题——是"企业化"，不是"企业化管理"。前者是媒体的管理机制、组织文化、整体面貌向企业逼近，后

者只是引入企业化的管理手段，对现有机制进行补充。笔者多年来踏访了一些电视台，产生一种观感：强势电视台与弱势电视台之间的差距在于"企业化"程度的不同。强台的成功得益于更为彻底的"企业化"，走进这些电视台，感觉像走进一家大公司。

在 2016 年 8 月看到山东广电推出"史上最大力度改革"时，笔者曾作出"改革无新意，关键看勇气"的评价。以下是山东广电的一些做法：

"除了新闻和媒体管理之外的一切可经营性业务和资产都打包进入集团。"

"人员能进能出、干部能上能下、收入能高能低。"

"关键性的岗位实行分类分级管理，进行'五定'：定岗、定准入门槛、定考核办法、定奖惩机制、定退出机制。形成铁打的岗位流水的兵。"

"到年底，中层干部如果做得不好，考核靠后，该下就下。"

"去机关化、去行政化、打破官本位，成为此次改革的主要原则和内容，所有的资源将向一线倾斜。"

这些改革措施有新意吗？湖南、江苏、上海的一些城市电视台都经历过这样的改革。改革本无新意——人员身份转换、基于核心业务的组织架构和岗位设计、应岗配人、绩效考核，再彻底一点，组建公司、员工配股……无非为了让媒体在机制上更接近企业。办法一直都摆在那，随便找一家大型民营企业作参照，就能学到这些手段，关键是用不用这些手段，用到什么程度，更重要的是执行到什么程度。改革的成败，取决于改革的决心，是不是真的改。

后来，《南方电视学刊》真的走进山东广电，专访吕芃台长，也真的感受到了山东广电的决心，并对其未来抱有信心。吕芃台长既然能袒露问题，诸如山东卫视只有多少人做节目云云，正凸显了一种直面问题的勇气和改革决心。

"企业化"改革是一种自我革新，因缺乏外部约束机制，所以推行太难。如果不是皆大欢喜的"帕累托改进"，改革很难推进。但是增量改革的红利释放殆尽，还有多少"帕累托改进"的空间呢？所谓"老人老办法，新人新办法"，必须要有足够的资源条件来确保"老人"利益不受损，同时又可以盘活"新人"的创造力。自 2014 年开始，电视媒体整体经营出现拐点，电视广告利润首次下滑，电视媒体不一定有足够的资源条件来实行"双轨制"了。要继续提升电视媒体效率，或许不得不在存量（比如"老人"）上动一动脑筋了。比如山东广电铁了心"把人员赶到一线去"，"赚市场的钱"，薪酬向业务人员倾斜，不管新人、老人，不干业务、不干出成绩就拿不到高薪，这才是真的改革。

近两年，个体改革还出现了一种折中机制，一些省级卫视与外部机构合作组建公司，引入对方的管理团队来运作卫视、共同经营。目前陕西卫视与中文投集团的合作成效较为显著。这是一种更彻底的"企业化"改革探索，更考验改革者的勇气和智慧。

后 记

也许有研究者认为，管理学、经济学的视角过于单一，体制机制只是影响传媒转型与发展的因素之一。然而，体制机制也正是新旧媒体间的本质区别，成为影响媒体发展的"否定性指标"：体制机制不畅、管理效率低下、"企业化"程度不高，它就做不好内容、建不好平台、干不好传播，难以成为"新型主流媒体"，最终也影响了宣传功用。管理问题解决了，体制机制理顺了，媒体就能自觉地寻找最佳发展道路，如同体制外的新媒体，没人教它什么是新媒体，它就变成新媒体。最后，作为广电行业的从业者，不管问题提得多么尖锐、设想多么大胆，都是希望自己所在的行业变好，顺带让自己变好，请看到这份善意。

参考文献

1. 谢江林：《媒体整合的中国式逻辑——我国广播电视媒体规模扩张的路向与前景》，《现代传播》2013 年第 7 期。

2. 吴克宇：《电视媒介经济学》，北京：华夏出版社，2004 年，第 19 - 21 页。

3. 谢江林：《企业化：一个行业的艰难跋涉——我国广电媒体的企业化探索与反思》，《南方电视学刊》2013 年第 7 期。

4. 谢江林：《资源重塑：电视媒体"空心化"的治本之策——基于战略管理视角》，《南方电视学刊》2016 年第 6 期。

采编过程

传统媒体办新媒体，但是成不了新媒体；反过来，如果腾讯做电视，未必就成了传统媒体。从经济学角度看，新旧媒体的差别，不是媒体形态的差别，而是企业与非企业的差别。本文从经济学视角破题，分析广电媒体的改革转型，从现实与规律的冲突中查找问题，并以规律为参照寻找对策。

社会效果

本文被业内微信公众号"传媒内参"转载，阅读量突破 15 000 人次。

【点评】

改革是寻求发展规律的过程，也是创新发展路径的过程。在传媒格局、传播方式发生巨大变化的市场环境下，广电媒体的改革也遭遇了前所未有的挑战，影响广电业发展的问题日益显现：四级办台导致媒体无法做大，跨行政区整合受阻难以形成寡头垄断，事业行政体制下做不好"生意"。针对上述问题，作者提出了自己的思考：新旧媒体的差别，不是媒体形态的差别，而是企业与非企业的差别。新媒体企业未必懂新媒体，但是它们懂市场。传统媒体未必不懂新媒体，但是脱离了市场。这些观点显示出作者较强的问题意识和探究意识，作者对此提出的对策性建议有较强的现实针对性。整个论证过程思路清晰、逻辑严密、分析到位，观点具专业性，较有说服力。论文的不足在于忽视了媒体的双重属性，只考虑到媒体转型的市场属性，对于媒体融合转型的社会担当未能兼顾在内。

（张晋升）

广播电视社科理论论文

新媒介生态下新闻"把关人"的积极意义与实践创新

广东广播电视台　　陈超平

【摘　要】近年来，以不断反转为特点的虚假新闻频频出现，凸显了新闻"把关人"角色的缺失，这一现象不仅出现在网络媒体，也波及传统新闻媒体，值得警惕。在新的媒介生态环境下，有必要重提新闻"把关人"的积极意义，并在实践上进行创新。

【关键词】把关人；新闻传播；媒介生态；创新

"把关人"是指在大众传媒中可以决定什么性质的信息可以被传播、传播多少和怎样传播的人或机构。① 对于新闻传播而言，"把关人"包括从事新闻选题策划、采集写作、编辑制作和播出发布等工作的人员，也包括报社、电台、电视台和网站等具有新闻发布和控制功能的决策机构。他们处于新闻传播各环节中，具有对信源信息进行甄别、筛选，决定其是否进入大众传播渠道、以什么方式进入、什么时候进入等的权力；同时还具有对所传播的信息进行加工、评价、导向等方面的功能。可见，"把关人"在新闻传播中具有举足轻重的地位和作用。然而在新的媒介生态环境下，在新兴媒体的冲击下，传统新闻媒体的"把关人"角色出现了不同程度的弱化。为此，新闻把关工作的意义需要重新认识和确认，实践上也亟待进行与时俱进的革新。

一、反转新闻频现凸显新闻"把关人"角色缺失

2016 年 11 月 29 日晚，微信朋友圈疯转题为"罗一笑，你给我站住"的文章，全城为一个对抗白血病的家庭扼腕痛惜；30 日上午，网友人肉出文章作者罗尔的"前世今生"，指其发文是为了赚赏钱，一时间罗尔被口诛笔伐；30 日下午，各大媒体出击，证实罗尔的女儿罗一笑确实患有白血病，不过推文却是与小铜人公司合作，有"带血营销"之嫌。

---

① 时宇石编著：《电视传播学》，北京：北京师范大学出版社，2013 年，第 85 页。

24 小时之内，剧情反转再反转，最终情况不在此长叙。该事件说明了一点，网络自媒体缺乏"把关人"意识，信息发布随意，浪费大众的情感，消耗公众对真相的信任。

在新媒体盛行的今天，"罗尔事件"并非个例，更令人担忧的是这类新闻信息正在冲击传统媒体的防线。2016 年 10 月 30 日，北方某电视台报道，山东潍坊一女子剖腹产后，肚子一直疼了两个月，记者介入调查后得知，原来在她生产时，医生将一块纱布"忘"在她肚子里了。后经央视《东方时空》调查核实，纱布遗留是当时抢救所需，并非医生疏忽遗忘。通过病程记录单上的签名可以证明，家属对此是知情的，只是为了索要赔偿金，在某电视台记者采访时假装不知道而已。在医患关系本来就紧张的当下，对如此敏感的事情，媒体理应充当医患之间的沟通桥梁，而不是火上浇油。新华社前社长郭超人曾说过："记者笔下有财产万千，有毁誉忠奸，有是非曲直，有人命关天。"① 这个失实报道出现在传统媒体身上，实在不应该。

近一两年来，商业化网站和自媒体等新兴媒体的迅猛发展，逐渐削弱了传统媒体的"把关人"功能，特别是自媒体的扎堆出现，更将传播者和受众之间的界限模糊化，导致新闻"把关人"角色缺失，使各种虚假、失实信息屡屡得以发酵，惊天大逆转的新闻层出不穷。虽然大多事件的真相最终都水落石出，但对当事人造成的心理创伤、给社会带来的负面影响，却是难以抚平和消除的。

在新媒体冲击下，一些传统新闻媒体为了追求收视率和市场份额，也在不知不觉中弱化了"把关人"的甄别和导向功能，将部分真实性和导向性让位于时效性和猎奇性，导致"猜新闻""剪刀加糨糊式新闻"、低俗新闻等时有出现。这种现象一旦叠加，无疑会消解传统新闻媒体多年积累打造的公信力和权威性，这不得不引起媒体及其主管部门的高度警惕。

二、新媒介生态下新闻"把关人"的积极意义

新闻"把关人"的思想观念、价值取向、责任意识、甄别能力和操作水平等，直接影响着新闻生产的质量，对新媒介生态下的传统媒体运作具有举足轻重的意义。

（一）"把关人"是新闻舆论的引导者、网络环境的净化者

2016 年 11 月 24 日，广东省佛山市宣布从 2017 年元旦起取消车辆通行费年票制。其后，由此衍生的信息不断，主要是反映佛山交警设卡抓扣未缴年票的车主。信息真假，一时难以甄别。当时，笔者所在的新闻部门讨论是否就此进

---

① 刘明华、徐泓、张征：《新闻写作教程》，北京：中国人民大学出版社，2002 年，第 8 页。

行跟进报道。如果仅从时效性、重要性、贴近性来考量，相信会有不少受众关心，哪怕是谣言，通过报道逐步还原真相，也是有一定新闻价值的。但考虑到该信息如果属虚构，且还原真相不及时或记者拿捏不准的话，将会引起一连串的负面反应，如车辆绕道"避查"影响正常交通秩序、激化警民矛盾等，这些并非我们报道的初衷。经权衡利弊，决定将该选题暂时搁置，以防权威媒体也成为谣言的传声筒和放大器。后来通过向佛山公安了解，证实该信息确属虚构。上述选题讨论过程，正是发挥"把关人"作用的具体体现，这样的例子在传统新闻媒体的日常工作中已是常态。

2016 年 9 月，笔者亲历了一次剧情反转报道。广东省韶关市始兴县各大论坛热转：当地城东市场一水果档档主，遭到城管暴力执法，其亲属被打伤，并附上了相关视频。一下子，城里不少人都在指责城管。后来笔者向城管求证时，他们却提供了不同的视频，证明自己本是正当执法，孰料遭遇对方暴力抗法，就在等待公安机关前来处理时，打人者企图逃跑，才出现了论坛里那些争执视频。在证据面前，打人者也不再争辩了。由此，城管部门的形象和声誉一定程度上得以挽回。

有研究发现，反转新闻的信息源出自缺乏把关的互联网。[1] 面对不实新闻，新闻"把关人"通过对真实、客观、公正的坚守，在不实新闻和信息所催生的舆论"错乱"中起到了正本清源的作用，净化了网络环境，消减了虚假信息对社会造成的负面影响；同时，新闻"把关人"主动引导舆论，在负面信息中挖掘正向价值、传递正能量，使社会舆论发生转向。

（二）新闻把关是传统媒体核心竞争力的基石

追求受众到达率和时效性是所有媒体的共性，传统媒体也不例外。新媒体拓宽了大众获取信息的渠道，且其对信息传播的即时性、互动性都超越了传统媒体，因此受到热捧。新媒体的确有许多值得我们学习和借鉴的地方，但并不是所有都可照搬照套、盲学盲用，在与新媒体竞争中，传统新闻媒体不能失去方向。

新闻舆论历来都是影响社会发展的重要力量。习近平总书记在党的新闻舆论工作座谈会上强调："做好党的新闻舆论工作，事关旗帜和道路，事关贯彻落实党的理论和路线方针政策，事关顺利推进党和国家各项事业，事关全党全国各族人民凝聚力和向心力，事关党和国家命运前途。"[2] 这充分说明了做好新闻舆论工作的重要性。传统媒体要时刻牢记职责使命，即"高举旗帜、引领导向，

---

① 刘航、谢辉：《社交媒体时代"反转新闻"问题与策略探析》，《南方电视学刊》2016 年第 4 期。
② 《习近平在党的新闻舆论工作座谈会上强调：坚持正确方向 创新方法手段 提高新闻舆论传播力引导力》，《人民日报》，2016 年 2 月 20 日。

围绕中心、服务大局，团结人民、鼓舞士气，成风化人、凝心聚力，澄清谬误、明辨是非，联接中外、沟通世界"。①

总体来看，各级党和政府主办的新闻媒体所传播的新闻信息，除了个别因把关不严而失实或低俗以外，都是客观真实、积极向上的。新闻传播是一项系统性工作，新闻传播单位和传播环节上的决策者与执行者，只有具备强烈的社会责任感，积极发挥好"把关人"的作用，才能及时向大众提供客观真实、有正能量的好新闻。而真实、客观、公正的新闻专业化生产，正是传统媒体区别于新兴媒体的差异化特质，也是核心竞争力所在。长期以来，传统新闻媒体形成了比较完善的"把关人"机制，确保了新闻传播健康有序地发展，树立了社会普遍公认的权威性，这是我们应该倍加珍惜的"传家宝"，是媒体核心竞争力的基石，是多种媒体运作和多元产业拓展的重要依托。

三、新闻"把关人"的实践创新

随着各种新媒体的蓬勃发展，舆论环境、媒体格局、传播方式和受众需求等方面都在发生深刻变化。传统新闻媒体的"把关人"应该适应这种变化，在实践上创新，与时俱进地把握好时、度、效关系，找准与时代的对接点、与百姓的共鸣点。

（一）创新理念把好内容关

要深刻认识到，广播电视新闻传播是党的新闻舆论工作的重要组成部分，无论在何时何种情况下，都必须把客观真实作为立命之本，把坚持正确政治方向放在首位。同时，也应该清醒地认识到，新闻传播只有吸引到受众才有效益。当前，人们获取新闻信息的渠道不仅有报纸和广播电视等传统媒体，还有互联网等新兴媒体。作为传统媒体的新闻传播如果只顾自己不犯错误，不顾百姓的感受和关切，就难以抓住受众、留住受众，结果也难有实效。

落实到新闻传播的内容上，就是要在守住正确导向性、真实性和时效性的前提下，大胆摒弃不合时宜的"老套套"和"老调调"，积极传播对受众有价值的新闻内容，寻找符合各阶层、各类型受众口味的话语形式，着力增强针对性和实效性。一是要适时开展社会调查，及时掌握受众的需求和见解。二是要在整体安排和设计上，满足分众化和差异化的需要，适时调整新闻栏目的设置、定位和播出时间，使各阶层、各类型的受众都可根据自身需求和条件获得其所关注的新闻信息。三是在具体传播内容上，既要大力宣传党的理论和路线方针

---

① 《习近平在党的新闻舆论工作座谈会上强调：坚持正确方向　创新方法手段　提高新闻舆论传播力引导力》，《人民日报》，2016 年 2 月 20 日。

政策，及时反映人民群众的实践经验和呼声，又要敢于直面工作中存在的问题和社会丑恶现象，激浊扬清、针砭时弊；既要重视时政类新闻，也要重视娱乐类和社会类新闻。四是在表达方式上，要用受众听得清看得明、易于接受的言说方式和呈现方式来体现新闻传播的内容和思想。

（二）创新方式把好导向关

把好导向关，确保新闻传播导向正确，是新闻"把关人"的主要功能和职责。但导向不等于刻板式说教，特别是在人人传播、多向传播、海量传播的信息时代，"受众需求越来越多，参与意识越来越强，思想观念越来越多元"[①] 对于传统的说教方式，有时百姓不一定会"买账"。所以，导向把关方式也应该有所突破、创新。根据笔者的工作经验和体会，可采取以下方式：

一是疏堵结合式。对一些有争议的新闻事件，要敢于让不同的意见发声，再由专家、学者、权威部门等意见领袖对其进行分析、解释或驳斥。观点碰撞过后，方向自然变得清晰，也让人信服。比如上述"罗尔事件"，在还原真相后，还可让有关专家学者进行分析解读，将其中涉及的儿童医保问题、互联网金融法规常识等内容带出，让受众从中获益，也可促使相关法规、制度更加完善、透明，让负面的新闻事件最终朝正确的方向发展。

二是"定音鼓"式。对一些是非难辨、真假难分的社会热点问题，不跟风炒作、轻易发声、人云亦云，而是要沉得住气，要有定音鼓手的定力，在摸清方向、弄明事情真相后，才选准时机高调出击，在众声喧哗中"一锤定音"。这样既能坚持正确的舆论导向，体现媒体的社会责任，也可彰显传统新闻媒体的公信力和影响力。比如对房地产和股市行情的报道，就必须保持定力，不能轻易让一些所谓行业专家在新闻报道中顺势鼓噪——价涨看涨，价跌说跌；更不要推波助澜，而是要在摸清中央和有关部门的态度、听取经济学学者的客观分析评论后，才从有利于维护社会稳定和经济健康发展的角度进行报道。又如"老人跌倒讹人"事件，也宜先跟踪，待事实真相完全清楚且有公正的处理结果后才发声，以免助人恐慌。诚然，这种操作方式有可能丧失一定的时效性，但对于一些争议性题材，客观性和大局观往往比时效性更加重要。

三是求证式。对一些在非权威媒体上热议，且对社会影响较大的新闻事件，不能轻信这些媒体的传闻和一方之言，而是要通过深入调查、多方求证后再如实报道。比如上述"韶关城管事件"，本台依实报道，还原事件真相，既强调了城管人员履职执法的必要性，也维护了社会和谐稳定。

（三）创新方法把好时效关

时效性历来是评价新闻传播成效的重要指标，特别是在当前的舆论环境和

---

① 《不断提高新闻舆论工作的能力和水平》，《人民日报》，2016 年 2 月 23 日。

媒体格局下，早报、快报更成为各新闻媒体追逐的目标；但追求时效性不能以牺牲质量为代价。创新方法，主动拥抱新媒体、借助新媒体优势才是正道。

一是利用好新媒体网络信息。要利用新媒体网络信息来源多、传播快等特点，对其中有新闻价值的信息进行核实、优化，使之成为具有自身媒体特色的新闻。

二是利用好新媒体网络传播手段。可以利用新媒体网络传播快捷的优势，由前方记者通过互联网手段，将经过筛选过滤的现场采写信息陆续传到新闻编辑部，最后整合成完整的新闻稿；也可以由新闻编辑部将把关后的信息陆续发到公众平台上，征求受众的意见，然后将受众的意见反馈给前方记者作进一步采访参考；还可以考虑在新闻中加入记者与受众的互动元素。这样既可以增强时效性，也可以为后续的完整报道预热，使最终的报道更对受众的"胃口"。

三是化整为零，循序渐进。对一些可公开报道、但从发生到结束的时间较长以及需要花较长时间对报道内容进行调查核实或审批的事件，进行分阶段、多次跟进报道，兼顾时效性与客观性，循序渐进，直至完整报道该事件。这样既可抢占先机，也可保证新闻事件的完整性。这种方法在党代会、人代会、运动会等重大活动，以及安全生产事故、自然灾害等新闻事件的报道中已被广泛运用，但还有进一步深化完善的空间。

时代在前进，社会在发展。舆论环境、媒体格局和传播方式将继续发生深刻变化。新闻工作者要时刻牢记"把关人"的责任，站稳脚跟，处变不惊，守正创新，在新闻传播各环节、各项工作中当好"把关人"，成为"党的政策主张的传播者、时代风云的记录者、社会进步的推动者、公平正义的守望者"①。

采编过程

近年来，随着互联网的迅猛发展，以不断反转为特点的虚假新闻屡见不鲜，这一现象不仅出现在网络媒体，也波及传统新闻媒体，凸显了新闻"把关人"角色缺失的问题，对此我们必须有所警惕。在新媒介生态下，新闻"把关人"不但不能缺失，而且应该用创新思维和行动，发挥其积极作用。

笔者经过深入学习领会习近平总书记"2·19"重要讲话精神，广泛收集研究有关材料，紧密联系本人的工作实践，思考分析传统新闻媒体所处的生态环境、所负的社会责任和未来的发展战略后，写成了这篇论文。

社会效果

本文发表后，得到同行的普遍好评，社会效果较好。一是促进各传统新闻

---

① 《习近平在党的新闻舆论工作座谈会上强调：坚持正确方向　创新方法手段　提高新闻舆论传播力引导力》，《人民日报》，2016 年 2 月 20 日。

媒体和新闻传播人员高度重视新闻"把关人"的作用，责任意识、竞争意识、创新意识都得到相应增强。二是促进各传统新闻媒体着力研究在新媒介生态下如何更好地发挥"把关人"的功能，巩固、增强传统新闻媒体的权威性和竞争力。三是本文所述的解决方案已被传统新闻媒体广泛运用，对其健康发展和有序竞争起到了一定启示性作用。

【点评】

　　论文的选题不算新颖，但针对的是在新的舆论生态下传媒格局出现的新情况、新问题，"人人都有麦克风""人人都是发言人"的传播环境使舆论场中的意见表达鱼龙混杂、真假难辨、是非不分，也凸显出新闻"把关人"的重要价值。论文结合具体的传播案例检讨了新闻"把关人"角色缺失的现实表现，对照习近平总书记关于新闻舆论工作的重要讲话精神，重申新闻把关的现实意义，并从内容把关、导向把关以及时效把关三方面提出了新时期新闻把关的实践路径。论文选题触及现实的热点和难点，问题意识较强，论证能事理结合、有感而发，对于"把关人"角色的理解比较到位，同时对于如何强化新闻"把关人"角色的对策也具有针对性。不足之处是论文的学理性不强，结论也稍显简单。

（张晋升）

广播电视社科理论论文

根植于土壤与现实的地理传播

——《外来媳妇本地郎》现象研究

广东南方广播影视传媒集团有限公司　杨德建

【摘　要】《外来媳妇本地郎》为代表的电视系列短剧具有明显的文化地理特征，是广东地区电视节目的地方性文本。16 年来，共创作播出 3 000 多集的庞大总量，汇集成丰富多样的地理文本，是文化意义上具有重要价值的地理传播景观。剧中关于"家和万事兴"的主题思想和精神内核与社会主义核心价值观高度一致，其剧中人物的生活故事又反映了广东岭南文化中普通百姓的处世之道和生存哲学。作为方言系列短剧，《外来媳妇本地郎》对粤语的使用是文艺创作对地域文化的历史与现实的尊重。同时，《外来媳妇本地郎》记录并见证了广东的社会变迁，成为广东近二十年社会发展的民间影像文本，是一代广东观众的集体文化记忆。

【关键词】外来媳妇本地郎；电视短剧；媒介地理学；粤语短剧；文化自信

作为成长于媒介高度发达地区的媒体，广东电视以独特的媒介文本和重要的媒介价值成为岭南文化的有机组成部分，也是中国电视媒介文化中重要而独特的景观。2016 年，广东电视又凸显了一个令世人关注的媒介景观——电视系列短剧《外来媳妇本地郎》创造了一个载入中国电视史册的纪录。到 2016 年 11 月，此剧已经连续播出 16 年，总集数超过 3 000 集，"创造了我国广播电视行业的纪录，成为国内播出时间最长、播出集数最多的电视连续剧"①。这部单集长度 23 分钟、每周播出四集的电视系列短剧，被业界称为"《外来媳妇本地郎》现象"，成为广东的一张"文化名片"。②

从媒介地理学的角度看，以《外来媳妇本地郎》为代表的电视系列短剧具有明显的文化地理特征，是广东地区电视节目的标志性内容。英国文化地理学

---

① 李蕾：《电视剧〈外来媳妇本地郎〉连播 16 年，在艺术和商业间找平衡》，《光明日报》，2017 年 1 月 9 日。

② 杨明品：《生活系列电视剧〈外来媳妇本地郎〉魅力何在》，《人民日报（海外版）》，2017 年 2 月 6 日。

家迈克·克朗在其著作《文化地理学》中指出："文学和其他新的媒介一起深刻影响着人们对地理的理解。"[①] 文化地理学中所指的"媒介"，是泛指各种传播途径与信息内容，包括文字、图像、声音等信息元素，以及实现这些元素传播的介质与形式。在这个意义上，广东的电视系列短剧也是一种影响人们对地理认知的媒介文本。

其实，电视系列短剧是近三十年来广东珠三角地区电视节目的重要收获之一。在全国众多的系列短剧中，广东的系列短剧对电视观众的影响，在广度和深度上都是其他省份和地区所无法比拟的。作为地方性电视文本，广东系列短剧的产生与发展是对岭南文化的传承与延伸。在系列短剧与观众共生的时空里，价值取向、文化定位与现实土壤之间的互动融合是其中的生存之道。

一、岭南文化的地方性电视文本

在中国的许多地方，系列短剧都得以产生和发展并形成较大影响，成为电视观众喜爱的重要电视节目之一。但是，没有地方像广东这样，系列短剧会成为电视文化中具有"陪伴意义"的影像内容。这就像早茶在粤菜中的地位，它虽然只是粤菜中的一个小的组成部分，但是谁也无法否认早茶在南粤人生活中的意义。

在近三十年的发展中，广东的电视媒体制作了为数众多的优秀电视系列短剧，其中的大多数作品一直都是观众追捧的高收视率节目。早在 1986 年，广东电视台拍摄的粤语短剧《万花筒》名噪一时，开启了这种电视节目类型在广东珠三角地区的流行趋势。拍了三百多集的《万花筒》相当于十部电视连续剧，平均收视率都名列全省收视前列。

2000 年以后，广东电视系列短剧创作形成蓬勃发展之势，出现了为数不少的优秀作品。这些作品包括广东电视台制作的《外来媳妇本地郎》《柴米新人类》《大话黄飞鸿》《扭计师爷陈梦吉》和《妹仔大过主人婆》等，原南方电视台制作的《老猫烧须》《乘龙怪婿》《跟红顶白大三元》《七十二家房客》等，广州电视台制作的《广州人家》《开心廿四味》和《山水友相逢》等。这些主要创作于 2000 年之后的短剧作品大多得到了观众的热捧。

其中，无论是播出总量，还是社会影响，《外来媳妇本地郎》都是佼佼者，代表了广东电视系列短剧的成就。而且更为重要的是，《外来媳妇本地郎》一直拥有大量观众，不但是同类型节目收视率最高、影响力最大的节目，而且在大多数时候，该剧在广东省所有节目的收视排名中居于收视冠军位置。其中，在 2002 年，

---

① 迈克·克朗著，杨淑华、宋慧敏译：《文化地理学》，南京：南京大学出版社，2005 年。

《外来媳妇本地郎》还曾创下广东省41.39点的历史性收视纪录。①

显然，岭南的土壤与文化适合电视系列短剧的发展，电视系列短剧是岭南的地理传播景观。作为地方性文本，电视系列短剧的产生和发展正好反映了地理文化的历史进程和现实境况。与具有全球化文化特征的电视产品不同，系列短剧的突出文化特征是它的地方性，尽管"制片人、编剧、导演、演员生产和演绎的是具有共同叙事模式的全球化影像文本"②，但是，显然与"全球化文本"不同，这种地方性文本是建构文化识别和文化认同的一个重要层面，它是建构地方性或地方文化认同的重要途径。"在每一个地方存在不同的意义，因为每一个地方都包含产生那些意义的不同物质实践。"③

《外来媳妇本地郎》作为电视与民众、传播与时代的联结纽带，它根植于现实土壤，紧贴着时代变迁。在过去十六年的时间里，《外来媳妇本地郎》就像陪伴着岭南人过平常日子的一个朋友，它以轻喜剧的风格讲述本土人家身边的故事。这部短剧的聪明之处在于它一直贴近当下生活，不只是在叙述生活的琐碎，更是在解读生活的滋味。

二、坚守传统价值观的文化自信

《外来媳妇本地郎》关于"家和万事兴"的主题思想和精神内核与当前社会转型期人们的价值期待相契合，与社会主义核心价值观高度一致。它讲的是广东一个普通家庭的当代生活。故事讲述广州西关老城有一户姓康的人家，二老膝下的四个儿子娶了天南海北的四个媳妇。当这个具有很强地域性特征的广东家庭面对他者（外省）文化的影响时，有冲突和融合，也有抗拒和接纳。于是，这些外来媳妇、本地郎与父母之间发生了一系列妙趣横生的故事。这些故事里，这个家庭对美好价值观的坚守，是此剧创作者们对中华民族核心价值观的坚守。

从一个普通家庭的日常生活出发，进而延展出社会生活的方方面面，《外来媳妇本地郎》以包容友善的态度，对人情人性进行了深切的关注。十六年来的故事里，有人物的成长、岁月的流逝和时代的变迁，但故事一直在传递伦理亲情、守望相助的中华传统文化的优秀价值观。发生在这个普通家庭以及邻里街坊之间的许许多多小故事，是对广东人本土生活方式的演绎，展示了岭南文化下人们丰富

---

① 杨继耘、梁雁茹：《从〈外来媳妇本地郎〉看粤派情景喜剧的文化特征》，《中国广播电视学刊》2014 年第 5 期。

② 蔡敏、余晓：《全球化、地方化语境中的方言电视剧》，《新疆大学学报（社会科学版）》2004 第 32 卷第 4 期。

③ 鲍尔德温·阿雷恩等著，陶东风等译：《文化研究导论》，北京：高等教育出版社，2004 年，第 149 页。

多彩的生活形态和价值判断。这一点是此剧在广东收视长盛不衰的重要原因。

《外来媳妇本地郎》以见微知著的笔法，精准地抓住了过去二十年广东地区的社会话题。自 20 世纪 90 年代开始，作为改革开放前沿的广东，吸引了全国各地的创业者持续涌入，人员大迁徙、大流动成为广东地区突出的社会现象。人口流动带来的文化交流、冲突与融合，无疑是广东当代文化发展中的主要现象。开放的广东岭南文化在面对文化交流、摩擦和碰撞的时候，也有其矛盾与保守的一面，这是地域文化在融合外来文化时必然要经历的过程。《外来媳妇本地郎》就是在这个文化大背景下讲述故事，通过普通人的个体生活经历，折射时代和个人的关系。"这个汇聚不同人群充满利益冲撞、文化冲突的故事，其实是大流动、大变革时代的一个生动缩影。尽管过程曲折，但总能在冲突与转化中实现交融，在泪与笑中展现人物命运的欢喜结局。"①

《外来媳妇本地郎》的现实触觉是敏锐的，鲜活的生活为其提供了丰富的内容，"注入了深刻鲜活的时代内涵"②的故事得以常讲常新。故事创作紧贴现实，"最新发生的一个热点事件，最快两个星期就能够在《外来媳妇本地郎》播出体现"③。3 000 多集的故事，涉及日常生活的方方面面，油盐酱醋、家长里短，《外来媳妇本地郎》不仅说的是家庭与婚姻的琐碎与摩擦，而且洞悉了广东珠三角近二十年的文化矛盾和社会转型。在文本与现实的互文价值上，系列短剧比电视连续剧更能记录与表达社会形态的进程。所以，在一定程度上，十六年的《外来媳妇本地郎》剧记录并见证了广东的社会变迁，成为广东近二十年社会发展的影像文本，是一代广东观众的集体文化记忆。

在巨大的社会变革和深刻的文化变化进程里，普通人的生活也在慢慢地发生变化，这些变革和变化都被《外来媳妇本地郎》的创作者融进了故事里。然而，关于"家"与"爱"的主题没有更改，依然维护和坚守着"家和万事兴"的家庭观念、"守望相助"的街坊文化，以及"和谐共融、包容友善"的文化态度。这种精神内核是广东岭南文化的文化自信，也是中华民族传统文化的文化自信。

三、根植土壤的平民意识

平民意识是随着大众文化的兴起而产生的，它所代表的是大众的文化立场和价值取向。在电视传播学看来，这是一种电视形态的特质之一。《外来媳妇本地郎》无疑是将这一特质发挥得相当充分的影像文本。广东广播电视台台长张

---

① 詹勇：《人民时评：流动时代唱好融合大戏》，《人民日报》，2011 年 6 月 15 日。

② 谭天：《注入深刻鲜活的时代内涵——〈外来媳妇本地郎〉的"长寿"奥秘》，《光明日报》，2017 年 1 月 20 日第 16 版。

③ 张丹：《最长寿的电视剧还要拍下去》，《广州日报》，2017 年 2 月 16 日第 8 版。

惠建认为，"始终坚持以人民为中心的创作导向、讲述老百姓自己的故事，是《外来媳妇本地郎》保持长盛不衰的根本途径"。[①]

《外来媳妇本地郎》塑造的人物来源于百姓生活，扎根于市井平民。对于文艺作品而言，成功的作品首先需要塑造成功的人物，系列短剧尤其如此。取材于广州市井生活的《外来媳妇本地郎》，不仅还原了生活现实，而且给予了观众一群真实的"朋友"。这些电视屏幕里的人物与日常生活里的人物高度相似，模糊了故事与生活的界限，打破了传者与受者之间的壁垒。粤语里常说的"同声同气"，字面意思是指说同一种语言，深层意思是指站在同一个立场。《外来媳妇本地郎》里，同声同气的人物讲述老百姓自己的故事，抒发了老百姓的喜怒哀乐和真情实感。

被观众称为"草根明星"的《外来媳妇本地郎》演员在故事里所扮演的角色已经与现实生活交融在一起，故事里的情感联系使得他们的表演更接近普通人的生活方式。这种荧屏上虚拟的生活方式以一种"接地气"的姿态延续，获得了观众的高度认同。在《外来媳妇本地郎》的人物群像里，郭昶扮演的"二哥"康祈宗最为深入人心。这个其貌不扬但心地善良的成熟男性形象是典型的小人物。在观众的眼里，他代表了普通市民，是可以信赖又可以平视的朋友。

平民式的娱乐和幽默给《外来媳妇本地郎》以浓厚的温情色彩。随着社会的进步而不断提高生活质量的普通人，必然有着各种各样的生活烦恼，这些似乎无足轻重的烦恼却在左右人们的日常生活。费斯克认为意义和快感的产生大抵基于两种方式，一是逃避，一是对抗。[②] 但是岭南文化的市井色彩更倾向于在轻松和娱乐中消解矛盾与冲突。《外来媳妇本地郎》的故事也不乏对人性弱点的讽喻和对社会怪相的针砭，但基于包容友善的心态，故事多以温情善意为落脚点。正如主题歌中唱到："为求家和万事兴，哪怕乌龟头缩缩。"这是广东岭南文化中的为人处世之道，是普通百姓的生存哲学。

四、作为地理传播符号的方言

《外来媳妇本地郎》最清晰直接的地理传播特点就是它的方言。"南腔北调一锅粥"的文化碰撞主题也是从人们之间语言的差异开始的。广东是地方语言强势的区域，"粤语不仅是文化，还是广州居民的生活本身，有资格在最通俗的大众媒体——电视上占据与之相称的重要地位"[③]，《南方都市报》这段关于粤语在电视媒体上重要性的阐述，指出了语言与电视媒介的互生关系。《外来媳妇

① 王斯文、汤龙：《这部剧播了 17 年突破 3 000 集》（文化进行时），《人民日报》，2017 年 2 月 9 日。

② 罗钢、刘向愚主编：《文化研究读本》，北京：中国社会科学出版社，2000 年，第 35 页。

③ 《不宜刻意压制粤语，民众应有选择自由》，《南方都市报》，2010 年 7 月 7 日。

本地郎》对粤语的使用正是互生关系中本土意识的表现，也是文艺创作对地域文化的历史与现实的尊重。

语言是文化的符号，也是文化的载体和媒介，承载着文化的传承和延续。而方言则是地理文化最为显著的符号特征，影响着本土文化的衍生和传承，同时也制约着本土文化的流动和延伸。作为方言电视系列短剧，《外来媳妇本地郎》为传承延展岭南文化做出了重要贡献。斯科佩克认为，一个文化存在的最明显的标志是"独特的或具有特异性的言语形式的使用"①。地域文化在很大程度上是通过方言来体现的，实际上，方言是地域文化传播的重要纽带和符号。"媒体的方言传播现象是对所在地区的地域文化的一种认同，体现的是方言的整合力。地方文化的多样性，通过媒体的传播得到了确认。"②

短剧中的人物对粤语的充分利用成为粤语系列短剧区别于其他地区系列短剧的主要特征，所以广东的系列短剧也称为粤语系列短剧。通常情况下，系列短剧的剧情推进主要依赖人物对话，而不是人物的动作和事件的冲突。在《外来媳妇本地郎》这部展现岭南文化与外来文化冲突的粤语系列短剧中，因为语言产生的故事层出不穷，语言成为戏剧冲突中最基本而且最容易造成喜感的元素。所谓主题曲中的"鸡同鸭讲"，首先指的是语言的沟通不畅。在与观众的互动与沟通中，粤语短剧中"盏鬼"（有趣）的粤方言自然是其中的趣味所在。

粤语的俚语和歇后语，是《外来媳妇本地郎》中另一种饶有趣味的方言文化元素。俚语和歇后语是中华民族特有的充满智慧与趣味的语言形式，尤其是存在于各地方言里的歇后语，是人民在长期的生活实践中创造的一种独特的语言表达。随着现代文明的发展，人口的流动频繁加剧，语言在融合中逐渐走向统一。方言中大量的俚语和歇后语，大部分已经因不再被社会使用而渐渐消失于文化的现代化进程中。没有方言节目在大众媒介中传播的地区，其俚语与歇后语的消失速度更快。反之，这种带有显著地域文化特质的语言形式会得到较长时间的保存甚至发展。

结　语

带有浓郁地域文化和时代发展烙印的《外来媳妇本地郎》，是广东观众的集体文化记忆，是映射历史文化发展进程的镜像文本。《外来媳妇本地郎》根植于岭南这块深情的土地，与岭南的时代发展紧密联系，在漫长的生活叙事中，《外

---

① 丹尼斯·K·姆贝著，陈德民等译：《组织中的传播和权力：话语、意识形态和政治》，北京：中国社会科学出版社，2000 年，22 页。

② 李慎波：《方言传播现象的多元解读》，中国新闻研究中心，http：//www. cddc. net. / shownews. asp？ newsid ＝5856，2004 年 3 月 30 日。

来媳妇本地郎》包含了对传统文化的传承、对现实境遇的接纳和对烦琐人生的体味。

虽然《外来媳妇本地郎》"是一部方言电视剧，但超越了方言和地域"①，但这种超越方言和地域的创作，使得《外来媳妇本地郎》具有了超越时间的生命力。《外来媳妇本地郎》作为一部系列短剧，十六年来累积了 3 000 多集的庞大总量，汇集成丰富多样的地理文本，是文化意义上具有重要价值的地理传播景观。

采编过程

首先，本文对电视系列短剧《外来媳妇本地郎》进行了分析与解读。十多年来，它共创作播出 3 000 多集的庞大总量，汇集成丰富多样的地理文本，是文化意义上具有重要价值的地理传播景观。本文在研究中，对作品进行了较为大量的文本分析。

其次，本文采访了幕前幕后的大量创作团队，以访谈的方式进行资料收集。研究《外来媳妇本地郎》是为了研究中国短剧产生的现象，也是研究广东近二十年的社会变迁。《外来媳妇本地郎》记录并见证了广东的社会变迁，成为广东近二十年社会发展的民间影像文本，是一代广东观众的集体文化记忆。

最后，本文参考了近十年全国电视系列短剧的评论与分析文章，梳理了中国系列短剧的类型和发展轨迹，指出作为方言系列短剧，《外来媳妇本地郎》对粤语的使用是文艺创作对地域文化的历史与现实的尊重。

社会效果

此文在《南方电视学刊》2017 年的第一期刊发，作为《外来媳妇本地郎》3 000 集的重大研讨活动的重要论文之一，取得了重要的社会效果：

其一，文章的理论创新得到学界的高度评价，从媒介地理学的理论框架研究电视剧，具有理论创新的价值；

第二，此文视觉独特，关注了热点传播现象，对创作和研究都有重要的参考价值，对于《外来媳妇本地郎》的继续创作提供了理论指导；

第三，本文作者是《外来媳妇本地郎》的总制片人，有创作实践，有理论素养，进一步提升了创作质量。《外来媳妇本地郎》在 2017 年取得了很好的收视成绩，比上一年度提升了 20%，得到更多观众的喜爱和支持。

---

① 杨明品：《生活系列电视剧〈外来媳妇本地郎〉魅力何在》，《人民日报（海外版）》，2017 年 2 月 6 日。

【点评】

在互联网时代，IP 的打造成为提升电视产品传播力和影响力的重要手段。如何孵化优质的 IP 并能形成电视产品经营中的扩散效应，对于电视节目的可持续发展至关重要。作为广东电视台的现象级品牌，《外来媳妇本地郎》系列短剧热播十六年共 3 000 多集，创造了系列短剧经久不衰的收视率。作者从地理传播的视角，对作品的传播方略和经营策略进行了系统的梳理，对于该作品的品牌传播与延伸的逻辑和贴近本土、贴近市民的现实价值进行了分析解读，为类型化的影视产品的生产和传播提供了一个可借鉴的研究样本。不足之处是方言类节目的地域性成功能否进行全国性推广，对这个问题作者未能展开论述，从而削弱了论文本身的推广价值。

（张晋升）

广播电视技术理论论文

基于融合架构的全台网安全体系建设

深圳广播电影电视集团　刘助翔

【摘　要】本文针对融合架构下全台网安全体系面临的问题，结合深圳广播电影电视集团的实践，从业务需求出发，介绍了在融合架构下全台网安全体系建设的目标、思路、方案和实施过程，从信息安全等级保护、信息安全监测系统和信息安全管理等方面进行设计和建设，实现了全方位的安全管控。最后对全台网安全体系建设进行了总结，并对其下一步的发展进行了展望。

【关键词】融合架构；全台网安全体系；等级保护；信息安全监测；信息安全管理

当前，国家正大力推动媒体融合发展。面对新兴媒体的竞争，传统媒体必须改变原有生产、传播和服务方式，有效提升内容吸引力和渠道传播力[1]。近年来，以融合新闻中心为突破口，深圳广播电影电视集团（以下简称深圳广电）在内容融合生产与发布等方面进行了系列探索和实践。

在此过程中，技术系统逐步实现融合转型升级。对全台网来说，就是构建支撑全业务的虚拟化网络架构，实现真正意义上的全台网。

安全播出和生产是深圳广电永恒的主题。在融合架构下，推进全台网安全体系建设，对于媒体融合的意义不言而喻。

一、需求分析

近年来，深圳广电全台网逐步采用虚拟化、云计算、IP 化等技术进行改造升级，实现网络架构融合，推动业务融合，引领和支撑着深圳广电的转型发展。

在全台网的虚拟化网络架构下，各类业务网络趋于一体化，传统网络边界日趋模糊，安全播出和生产面临新的挑战，客观上要求我们重新对安全架构进

---

① 刘助翔：《分布式大数据存储在融合新闻生产平台中的应用》，《现代电视技术》2016 年第 8 期，第 60 – 64 页。

行规划，推进全台网安全体系建设。

（一）深圳广电全台网的发展

深圳广电全台网于 2005 年上线启用，经过十多年发展，已具有相当规模[①]。随着业务发展，深圳广电逐步形成办公网、生产网、新媒体应用三大业务板块。近年来，随着云计算、虚拟化等互联网技术应用，业务流程优化完善，形成面向流程的全新业务数据信息架构。通过网络化、数字化、集成化、自动化、业务云化，深圳广电实现三大系统群独立运行、互联互通、业务交织、媒体汇聚、生产、发布一体化，集合全媒体采、编、播、存、管所有环节，提供一个不间断运行、高可靠、高处理能力、可扩展性强的多业务支撑平台。各业务资源高度交叉、相互渗透，全台网体系架构日益复杂，并向全台网融合方向发展。

（二）深圳广电全台网安全体系建设概况

近年来，深圳广电全台网严格按照等级保护要求做了测评和安全加固，取得一定成效；通过异构安全设备、攻击检测等手段，很多入侵事件在互联网边界得到及时发现和处理；全网部署异构防病毒体系，通过防毒墙、终端防病毒软件、媒体安全网关三道防线，病毒传播的威胁得到有效遏制。

但是随着业务发展，全台网网络架构日趋复杂，新兴威胁风险、攻击手段出现，云端业务安全问题日趋凸显，还需针对整体安全进行加固提升。

（三）融合架构下全台网安全体系问题分析

目前存在的问题主要体现在：

（1）资金投入大，网络环境复杂，实施难度大；

（2）全台网缺乏统一安全规划；

（3）安全设备种类众多，设备监控各自为政；

（4）融合媒体平台在云化网络中区域划分和安全管控；

（5）虚机之间安全隔离、流量可视和风险可控问题；

（6）业务虚机粗线动态漂移，出现无防护或弱防护的安全防护间隙问题；

（7）虚拟化平台系统 Hypervisor 漏洞，新系统漏洞引入风险；

（8）各业务网络及系统需达到相关等级保护要求。

二、深圳广电全台网安全体系建设

（一）全台网安全体系建设目标

随着广播电视业务数字化、网络化，云计算技术兴起以及服务模式转变，全台网包括办公网、融合媒体生产网的采编播、媒资管理、全媒体发布与互动

---

① 胡涛：《基于云架构的深圳广电融合媒体数据中心设计》，《电视技术》2015 年第 9 期，第 59 – 63 页。

平台等应用逐步趋向网络化、自动化、业务云化发展。信息安全等级保护及服务连续性要求各不相同，业务风险呈现、面临的安全威胁也不同，各层级业务应参照国家相关文件精神，实施全台网的安全保护，构建安全、稳定、可靠的业务运行体系，最终达到可管可控的安全架构目标。

（二）全台网安全体系建设原则和思路

全台网安全体系建设，从等级保护和信息安全监测两个维度进行，信息安全管理贯穿其中，遵循以下原则：

（1）一切以保障安全播出为目标，务必做到风险可管可控；

（2）不断细分安全区域，内部风险统一化，外部风险管控一体化；

（3）从传统网络、业务安全到云安全模型不断演进；

（4）节目生产系统私有云与公有云衔接，充分考虑云架构下的安全防护，尤其做好边界防范等，满足等级保护要求，适配信息安全监测系统，保障运行安全；

（5）逐步完善信息安全监控、运维管理体系，完善信息安全管理策略，从安全规划、建设、运维管理、合规管理、考核、监管机制等多维度完善信息安全体系。

（三）基于融合架构的全台网安全体系建设

原有安全技术在全台网安全体系中仍处于主导地位，同时要充分考虑虚拟化和运营等新的安全问题，充分运用基于 vSwitch 等虚拟网络安全技术以及安全设备虚拟化等手段[①]。构建完整的安全体系，需要多种机制结合、多种措施互补，从基础网络、边界、计算环境等层次落实安全措施，形成纵深防御体系，借助安全大数据等新技术构建安全风险分析和威胁情报平台，提前发现潜在风险威胁并及时采取应对措施，实施集中安全管理，保证各个控制组件共同作用于安全功能之上，使全台网整体安全防护能力得以保证。全台网安全体系建设单纯依靠技术无法实现绝对安全，必须要有相应组织管理体制配合和支撑，才能确保系统安全稳定运行。

1. 融合架构下全台网信息安全等级保护建设

随着云计算、物联网、大数据等新型信息化形态的发展，全台网已逐步采用云架构，并存在私有云、公有云、混合云三种模式的业务交叉，现有等级保护标准已不适用。安全标准缺失造成了这些新兴领域的安全建设缺乏体系、安全合规缺乏依据、安全测评难以开展、安全运维管理困难，使得云计算、物联

---

① 姜涛、邵宗有：《信息等级保护体系在云安全中的应用》，搜狐网，http：//it.sohu.com/20120704/n347280551.shtml？utm_source＝tuicool，2016 年 10 月 19 日。

网等新兴领域的信息化发展受到严重制约。为解决这些问题，2014 年，由国家信息安全标准化委员会提出，公安部信息安全等级保护评估中心牵头针对云、物联网等新兴领域进行"1 主 4 分"（1 个主体通用基本要求，4 个补充分册）的《信息系统安全等级保护基本要求》标准得以制定。在云环境下该标准主要从物理安全、网络安全、主机安全、应用安全、数据安全等维度针对安全等级保护提出了新要求。

因此在全台网建设中，生产网、综合办公管理、新媒体融合业务涉及云相关业务，也要参照"采用云计算技术的信息系统的扩展安全要求"进行安全体系建设。关于云平台的建设既要参照老版本的安全等级保护要求，也要按照新版本要求进行建设。在全台网建设过程中，云化业务系统按照就高不就低的原则，支撑相关等级信息系统的云平台，需达到对等或更高级别安全等级保护。

（1）物理和环境安全：这是全台网建设涉及相关业务系统安全的前提，主要从物理设备访问控制、网络环境、人员管理、防雷防火防静电、电力供应等出发考虑，以保护全台网中融合媒体生产、汇聚、播出、发布、综合办公等相关业务系统免受各种自然或人为破坏。

（2）网络和通信安全：通过安全区域划分、网络拓扑规划、部署防火墙/IPS/流量控制/防病毒网关/网络冗余，网络资源访问控制、远程接入安全、路由系统安全、入侵检测手段、网络设施防病毒、安全审计等，对数据进行细颗粒度的数据包管控，确保全台网业务安全。

（3）设备和计算安全：通过安全管理区的防病毒、漏洞扫描、入侵检测等工具实现制作区恶意代码防范和病毒入侵防范。通过终端管理服务器实现对各业务区的终端安全管理。可以对台内终端设备进行集中监控、保护、审计和管理，自动分发系统补丁，防止重要敏感信息通过外设、端口泄漏和计算机非法外联，防范非法设备接入全台网，有效进行终端资产管理等。

（4）应用和数据安全：应用安全主要从用户账号、认证、授权和安全审计等维度考虑，通过授权管理系统、WEB 安全防护、堡垒机、安全管理、应用冗余/负载均衡等方面进行全面安全防护。数据安全主要是全台网内相关业务的媒体文件、元数据、系统配置信息等数据的安全，包括数据隔离、加密管理、完整性、异地容灾备份和可用性等系统建设。

深圳广电全台网信息安全等级保护建设实施，首先进行整体安全规划，在规划构建虚拟架构开放的全台网时，同步考虑其安全性，根据业务对网络资产分区分域，有针对性地实施安全策略。其次对每个区域进行模块化设计，使其可独立实施，便于分布建设，做到有主有次、繁而不乱。再次是用软件定义安全解决融合媒体云业务安全问题，进行灵活的业务区域隔离，根据虚拟网络安全需要进行区域划分，关键业务分置在不同安全域内，针对虚拟机进行细粒度的安全防护。

2. 全台网安全监测系统建设

一方面，随着广电信息化建设趋于网络化、数字化、云化模式，网络规模持续扩大，全台网网络架构变得越来越复杂。软硬件数量和种类日益增多，各类应用深度融合，系统数据交互，给全台网带来了更高的安全风险。另一方面，随着虚拟化、IP 化、云计算等技术的应用，网络安全重心逐渐从终端转向服务端，从原有界限明确的物理安全域向逻辑安全域转变，这对运维人员的安全防护能力提出了更高要求。在等级保护建设的同时，借助安全监测手段及时掌握网络运行状态，对等级保护措施有效性进行实时跟踪，提前发现潜在风险和威胁并采取应对措施，有利于进一步提升全台网安全防护能力。

全台网安全监测系统主要从等级保护合规监测、设备和应用状态监测、漏洞补丁管理、安全事件告警、威胁预警分析、安全态势评估等方面进行建设。利用安全大数据、时间关联分析、态势感知、可视化、云计算、威胁情报等技术，实现资产、状态、流程等全方位感知的一体化安全管控。

（1）借助大数据采集、存储、分析和可视化等技术在全台网架构体系中解决安全数据海量、高速、多变、低密度问题，可视化呈现分析出高价值数据，提前预知风险，为威胁行为响应和处置的人和系统提供足够提示信息甚至是指令，护航全台网信息安全。

（2）资产管理：改变以安全事件和单个资产为视角的模式，结合全台网业务属性，使系统管理员能直观准确判断业务是否面临风险、严重程度如何、如何进行处理，以及业务风险发展态势和防范手段。

（3）安全预警：实时呈现各类安全风险、威胁、态势等信息，提供网络安全趋势分析报表，内容包括漏洞分布范围、受影响系统情况、可能的严重程度等；能根据全网安全事件监控情况，进行网络主要攻击对象、攻击类型分布等分析，指导全网做好有效防范工作；具有接收风险数据接口，能预先定义数据格式，自动生成预警信息等。

（4）安全响应：提供响应流程和响应方式管理。提供在线安全专家系统和安全专家库支持，对用户关心的问题进行响应。响应方式包括从安全大数据平台调用相关脚本自动进行漏洞修补、防火墙配置下发、网络设备端口关闭等操作，从知识库自动或手动进行解决方案匹配，自动或手动产生工单，利用 Email、短信、微信等方式通知管理员进行处理，对工单生命周期进行监控等。

（5）安全事件管理：通过实时、动态管理模型，关联分析来自不同位置、层次、类型的网络事件，帮助系统管理员发现真正的安全威胁，实时准确评估当前安全态势和风险，根据预定策略进行快速响应，有效应对各类安全事件。

在推进全台网安全监测系统建设实施过程中，首先是进行统一规划，改变各系统监控各自为政的现状，采用统一监测平台，实现全流程感知。同时，注重监控管理的方便性，支持简化运维。另外，利用安全大数据等新技术，建设统一的安全大数据分析平台，使安全监测系统在数据处理方面更高效准确。

3. 全台网信息安全管理

三分技术，七分管理①，管理安全是全台网整体安全中重要的组成部分。要从管理机构、制度、系统建设、运维等方面着手，全面加强信息安全管理。

（1）安全制度。

①管理制度：对安全管理活动中的各类管理内容建立管理制度，约束管理行为。

②规范安全管理制度的具体技术实现细节，对管理人员和操作人员执行的日常操作建立操作规程。

③制定执行安全制度、实施规范时需执行的流程图，填写表单和记录表，用于记录数据、实施监控。

（2）安全组织架构。

成立以集团（台）一把手为组长的网络安全领导小组，下设网络安全指挥中心。在全台范围内，遵循"谁主管、谁负责，谁建设、谁负责，谁运行、谁负责"的原则。网络安全指挥中心牵头，主持制定标准规范，指导业务部门和下属单位，监督检查全台的安全建设和管理，并进行信息安全审计岗位设置、下属单位网络安全指挥中心设立、下属单位业务部门网络安全专员备案等工作，形成"统一领导、分级管理、各司其职"的网络安全管理模式。

（3）全台网系统运维管理。

全台网不仅需要标准化、规模化、专业化、自动化和高度可靠的软硬件资源来支撑，更需要一个先进、成熟的运行管理机制。从广电运维管理发展历程来看，技术平台升级与运行管理体系变革一直处于交替上升、相互促进的发展格局。运行管理体系是全台网的重要一环，是为满足全台网稳定高效运行的要求而建立的各项管理要素的集合。在全台网不断建设完善过程中，在确保安全播出前提下，实现业务灵活和细粒度调度，运维管理必须做到简化运维、业务可管可控。

三、总结和展望

在全台网安全体系建设过程中，深圳广电参考和借鉴了行业内的经验和教训，注重安全管理，强化组织领导，定期召开网络安全领导小组例会，使其成

---

① 江南：《信息安全：三分技术七分管理》，《中国计算机用户》2006 年第 3 期，第 39 页。

为名副其实的"一把手工程"，保证了实施效率。注重整体规划，改变"缺什么补什么，越补越复杂，最后补不胜补"的局面。同时，改变以往系统建设"烟囱式"发展的状况，充分考虑安全架构弹性可扩展。注重监控和预警，实现从被动防御到主动对抗的转变。

深圳广电全台网安全体系建设，从等级保护和信息安全监测两个维度进行，信息安全管理贯穿其中，按照等级保护要求，充分运用虚拟网络安全技术等新技术手段，推进基于融合架构的全台网信息安全等保建设；充分利用安全大数据、态势感知、可视化、威胁情报等技术，推进全台网安全监测系统建设；同时，加强信息安全管理，技术措施和管理手段并重，注重疏堵结合，构筑全方位一体化的安全体系，实现了全面的安全管控。

随着技术的进一步发展和应用、媒体融合的发展，全台网云化趋势将进一步增强，在网络安全、虚拟化安全、数据安全、管理安全等方面将面临新的风险和挑战。现阶段云化业务主要是在私有云上，当更多业务在公有云上运作时，其安全如何保障，以及大量公有云与私有云业务数据安全交互等问题，都需要进一步研究和设计。全台网安全体系建设必须紧跟全台网发展步伐，适应其网络架构变化，充分利用新技术，持续推动技术体系建设，进行管理模式创新，促进全媒体融合发展。

（文中所列图片省略）

采编过程

当前，国家正大力推动媒体融合发展。面对新兴媒体的竞争，传统媒体必须改变原有生产、传播和服务方式，有效提升内容吸引力和渠道传播力。近年来，以融合新闻中心为突破口，深圳广播电影电视集团在内容融合生产与发布等方面进行了系列探索和实践。在此过程中，技术系统逐步实现融合转型升级。对全台网来说，就是构建支撑全业务的虚拟化网络架构，实现真正意义上的全台网。本文针对融合架构下全台网安全体系面临的问题，结合深圳广播电影电视集团的实践，对全台网安全体系建设进行了系统的总结、分析和研讨。

社会效果

对广电行业在融合发展、技术系统转型升级的过程中，全台网安全体系的建设具有较显著的借鉴意义。

【点评】

这篇文章重点探讨融合架构下全台网安全体系面临的问题，在当前广电全面融合发展形势下有着强烈的技术前瞻意识。

文章能结合具体实践经验，从业务需求出发，探讨了在融合架构下全台网安全体系建设的目标、思路、方案以及实施经验，针对问题提供了从信息安全等级保护、信息安全监测系统和信息安全管理等方面进行设计和建设，实现了全方位的安全管控的可行解决方案。

文章结构合理，思路清晰，论述严谨，分析详尽。材料比较充实，叙述层次分明，有较强的逻辑性。文字通顺流畅，理据充分，结论正确，有创新见解，行文贴合学术规范。文章具有很强的针对性和应用价值，能为解决融合架构的全台网安全体系建设问题带给参考和借鉴作用。

（范创奇）

广播电视播音主持论文

主旋律题材播音作品如何实现"成风化人"
——以纪念长征胜利八十周年系列节目《铁流壮歌》为例

深圳广播电影电视集团 孙海亮

【摘 要】本文以深圳电台交通频率为纪念中国工农红军长征胜利八十周年推出的系列广播节目《铁流壮歌》为例，阐述了在媒体传播新形势下，主旋律题材作品在播音创作中的创新和宗旨。"成风化人"是习近平总书记提出的新形势下党的新闻舆论工作职责和使命的重要内容，笔者通过播音创作的实践，对如何实现"成风化人"归纳出了一些具有时代特征和现实意义的规律和方法。

【关键词】主旋律；播音；成风化人；长征

习近平总书记在党的新闻舆论工作座谈会上提出了新的时代条件下党的新闻舆论工作的职责和使命，其中提到的"成风化人"是耳目一新的表述，对新时期指导党的新闻舆论工作具有重要意义。

2016 年是中国工农红军长征胜利八十周年，深圳电台交通频率适时推出了系列广播节目《铁流壮歌》，将一个个鲜活的英雄人物以"英雄谱"的形式呈现在电台节目当中。尽管八十年过去了，时代发生了巨大变迁，但长征中感人故事所蕴含的理想和信念、坚持与奋斗，却是社会主义核心价值观的精神源泉，对引领当今社会风气、鼓舞士气、凝心聚力仍具有积极意义。

这样的主旋律题材作品，在播音创作中应如何处理，才能适应当今社会的受众收听习惯与审美需求呢？

在播音创作中，应当牢牢把握"成风化人"这四个字，按照习近平总书记要求新闻舆论工作者"转作风、改文风，俯下身、沉下心，察实情、说实话、动真情，努力推出有思想、有温度、有品质的作品"的要求，让主旋律题材的播音创作适应时代需要，令作品有血有肉。

在播音创造的处理上，可以归纳为以下几点：

①放低语调，平和语态；

②讲好故事，杜绝空洞；

③注重人性，真情实感。

一、"成风化人"，基础在"风"——把握时代正能量与主旋律

成风，是指用人们普遍认可的道理、有目共睹的事实、耳熟能详的语言、喜闻乐见的形式引导舆论，形成积极健康向上的社会风气。

纪念长征，学习长征精神，其根本是重视理想信念教育。坚定的理想信念，是长征精神的核心要义，是战胜一切艰难险阻的制胜法宝。把握住这个主旋律，在播音工作中围绕这个基础展开创作。

美国作家和记者埃德加·斯诺在《西行漫记》中这样记录长征：中央红军在历时一年的长征中，平均每天行军 35 公里以上；几乎每天一次遭遇战，击败了数倍于己的国民党中央军的围追堵截。经过千锤百炼的战斗，红军的理想境界、意志品质、战斗作风、团结精神、纪律观念等都得到极大提升，一步步凝聚成战无不胜的钢铁洪流。

因此，对长征题材的作品处理，不能单纯地高声歌颂、奋力呐喊，还应当注重对恶劣环境的客观描述和真实反映。要将长征途中的艰难困苦通过语言的表达如实呈现，这样才能折射出长征的精神——理想信念支撑着红军队伍完成了几乎不可能完成的二万五千里征程。

在广播节目《铁流壮歌》中"巾帼英雄康克清"的稿件有这么一段话：

长征中，康克清任直属队指导员，曾经三过草地，历尽艰辛。和其他妇女一样，康克清也分到了一匹马，但她很少骑，大多让给了伤病员。为了帮助他人，很多时候，她甚至肩扛三四支步枪行军。

在处理这段稿件时，播音员并没有像过去某些年代里那样，一遇到歌颂伟大精神的题材就惯用高昂语调，而是将语气放平和，客观冷静地陈述事实，令内容更加真实可信。表达"三过草地，历尽艰辛"时，语调无须高声激昂，而应该沉稳平实、步步坚定。

吴郁在阐述播音"基调"时指出："把握基调，实际上是要求理解与表达的统一、播音基调和稿件基调的统一。它是在对稿件深入理解、具体感受的过程中逐步把握到的，又是要在话筒前的表达过程中落实到声音形式中去的。基调随内容而又相应变化，一方面能表达出事件或思想的发展脉络，表达出情感变化的层次，另一方面使播音有曲折、有波澜，避免平板乏味，增强了感人的力量。"

在广播节目《铁流壮歌》中"红色娃娃兵向轩"的稿件中有这样一段：

在回忆长征这段经历时向轩说："长征一路上虽然很苦，牺牲的人也很多，但大家始终有一种信念，一种无论如何都要走下去的信念。没有这种信念，不会走到今天。"

在播音创作中，切忌"见字生情"，一读到"信念""理想"之类崇高的精神层面的词汇，就拔高调门、大声咏叹。张颂在《播音创作基础》一书中指出："那种不顾播讲目的，不放过任何'情景再现'的机会，大搞'情景再现'的展览的播音，是不足取的。"

创作中必须联系上下文，分析具体语境，让语调语气的处理与客观场景、人物相吻合。这段话是当年的"娃娃兵"向轩在老年回忆童年时经历的长征时所作出的感慨，语调要与老年人的语调相适应，语气要有追忆往事的时间感。"但大家始终有一种信念"不是高声激昂的表态，而是深沉思索后的坚定。

吴郁在《播音学简明教程》中指出："播音决不能就稿论稿，停留在文字表面的播读上，一定要努力挖掘文字后面更深刻的含义及把握到鲜明的语句关系。"

有理不在声高，导向不等于说教。在把握主旋律和传扬正能量的播音创作中，"成风化人"所成之"风"是符合时代特点、尊重客观现实的，并非空泛拔高、言之无物的空中楼阁。

二、"成风化人"，路径在"化"——讲好故事，才能感染人

习近平总书记在全国宣传思想工作会议（2013 年 8 月 19 日）上的讲话提出："宣传思想工作关键是要提高质量和水平，把握好时、度、效，增强吸引力和感染力，让群众爱听爱看、产生共鸣，充分发挥正面宣传鼓舞人、激励人的作用。"

"成风化人"的"化"，是指潜移默化，它不是生硬的灌输、机械性传达，而是用作品去感染人、打动人、说服人、影响人。

"化"的路径，在于找准思想认识的共同点、情感交流的共鸣点、利益关系的交汇点、化解矛盾的切入点，只有这样才能取得群众口碑好、社会共识强的良好效果。讲故事比喊口号更能打动人，讲故事能让道理生动，还能拉近与听众的心理距离，更容易赢得信任与支持。

长征胜利八十周年，跨越了漫长的沧桑历史到今天，与当代的听众是有时间距离的。无论播音员还是听众，都不是长征的亲历者，如何拨开历史的迷雾和隔阂，用今人的视角去体味革命理想与情怀，需要播音创作者有所创新、有所思考。

为电影《大决战》录制旁白配音的著名演播艺术家张家声，曾这样讲述其创作的经历：导演曾让他用高亢的、充满战斗激情的声音去演播电影旁白，但张家声把嗓子都快喊破了，仍达不到导演的要求，认为"力度不够"，一遍又一遍的重录。到最后，张家声跟导演说，能不能用另一种方式去演播，并用一种讲故事的方式，很生活、很真挚地把声音降下来，像个经历过事件的历史老人。最终，张家声的处理方式，获得了肯定。

著名播音员、播音指导方明先生在《方明谈播音》一书中指出："无论哪种情况，在表达的时候，都要力求做到绘声绘色、细致入微、活灵活现、情景交融。通过有声语言的描绘，把形象刻画得有立体感、层次感，真切传神。要达到这种境界，重要的一条就是，播音员必须如临其境，感物动情"。

在广播节目《铁流壮歌》中"隐蔽战线的英雄钱壮飞"的稿件里，有一段具有悬疑色彩的内容：

1935 年 3 月 29 日，长征中的中央红军在乌江边上遭到敌人袭击……轰炸结束后，细心的周恩来发现，时任红军总政治部副秘书长钱壮飞不见了！毛泽东得知此事后，指示红五军团不惜一切代价一定要找到钱壮飞。红五军团接到命令后，组织部队在树林里、村庄里找了一个多小时，连搜带喊，也没有找到他的踪影。特殊战线上的一代传奇英雄钱壮飞，就这样消失了。

这是一段故事性强、引人入胜的情节，播音员借鉴了小说演播的方式，将故事的悬疑神秘色彩、危急紧张气氛充分营造出来。

读到"钱壮飞不见了！"之后，留下一段停顿的静止时间，将恐怖和惊慌的情绪强化处理。以此对我党隐蔽战线的高级领导失联后可能遭遇到的惨烈后果，进行了生动的体现。

紧接着，下文的"毛泽东得知此事后，指示红五军团不惜一切代价一定要找到钱壮飞。红五军团接到命令后，组织部队在树林里、村庄里找了一个多小时，连搜带喊，也没有找到他的踪影"则加快语速，用疾风骤雨般的"贯口"形式，将紧张地搜寻钱壮飞下落的场景描绘了出来。

再到最后一句"……就这样消失了"，整句话语速放慢，结束后怅然所失的语气通过停顿来延续。

整段稿件的处理张弛有度、松紧相间，节奏对比强烈，情景重现鲜活。演播中注重了讲故事的创作特点，令听众心弦紧绷，一路追问，提高了收听欲望，达到了有效传播的目的。只有讲好故事，才是主旋律稿件感染人、打动人的途径。

这也正是张颂在《朗读学》一书中曾指出的：停连的运用必须遵从的总原则是"按文意，合文气，顺文势"。

三、"成风化人"，关键在"人"——以所成之风化所需之人

当前，从传播手段到受众心理都发生了很大变化。新闻舆论工作要赢得更多受众、占领更大阵地，就必须把握新时代传播规律，要有受众意识，适应受众的接受习惯。注重人性表达，讲究真情实感，这是当代传播规律的需要。

全球科技领域资深记者罗伯特·斯考伯（Robert Scoble）和专栏作家谢尔·伊斯雷尔（Shel Israel）在《即将到来的场景时代》一书中提到：2012 年，全球手机数量就已超过世界人口总数。到 2012 年底，全球平板电脑的数量已达1.2 亿台。高德纳市场分析公司预测，2016 年这一数字将达到 6.65 亿。移动设备聚合了移动设备、社交媒体、大数据、传感器、定位系统等技术力量，它是获取互联网力量的关键，也是体验场景超级风暴的载体。

广播语言的传播，是通过电波传输并具有特定的接收工具实现的。随着声音传输和播放等设备技术的发展变迁，广播语言也随之发生变化。二十世纪五六十年代，广播普遍通过厂区、大院和村头儿的大喇叭播放，声音传播范围广，容易形成回响。为达到有效传播的目的，播音员的语言必须语调高亢有力、语速庄重弛缓，以使播出时的内容清晰准确，因此逐渐形成了一种独特的播音语言风格。

随着广播节目收听渠道的多元化，音响设备的技术进步，声音还原度高，收听形式私密化，广播语言也愈来愈趋同于生活语言，播音员和主持人的语言状态逐步回归生活化。播音创作中，注重人性，真情实感，在此基础上才有了更可靠的技术支撑。

革命时期的作品题材，与当代年轻受众的生活体验差异巨大。如何令现在的受众感同身受，理解八十年前的红军战士的理想和信念，这是创作者不能也不该回避的思考课题。只有充分表现人性的共性，用真情实感的表达，才能感染受众，润物无声，形成"化人"之风。

斯坦尼斯拉夫斯基曾说："只有当人们借自己的体验从内部赋予所要表现的作品的潜台词以生命的时候，在这部作品里，同时也在演员自己心里，才显露出作品所要表达的精神实质，创作的意义就在潜台词上。"

张颂在《播音创作基础》一书中，曾对播音中思想感情的运动状态作出这样的阐述和分析："播音，作为语言艺术，通过感受的表现来再现生活是它的一大特长……真挚和崇高，独特和丰富，永远是感情的化境。"

著名朗诵艺术家姚锡娟在朗诵艺术专著《未成曲调先有情》中写道，"如果说理性分析能使我们的朗诵获取一个扎实可靠的骨架，那么我们对作品感情上的相知就使朗诵有了骨肉；前者是准绳，决定了表达作品的深浅，后者是灵魂，关系到你能否表达出作品的情，使之血肉丰满"，"只有朗诵者做到了与作品作

者'情意相通',朗诵才会有感动人心的精神血肉"。

在广播节目《铁流壮歌》中"巾帼英雄康克清"的稿件里有这么一段:

1992 年弥留之际,康克清对围在身边的子孙们断断续续地说:"这次,我可能拖不过去了……你们要好好地、太平地过日子……不要贪污,不要犯错误……"这时,泪水盈满了她的眼眶……临终前,她留下了这样一句话:"我什么都不要!"

这是老革命、老红军朱德同志夫人的一段临终感言,言辞情真意切,同时振聋发聩。在播音创作时,播音员首先客观还原一位弥留老人的语言状态,气息上运用更多的气声,语气上体现出循循善诱。

播音时,应注意这是一位亲身经历了腥风血雨的长征,而后又成为党和国家高级领导人的老人,因此她所说的"要好好地、太平地过日子……不要贪污,不要犯错误……"是有特殊意义的,是对当下社会现状有深沉理解的,是对领导干部家属的警言嘱咐。演播时,要注意"含威不怒"和"慈爱关切"之间的语气分寸拿捏。

康克清所说出的"我什么都不要",既是一种无产阶级革命家的高风亮节,也是一位慈祥老人的真情表露。演播时,既不要表现成"喊口号",也不要表现成"悲哀叹",应当语气坚定、从容乐观。

主旋律的题材作品,要展现鲜活的、有思想、有温度、有品质的才能人物形象,将陈情与说理结合起来,用人物崇高的精神和事迹影响、感染受众,真正做到润物无声、"成风化人"。因此,为纪念中国工农红军长征胜利八十周年,深圳电台交通频率推出的广播节目《铁流壮歌》,从传奇人物入手,采撷出长征中具有典型故事和传奇色彩的英雄人物,编播成"英雄谱"式的系列节目。

在播音创作上,该节目把握"成风化人"的方针,充分结合当下的传播规律和受众需求,细致考虑受众心理和接受美学,是一次对主旋律题材播音作品的有益探索和创新尝试。

采编过程

为纪念中国工农红军长征胜利八十周年,深圳电台交通频率在 2016 年推出了系列广播节目《铁流壮歌》。由本论文作者主创播音的该节目获得当年广东省广播影视奖广播播音作品一等奖。该论文以播音员自己的获奖作品为例,阐述了在媒体传播新形势下,主旋律题材作品在播音创作中的创新和宗旨。

社会效果

该论文通过细致具体的文稿分析,将播音学理论与播音实践充分结合,具有鲜活的案例特性，对年轻一代播音员的个人成长和业务能力提高具有很强的指导性和示范性。随着 90 后的年轻一代播音主持人逐渐走向新闻媒体一线工作岗位，该论文对年轻播音员主持人把握播音创作中的政治性、时代性、原则性、战斗性，理解主旋律作品的传播意义，领会习近平总书记"成风化人"的新闻舆论工作要求，起到了启发和示范作用。

【点评】

播音主持的论文很难写，写实了就成了工作经验总结，写虚了又可能故弄玄虚"不接地气"，本文可以说是把实践经验和理论提炼结合得较好的一篇文章。论文结合现实案例深入解读了"成风化人"的传播内涵：基础在"风"，路径在"化"，关键在"人"，较为巧妙。整体看来，立意的政治站位高，观点条理清晰，主旨明确，整体论述夹叙夹议，论据与观点相得益彰。论文的不足是论点的要素不全，如能在"成"字上先行论述，就播音的创新理念和播音员的职业道德修养上展开论述，文章会显得更为完整。

（张晋升）

► 附 录 ◄

2017 年度广东省广播影视奖获奖作品篇目

广播部分
一等奖（27 件）

▲江门广播电视台：广播短消息《深茂铁路增资 1.8 亿元"收声" 静静路过"小鸟天堂"》

主创人员：周珊珊、周超、朱树慧、秦恒

▲中山广播电视台：广播短消息《1 分 38 秒短视频 24 小时过千万阅读量 十九大代表闫文静解读报告受网民热捧》

主创人员：叶常州

▲广东广播电视台：广播长消息《我国南海可燃冰试采圆满结束，创多项世界纪录》

主创人员：唐琳、唐梦圆

▲珠海广播电视台：广播长消息《全球在研最大水陆两栖飞机 AG600 成功首飞》

主创人员：黄华、郭瑛

▲广州广播电视台：广播系列报道《回望高考四十年——追忆我们的高考往事》

主创人员：张婧、李婷婷、黎小培、潘彦晖、曹曼茹、姜文涛、肖阳

▲广东南方财经全媒体集团股份有限公司：广播新闻评论《不能让"小燕子"赵薇空手套白狼的游戏继续玩下去》

主创人员：吴锡凌、黎晓婷、潘晓霞、关妙钿

▲广东广播电视台：广播新闻专题《不忘初心——陈开枝百色扶贫"第二个 100 次"再出发》

主创人员：牛日成、赵鑫晔

▲珠海广播电视台：广播新闻节目编排《中国鲲龙腾飞——我国首款大型水陆两栖飞机 AG600 在珠海成功首飞》

主创人员：郭杨、张伟、王东

▲广州广播电视台：广播新闻访谈节目《最美援外医生——林纯莹》

主创人员：梁俊飞、吴央央

▲深圳广播电影电视集团：广播对港澳台节目《香港回归 20 周年特别节目——小证件大历史》

主创人员：李轶群、瞿芳、李丹凤

▲东莞广播电视台：广播新闻栏目《东莞早晨》

主创人员：蓝立新、孙曼曼、于鸣、陈理钧

▲广东广播电视台：广播对象性节目《从绝望中找寻希望——记肢残人士孙小军》

主创人员：王小敏、刘茵林、吕囡囡

▲佛山人民广播电台：广播公众性节目《烈火与泥土的交响乐》

主创人员：陈家荣、麦倩茵、黄慧敏、林子皓

▲广州广播电视台：广播知识性节目《人工智能时代，机器读懂人心》

主创人员：张婧、梁俊飞

▲广东广播电视台：广播公益广告节目《"一带一路"征程篇》

主创人员：吕琳、谢倍伟、刘远飞、吕囡囡

▲中山广播电视台：广播少儿节目《我们发明的"好帮手"》

主创人员：赖敏辉、蔡文頔

▲惠州广播电视台：广播社教栏目《畅听早高峰》上半年作品：《见证惠州首次试行"潮汐车道"》、下半年作品：《我与惠州的奋斗史》

主创人员：朱雪涌、徐晔、娄磊、李卓然

▲珠海广播电视台：广播新形态节目《广播口述史——120 分钟，我亲历的生死之间》

主创人员：集体创作

▲广东广播电视台：广播音乐节目《南海振国威、豪情颂中华——记大型情景组歌〈我的南海〉》

主创人员：张薇娜、黄红星、谢倍伟

▲广州广播电视台：广播文学节目《乡愁——悼念爱国诗人余光中》

主创人员：孙宏利、霍浩晖、席鸿

▲江门广播电视台：广播戏曲节目《中国梦之腾飞〈航父·冯如〉——纪念冯如飞天 108 周年戏曲故事节目》

主创人员：张晨露、容楚琪、吴丹

▲广东广播电视台：广播综艺节目《乡愁，让心留住的地方》

主创人员：李燕梅、彭洁伟、陈月华、周兵

▲揭阳广播电视台：广播小品和长篇连播节目《品茶听古——〈济公传〉第 47、48 集》

主创人员：孙丽薇、徐淑敏、江博晓

▲珠海广播电视台：广播原创歌曲《梦桥》

主创人员：滕文海、梁田、韦东庆、方崇清

▲广州广播电视台：广播剧《天山下的来客》

主创人员：黄建伟、谢彩雯、金渡、梁健波、卜涛

▲佛山人民广播电台：广播播音作品《大城匠心·黎家狮扎——〈听佛山·文化匠心〉声音纪录系列之一》

主创人员：霍立韵

▲广东广播电视台：广播主持作品《早教早知道之恐怖的三岁》

主创人员：杨健、林邃

二等奖（100 件）

▲深圳广播电影电视集团：广播短消息《深圳首次采用住房 70 年期，只租不售的办法公开出让居住用地》

主创人员：杨瑜瑜、王侃

▲中山广播电视台：广播短消息《突破外国技术垄断　中山造出全国首台移动式城市垃圾破碎机》

主创人员：陈卫民

▲广东广播电视台：广播短消息《广州连年重金治水效果不尽如人意，代表质疑绩效指标，只谈观感怎么验收》

主创人员：方妍、温健

▲珠海广播电视台：广播短消息《珠海卫星上天了——"珠海一号"遥感卫星星座首发星今天成功发射》

主创人员：黄华、郭杨、郭瑛

▲佛山人民广播电台：广播短消息《办事"零跑腿"　佛山禅城政务改革再领跑全国》

主创人员：丁素云、梁韵诗、梁广棉

▲东莞广播电视台：广播短消息《虎门二桥主缆用上"中国芯"》

主创人员：李万昌、田飞跃、谭倩、叶斐

▲高州广播电视台：广播短消息《高州：减税降费"红包"　激活经济"细胞"》

主创人员：张雪、吴迪

▲东莞广播电视台：广播短消息《中国最强地质调查船"海洋地质十号"东莞下水》

主创人员：田飞跃、周莉、阳玉明、周静文

▲英德广播电视台：广播短消息《幼小生命延续大爱　感恩回报社会》

主创人员：赖靖文、黄巧玉、罗家裕

▲佛山人民广播电台：广播短消息《中国介质蝴蝶兰首次出口美国　专家称"具有划时代意义"》

主创人员：黄顺荣

▲广东广播电视台：广播长消息《十年磨一"镜"！中国有了自己的产裂中子源》

主创人员：罗苏

▲广东广播电视台：广播长消息《中国科学家破解世界性难题！中山大学何晓顺教授团队成功实现全球首例"不中断血流肝"移植》

主创人员：罗苏

▲韶关广播电视台：广播长消息《韶关林业碳普惠试点工作开辟广东生态经济新模式》

主创人员：陈旭东、彭娟、黄艳芳、王玲莉

▲潮州广播电视台：广播长消息《陶瓷做手机背板——潮州企业引领手机材料革命》

主创人员：林新苗、周立伟、黄伟忠、谢越

▲花都区广播电视台：广播长消息《新型采购贸易方式打通广东区域通关一体化》

主创人员：叶晓明、陈莹、曾广权、李智华

▲番禺广播电视台：广播长消息《小石头　造出大环保》

主创人员：韩嘉健、李子健、廖娜、姜卉

▲河源广播电视台：广播长消息《河源：全省首创"智慧法援"服务平台群众"一键"享免费法律服务》

主创人员：陈盛开、芦艳、刘开芬

▲江门广播电视台：广播长消息《茫洲岛渔民党员一次特别的支部生活会》

主创人员：何晓鹏、朱树慧、徐鸿彬、周超

▲广宁广播电视台：广播长消息《一家三代致力改变山区耕作模式》

主创人员：叶宗锦、邵丹丹、曹悦婷

▲深圳广播电影电视集团：广播长消息《"一带一路"结出教育硕果，深圳北理莫斯科大学今日起航》

主创人员：周明、王侃、吴军、胡凯

▲潮阳广播电视台：广播长消息《精准扶贫户住上"高大上"农民公寓》

主创人员：陈扬戈、郭少兰、魏宏涛

▲梅州广播电视台：广播长消息《见证：失散31年，再回家!》

主创人员：刘翠峰

▲广宁广播电视台：广播长消息《小小番薯干晒出亿元大产业》

主创人员：李东明、曹悦婷、冯杰宇、郑仕坚

▲广东广播电视台：广播长消息《打击通信网络诈骗，运营商委屈了吗？省人大代表认为对运营商还应更"狠"一些》

主创人员：方妍

▲高要广播电视台：广播长消息《轮椅舞出美丽人生》

主创人员：王业民、林建东、李叶子、王哲

▲龙门广播电视台：广播长消息《四幅龙门农民画荣登中国最高艺术殿堂》

主创人员：朱丽霞、林洁兰、陈慧玲

▲广东广播电视台：广播系列报道《习近平总书记视察广东五周年系列报道 〈牢记嘱托 新时代 新气象 新作为〉系列报道》

主创人员：罗苏、刘冰霜、谢馨、央珍

▲高州广播电视台：广播系列报道《高州：实施农业供给侧改革的"加减乘除法"（一、二、三、四)》

主创人员：张雪、冯荣鑫

▲深圳广播电影电视集团：广播连续报道《共享单车问题多 加强管理莫蹉跎》

主创人员：潘想力、李晓川、麦洁莉、余洁琳、林然、孙海亮

▲中山广播电视台：广播系列、连续及组合报道《博爱之城——写给中山市"慈善万人行"30 周年》

主创人员：叶常州、颜丽婷、林小军

▲深圳广播电影电视集团：广播新闻评论《引导意义大于实际效果，非强制更显文明风尚——评深圳地铁全国首设女性优先车厢》

主创人员：林然、叶莹、瞿芳、姜雨辰

▲广州广播电视台：广播新闻评论《共享经济不能变成"共抢经济"》

主创人员：黎小培

▲惠东广播电视台：广播新闻评论《新闻述评：岂能抢当"贫困户"？》

主创人员：蒋波、郭锦威、徐玉田、陈可立

▲惠州广播电视台：广播新闻专题《惠州全省首推"首席服务官"制度见成效》

主创人员：周惠婷、旷桂红、林嘉玲

▲广东广播电视台：广播新闻专题《广东"一带一路"参与度领跑全国专家指出："走出去"更要"融进去"》

主创人员：罗苏

▲广州广播电视台：广播新闻专题《最后一缕阳光——记广州番禺市桥医院从事临终关怀服务的姑娘们》

主创人员：张婧、席鸿、李熙郁、梁皓明

▲东莞广播电视台：广播新闻专题《我们为祖国铸重器》

主创人员：田飞跃、解冉锐、高莉、陈婉琳

▲广东广播电视台：广播新闻专题《广州首次四审法规草案，"住宅小区停车场实行政府指导价"被删除，从一个罕见案例看立法博弈如何保障业主权益？》

主创人员：方妍

▲佛山人民广播电台：广播新闻专题《为了8.8万名贫困群众——佛山新时期精准扶贫工作纪实》

主创人员：丁素云、陈宁静、韩淑怡、赵英杰

▲深圳广电集团宝安广电中心：广播新闻专题《"我长大了，你在哪？"——茁壮成长的回归林》

主创人员：王俊琳、李林、刘进、张雨阳

▲广州广播电视台：广播新闻节目编排《2017年12月28日〈新闻在线〉》

主创人员：李素卿、梁皓明、周洁瑜

▲广东广播电视台：广播新闻节目编排《都市新闻眼》

主创人员：集体创作

▲深圳广播电影电视集团：广播新闻访谈节目《在"黑暗中对话"，一名视障者的创业路》

主创人员：傅帅、梁琦、谢天

▲佛山人民广播电台：广播新闻访谈节目《让"农民"成为职业——访广东省百佳新型职业农民梁达明》

主创人员：宋秀辉、付国华、黄健彬、李华龙、朱彩燕、蔡佩

▲广东广播电视台：广播新闻访谈节目《古驿道上的回乡创业青年》

主创人员：谢亮、夏文嘉、任锴

▲广东广播电视台：广播新闻现场直播《南来北往——2017春运观察》

主创人员：集体创作

▲广东广播电视台：广播对港澳台节目《广东企业海丝寻梦录》

主创人员：黄纬、尹铮铮、陈沛华

▲清远广播电视台：广播新闻栏目《887听世界》

主创人员：朱亦红、易洋、郭艳、蒙森、赖艺伟

▲广州广播电视台：广播对象性节目《银发族的保健品噩梦》

主创人员：黎小培

▲惠州广播电视台：广播对象性节目《初春的希望——盲人女孩儿高清钰朗诵之梦》

主创人员：欧阳莉娅、娄磊

▲潮州广播电视台：广播对象性节目《我的生命谁做主》

主创人员：张元纯、黄伟忠、丁奕生、王璇

▲广东广播电视台：广播公众性节目《丝路樟林　风雨侨批》

主创人员：梁爱莲、洪旭东、林邃、冯洁萍

▲揭阳广播电视台：广播公众性节目《青狮文化与传承》

主创人员：陈芸、马国忠、李鹏

▲广东南方财经全媒体集团股份有限公司：广播公众性节目《新规划激发新活力，广深科创企业筑梦中国硅谷》

主创人员：何毅、关妙钿、黄达迅、潘晓霞

▲开平广播电视台：广播公众性节目《百岁华侨的百岁楼》

主创人员：林静青、谢小影、凌玲

▲韶关广播电视台：广播公众性节目《从犁铺头到井冈山》

主创人员：李珊珊、曹曦、李军、温盛远

▲湛江广播电视台：广播公众性节目《书香港城——〈守望天山〉背后的故事》

主创人员：刘爽、于海凤

▲佛山人民广播电台：广播知识性节目《氢能，让生活变得更美好》

主创人员：陈耿斐、陈家荣、麦倩茵、黄慧敏

▲江门广播电视台：广播知识性节目《为了小鸟的天堂——探秘全球首创高速铁路"全封闭声屏障"》

主创人员：张洁玲、刘芳、何庆庭、吴丹

▲广东南方财经全媒体集团股份有限公司：广播知识性节目《奔向地球最深处——记全球首次穿越地球第四极高精度综合地震实验》

主创人员：王小敏、陈伟彬、李燕梅、吕囡囡

▲广州广播电视台：广播公益广告节目《撸起袖子加油干之"愚公篇"》

主创人员：孙宏利、庄树生、霍浩晖

▲广东广播电视台：广播公益广告节目《指尖上的"绿色外卖"》

主创人员：集体创作

▲中山广播电视台：广播公益广告节目《文明交通之学艺下山篇》

主创人员：蔡英华

▲云浮广播电视台：广播公益广告节目《传承是一种保护》

主创人员：何培玲、李晓识

▲汕头广播电视台：广播少儿节目《十年磨一剑　小荷露尖角》

主创人员：王健富、吴小瑛

▲韶关广播电视台：广播少儿节目《穿越古今话冬至——蒲公英二十四节气系列特别节目》

主创人员：陈霖

▲汕尾广播电视台：广播少儿节目《不要轻易相信陌生人》

主创人员：杨淑华、王超、林素珍、林燕尼

▲珠海广播电视台：广播社教栏目《网警来了》

主创人员：唐春华、王焰、刘帅、李龙

▲广东广播电视台：广播新形态节目《广府童谣　丝路粤韵》

主创人员：林邃、冯洁萍、李文雄、梁爱莲、杨健、陈晓冬

▲梅州广播电视台：广播新形态节目《耳朵去旅行——探寻广东"海丝文化地标"松口》

主创人员：王丹、赵杰、林晓东、许明、李海梅

▲花都区广播电视台：广播音乐节目《通往未来的丝绸之路》

主创人员：罗迪斐、罗建华

▲深圳广播电影电视集团：广播音乐节目《新时代的向往》

主创人员：刘伟明、孙岩、高明洁

▲潮州广播电视台：广播音乐节目《"永不凋谢的华夏正音"潮州大锣鼓》

主创人员：黄柳平、黄武杰、陈小蓉、唐秋英

▲佛山人民广播电台：广播文学节目《诗意高明，留住乡愁——高明"留住乡愁"原创诗歌朗诵晚会作品欣赏》

主创人员：谢燕平、邝佩怡、夏文昊、何小敏

▲开平广播电视台：广播文学节目《乡愁——余光中的诗歌赏析》

主创人员：谢小影、黄河、凌玲

▲潮州广播电视台：广播文学节目《跨国越洋两地书——品读侨批里的家国情》

主创人员：林新苗、黄伟忠、王文洁、谢越

▲广东广播电视台：广播戏曲节目《还金传奇》

主创人员：黄健瑜、郭权、谢倍伟、陈浩夫

▲佛山人民广播电台：广播综艺节目《影醉功夫·乐动岭南——2017佛山功夫（动作）电影周闭幕式暨功夫影视主题音乐会赏析》

主创人员：梁敏、陈耿斐、蔡慧、谢山玉

▲广东广播电视台：广播娱乐节目《天生快活人》

主创人员：林颐、朱兆雄、肖敬源、黄红星

▲深圳广播电影电视集团：广播小品和长篇连播节目《父亲是个兵》

主创人员：韦亮、徐庆新、杨棣

▲肇庆广播电视台：广播小品和长篇连播节目《听？漏！》

主创人员：冯博、孟艳子、曾广南、何广明

▲广东广播电视台：广播原创歌曲《听见广东》

主创人员：麦伟平、吴若珊

▲广州广播电视台：广播原创歌曲《携手同行》

主创人员：孙宏利、黎广怡、于东龙、王小淞

▲佛山人民广播电台：广播原创歌曲《爱不停步》

主创人员：范祺、杜文杨、孙阳、蔡慧

▲梅州广播电视台：广播原创歌曲《我是客家人，我讲客家话》

主创人员：李琼、温丽丽、赖晓晖、蔡柳

▲广东广播电视台：广播剧《荣辱十三行》

主创人员：黄健瑜、谢倍伟、孔建文、黄洁茹、邓伟浩、陈浩夫

▲珠海广播电视台：广播剧《生死救援》

主创人员：集体创作

▲广州广播电视台：广播播音作品《落寞补鞋匠　坚守老手艺》

主创人员：梁皓明

▲东莞广播电视台：广播主持作品《〈东莞早晨〉防御台风"苗柏"　东莞在行动》

主创人员：孙曼曼、于鸣

▲广州广播电视台：广播播音作品《喜迎十九大　听海珠人讲海珠事　看海珠跨越发展这五年（节选）》

主创人员：席鸿

▲广东广播电视台：广播播音作品《鹿回头传奇》

主创人员：唐琳

▲深圳广播电影电视集团：广播播音作品《中国人民解放军历史上的关键时刻》

主创人员：朱晓仪

▲惠州广播电视台：广播播音作品《别了　迷路的抹香鲸》

主创人员：张梦醒

▲湛江广播电视台：广播播音作品《轮椅上守望一方热土的"裸捐书记"》

主创人员：姚忠呈

▲佛山人民广播电台：广播播音作品《老友鬼鬼讲古仔之因失误而生的美食》

主创人员：郑聪

▲深圳广播电影电视集团：广播主持作品《一路飞扬　有点乐趣》

主创人员：王乐

▲佛山人民广播电台：广播主持作品《用孝道延伸爱——佛山最美家庭专访》

主创人员：梁影华

▲湛江广播电视台：广播主持作品《立足区域发展、办特色地方高校》

主创人员：宋琪

▲潮州广播电视台：广播主持作品《幸福乡村》

主创人员：郑奕芬、丁纯泓

▲广东广播电视台：广播主持作品《以马赛克艺术镶嵌中国——镶嵌中国马赛克邀请展》

主创人员：高娜

三等奖（122件）

▲广东广播电视台：广播短消息《广州法院全国首创"僵尸企业"快速出清机制，104件案件集中进入司法清算程序》

主创人员：谢馨

▲汕头广播电视台：广播短消息《国内最大直径海湾盾构隧道今起掘进》

主创人员：林赟、张纳新、陈奋

▲澄海广播电视台：广播短消息《澄海玩具创造吉尼斯世界纪录》

主创人员：姚悦英、朱嘉颜

▲湛江广播电视台：广播短消息《汕湛高速公路湛江段建成通车》

主创人员：黄日莲、田跃、王瑾

▲珠海广播电视台：广播短消息《中国无人艇首次进入南极洲科考》

主创人员：庄鋈、翁静莉

▲韶关广播电视台：广播短消息《广东首个红军长征粤北纪念馆动工建设》

主创人员：宣泽贵、曹元斌、徐东、李珊珊

▲潮州广播电视台：广播短消息《我市开通全省第一个"精准扶贫村村通就业信息网"》

主创人员：林新苗、周立伟、黄伟忠、张元纯

▲四会广播电视台：广播短消息《营脚养殖户以实际行动"让路"山青水绿》

主创人员：卢雪英、廖志河、莫海燕、卢海云

▲云浮广播电视台：广播短消息《云浮开出首例"按日计罚"环保罚单》

主创人员：陈庆才、刘友文

▲惠州广播电视台：广播短消息《龙门县"农家党校"开到田间地头》

主创人员：汤惠明、崔丹丹

▲阳江广播电视台：广播短消息《海陵岛至珠海机场客运专线开通》

主创人员：李红毅、吴红霞、陈仲华、何美君

▲清远广播电视台：广播短消息《全国首条磁浮旅游专线今天在清远动工》

主创人员：王绵、黄芳、何俊宏、杨雷

▲梅州广播电视台：广播短消息《徐文坚：落实十九大精神，把美丽资源转化为美丽经济》

主创人员：刘翠峰、胡影

▲云浮广播电视台：广播短消息《粤西地区首趟海铁联运班列由新兴首发》

主创人员：肖军忠、陈庆才、陈小文

▲惠东广播电视台：广播长消息《惠东海龟湾放流我国首批 99 只人工繁殖小海龟》

主创人员：余敏莉、游莉、钟祖涛、钟广源

▲阳江广播电视台：广播长消息《阳江：海上风电"种子"生根发芽 首轮"蓝海会战"全面打响》

主创人员：黄惠明、张清灿、李春媛、王天一

▲东莞广播电视台：广播长消息《搭建产学研对接平台，让科研成果能拍卖，技术难题可招标》

主创人员：田飞跃、王卉玲、王红君、阳玉明

▲湛江广播电视台：广播长消息《湛江 68 家政务新媒体集体入驻"南方号"》

主创人员：樊巍巍、彭芝玲、李志刚、郑桂珍

▲新会广播电视台：广播长消息《高铁将在"小鸟天堂"悄悄掠过》

主创人员：林晃炽、林鹤鸣、梁远达

▲揭阳广播电视台：广播长消息《揭阳女大学生遭电信诈骗跳海身亡案主犯一审被判无期》

主创人员：陈潮亮、林程、卢晓新、吴耿标

▲深圳广电集团龙岗广电中心：广播长消息《"老屋村"蝶变"国家级文旅特色小镇"》

主创人员：卢慧琳、陈海滨、陈锦章、赵薇

▲龙川广播电视台：广播长消息《龙川光伏扶贫：贫困户的钱袋子"晒着太阳"富起来》

主创人员：邹日青、黄少峰、邹滔、邓文武

▲番禺广播电视台：广播长消息《广州首例区长出庭应诉行政案公开宣判》

主创人员：李莞威、李嘉、何国峰、谢展霖

▲台山广播电视台：广播长消息《智能大棚培育富贵竹效益倍增》

主创人员：吴世明、龙宇、陈舒文、刘斐娜

▲中山广播电视台：广播长消息《中山今天提诉全省第一宗海洋环境污染公益案，破坏环境将承担刑责以及赔偿》

主创人员：蒙羿帆

▲惠州广播电视台：广播长消息《惠东稔山人大全省首创"三议两评"，向代表视察走过场说"不"》

主创人员：汤惠明

▲茂名广播电视台：广播长消息《茂名：八千"微宣讲员"送党的十九大精神进基层》

主创人员：成华青、彭荣幸、周小军、杨成

▲潮阳广播电视台：广播长消息《"育秧工厂"助农户省本增效》

主创人员：郭少兰、陈少容、魏宏涛

▲英德广播电视台：广播长消息《党建带扶贫　贫困户不脱贫党员不分红》

主创人员：王福寿、黄巧玉、何君卓

▲佛山人民广播电台：广播长消息《顺德应用信息手段保障食品安全》

主创人员：黄顺荣

▲深圳广播电影电视集团：广播长消息《大国重器　深圳制造——"蓝鲸一号"成功开采可燃冰归来》

主创人员：刘茜、王乐、刘伟明、项飞

▲南雄广播电视台：广播长消息《灵潭村民：土地流转笑开颜　又收租来又上班》

主创人员：刘秀萍、黄金华、何小红、邱传连

▲惠东广播电视台：广播长消息《惠东种柑大户精准扶贫　云南贫困瑶族一朝致富》

主创人员：郭锦威、蓝文超、王晶晶

▲台山广播电视台：广播连续报道《生死营救搁浅糙齿海豚》

主创人员：陈舒文、周婉华、余绮华、朱伟科、黎佩霞、费世江、吴世明

▲广东广播电视台：广播系列报道《打造广深科技创新走廊　广深莞"三剑齐发"共建"中国硅谷"》

主创人员：罗苏

▲阳江广播电视台：广播系列报道《〈新春走基层——聚焦农业供给侧改革〉系列报道》

主创人员：集体创作

▲东莞广播电视台：广播系列报道《西行日记——发自东莞援疆一线的报道》

主创人员：林泽珊、田飞跃、邹薇、曾晶、周莉、万柏荣、苏燕红

▲广东广播电视台：广播新闻评论《熊孩子沉迷手机游戏，这个"黑锅"谁来背？》

主创人员：陈凯

▲鹤山广播电视台：广播新闻评论《"二师兄"路在何方——一个生猪调出大县探路绿色养殖的启示》

主创人员：龚拓、吕悦怡、黄永强、劳婉平

▲揭阳广播电视台：广播新闻评论《为潮汕首例主动器官捐赠者点赞》

主创人员：陈潮亮、卢晓新、姚敏燕、陈洁荣

▲汕头广播电视台：广播新闻专题《驻村干部林雄的一天》

主创人员：吴小瑛、林燕春、方力环

▲广东南方财经全媒体集团股份有限公司：广播新闻专题《广州率全国之先，推出"租购同权"政策》

主创人员：陈伟彬、蔡奕荼、潘晓霞、关妙钿

▲江门广播电视台：广播新闻专题《世界广府人·共圆中国梦——第三届世界广府人恳亲大会在江门隆重召开》

主创人员：张洁玲、刘芳、容楚琪

▲中山广播电视台：广播新闻专题《用心血灌溉花朵的人们——记中山市关工委的"校外辅导员"》

主创人员：颜丽婷、王华丽

▲阳江广播电视台：广播新闻专题《27 年坚守乡村小学，以行动诠释"不忘初心"——记阳江市海陵岛南村小学校长吴爱民》

主创人员：沈全虹、刘小群、林良琼、司徒飞

▲湛江广播电视台：广播新闻专题《用大爱筑起"残疾人之家"——记湛江市事达实业有限公司助残扶残的事迹》

主创人员：黄冬敏、朱荣辉、李化冰、翁瑷敏

▲花都区广播电视台：广播新闻专题《一个碉楼古村落的嬗变》

主创人员：叶晓明、曾广权、陈莹、谢惠瑜

▲河源广播电视台：广播新闻专题《我们村的年青人》

主创人员：陈盛开、刘戈燕、芦艳、刘开芬

▲江门广播电视台：广播新闻节目编排《侨都之声特别节目——直击台风帕卡》

主创人员：江文明、周超、李毅思

▲云浮广播电视台：广播新闻节目编排《云浮电台2017年3月15日新闻编排》

主创人员：肖军忠

▲肇庆广播电视台：广播新闻节目编排《2017年8月8日〈肇庆广播新闻〉编排》

主创人员：谭维、梁建明、孙臻

▲潮州广播电视台：广播新闻访谈节目《不忘初心　精忠报国——专访"钢铁战士"麦贤得夫妇》

主创人员：陈小蓉、陈莹、邱清旭、卢伟光、陈虹、黄柳平

▲番禺广播电视台：广播新闻访谈节目《〈走近钱学森〉创作谈　——访著名作家叶永烈》

主创人员：杜碧茵、蔡婷婷、谢文辉、黄天麒、廖娜

▲阳江广播电视台：广播新闻访谈节目《创新立品牌　追梦志不怠——广东省百佳新型职业农民、阳江市牛大力协会会长黄创尚访谈》

主创人员：林良琼、梁敏、司徒飞、董帅帅、何美君

▲汕头广播电视台：广播新闻现场直播《2017汕头国际半程马拉松特别节目》

主创人员：蔡天燕、林菁、陈嘉、蔡云文、张育纯、魏云

▲东莞广播电视台：广播对港澳台节目《东莞，台商二代创业的热土》

主创人员：解冉锐、田飞跃、王卉玲、高莉

▲深圳广播电影电视集团：广播新闻栏目《专家点评》

主创人员：刘嘉琳、冯硕、张喆

▲深圳广播电影电视集团：广播对象性节目《疗愈虐童余波　行动反思过错》

主创人员：刘美娜、陈国玺、么彦飞

▲佛山人民广播电台：广播对象性节目《忽悠何时休?!——保健品坑老现象剖析》

主创人员：丁素云、韩淑怡、李洁莹、赵英杰

▲东莞广播电视台：广播对象性节目《融合教育，呵护每一颗童心》

主创人员：袁艳、张锦山、李勃、全刚

▲高要广播电视台：广播对象性节目《轮椅上的拉丁女王》

主创人员：王业民、卜建强、钟建昌、梁梓劲

▲珠海广播电视台：广播公众性节目《"天鸽"来袭　风雨中我在这里》

主创人员：张楠、丘姝珊

▲汕头广播电视台：广播公众性节目《"老妈宫"戏台重生记》

主创人员：林赟、李珊、郑宝、袁中录

▲梅州广播电视台：广播公众性节目《听得到的乡音　看得见的乡愁——客家游子的梅州非遗文化之旅》

主创人员：梁哲明、巫婉婷、李敏军、朱思敏

▲中山广播电视台：广播公众性节目《"全国冠军"是这样"炼"成的》

主创人员：杨沛、颜丽婷

▲高州广播电视台：广播公众性节目《1039 伴你寻之一直等着你》

主创人员：张家维、李建、李志宇

▲肇庆广播电视台：广播公众性节目《我们村的外嫁女》

主创人员：陈鉴亨、苏庆腾、钟冰、彭桂贤

▲潮州广播电视台：广播公众性节目《镜头内外的中国速度——从国家形象片〈中国进入新时代〉说起》

主创人员：邱清旭、卢伟光、陈小蓉、郑聪

▲广东广播电视台：广播知识性节目《如果我有一个长长的望远镜 ——从虐童事件看童年创伤的影响、处理和预防》

主创人员：薛琦

▲中山广播电视台：广播知识性节目《聪明的桥卫士》

主创人员：罗嘉辉、叶常州、杨沛

▲揭阳广播电视台：广播知识性节目《牙痛非小事，别拿牙痛不当病——"世界爱牙日"特别节目》

主创人员：钱艳萍、朱秋龙、陈庆运

▲云浮广播电视台：广播知识性节目《新能源产业助推现代生态城市建设》

主创人员：陈小文、苏东红、陈燕舞

▲河源广播电视台：广播公益广告节目《月圆照客家》

主创人员：王振宇、邹颖、吴静燕

▲清远广播电视台：广播公益广告节目《写好人生赢字》

主创人员：江春燕、陈婉莹、黄衡、陈璐

▲潮州广播电视台：广播公益广告节目《传承汉字》

主创人员：林璜、陈佩菲、王以琳、蔡晓明

▲揭阳广播电视台：广播公益广告节目《共建和谐社会》

主创人员：徐淑敏、孙丽薇、李鹏、王惠泉

▲珠海广播电视台：广播公益广告节目《温柔相待这个世界》

主创人员：唐春华、安宁

▲深圳广播电影电视集团：广播少儿节目《大宝的故事盒子——和孔子一

起长大》

　　主创人员：梁媛、李伊伊、彭秋桐

　　▲新会广播电视台：广播少儿节目《我们的铁路》

　　主创人员：莫慧婷、梁嘉琪、黎健斌

　　▲清远广播电视台：广播少儿节目《〈887 少儿故事秀〉：传承——我们的节日（中秋）》

　　主创人员：孔燕婷、何卫东、陈汛婕

　　▲广东广播电视台：广播社教栏目《〈岭南书香〉：1. 东方文明不落幕 2. 人生终要有一场触及灵魂的旅行》

　　主创人员：吕囡囡、张蔚妍、秦海菲

　　▲深圳广播电影电视集团：广播社教栏目《美味乐翻天》

　　主创人员：马皓、梁媛、李伊伊

　　▲佛山人民广播电台：广播新形态节目《〈视听佛山·文化匠心〉第一篇：佛山狮头扎作》

　　主创人员：冯家殷、梁敏、刘新存、吴颖仪、邓之欣、朱达峰

　　▲广州广播电视台：广播新形态节目《产妇大出血急求血小板，三千热心人士愿相助》

　　主创人员：谢彩雯、黄建伟、卜涛

　　▲深圳广播电影电视集团：广播新形态节目《一路顺风之"人生有限公司"》

　　主创人员：高明洁、王帅、李娇娜、吴维玮

　　▲东莞广播电视台：广播音乐节目《东方之珠耀香江　明天更美好——香港回归 20 周年音乐特辑》

　　主创人员：邱小真

　　▲台山广播电视台：广播音乐节目《朱英俊：艺术需要创新　更需要传承》

　　主创人员：李穗英、李伟良

　　▲清远广播电视台：广播音乐节目《用音乐传承——走近世界首部瑶族实景音乐诗剧〈瑶颂·瑶族舞曲〉》

　　主创人员：陈婉莹、江春燕、冯少颜、黄衡

　　▲阳江广播电视台：广播音乐节目《最好的遇见　最美的思念——苏秋欢的原创音乐故事》

　　主创人员：林良琼、梁敏、董帅帅、刘静楠

　　▲珠海广播电视台：广播文学节目《读书——帆船与海》

　　主创人员：谢竹平、陈苏栋

　　▲惠州广播电视台：广播文学节目《诗与歌——左是浪漫，右是情深》

主创人员：欧阳莉娅、娄磊

▲清远广播电视台：广播文学节目《品读余光中》

主创人员：江春燕、陈婉莹、黄碧源、冯少颜

▲广州广播电视台：广播戏曲节目《怎一个"情"字了得——新编传奇粤剧〈白蛇传·情赏析〉》

主创人员：梁健波、李智珊、邓淑华、韦永坚

▲广东广播电视台：广播戏曲节目《红的归来》

主创人员：廖伟斌、郭权

▲深圳广播电影电视集团：广播综艺节目《"美好新时代"——2017 第十八届深圳读书月经典诗文朗诵会》

主创人员：刘伟明、许荣斌、刘宇、张缙

▲广东广播电视台：广播综艺节目《铁血道钉，筑梦中国》

主创人员：铉岚、彭洁伟、李燕梅、陈月华

▲广州广播电视台：广播娱乐节目《"声识杂作"之如何优雅地回复朋友圈》

主创人员：梁广宇

▲惠州广播电视台：广播娱乐节目《907 上班欢乐派〈文明城市　伸张正义〉》

主创人员：周子卿、王艳萍、陈冲

▲广东广播电视台：广播小品和长篇连播节目《奇怪的买鸡人》

主创人员：黄健瑜、谢倍伟、陈浩夫、邓伟浩

▲韶关广播电视台：广播小品和长篇连播节目《水滴》

主创人员：荣笑雨、何立梅、曹曦、王玲莉

▲新会广播电视台：广播小品和长篇连播节目《我们的节日之让"龙舟精神"永远流传》

主创人员：林鹤鸣、赵美瑞、廖振豪、吕思恩

▲河源广播电视台：广播原创歌曲《〈空中旅行吧〉栏目主题曲》

主创人员：朱智捷、刘澈、熊胡杰、熊胡俊

▲惠州广播电视台：广播原创歌曲《小手掌·大力量》

主创人员：陈冲、周子卿、熊志鹏、叶维毅

▲中山广播电视台：广播原创歌曲《快乐日》

主创人员：集体创作

▲电白广播电视台：广播原创歌曲《快乐的小鱼》

主创人员：廖小敏、邓潮东、古晓才

▲韶关广播电视台：广播剧《爱心，准点到》

主创人员：蒋励、周韵珊、黄冬青、王玲莉、曾志立、廖司弦

▲广宁广播电视台：广播剧《爸爸的心思》

主创人员：冼海燕、冯志娟、霍永忠、江邓婵、梁建芳

▲深圳广播电影电视集团：广播播音作品《消失的兵种，永远的兵歌》

主创人员：王薇

▲广东广播电视台：广播播音作品《红楼一梦三十载》

主创人员：马咏

▲韶关广播电视台：广播播音作品《那一片水墨丹青》

主创人员：王玲莉

▲清远广播电视台：广播播音作品《朗读亭——回家》

主创人员：郭艳

▲揭阳广播电视台：广播播音作品《揭阳新闻》

主创人员：马国忠、李鹏、江永宏

▲江门广播电视台：广播播音作品《侨都之声》

主创人员：周超、李俊仪

▲阳江广播电视台：广播播音作品《我的阵地我的艇》

主创人员：司徒飞、何鸿儒

▲博罗广播电视台：广播播音作品《写给母亲》

主创人员：张丽娜

▲清远广播电视台：广播主持作品《以案释法之无法接受的虐童事件》

主创人员：曾庆伟

▲深圳广播电影电视集团：广播主持作品《就是爱音乐——全美音乐奖获奖歌曲推荐》

主创人员：张晋一

▲珠海广播电视台：广播主持作品《〈小树开门〉之"珠海声音、中国年"》

主创人员：陶俊树

▲汕头广播电视台：广播主持作品《〈十年送考路　爱心不停步〉直播节目》

主创人员：陈嘉

▲中山广播电视台：广播主持作品《舌尖上的贺年美食》

主创人员：罗嘉辉

▲湛江广播电视台：广播主持作品《吃喝玩乐我埋单——煲仔饭》

主创人员：张怡、李剑敏

▲云浮广播电视台：广播主持作品《清蒸萝卜肉丸子》

主创人员：张红梅

电视部分

一等奖（27 件）

▲南沙区新闻中心：电视短消息《创造生命奇迹　南沙接力抢救 7 名沉船幸存者》

主创人员：莫道庆、黄增才

▲东莞广播电视台：电视消息《中国散裂中子源首次打靶成功获得中子束流》

主创人员：何春辉、刘星、王卉玲、阳玉明、刘锐良

▲汕头广播电视台：电视消息《130 多个商标在智利被抢注　澄海企业抱团维权成功收回》

主创人员：陈璇真、吴汉坤、林树强、官汉波

▲广东广播电视台：电视系列报道《海丝·粤桥》

主创人员：杨田子、欧琳琳、董琳、杜曼、王一凡、曾广添、吴珊珊

▲广东广播电视台：电视新闻专题《第二个一百次，再出发》

主创人员：卢战、温俊、李国权、臧穆

▲佛山电视台：电视新闻评论《佛山三道加法，为粤港澳大湾区加出融合发展的新速度》

主创人员：严剑锋、莫小峰、陈泳谕、黄悦阳、肖均培

▲广东广播电视台：电视新闻访谈节目《林鸣：大国工师与超级工程》

主创人员：张欢、彭曦翎、李秀生

▲珠海广播电视台：电视对外新闻《西学东渐·根与魂》

主创人员：林卫旗、张雪梅、张浩、杨扬、陈晓军

▲深圳广播电影电视集团：电视新闻栏目《深视新闻》

主创人员：齐蕴泉、康晓明、唐海钰、宋菁菁、吴一琪、李偲

▲广东广播电视台：电视纪录片《海丝寻梦录》

主创人员：谢冰、谭世桢、黄文峰、郭志勇

▲广东广播电视台：电视专题片《印象海丝》

主创人员：集体创作

▲华强方特文化科技集团股份有限公司：电视动画节目《熊熊乐园》

主创人员：集体创作

▲佛山电视台：电视公益广告节目《我爱我家》

主创人员：王晓晖、陈仕涛、卢绮云、李鹏飞

▲广州广播电视台：电视少儿节目《平安广州　快乐暑假》

主创人员：集体创作

▲广东广播电视台：电视社教栏目《你会怎么做》

主创人员：王世军、蒋长安、夏云、张瑞祥、常鹏、吴云

▲广东广播电视台：电视新形态节目《广东卫视跨年盛典之"更好的明年"》

主创人员：刘玉雯、李玮、李思强、项唯末、王思洋

▲广东广播电视台：电视音乐节目《千年客韵——中华客家山歌》

主创人员：陈菊芬、王淑萍、陈佩思、林敏熙

▲广东广播电视台：电视文学节目《羊城过客》

主创人员：谢晓路、曾震宇、余健敏、黄卉

▲深圳广播电影电视集团：电视戏曲节目《少年有戏——2017 深圳市戏曲进校园汇报演出》

主创人员：集体创作

▲江门广播电视台：电视综艺节目《梦·中国——第三届世界广府人恳亲大会晚会》

主创人员：黄娟、赵玮、崔志力、苏淑芬

▲深圳广播电影电视集团：电视娱乐节目《极速前进（第四季）》

主创人员：集体创作

▲汕头广播电视台：电视文艺专题节目《中国电影先驱　郑正秋》

主创人员：集体创作

▲佛山电视台：电视原创歌曲《功夫传奇——2017 佛山功夫（动作）电影周主题曲》

主创人员：冯强苏、梁嘉璇、梁献瑶、梁炽晖

▲广东强视影业传媒有限公司：电视剧《爱人同志》

主创人员：集体创作

▲广东广播电视台：电视文艺栏目《文化珠江》

主创人员：杨卓兴、吴泳斌、彭蓉、陈艳芬、宋飞、侯朝霞

▲珠海广播电视台：电视播音作品《珠海新闻》

主创人员：许鲁南

▲深圳广播电影电视集团：电视主持作品《2017 "深圳·遇见未来"超级盛典晚会》

主创人员：庞玮

二等奖（124 件）

▲江门广播电视台：电视短消息《"小鸟天堂"免打扰　深茂铁路增资 1.8 亿元"收声"》

主创人员：李鸿、周珊珊、周超、余永达

▲深圳盐田区广播电视台：电视短消息《深圳至明斯克中欧班列今天首发》

主创人员：戴依妮、李惟林、李高远、钟胜

▲广东广播电视台：电视短消息《全球首例"不中断血流肝"移植在我国获得成功》

主创人员：曹雉文、周鹏、袁方、黎婵

▲深圳广播电影电视集团：电视短消息《内地首家外资控股券商开业　中国金融业新一轮开放启航》

主创人员：余治国、李璨、何嘉琪、于源灏、崔波

▲广东广播电视台：电视短消息《中国最大炼化项目炼油工程投产成功》

主创人员：齐柳、高崴、王媛媛、唐耿澈

▲汕尾广播电视台：电视短消息《黄旭华院士捐赠获奖奖金　勉励家乡学子立志报国》

主创人员：曾宝珊、彭吉雄、林展

▲佛山电视台：电视短消息《顺德建全国首个产业发展保护区》

主创人员：严剑锋、张晨光、郭丽映、何绮翎、王旭

▲花都区广播电视台：电视短消息《十字路口突发车祸　过路空姐跪地救人》

主创人员：董苑卡、刘黎

▲东莞广播电视台：电视短消息《我国综合科考能力最强调查船"海洋地质十号"在莞顺利下水》

主创人员：周莉、阳玉明、曾剑锋、万柏荣、唐佳雯

▲湛江广播电视台：电视短消息《广东恒兴开启埃及水产业"中国标准"》

主创人员：蔡伟武、游洛、吴秋亮、熊禄中、陆康土

▲广州广播电视台：电视短消息《有务实包容的广州，也就有吃回头草的好马》

主创人员：谭伟新、周硌毅、何贤锋、伍嘉健

▲韶关广播电视台：电视短消息《韶关在省内率先推行商事登记"马上办"模式》

主创人员：田萍、蔡杏欢、李经海

▲惠东广播电视台：电视短消息《香港货船遭台风重创沉没　惠东迅速开展海空大营救》

主创人员：王德民、黎爱平、王晶晶、廖送文

▲兴宁广播电视台：电视短消息《年创税收七千万央企八秒夷为平地　只为环保》

主创人员：王磊、李冲、罗文东、罗颖、吴嘉佳

▲惠州广播电视台：电视短消息《高考第一天：送考大巴要迟到　交警快速处置化险为夷》

主创人员：刘美娟、邸九龙、刘奇任

▲广东广播电视台：电视消息《惠州博罗：从此路不通到康庄大道》

主创人员：傅群山、郑亚琴、李新、闫冬冬、唐耿澈

▲肇庆广播电视台：电视消息《一张巨额环保罚单引出的逆袭故事》

主创人员：郭春江、李必辉、邓锦江、郭菡、冯健敏

▲增城广播电视台：电视消息《投资 610 亿的富士康广州增城第 10.5 代显示器今天开工》

主创人员：王剑君、陈绮婷、赖志彪、周艳、杨翔宇

▲佛山电视台：电视消息《佛山：工业城市的"森林城市"逆袭》

主创人员：张晨光、王靓、严剑锋、卜庆庆、邓伟棋

▲花都区广播电视台：电视消息《万里之外送祝福　依依不舍援疆情》

主创人员：罗莎莎、龚耀东、张彬

▲深圳广播电影电视集团：电视消息《第三代北斗导航芯片深圳"智"造》

主创人员：苏雁辉、陈迪、赵坤、方应彬、崔梦瑶

▲佛山电视台：电视消息《牢记总书记嘱托，工业设计城设计师 800 变 8 000》

主创人员：莫小峰、许凌霄、黄悦阳、屠海行、王海涌

▲梅州广播电视台：电视消息《打造 6 景区 6 上市公司　农村收入破百亿　雁洋镇：绿水青山变为金山银山》

主创人员：李天生、钟庆东

▲中山广播电视台：电视消息《国内首个高速公路水下互通今天动工》

主创人员：杨启宁、林嘉、陈卫国

▲阳江广播电视台：电视消息《"南海Ⅰ号"沉没时间初步推断为南宋嘉定九年冬季》

主创人员：刘刚、阮丽妍、黄国伟、王佳光、林以兰

▲清远广播电视台：电视消息《新春走基层　活石水村的"活文章"》

主创人员：林娟、张丽霞、梁永东、何俊宏、纪新锋

▲广东广播电视台：电视消息《中俄首部合拍动画片〈熊猫与开心球〉发布》

主创人员：占国栋、袁睫、庄莹莹、苏振南、马莹

▲广东广播电视台：电视消息《新疆小伙开平"探亲"报 14 载养育之恩》

主创人员：张宗让、张巍

▲花都区广播电视台：电视消息《九号线施工破解全球性难题　高铁普铁照常运营》

主创人员：谢继文、李志明、龚耀东、陈琳

▲深圳广播电影电视集团：电视消息《开车不动手　全球首批无人公交深圳路试》

主创人员：陈程英、田新华、杜一凡、苑劲龄

▲广东广播电视台：电视消息《广东女篮全运会终圆梦》

主创人员：关辛、刘一飞、梁茵、阮洁华

▲东莞广播电视台：电视消息《东莞全国首创劳务协作扶贫援建模式》

主创人员：王红君、黎树、吴智薇、黄文静、刘新建

▲广宁广播电视台：电视消息《一家三代 30 余年致力改变山区耕作模式》

主创人员：叶宗锦、邵丹丹、骆翠云、伍健威

▲深圳广播电影电视集团：电视消息《深圳盐田入选国家养老服务机构标准化试点名单》

主创人员：侯庆国、戴依妮、钟胜、陈滔

▲仁化广播电视台：电视消息《全国首个污染土壤修复与光伏发电综合项目全容量投产发电》

主创人员：欧健明、卢剑锋、廖志英、闫敬宇

▲韶关广播电视台：电视系列报道《南岭新路》

主创人员：陈旭东、彭娟、邓丽、徐东、李政璋、李洲、黄艳芳

▲珠海广播电视台：电视组合报道《"港珠澳大桥主体工程贯通"组合报道》

主创人员：胡志刚、陈博、许鲁南、赵思、郑航军、莫观林、江海

▲广东南方财经全媒体集团股份有限公司：电视系列报道《3·15 踢爆消费潜规则（3 集）》

主创人员：黄天文、曹军、侯金龙、王志军、夏精棋、解祥稳、杨毓

▲汕头广播电视台：电视连续报道《"二手房过户调查"连续报道》

主创人员：林秀彬、庄泰霖、陈迹、吴汉坤、孙妙玲、林瑞镖

▲广东广播电视台：电视系列报道《习近平总书记视察广东五周年〈牢记嘱托　新时代新气象新作为〉系列报道》

主创人员：傅群山、曾小强、华晓倩、黄子懿、齐柳、王秀娟、黄双娥

▲广东广播电视台：电视组合报道《新春走基层　风雨春运人　现在的

你 离家多少公里》

主创人员：刘冬、徐慧、曾超文、陈威、周煜晴

▲汕尾广播电视台：电视新闻专题《誓言无声——"中国核潜艇之父"黄旭华》

主创人员：周贵良、李宽、车力恒

▲深圳广播电影电视集团：电视新闻专题《花开香江》

主创人员：杜静、孙玲、史琦、陈楷、谈浩渊

▲佛山电视台：电视新闻专题《佛山精准扶贫大凉山 开创新时代"彝海结盟"》

主创人员：许凌霄、张晨光、刘志敏、樊继成

▲增城广播电视台：电视新闻专题《使命》

主创人员：邹志军、谢晓明、王静斌、何松韵、袁展鹏

▲深圳广播电影电视集团：电视新闻专题《拯救抹香鲸 多方大驰援》

主创人员：曲实、刘颖、钟宇贤、郑弋翘、钟倩薇

▲惠东广播电视台：电视新闻专题《考洲洋："死海"复活之路》

主创人员：陈媛媛、刘亚彬、刘艳玲、陈习宏、王晶晶

▲东莞广播电视台：电视新闻专题《为病危企业开良方》

主创人员：赵俊杰、冯旭、周莉、袁伟星、康雷科

▲深圳广电集团龙岗广电中心：电视新闻专题《筑巢创新之城 引得全球凤凰——中国深圳创新创业大赛第一届国际赛总决赛纪录专题片》

主创人员：彭章平、邓嘉兴、侯欢欢、吴丹、龚丽卿

▲广州广播电视台：电视新闻评论《长者饭堂 简单的幸福不简单》

主创人员：陈蕾、谭耿彬、成茗、甘锦文、李琳

▲深圳广播电影电视集团：电视新闻评论《赵坤有话说：只有"共治"才能"共享"》

主创人员：赵坤、黄启明、宋南材、张燕宇、易舟舟

▲中山广播电视台：电视新闻评论《创建文明城市是"面子工程"?》

主创人员：肖湘湘、陈晔、陈晖、刘妍

▲珠海广播电视台：电视新闻评论《大灾 更是大考》

主创人员：郑航军、常立波、林景静、钟筱雄、付冰

▲深圳广播电影电视集团：电视新闻节目编排《2017 年 7 月 1 日〈直播港澳台〉》

主创人员：钟汉荣、朱龙晃、王姝璇

▲广东广播电视台：电视新闻节目编排《2017 年 9 月 23 日〈广东新闻联播〉》

主创人员：傅群山、王媛媛、董琳

▲中山广播电视台：电视新闻节目编排《2017 年 2 月 11 日〈中山新闻〉》

主创人员：朱江、林嘉、林绮武

▲珠海广播电视台：电视新闻访谈节目《〈湾区会客厅〉系列访谈：〈珠海因你美丽〉（一）（二）（三）》

主创人员：梁行羡、杨扬、郭凌轩、易湘衡、郑薇、王晓双

▲广东广播电视台：电视新闻访谈节目《铁骑"战神"》

主创人员：范迪、冯新宇、张琳玥、卓庆林、秦东明、廖培彦

▲广东广播电视台：电视新闻现场直播《2017·春运　温暖回家路》

主创人员：薄义群、朱海隽、冯建戎、王硕、张雪晖、林雪映、石洋、康睿

▲深圳广播电影电视集团：电视对外新闻《大湾》

主创人员：杜静、孙玲、佘云峰、李晓斌、陈楷

▲广东广播电视台：电视新闻栏目《广东广播电视台〈珠江新闻眼〉》

主创人员：集体创作

▲广东广播电视台：电视纪录片《叹·粤剧》

主创人员：郑园珺、潘晨虹、周莹莹、陈灵

▲广州广播电视台：电视纪录片《"三大起义"系列片之〈红旗飘上越王台〉》

主创人员：廖小琪、吴日初、王庆忠、曹城

▲珠海广播电视台：电视纪录片《港珠澳大桥》

主创人员：张浩、刘肖榕、葛任海、韩仲鹏

▲佛山电视台：电视纪录片《回家的路有多长》

主创人员：刘钰莎、郭威宏、乔光林、陈浩彬

▲中山广播电视台：电视纪录片《"候鸟"汽车工程师》

主创人员：集体创作

▲深圳广播电影电视集团：电视纪录片《深圳河》

主创人员：集体创作

▲深圳广播电影电视集团：电视纪录片《通途》

主创人员：集体创作

▲广东广播电视台：电视专题片《香云纱——述说光阴的故事》

主创人员：吴泳斌、周晓林、彭蓉、陈艳芬

▲广东广播电视台：电视专题片《〈纵横大湾区〉系列专题片》

主创人员：集体创作

▲广州广播电视台：电视专题片《〈与世界连接〉（一）〈财富广州　世界

瞩目〉》

主创人员：集体创作

▲深圳广播电影电视集团：电视专题片《深港同舟二十年——〈湾区共筑〉》

主创人员：徐华强、刘达奇、黄海宁、郑远

▲中山广播电视台：电视专题片《骑行远方》

主创人员：集体创作

▲新会广播电视台：电视专题片《〈致：普通人〉〈第一集〉木与弦的舞蹈——每个人都独一无二》

主创人员：邵天粤、吴英健、冯壮、麦焕婵

▲广东省公安厅宣传处：电视专题片《警界传奇：朱明健》

主创人员：郑飞龙、唐诗懿、张雷、黄进雄

▲广东广播电视台：电视专题片《〈2017 技行天下〉之〈交通设施的守护者〉》

主创人员：黄浩、陈娉婷、胡文嘉

▲深圳广播电影电视集团：电视专题片《岭南砖雕》

主创人员：王志强、钱天中、王疆、李卿

▲广东咏声动漫股份有限公司：电视动画节目《猪猪侠之超星萌宠》

主创人员：集体创作

▲广东广播电视台：电视公益广告节目《温暖孩子心灵，让留守之地阳光普照》

主创人员：陈建珣、洪峰、蔡淑燕、何皑莹

▲广东广播电视台：电视公益广告节目《〈这里是广东〉系列形象片之广州（2 条）》

主创人员：黄天文、郑迎红、卢传雄、陈跃

▲中山广播电视台：电视公益广告节目《健康中国　永不止步》

主创人员：石昊、陈蜀艳、梁嘉维

▲清远广播电视台：电视公益广告节目《最牵挂的人》

主创人员：徐凯辉、刘薇

▲潮州广播电视台：电视公益广告节目《〈六城同创治六乱〉公益宣传片（自拍篇、学车篇、问路篇）》

主创人员：黄仰辉、谢畅、杨烁、林润哲

▲广东广播电视台：电视少儿节目《让梦飞起来 2017——广东少儿六一晚会》

主创人员：欧启彬、虞康婷、童瑶、佟一蕙

▲珠海广播电视台：电视少儿节目《小小足球梦》

主创人员：张雪梅、马李莉、李蕴海、林卫旗

▲湛江广播电视台：电视少儿节目《〈梦想后花园〉系列片（6 集）》

主创人员：李志霞、黄建芳、徐敬东、江锦仪

▲深圳广播电影电视集团：电视社教栏目《探秘时刻》

主创人员：张峥、钱天中、王芳、汤妙、柯燕、周锐华

▲东莞广播电视台：电视社教栏目《宝贝豆丁》

主创人员：周方、徐广培、张菲、孟相宜、梁婷、曾庆

▲广东广播电视台：电视新形态节目《中秋特别节目——月饼奇缘》

主创人员：杨卓兴、吴树娜、陈丽琦、朱映琳、马婉婷、倪晓珊

▲深圳广播电影电视集团：电视新形态节目《〈超级发布会〉钉钉 3·5 专场》

主创人员：张峥、黄鹤、高宇、李晟、李娜、周骏

▲深圳广播电影电视集团：电视新形态节目《2017 罗振宇"时间的朋友"跨年演讲》

主创人员：张峥、黄鹤、高宇、李晟、韦宛昕、李娜

▲清远广播电视台：电视音乐节目《"同饮一江水"2017 广东打工者歌唱大赛（清远赛区）季赛》

主创人员：龙赵纾扬、蔡鸿雁、陈镜鸿、蔡翊

▲珠海广播电视台：电视文学节目《月满情侣路》

主创人员：郑为、张雪梅、刘永刚、王浩浩

▲汕头广播电视台：电视戏曲节目《戏装之美　南国奇葩》

主创人员：梁卫群、孟磊、林长新、蔡晓红

▲广东广播电视台：电视综艺节目《和顺美满合家欢——2017 广东广播电视台春节晚会》

主创人员：廖美霞、张宇、郭煌、毛家莹

▲深圳广播电影电视集团：电视综艺节目《创新中国，活力城市——2017 中国城市春晚》

主创人员：集体创作

▲德庆广播电视台：电视综艺节目《首届南方诗歌节——"重温经典，情系德庆，走进新时代"诗歌朗诵文艺晚会》

主创人员：集体创作

▲韶关广播电视台：电视综艺节目《韶关首届春节联欢晚会》

主创人员：集体创作

▲高州广播电视台：电视娱乐节目《〈食林外传〉美丽乡村之彭村》

主创人员：李戈、冯秋慧、林智霖、吕伟强

▲佛山电视台：电视娱乐节目《大师傅——佛山市全能中药师技能竞赛》

主创人员：梁俊杰、郭少媚、潘文婧、莫业斌

▲广东广播电视台：电视文艺专题节目《2017 中国（广州）国际纪录片节闭幕式暨"金红棉"优秀作品分享会》

主创人员：那纳威、陈娱、梁璐、陈舒茵

▲佛山电视台：电视文艺专题节目《醉纸迷金的女人》

主创人员：梁嘉琪、顾尘光、谢少文

▲梅州广播电视台：电视文艺专题节目《客家山歌大师汤明哲》

主创人员：廖春婷、谢石峰、黄仕涛、刘漫

▲深圳广播电影电视集团：电视原创歌曲《中国爱与梦》

主创人员：夏枫、戴杰、唐佳俊、郭彦

▲韶关广播电视台：电视原创歌曲《韶关欢迎你》

主创人员：曾珍、王晓东、温盛远、刘志平

▲东莞广播电视台：电视原创歌曲《丝路新歌》

主创人员：梁婷、陈锡威、汤凌昱、林秀文

▲广东广播电视台：电视原创歌曲《砥砺奋进》

主创人员：集体创作

▲深圳广播电影电视集团：电视剧《黄河英雄》

主创人员：集体创作

▲佛山电视台：电视文艺栏目《石湾陶·看见历史》

主创人员：许凌霄、李璐、冯妙兰、陈泳谕、窦希、王旭

▲佛山电视台：电视播音作品《2017 年 11 月 24 日〈午间直播室〉》

主创人员：何健梅

▲广东广播电视台：电视主持作品《健康有道——高血压的这些误区你知道吗?》

主创人员：郭蕾

▲广东广播电视台：电视播音作品《2017 年 8 月 27 日〈广东新闻联播〉》

主创人员：林红

▲广东广播电视台：电视主持作品《我要去创业》

主创人员：邓璐

▲珠海广播电视台：电视播音作品《看珠海》

主创人员：魏磊

▲深圳广播电影电视集团：电视主持作品《第三十七届全国最佳邮票评选活动颁奖典礼》

主创人员：张星月

▲广东广播电视台：电视播音作品《广东体育频道：〈晚间体育新闻〉》

主创人员：华军

▲珠海广播电视台：电视主持作品《港珠澳大桥主体工程贯通直播》

主创人员：陈博

▲佛山电视台：电视播音作品《2017 年 5 月 1 日〈今晚报道〉》

主创人员：胡潇

▲珠海广播电视台：电视主持作品《〈湾区会客厅〉：江南春　赌对不变走商道》

主创人员：杨扬

▲深圳广播电影电视集团：电视播音作品《龙岗新闻》

主创人员：晋林

▲佛山电视台：电视主持作品《美食搜通街——街巷里的沙巴好味道》

主创人员：彭以乐

▲广东广播电视台：电视主持作品《篮球大本营》

主创人员：吴嘉骅、周悦珊

▲广州广播电视台：电视主持作品《〈作风建设在路上〉来穗局上线》

主创人员：朱英瑞

▲深圳广播电影电视集团：电视主持作品《〈超级发布会〉钉钉专场》

主创人员：王浏芳

三等奖（153 件）

▲河源广播电视台：电视短消息《河源今天发出首张金融功能电子营业执照》

主创人员：利琳、蒋钇氿、姜有辛、杨一慧

▲梅州广播电视台：电视短消息《特写：几十双手为救护车"抬出"一条生命通道》

主创人员：谢思、黄天聪、林梅、黄文婷、王新林

▲高州广播电视台：电视短消息《高州：减税降费"红包"激活经济"细胞"》

主创人员：张雪、吴迪

▲揭阳广播电视台：电视短消息《女大学生遭电信诈骗自杀身亡案主犯被判无期》

主创人员：卢晓新、陈潮亮、林程、张秀波、余长启

▲中山广播电视台：电视短消息《中山首次借助混合现实技术做手术》

主创人员：张媛媛、严瀚英、张哲、陈韵晓、张文俊

▲广东广播电视台：电视短消息《全运会群众乒乓球赛：健康中国值得期待》

主创人员：梁茵、黄俊杰、柯彬、阮洁华

▲佛山电视台：电视短消息《群岗社区：村头"大喇叭"及时开声　十九大精神入耳入心》

主创人员：郑伟雄、刘冬敏、关国明、郭仲明

▲肇庆广播电视台：电视短消息《四会：全省首创"六个办""行政夜市"暖民心》

主创人员：郭春江、李必辉、余安、郭菡、冯健敏

▲清远广播电视台：电视短消息《广清携手打造中国南部最大的物流枢纽园区》

主创人员：钟华莹、李诚、纪新锋、叶振华

▲潮州广播电视台：电视短消息《我市获全国"厕所革命优秀城市奖"》

主创人员：杨宗楷、李志超、王思传、石时忠

▲鹤山广播电视台：电视短消息《鹤山投入10亿元搬迁三家企业　保障数百万群众饮水安全》

主创人员：何建明、肖仰乐、李晓军

▲云浮广播电视台：电视短消息《云浮城村：千亩花田醉游人　农民转型当商人》

主创人员：李泽林、梁佩珊、陈庆才、蒋硕

▲番禺广播电视台：电视短消息《21年前番禺惊天大劫案最后一名疑犯落网》

主创人员：李子健、戴睿、钱薇、陶正熙、卢晓韵

▲佛山电视台：电视短消息《广东首个蔬菜类"科技小院"落户三水》

主创人员：黄燕玲、江楚莹、林木森、陈浩文

▲惠州广播电视台：电视短消息《有温度：2岁女童命悬防盗网　热心邻居合力施救》

主创人员：常贺鸣、范洲

▲肇庆广播电视台：电视短消息《全国首个民企"碳贷"环保技改项目正式运行》

主创人员：郭春江、李必辉、邓锦江、郭菡

▲潮州广播电视台：电视短消息《运钞车掉落200万现钞　潮州市民"完璧归赵"》

主创人员：陈远程、石时忠、吴晓晓、张浩聪

▲中山广播电视台：电视消息《小榄老伯遭遇车祸　路过公交车化身"救护车"》

主创人员：梁嘉宁、吴耀华

▲英德广播电视台：电视消息《一场特殊的就业招聘会》

主创人员：王福寿、李广维

▲佛山电视台：电视消息《世界第一条 1450 不锈钢六连轧产线高明试轧成功》

主创人员：李玉冰、曾锦峰

▲广东广播电视台：电视消息《玉器市场转型　网红主播探路》

主创人员：洪毅彬、陈琼环、杜思远

▲湛江广播电视台：电视消息《湛江："互联网＋"引领现代农业多彩田园梦》

主创人员：徐永棠、李丽、张劲飞、成鑫荣、曹卞

▲茂名广播电视台：电视消息《"农忙在田间　闲时在车间"扶贫模式助贫困户脱贫》

主创人员：陈忠传、潘怡雯、许涛、杨成

▲潮州广播电视台：电视消息《战斗英雄麦贤得被授予"八一勋章"　家乡人民欢欣鼓舞》

主创人员：陈远程、孙煜波、李喜坤

▲韶关广播电视台：电视消息《连溪蝶变：一份"村规民约"换来一张"国字号"名片》

主创人员：张国栋、徐东、孔令琴、田萍

▲阳东广播电视台：电视消息《新型农民成为阳东助推乡村振兴的主力军》

主创人员：梁琪、刘兴、邓东、李宗君

▲揭阳广播电视台：电视消息《揭阳乡村首现"乌镇"水乡》

主创人员：林韩生、郭林耿、许国轩、刘大军

▲揭阳广播电视台：电视消息《林晓聪：潜心钻研　开发盲人智能手机》

主创人员：陈潮亮、卢晓新、刘水长、林泽山、黄凌

▲云浮广播电视台：电视消息《云浮：氢能源公交示范线正式载客运营》

主创人员：余志咏、梁佩珊、蒋硕、朱燕敏

▲中山广播电视台：电视消息《电梯不再困人！全国首台旧楼加装自动解困物联电梯今日落成》

主创人员：杨启宁、吴耀华

▲惠东广播电视台：电视消息《我国首例全人工繁殖绿海龟在惠东诞生》

主创人员：郭锦威、蒋波、钟祖涛、王晶晶

　　▲梅州广播电视台：电视消息《梅州：七旬老党员自编自导自演客家山歌唱响十九大精神》

　　主创人员：魏博林、钟宇锋、贺晓博、张丽春

　　▲汕尾广播电视台：电视消息《台风天气学校避险　民工留下真情"感谢信"》

　　主创人员：黄丹、卢玉真、郑泽荣、陈海珊、蓝滨

　　▲潮州广播电视台：电视消息《男孩被拐14年　寻亲终团圆》

　　主创人员：吴洁纯、林得亮、石时忠

　　▲开平广播电视台：电视消息《开平山区"小"脚轮"转"动全世界》

　　主创人员：冯玉莲、严志强、雷洪

　　▲东莞市厚街镇文化广播电视服务中心：电视消息《"加博会"对接"广交会"　实现同频共振资源共享》

　　主创人员：陈勇、马辉波、姚清江、张鹏龙、邹思扬

　　▲汕尾广播电视台：电视消息《90岁老人挺身而出勇救火场少年》

　　主创人员：蓝滨、张锡凯、黄桂安、黄丹、黄宇霆

　　▲阳江广播电视台：电视消息《海空联动助63名被困南鹏岛驴友脱险》

　　主创人员：王子豪、许盈盈、何辉

　　▲河源广播电视台：电视消息《新闻特写：暴雨来袭　消防官兵勇救遇险村民》

　　主创人员：陈鹏、高伟、邱权亮、邹俊钦、姜有辛

　　▲深圳广播电影电视集团：电视系列报道《为了总书记的嘱托》

　　主创人员：汪小敏、余兮、刘兴意、毛芸、朱思宇、杨阳

　　▲清远广播电视台：电视系列、连续及组合报道《远山的呼唤》

　　主创人员：陈怡然、色日古楞、叶振华、丘键、黄文杰、黎瑞冰

　　▲河源广播电视台：电视系列报道《〈河源："挂图作战"让扶贫更精准〉〈河源和平："精准扶贫贷"为农民"贷"来致富路〉〈"扶贫保"为河源4 270多户贫困户撑腰〉》

　　主创人员：陈鹏、熊鑫、邹云、刘德、邱权亮、李国洋、赖敏珍

　　▲惠州广播电视台：电视连续报道《抹香鲸徘徊浅海被网困　深惠两地合力营救》

　　主创人员：刘美娟、肖国龙、王宁、邸九龙、刘奇任、范洲

　　▲梅州广播电视台：电视连续报道《派出所怼"奇葩证明"：小孩入学还要证明家长无犯罪吗?》

　　主创人员：刘鹏、孙俊彪、廖欢、张森裕、李赟、王子贤

　　▲江门广播电视台：电视系列报道《〈厉害了！江门地标〉电视系列报道》

主创人员：集体创作

▲茂名广播电视台：电视系列报道《〈主播看汕湛〉系列报道》

主创人员：集体创作

▲珠海市金湾区新闻中心：电视系列报道《牵手贡山　一路同行》

主创人员：王玥、王心皓、张意

▲中山广播电视台：电视系列报道《我身边的好人》

主创人员：邱少平、张媛媛、吴林平、严瀚英、吴莉诗、汤嘉源

▲揭阳广播电视台：电视系列、连续及组合报道《〈女子轻生跳河　路人合力救援〉〈下水男子默默离开〉〈网友纷纷找寻好人、好人特警哥〉〈勇救轻生女〉》

主创人员：陈奕波、辜美绒、郑远玉、洪海、陈洁荣、张耿纯、黄凌

▲湛江广播电视台：电视新闻专题《贫困村来了位"第一书记"》

主创人员：陈启华、陈东、郑桂珍、张超明

▲江门广播电视台：电视新闻专题《合力合一——"放管服"改革的江门样本》

主创人员：成硕、王华、纪嵩山、李宝甜、冯阳慧

▲深圳广播电影电视集团：电视新闻专题《练兵吧，老铁！——聚焦中巴空军"雄鹰-VI"联训》

主创人员：钟铮、刘达奇、罗施安、焦喆

▲清远广播电视台：电视新闻专题《最后的追捕》

主创人员：叶振华、黎瑞冰、陈雪君、李志聪、李嘉

▲花都区广播电视台：电视新闻专题《劳动者的保护神》

主创人员：刘景义、蔡剑豪、刘红柳、甄海涛、李筱洁

▲恩平广播电视台：电视新闻专题《老班长和他的"兵匠营"》

主创人员：李莉、吴慧红、吴健星、陈超炯

▲中山广播电视台：电视新闻专题《音乐声里　播种阳光》

主创人员：陈蜀艳、邝献武、罗锡维、许展图

▲广东广播电视台：电视新闻专题《谁在纵容农田上违建豪宅》

主创人员：林翔麟、陶凌、韩栋、阮拥军、杨金凤

▲高要广播电视台：电视新闻评论《高要南岸"楼歪歪"为何两年拆不了》

主创人员：王业民、吕毅、梁茵茵、梁泳聪

▲电白广播电视台：电视新闻评论《城市共享单车利弊共存》

主创人员：许来仔、徐文杰

▲东莞广播电视台：电视新闻评论《谁为网约车加道"安全网"?》

主创人员：赵俊杰、周莉、冯旭、袁伟星、康雷科

▲惠州广播电视台：电视新闻评论《"健康证"免费了却不办了　惠民福利怎就成了空头利好?》

主创人员：李晨、肖国龙、刘美娟、范洲

▲汕尾广播电视台：电视新闻评论《汕尾市：人性化取缔载客三轮车》

主创人员：黄俊洁、冼婕萍、苏世定、黄桂安、蔡英雄

▲韶关广播电视台：电视新闻节目编排《〈民生关注〉2017 年 3 月 14 日》

主创人员：陈旭东、蔡杏欢、黄艳芳

▲惠州广播电视台：电视新闻节目编排《2017 年 6 月 13 日〈午间新闻〉》

主创人员：许苑苑、杨成联、钟银河

▲广东广播电视台：电视新闻节目编排《〈今日一线〉2017 年 8 月 23 日》

主创人员：集体创作

▲端州区广播电视中心：电视新闻节目编排《2017 年 8 月 24 日〈端州新闻〉编排》

主创人员：王锦豪、吴竞先、植建麟

▲广东南方财经全媒体集团股份有限公司：电视新闻访谈节目《两会财经观察——专访全国人大代表刘永好》

主创人员：廖琨、黄贤鸿、王英、梁音

▲佛山电视台：电视新闻访谈节目《iPhone X 炫酷屏所需"高科技粉末"，国内唯佛山能自产》

主创人员：莫小峰、张晨光、黄悦阳、庞伟杰、屠海行、肖均培

▲汕头广播电视台：电视新闻现场直播《直播：直击我国最大直径海湾盾构隧道——汕头海湾隧道》

主创人员：陈璇真、吴汉坤、陈勇、翁健盈、官汉波、郭义成、张思致

▲广东广播电视台：电视对外新闻《〈外眼看中国：我在中国　见证绿色发展〉〈俄罗斯小伙在中国　见证文化大融合〉〈洋小伙学粤剧　见证中华文脉传承〉〈桑巴小伙体验中国新科技〉》

主创人员：连超、肖洋洋、黄晓龙、陈晨、杨熙帆、刘帅

▲佛山电视台：电视新闻栏目《〈点赞〉节目》

主创人员：张袁华、邱珊、黄柏琳、王坚、何凯琦、唐坚

▲广东广播电视台：电视新闻栏目《广东新闻联播》

主创人员：龚军、王媛媛、杨田子、杜曼、董琳、王一凡

▲广东广播电视台：电视纪录片《其命惟新——广东美术百年大展》

主创人员：马志丹、郑耀豪、朱磊、邹晓晓

▲韶关广播电视台：电视纪录片《三万难童》

主创人员：温盛远、荣笑雨、李扬帆、陈海

▲梅州广播电视台：电视纪录片《血战三河坝（上、下集）》

主创人员：林玉锦、钟燕、王杰波、凌奕

▲惠州广播电视台：电视纪录片《花姐的西藏梦》

主创人员：黄镇生、袁伟、田野、任芳

▲江门广播电视台：电视纪录片《他乡五邑人·大洋洲篇：面孔——南太平洋一日》

主创人员：集体创作

▲阳江广播电视台：电视纪录片《航拍漠阳江》

主创人员：薛桂荣、关荣、司徒达顺、黄焱明

▲湛江广播电视台：电视纪录片《木头伟的船说》

主创人员：吴尚、林瑜、关子轩、卢竞

▲肇庆广播电视台：电视纪录片《〈肇庆古村落〉（三集）：〈祖屋〉〈生计〉〈节庆〉》

主创人员：集体创作

▲珠海广播电视台：电视专题片《信仰》

主创人员：刘肖榕、袁俊、杨佳颖、张浩、沈伯隽

▲佛山电视台：电视专题片《〈历史深处看佛山〉：第一集〈基石初垒〉、第三集〈正家以正天下〉》

主创人员：罗文斯、董诗梦、丁湘娜、张超

▲韶关广播电视台：电视专题片《1927—1928：从犁铺头到井冈山》

主创人员：温盛远、李军、王晓东、曹曦

▲梅州广播电视台：电视专题片《70 后返乡种植"复古"水稻种出一片天》

主创人员：钟梁、王杰波、丘乐文、徐爱玲

▲惠州广播电视台：电视专题片《龙门天堂山：返乡青年创业"空心化"古村复活》

主创人员：刘美娟、叶翔宇、余梦、杨扬

▲东莞广播电视台：电视专题片《家乡味道·寻味高埗》

主创人员：周方、梁晓琳、杨天石、韩茜薇

▲茂名广播电视台：电视专题片《姐姐燕珍》

主创人员：刘茂光、苏小丽、陈志明、张玉红

▲肇庆广播电视台：电视专题片《隐形的翅膀》

主创人员：梁树刚、曾肇潮、莫家枝、梁晓庆

▲佛山电视台：电视专题片《我们在佛山结婚》

主创人员：侯安林、杨俊、赵璧莉、汤锐锋

▲佛山电视台：电视专题片《你好，岁月》

主创人员：杨金妹、游乐基、郭益、侯传杰

▲广州广播电视台：电视动画节目《重阳登高　为广州打 Call》

主创人员：许玮茵、黄树颖、刘媛珊、魏海珍

▲江门广播电视台：电视动画节目《华哥与侨妹之信守望·爱回家》

主创人员：付芝霞、马贺、冯阳慧

▲广州广播电视台：电视公益广告节目《情不变　心相随》

主创人员：刘昊、谢德炬、黄展昌、周丽

▲深圳广播电影电视集团：电视公益广告节目《你的声音　他的等待——手绘篇》

主创人员：集体创作

▲佛山电视台：电视公益广告节目《佛山好功夫城市形象片》

主创人员：张晨光、乔卫、林琳、关永东

▲惠州广播电视台：电视公益广告节目《生日愿望》

主创人员：黄楚梁、黄镇生、赵鹏震、林历

▲肇庆广播电视台：电视公益广告节目《匠心传承　世代守护》

主创人员：陈闻、菁颖玲、唐煌、洪志锋

▲珠江电影集团有限公司：电视公益广告节目《拒绝毒品，让梦想起飞》

主创人员：谢坚明、付琦、林俊明

▲广东广播电视台：电视少儿节目《真的！很好玩之潮酷少年》

主创人员：张瑞红、莫永坚、郭宜、柯齐

▲深圳广播电影电视集团：电视少儿节目《中华礼仪坊》

主创人员：袁小爱、梁新辉、刘聪、向海荣

▲茂名广播电视台：电视少儿节目《"飘"起来的秘密》

主创人员：王屹、陈志明、欧祥娜、柯国兆

▲潮州广播电视台：电视少儿节目《〈青青园中葵〉之"中华礼仪小故事"》

主创人员：谢畅、蔡志雄、刘源源

▲广东广播电视台：电视社教栏目《健康有道》

主创人员：王盈、刘恩、宋春、周萍、李磊、陈健生

▲佛山电视台：电视社教栏目《小汤品画之〈汤垚的写生之旅〉、小汤品画之〈耕海〉》

主创人员：陈淑枝、黄志、郭益、何绍贤、曾宪杰、关津平

▲阳江广播电视台：电视社教栏目《栏目〈漠阳纪事〉》

主创人员：林建设、林君艺、何高、王俊军、关荣、司徒达顺

▲东莞广播电视台：电视新形态节目《东莞城市快闪系列之仲夏夜之梦》

主创人员：欧少仪、刘浏、张洁锋、梁民、王晓蕊、陈丽娜

▲潮州广播电视台：电视新形态节目《民生朋友圈》

主创人员：张文钊、彭晓冰、黄春燕

▲广东广播电视台：电视新形态节目《凡所有相　皆可心塑　吴雅琳——中国数码雕塑拓路者》

主创人员：徐成

▲广东广播电视台：电视新形态节目《〈真的！很好玩〉第二季》

主创人员：张瑞红、童瑶、郭宜、柯齐、莫永坚、郑祺

▲深圳广播电影电视集团：电视新形态节目《地球周报：互联网＋大数据你的秘密它都知道!》

主创人员：陈晨、王云霞、李熹、李偲

▲广东广播电视台：电视音乐节目《2017 年粤语好声音》

主创人员：杨卓兴、吴树娜、朱映琳、郑毅

▲韶关广播电视台：电视文学节目《寻找一个韶关人》

主创人员：集体创作

▲番禺广播电视台：电视文学节目《〈我爱诗词〉番禺区中小学生诗词大赛中学组总决赛》

主创人员：林劲、陈宇红、贾博文、区潍

▲广州广播电视台：电视戏曲节目《南国红豆——本土原创大型新编粤剧〈疍家女〉赏析第三集》

主创人员：薛莹、张永泉、何达烽

▲广东广播电视台：电视戏曲节目《不倦的粤剧行者—倪惠英》

主创人员：杨卓兴、伍燕、陈光文、曹锐威

▲珠海广播电视台：电视综艺节目《八一晚会〈军民鱼水情〉》

主创人员：集体创作

▲佛山电视台：电视综艺节目《不忘初心　唱响未来——"我爱佛山　我爱凉山"第二届佛山原创歌曲征集评选推广活动　优秀作品发布会》

主创人员：龚雪娥、程家维、罗嘉琪、莫丽芳

▲广州广播电视台：电视综艺节目《风起花之城——2017〈财富〉广州全球论坛闭幕文艺演出》

主创人员：集体创作

▲清远广播电视台：电视综艺节目《"银河落壮家"2017 广东（连山）"七月香"壮家戏水节风情晚会》

主创人员：蔡鸿雁、何建鹏、陈海鹏、蔡翊

▲惠州广播电视台：电视综艺节目《2017 惠州市少儿迎春联欢晚会》

主创人员：代存录、廖容、周洁

▲广东广播电视台：电视娱乐节目《外国友人学习中国武术》

主创人员：谢小洁、刘惠娟、高瞻、李锐明

▲汕尾广播电视台：电视娱乐节目《水上大冲关　欢乐向前冲》

主创人员：高波、王妍、岳斌、陈佳芬

▲揭阳广播电视台：电视娱乐节目《大脑奇迹——英雄之战》

主创人员：陈永友、黄莹、吴紫福、林榕炜

▲河源广播电视台：电视文艺专题节目《史与诗的交响——记大型交响史诗〈赵佗〉》

主创人员：江礼贤、冯轩、芦艳、黄亮

▲博罗广播电视台：电视文艺专题节目《犁"牛"上舞台》

主创人员：林波、江惠容、曾强、李振豪

▲阳东广播电视台：电视文艺专题节目《陈醉和他的〈裸体艺术论〉》

主创人员：徐春雪、罗强、黄剑杰、张璐

▲高州广播电视台：电视文艺专题节目《琴友独钟（上、下）》

主创人员：谭庆茂、李建、区朋华、林海

▲广东广播电视台：电视原创歌曲《梁枫有信》

主创人员：李扬眉、柳滨、倪晓珊、黄玲

▲汕头广播电视台：电视原创歌曲《响亮的梦想》

主创人员：集体创作

▲博罗广播电视台：电视原创歌曲《谁不爱美丽》

主创人员：林波、陈冰莹、王国秀、江惠容

▲吴川广播电视台：电视原创歌曲《欢迎你到吴川来》

主创人员：梁金、罗宏华、李剑、李康养

▲清远广播电视台：电视原创歌曲《我在连南等你》

主创人员：欧敏捷、何雁舒、黄文杰、房玲慧

▲珠江电影集团有限公司：电视剧《〈七十二家房客〉第十三季》

主创人员：梁柱、廖致楷

▲花都区广播电视台：电视文艺栏目《出租屋的故事》

主创人员：集体创作

▲深圳广播电影电视集团：电视文艺栏目《深圳老有才了》

主创人员：集体创作

▲广东广播电视台：电视播音作品《〈今日一线〉2017 年 10 月 11 日》

主创人员：严彦子

▲广东广播电视台：电视主持作品《"豫章书院"风波：面对"问题"学生该怎么办？》

主创人员：申兴华

▲韶关广播电视台：电视播音作品《〈全市新闻联播〉2017 年 12 月 4 日》

主创人员：聂园芳

▲广东广播电视台：电视主持作品《〈新闻大数据〉2017 年 3 月 22 日》

主创人员：屈贤

▲河源广播电视台：电视播音作品《民生一线》

主创人员：崔海深

▲广东广播电视台：电视主持作品《微商大咖——玫瑰人生：蔡丽》

主创人员：吴荻

▲惠州广播电视台：电视播音作品《〈第一直播室〉2017 年 12 月 28 日莞惠城轨全线通车新闻节目》

主创人员：范洲

▲广东广播电视台：电视主持作品《〈城事特搜〉特别节目——我们向小康走来》

主创人员：骆伟瑜

▲中山广播电视台：电视播音作品《〈中山新闻〉2017 年 11 月 17 日》

主创人员：廖志椿

▲佛山电视台：电视主持作品《用你的眼睛看世界》

主创人员：彭雪静

▲阳江广播电视台：电视播音作品《阳江新闻》

主创人员：王佳光

▲东莞广播电视台：电视主持作品《今日莞事》

主创人员：吴剑平、蒋韶东、邓笛、姚键平

▲清远广播电视台：电视播音作品《〈清远新闻〉2017 年 12 月 28 日》

主创人员：徐德兴、李静芝

▲中山广播电视台：电视主持作品《〈君享天下〉之探秘老挝》

主创人员：徐紫琳

▲潮州广播电视台：电视播音作品《〈潮州新闻〉2017 年 11 月 26 日》

主创人员：左娅

▲潮州广播电视台：电视主持作品《〈民生朋友圈〉2017 年 8 月 5 日》

主创人员：黄春燕

▲汕尾广播电视台：电视主持作品《禁毒，永远在路上》

主创人员：高波

▲云浮广播电视台：电视主持作品《小梁说事》

主创人员：梁振

论文部分

一等奖（6 件）

▲深圳广播电影电视集团：广播电视社科理论论文《新型主流媒体的多维生态内涵解析》

作者：袁侃

▲广东广播电视台：广播电视社科理论论文《广电改革：从规律到对策——基于经济学视角》

作者：谢江林

▲广东广播电视台：广播电视社科理论论文《新媒介生态下新闻"把关人"的积极意义与实践创新》

作者：陈超平

▲广东南方广播影视传媒集团有限公司：广播电视社科理论论文《根植于土壤与现实的地理传播——〈外来媳妇本地郎〉现象研究》

作者：杨德建

▲深圳广播电影电视集团：广播电视技术理论论文《基于融合架构的全台网安全体系建设》

作者：刘助翔

▲深圳广播电影电视集团：广播电视播音主持论文《主旋律题材播音作品如何实现"成风化人"——以纪念长征胜利八十周年系列节目〈铁流壮歌〉为例》

作者：孙海亮

二等奖（19 件）

▲广东广播电视台：广播电视社科理论论文《让主持人成为"新的价值"创造者——广东广播电视台主持人工作室的探索实践》

作者：曾少华、何新仕、邓东力

▲广东广播电视台：广播电视社科理论论文《审势、顺势、蓄势——浅议〈大军师司马懿之军师联盟〉的成势之道》

作者：赵伯麟

▲广州广播电视台：广播电视社科理论论文《人工智能下的广播创新发展》

作者：张婧

▲佛山人民广播电台：广播电视社科理论论文《地市电台发展新媒体的路径探析——以广东佛山电台新媒体实践为例》

作者：陈家荣

▲中山广播电视台：广播电视社科理论论文《城市台供给侧结构性改革要处理好十个关系》

作者：吕亮生

▲江门广播电视台：广播电视社科理论论文《从"融媒体"到"融城市"——江门广电的媒体融合与产业拓展》

作者：朱树慧

▲肇庆广播电视台：广播电视社科理论论文《借力百台资源　发挥规模优势——地方广电手机台运作困境与对策再探析》

作者：孟雪梅

▲广东广播电视台：广播电视社科理论论文《电视媒体涉足网络直播的 SWOT 分析及对策》

作者：陈雯雯、赖珊

▲广东广播电视台：广播电视社科理论论文《如何做好灾难性报道——以〈广东新闻联播〉抗击"彩虹"强台风报道为例》

作者：董琳

▲广东广播电视台：广播电视社科理论论文《视角即讯息 ——历史人文类纪录片的积淀成型》

作者：郑园珺

▲花都区广播电视台：广播电视社科理论论文《区域性官媒和自媒体微信公众号差异化分析》

作者：李志明、胡姹

▲深圳广播电影电视集团：广播电视社科理论论文《传媒产业：激荡变革与创新重构》

作者：张春朗、迟铭

▲佛山电视台：广播电视社科理论论文《以改革创新赢得传统媒体转型发展——佛山电视台顺德分台获评第四届全国县级广播电视系统"十佳电视台"的实践探索》

作者：蔡泽之、卢运莲

▲广东广播电视台：广播电视技术理论论文《播出系统改造项目中应用层次分析法辅助决策》

作者：钟坚

▲广东广播电视台：广播电视技术理论论文《全媒体播出分发平台设计及

关键技术》

作者：何韵怡、魏志辉

▲广东广播电视台：广播电视技术理论论文《论标准技术流程里的艺术呈现——里约奥运乒乓球音频公共信号制作》

作者：李广宙、吴昊

▲珠海广播电视台：广播电视技术理论论文《地方发射台开展中国数字音频广播的思考》

作者：周场如

▲广东广播电视台：广播电视播音主持论文《受众期待什么样的播音员主持人》

作者：魏冬青

▲珠海广播电视台：广播电视播音主持论文《声音传递情感——广播电台情感类节目的播音主持特点及技巧新探》

作者：唐春华

三等奖（25件）

▲广东省新闻出版广电局：广播电视社科理论论文《"知识IP"电视节目与受众商品化分析——以深圳卫视为例》

作者：戚淑妹

▲广东省新闻出版广电局：广播电视社科理论论文《公益类综艺娱乐节目的品牌塑造和影响力提升》

作者：曾茹

▲广东省新闻出版广电局：广播电视社科理论论文《广东卫视〈直播全球〉的收视困境与突围之策》

作者：蒋韵

▲广东广播电视台：广播电视社科理论论文《体育赛事网络付费收视兴起与电视媒体应对》

作者：杨文、陈超平

▲广东广播电视台：广播电视社科理论论文《文化综艺类节目热潮及其发展形态探析》

作者：陈娉婷、黄浩

▲广东广播电视台：广播电视社科理论论文《讲好中国故事　提升国际传播能力》

作者：廖怀凌

▲广东广播电视台：广播电视社科理论论文《媒体融合时代广电人力资源

规划与开发》

作者：佘晓琳

▲韶关广播电视台：广播电视社科理论论文《城市广电台全国两会媒体融合报道实践与思考》

作者：黄艳芳

▲河源广播电视台：广播电视社科理论论文《让纪实直击心灵——纪录片〈再见脚手架〉导演阐述》

作者：江礼贤

▲东莞广播电视台：广播电视社科理论论文《地市广电台媒体深度融合实践探索》

作者：李万昌

▲湛江广播电视台：广播电视社科理论论文《场景化运作：广播电台转型发展的切入与策略》

作者：罗永强

▲广东广播电视台：广播电视社科理论论文《以重大主题宣传为契机推进媒体融合——以广东广电全国两会报道为例》

作者：徐婉玲

▲广东广播电视台：广播电视社科理论论文《回归"现实"——当下电视剧调整的策略》

作者：陈烁

▲深圳广播电影电视集团：广播电视社科理论论文《引领人心　擦亮信仰——论政论专题片〈不忘初心　继续前行〉的传播价值》

作者：陈海燕

▲云浮广播电视台：广播电视社科理论论文《城市广电微信公众号的运营与选题策略分析——基于云浮广播电视台的实践探索》

作者：梁杰

▲广州广播电视台：广播电视社科理论论文《舆情应对，传统媒体还能做什么?》

作者：曹城、叶青

▲中山广播电视台：广播电视社科理论论文《浅谈纪录片项目的标准化管理》

作者：伍学标

▲广东广播电视台：广播电视技术理论论文《足球现场节目两地联播方案的实验及总结》

作者：张亮

▲广东广播电视台：广播电视技术理论论文《广东广播电视台提前播出预警系统的设计与应用》

作者：莫丽娜

▲广东广播电视台：广播电视技术理论论文《基于 IP 架构的视频系统的设计和实践》

作者：林小海、何伟成、温德宁

▲广东省广播电视技术中心：广播电视技术理论论文《广东省基于 AVS + 和 DRA 标准的地面数字电视单频网应用探析》

作者：彭韬

▲佛山人民广播电台：广播电视技术理论论文《科技 + 人性化服务，打造区域旅游广播热门产品——浅析广东佛山电台自助声导游项目》

作者：谢斯玮、谢海欧、麦康世

▲广东广播电视台：广播电视播音主持论文《广播真人秀节目的融合实践》

作者：秦海菲

▲汕头广播电视台：广播电视播音主持论文《微博环境下如何拓展广播节目主持人的传播能力》

作者：吴小瑛

▲佛山电视台：广播电视播音主持论文《电视新闻播音主持的创作样态革新》

作者：杨洁文

2017 年度广东省广播影视奖获奖情况表

单位	参评总数	获奖总数	得奖率	一等奖	二等奖	三等奖
广东省新闻出版广电局	6	3	50%			3
广东广播电视台	157	115	73%	19	57	39
广东省广播电视技术中心	3	1	33%			1
广东南方广播影视传媒集团有限公司	2	1	50%	1		
广州广电	73	45	62%	7	23	15
深圳广电	88	60	68%	8	35	17
珠海广电	41	28	68%	6	14	8
汕头广电	39	16	41%	2	4	10
佛山广电	60	45	75%	5	23	17
韶关广电	36	20	56%		8	12
河源广电	21	11	52%		1	10
梅州广电	25	13	52%		6	7
惠州广电	40	29	73%	1	8	20
汕尾广电	19	8	42%		3	5
东莞广电	38	22	58%	2	9	11
中山广电	33	26	78%	2	10	14
江门广电	53	27	51%	3	7	17
阳江广电	31	14	45%		1	13
湛江广电	27	14	52%		5	9
茂名广电	35	13	37%		3	10
肇庆广电	42	20	48%		8	12
清远广电	36	20	56%		5	15
潮州广电	33	18	55%		6	12

（续上表）

单位	参评总数	获奖总数	得奖率	一等奖	二等奖	三等奖
揭阳广电	24	12	50%	1	1	10
云浮广电	28	10	36%		1	9
省公安厅、电影生产制作机构、社会制作公司、大专院校等	9	6	56%	2	2	2
广东省广播影视协会电影专业委员会	4					
广东南方财经全媒体集团股份有限公司	17	6	35%	1	3	2
合计	1 020	603	59%	60	243	300

2017 年度广东省广播影视奖评选委员会成员名单

主　　任：白　洁（广东省新闻出版广电局党组书记、局长）

副　主　任：刘小毅（广东省新闻出版广电局党组成员、副局长）

　　　　　　陈晓建（广东省新闻出版广电局党组成员、副局长）

　　　　　　陈小锐（广东省新闻出版广电局党组成员、总工程师）

执 行 主 任：胡国华（广东省广播电影电视协会会长、高级编辑）

执行副主任：何日丹（广东省广播电影电视协会常务副会长）

　　　　　　陈晓建（广东省新闻出版广电局党组成员、副局长）

秘 书 长：宋朝晖（广东省新闻出版广电局宣传管理处处长）

副 秘 书 长：白小慧（广东省广播电影电视协会专职副秘书长）

　　　　　　刘彦伟（广东省新闻出版广电局宣传管理处副处长）

2017 年度广东省广播影视奖评委名单

祝燕南（国家新闻出版广电总局发展研究中心主任）

黄　炜（国家新闻出版广电总局公共服务司副司长）

郭晓强（国家新闻出版广播电视科学研究院电视所副所长，教授级高级工程师）

陶世明（中国广播电影电视社会组织联合会副会长）

吕松山（中国广播电影电视社会组织联合会秘书长）

李宝萍（中国广播电影电视社会组织联合会《中国广播电视学刊》编委、副主任，高级编辑）

闫　伟（国家新闻出版广电总局电视艺委会《中国电视》主任编辑）

吕　茵（中国广播电影电视社会组织联合会城市台广播新闻工作委员会副秘书长，高级记者）

杨　杰（中国广播电影电视社会组织联合会专家委员会成员）

高晓虹（中国传媒大学新闻传播学部部长，教授）

王晓红（中国传媒大学新闻传播学部副部长，教授）

漆亚林（中国社会科学院大学新闻传播学院副院长，教授）

陈响园（兰州大学新闻与传播学院教授）

崔朝阳（广东省委宣传部副部长兼省记协副主席）

邓　鸿（广东省政府新闻办常务副主任）

陈江帆（广东省政府新闻办副主任）

侯小军（广东省委宣传部新闻处处长）

许永波（广东省委宣传部文艺处处长）

李保恒（广东省记协副主席兼秘书长）

曾宝瑜（广东省委宣传部新闻处副处长）

王继怀（广东省委宣传部文艺处副处长）

陈　松（广东省新闻出版广电局电影管理处处长）

庄　伟（广东省新闻出版广电局科技处处长，高级工程师）

李　燕（广东省新闻出版广电局电影管理处副调研员，高级编辑）

陆志强（广州市文化广电新闻出版局局长）
张合运（深圳市文体旅游局局长）

蔡伏青（广东广播电视台党委书记、台长）
郑广宁（广东广播电视台党委副书记、总编辑）
叶志容（广东省广播电视网络股份有限公司党委书记、董事长）
张惠建（省政协文史委员会副主任、省广电协会副会长、省电视艺术家协会主席，高级编辑）
白　玲（广东省政府参事、广东省广电协会副会长，高级编辑）
陈一珠（广东广播电视台原总编辑，高级记者）

崔颂东（广州市广播电视台台长）
岳川江（深圳广播电影电视集团总裁）

曾少华（广东广播电视台党委委员、副台长）
夏　倜（广东广播电视台党委委员、副台长，广东省广播电视技术中心主任、党委书记）
范创奇（广东广播电视台党委委员、总工程师，高级工程师）
谭天玄（广东广播电视台副总编辑，一级文学编辑）
赵随意（广东广播电视台副总编辑、南方财经全媒体集团总编辑，高级编辑）
施燕峰（广东广播电视台副总编辑、对外传播中心主任，高级编辑）

汤　聪（广东广播电视台原副总编辑，播音指导）
余瑞金（广东广播电视台原高级业务指导，高级编辑）

张敬忠（广东广播电视台广播新闻中心总编辑，主任记者）
范干良（广东广播电视台广播宣传管理部主任，高级编辑）
谭　颖（广东广播电视台大型节目部主任，一级导演）
陈红丹（广东广播电视台文体广播频率总监，高级广告设计师）
余得通（广东广播电视台广东卫视频道总监，高级编辑）
范穗康（广东广播电视台对外传播中心副主任，主任编辑）
方　文（广东广播电视台新闻中心原资深主任，高级编辑）

马国华（广东广播电视台珠江经济台原总监，一级音乐编辑）

程柳青（广东广播电视台新闻频道总监助理，高级记者）

范 文（广东广播电视台电视新闻中心电视综合部总监，高级编辑）

谭耀辉（原广东人民广播电台总编室副主任，主任编辑）

岑 力（广东广播电视台总编室科长，高级编辑）

余素琳（广东广播电视台广播新闻中心监制，高级编辑）

刘筱天（广东广播电视台电视新闻中心监制，主任播音员）

刘再丽（广东广播电视台南方卫视频道监制，播音指导）

吴 庆（广东广播电视台广播新闻中心副监制，高级编辑）

徐江山（广东省有线电视网络股份有限公司副总工程师，教授级高级工程师）

张造生（广东有线广播电视网络有限公司高级工程师）

黄慰汕（南方影视传媒集团发展研究部主任，高级记者）

宁肖周（广州广电传媒集团原副总裁，一级导演）

马杰颖（广州市广播电视台新闻资讯广播党支部书记，高级编辑）

何 泓（广州市广播电视台青少年广播总监，高级编辑）

杨继红（广州市广播电视台原频道总监，高级编辑）

刘 平（广州市广播电视台电视社教节目部原主任，一级文学编辑）

香 凝（广州市广播电视台金曲音乐广播组长，播音指导）

傅峰春（深圳广电集团总工程师，教授级高级工程师）

刘堤洪（深圳广电集团编委会原编委，高级编辑）

杨 华（深圳广电集团节目研究中心主任，一级文学编辑）

邵志远（深圳广电集团法治节目中心主任，高级编辑）

余 苗（深圳广电集团交通广播频率副总监，高级编辑）

宁桂飞（珠海广播电视台总编辑，高级编辑）

王 东（珠海广播电视台融媒体新闻中心主任，主任播音员）

梁 婷（佛山人民广播电台副台长，主任编辑）

梁 明（肇庆市广播电视台副台长，主任记者）

焦 健（惠州广播电视传媒集团电台台长，主任记者）

叶春萱（梅州广播电视台民生报刊中心主任，二级文学创作）

温建营（梅州广播电视台总编室主任，高级记者）

赵晓文（中山广播电视台副台长，高级编辑）

郑咏梅（中山广播电视台新媒体部主任，高级编辑）

朱海强（湛江广播电视台广播新闻部主任，主任播音员）

支庭荣（暨南大学新闻与传播学院执行院长，教授）

张晋升（暨南大学新闻与传播学院副院长，教授）

申启武（暨南大学新闻与传播学院广播电视学系主任，教授）

邱一江（暨南大学新闻与传播学院广播电视学系系副主任，副教授）

黄雅堃（暨南大学新闻与传播学院副教授）

苏宏元（华南理工大学新闻与传播学院院长，教授）

张步中（华南理工大学新闻与传播学院视听传播系主任，教授）

李　幸（华南理工大学新闻与传播学院教授）

赵建国（广东外语外贸大学新闻与传播学院新闻专业硕士，中心主任，教授）

全　燕（广东外语外贸大学新闻与传播学院教授）

钱　锋（广东外语外贸大学新闻与传播学院副教授，主任播音员）

刘海玲（广东外语外贸大学中国语言文化学院副教授）

周文萍（广州大学人文学院影视艺术中心主任，教授）

张静民（广州大学新闻与传播学院教授）

钟剑茜（广州大学新闻与传播学院副教授）

王　婷（深圳大学新闻与传播学院副院长，教授）

陈学军（广东南方领航影视有限公司副总经理）

梁浩泉（广东省新闻出版广电局特聘专家，高级编辑）

王泰兴（广东省广电协会播音专业委员会主任委员，播音指导）

陈长兵（广东省电影行业协会会长）

董丹弟（广东省电影制片审查委员会专家）

2017 年度广东省广播影视奖评选会议分组名单

一、广播新闻 1 组（7 人）

组长：刘堤洪（深圳广电集团编委会原编委，高级编辑）

组员：

1. 王晓红（中国传媒大学新闻传播学部副部长，教授）
2. 张敬忠（广东广播电视台广播新闻中心总编辑，主任记者）
3. 马杰颖（广州市广播电视台新闻资讯广播党支部书记，高级编辑）
4. 温建营（梅州广播电视台总编室主任，高级记者）
5. 赵晓文（中山广播电视台副台长，高级编辑）
6. 支庭荣（暨南大学新闻与传播学院执行院长，教授）

二、广播新闻 2 组（7 人）

组长：李　幸（华南理工大学新闻与传播学院教授）

组员：

1. 陈响园（兰州大学新闻与传播学院教授）
2. 方　文（广东广播电视台新闻中心原资深主任，高级编辑）
3. 吴　庆（广东广播电视台广播新闻中心副监制，高级编辑）
4. 余　苗（深圳广电集团交通广播频率副总监，高级编辑）
5. 焦　健（惠州广播电视传媒集团电台台长，主任记者）
6. 赵建国（广东外语外贸大学新闻与传播学院新闻专业硕士中心主任教授）

三、广播专题组（7 人）

组长：赵随意（广东广播电视台副总编辑、南方财经全媒体集团总编辑，高级编辑）

组员：

1. 吕松山（中国广播电影电视社会组织联合会秘书长）
2. 范干良（广东广播电视台广播宣传管理部主任，高级编辑）

3. 余素琳（广东广播电视台广播新闻中心监制，高级编辑）

4. 何　泓（广州市广播电视台青少年广播总监，高级编辑）

5. 梁　婷（佛山电台副台长，主任编辑）

6. 申启武（暨南大学新闻与传播学院广电系主任，教授）

四、广播文艺组（9 人）

组长：马国华（广东广播电视台珠江经济台原总监，一级音乐编辑）

组员：

1. 李宝萍（中国广播电影电视社会组织联合会《中国广播电视学刊》编委、副主任，高级编辑）

2. 谭天玄（广东广播电视台副总编辑，一级文学编辑）

3. 陈红丹（广东广播电视台文体广播频率总监，高级广告设计师）

4. 杨　华（深圳广电集团节目研究中心主任，一级文学编辑）

5. 叶春萱（梅州广播电视台民生报刊中心主任，二级文学创作）

6. 钟剑茜（广州大学新闻与传播学院副教授）

7. 白小慧（广东省广播电影电视协会专职副秘书长）

8. 宋朝晖（广东省新闻出版广电局宣传管理处处长）

五、广播播音主持组（7 人）

组长：钱　锋（广东外语外贸大学新闻与传播学院副教授、主任播音员）

组员：

1. 杨　杰（中国广播电影电视社会组织联合会专家委员会成员）

2. 刘再丽（广东广播电视台南方卫视频道监制，播音指导）

3. 刘筱天（广东广播电视台电视新闻中心监制，主任播音员）

4. 杨继红（广州市广播电视台原频道总监，高级编辑）

5. 朱海强（湛江广播电视台广播新闻部主任，主任播音员）

6. 全　燕（广东外语外贸大学新闻与传播学院教授）

六、电视新闻 1 组（7 人）

组长：邱一江（暨南大学新闻与传播学院广播电视学系系副主任，副教授）

组员：

1. 漆亚林（中国社会科学院大学新闻传播学院副院长，教授）

2. 胡国华（广东省广播电影电视协会会长，高级编辑）

3. 曾宝瑜（广东省委宣传部新闻处副处长）

4. 程柳青（广东广播电视台新闻频道总监助理，高级记者）

5. 范 文（广东广播电视台电视新闻中心电视综合部总监，高级编辑）

6. 邵志远（深圳广电集团法治节目中心主任，高级编辑）

七、电视新闻 2 组（7 人）

组长：张步中（华南理工大学新闻与传播学院视听传播系主任，教授）

组员：

1. 高晓虹（中国传媒大学新闻传播学部部长，教授）

2. 何日丹（广东省广播电影电视协会常务副会长）

3. 李保恒（广东省记协副主席兼秘书长）

4. 黄慰汕（南方影视传媒集团发展研究部主任，高级记者）

5. 岑 力（广东广播电视台总编室科长，高级编辑）

6. 宁桂飞（珠海广播电视台总编辑，高级编辑）

八、电视专题组（7 人）

组长：施燕峰（广东广播电视台副总编辑、对外传播中心主任，高级编辑）

组员：

1. 陶世明（中国广播电影电视社会组织联合会副会长）

2. 陈江帆（广东省外宣办、广东省政府新闻办副主任）

3. 陈一珠（广东广播电视台原总编辑，高级记者）

4. 梁浩泉（广东省新闻出版广电局特聘专家，高级编辑）

5. 郑咏梅（中山广播电视台新媒体部主任，高级编辑）

6. 黄雅堃（暨南大学新闻与传播学院副教授）

九、电视文艺组（7 人）

组长：张静民（广州大学新闻与传播学院教授）

组员：

1. 闫 伟（国家新闻出版广电总局电视艺委会《中国电视》主任编辑）

2. 陈晓建（广东省新闻出版广电局副局长）

3. 白 玲（广东省政府参事、原南方影视传媒集团党委书记，高级编辑）

4. 余瑞金（广东广播电视台原高级业务指导，高级编辑）

5. 谭 颖（广东广播电视台大型节目部主任，一级导演）

6. 宁肖周（广州广电传媒集团原副总裁，一级导演）

十、电视播音主持组（7 人）

组长：王　婷（深圳大学新闻与传播学院副院长，教授）

组员：

1. 黄　炜（国家新闻出版广电总局公共服务司副司长）

2. 王继怀（省委宣传部文艺处副处长）

3. 汤　聪（广东广播电视台原副总编辑，播音指导）

4. 王泰兴（广东省广电协会播音专业委员会主任委员，播音指导）

5. 香　凝（广州市广播电视台金曲音乐广播组长，播音指导）

6. 王　东（珠海广播电视台融媒体新闻中心主任，主任播音员）

十一、综合论文组（7 人）

组长：张晋升（暨南大学新闻与传播学院副院长，教授）

组员：

1. 祝燕南（国家新闻出版广电总局发展研究中心主任）

2. 吕　茵（中国广播电影电视社会组织联合会城市台广播新闻工作委员会副秘书长，高级记者）

3. 余得通（广东广播电视台广东卫视频道总监，高级编辑）

4. 范穗康（广东广播电视台对外传播中心副主任，主任编辑）

5. 刘　平（广州市广播电视台电视社教节目部主任，一级文学编辑）

6. 梁　明（肇庆市广播电视台副台长，主任记者）

十二、技术论文组（7 人）

组长：徐江山（广东省有线电视网络股份有限公司副总工程师，教授级高级工程师）

组员：

1. 郭晓强（国家新闻出版广播电视科学研究院电视所副所长，教授级高级工程师）

2. 陈小锐（广东省新闻出版广电局总工程师）

3. 范创奇（广东广播电视台总工程师，高级工程师）

4. 张造生（广东有线广播电视网络有限公司高级工程师）

5. 傅峰春（深圳广电集团总工程师，教授级高级工程师）

6. 庄　伟（广东省新闻出版广电局科技处处长，高级工程师）

十三、电影组（7人）

组长：陈松（广东省新闻出版广电局电影管理处处长）

组员：

1. 陈长兵（广东省电影行业协会会长）
2. 陈学军（广东南方领航影视有限公司副总经理）
3. 刘海玲（广东外语外贸大学中国语言文化学院副教授）
4. 周文萍（广州大学人文学院影视艺术中心主任，教授）
5. 董丹弟（广东省电影制片审查委员会专家）
6. 李　燕（广东省新闻出版广电局电影管理处副调研员，高级编辑）

2017 年度广东省广播影视奖终评评委名单

1. 广东省委宣传部、省新闻出版广电局领导（9 人）

崔朝阳、邓鸿、白洁、刘小毅、陈晓建、陈小锐

侯小军、许永波、李保恒

2. 广东省广电协会、广东省电视艺术家协会领导（4 人）

胡国华、何日丹、张惠建、白玲

3. 广州、深圳广电主管部门领导（2 人）

陆志强、张合运

4. 省级台、省网、副省级台领导（7 人）

蔡伏青、郑广宁、叶志容、曾少华、夏偶、崔颂东、岳川江

3. 各组组长（15 人）

刘堤洪、李幸、赵随意、马国华、钱锋、邱一江、张步中、施燕峰、张静民、王婷、张晋升、徐江山、陈松、谭耀辉、苏宏元

内容审核小组成员名单

（23 人）

一、广播组（9 人）

组长：

谭耀辉（原广东人民广播电台总编室副主任，主任编辑）

成员：

1. 李　键（广东广播电视台广播新闻中心副主任，主任编辑）
2. 马杰颖（广州广播电视台新闻资讯广播支部书记，高级编辑）
3. 吴铭东（广州广播电视台经济交通频率监制，主任编辑）
4. 李　幸（华南理工大学新闻与传播学院原院长，教授）
5. 赖寄丹（华南理工大学新闻与传播学院教授）
6. 邬心云（广州体育学院新闻系副教授）
7. 杨　哲（广东高等教育出版社原总编辑，编审）
8. 李道学（花城出版社副编审）

二、电视组（14 人）

组长：

苏宏元（华南理工大学新闻与传播学院院长，教授）

成员：

1. 林建平（广东广播电视台副总编辑，高级编辑）
2. 雷锋学（广东广播电视台国际频道总监，资深翻译）
3. 陈洁嫦（广东广播电视台电视新闻中心节目总监，高级编辑）
4. 曾毅铭（广州市广播电视台综合频道支部书记，高级记者）
5. 陈　蕾（广州市广播电视台综合频道主任助理，主任编辑）
6. 邱一江（暨南大学新闻与传播学院广电系副主任，副教授）
7. 黄匡宇（华南理工大学新闻与传播学院原院长，教授）
8. 罗月花（华南理工大学出版社原质量总监，编审）

9. 李春明（新世纪出版社原副社长、编审）

10. 梁笑玲（新世纪出版社原副编审）

11. 钟永源（中山大学出版社副编审）

12. 周煜（华南理工大学大新闻与传播学院副教授）

13. 张立勤（华师大教育信息技术学院副教授，博士）

省局监督组成员名单

（13 人）

总负责人：

赵会武（局机关党办副主任）

监督员：

1. 广播新闻 1 组：陈洪彬（印刷发行管理科员）

2. 广播新闻 2 组：高　翠（监听监看中心科长）

3. 广播专题组：王思远（网络视听节目管理处副主任科员）

4. 广播文艺组：韩馀元（人事处干部）

5. 广播播音主持组：张　鹏（传媒机构管理处主任科员）

6. 电视新闻 1 组：方　荃（新闻报刊处副主任科员）

7. 电视新闻 2 组：曾庆琳（监听监看中心科长）

8. 电视专题组：陈桂珠（电影管理处干部）

9. 电视文艺组：张　剑（新闻出版高级技工学校团委书记）

10. 电视播音主持组：刘书进（版权管理处副主任科员）

11. 技术论文组：傅贺龙（新闻出版政务服务中心科员）

12. 综合论文组：唐　琪（新闻出版政务服务中心科员）